Martina und Jörg Peters
Bernd Rolf

LebensWert 3

Unterrichtswerk für Werte und Normen
in Niedersachsen

für die Jahrgangsstufen 9/10

C.C. BUCHNER

lebensWert 3

Unterrichtswerk für Werte und Normen
in Niedersachsen

für die Jahrgangsstufen 9/10

herausgegeben und erarbeitet von Jörg Peters,
Martina Peters und Bernd Rolf

1. Auflage, 6. Druck 2021
Alle Drucke dieser Auflage sind, weil untereinander unverändert, nebeneinander benutzbar.

Dieses Werk folgt der reformierten Rechtschreibung und Zeichensetzung. Ausnahmen bilden Texte, bei denen künstlerische, philologische oder lizenzrechtliche Gründe einer Änderung entgegenstehen.

© 2013 C.C.Buchner Verlag, Bamberg
Das Werk und seine Teile sind urheberrechtlich geschützt. Jede Verwertung in anderen als den gesetzlich zugelassenen Fällen bedarf der vorherigen schriftlichen Einwilligung des Verlages. Dies gilt insbesondere auch für Vervielfältigungen, Übersetzungen und Mikroverfilmungen.
Hinweis zu § 52a UrhG: Weder das Werk noch seine Teile dürfen ohne eine solche Einwilligung eingescannt und in ein Netzwerk eingestellt werden. Das gilt auch für Intranets von Schulen und sonstigen Bildungseinrichtungen.

Layout und Satz: mgo360 GmbH & Co. KG, Bamberg
Druck und Bindung: mgo360 GmbH & Co. KG, Bamberg

www.ccbuchner.de

ISBN 978-3-7661-6681-4

Liebe Schülerinnen und Schüler,

in diesem Band von *lebensWert* wollen wir euch ein schmackhaftes philosophisches „Menü" servieren, das aus fünf Gängen in jeweils drei Variationen besteht. Bei jedem mehrgängigen Essen sind einige Speisen leichter verdaulich als andere, und so verhält es sich auch hier mit den philosophischen Themen: Einige Themen werdet ihr ganz leicht meistern, andere kosten Anstrengung, weil die Gedanken nicht auf Anhieb zu verstehen oder nachvollziehbar sind. Aber – und dies ist wie mit allen Speisen – das, was dir schmeckt, sprich: einfach fällt, muss anderen noch lange nicht munden (nicht einfach fallen) und umgekehrt.

Wir laden euch ein, an folgendem philosophischen Menü teilzunehmen: 1. Fragen nach dem Ich, 2. Fragen nach der Zukunft, 3. Fragen nach Moral und Ethik, 4. Fragen nach der Wirklichkeit und 5. Fragen nach Religionen und Weltanschauungen.

Im ersten Gang geht es um das Thema **Entwicklung und Gestaltung von Identität**: Im Mittelpunkt stehen die Fragen, wie mein Weg zu mir selbst aussieht, was mein Glück ausmacht und wie ich meinen eigenen Lebensstil finde.

Der zweite Gang widmet sich dem Thema **Altern, Sterben, Tod** und untersucht, wie wir mit diesen Bereichen umgehen, persönlich und gesellschaftlich.

Der dritte Gang untersucht **Ethische Grundlagen für Konfliktlösungen**: Auf der einen Seite werden unterschiedliche Fälle von Konflikten, Gewalt, Aggressionen und Krieg dargestellt und nach deren Ursachen geforscht, auf der anderen Seite werden Konfliktlösungsmöglichkeiten entwickelt und Friedensstrategien vorgestellt.

Der vierte Gang führt euch unter dem Thema **Wahrheit und Wirklichkeit** in die Fragen ein, ob man immer die Wahrheit sagen muss oder manchmal auch lügen darf, wie man zu Erkenntnissen und Wahrheit gelangen kann und wie es um die Wirklichkeitsdarstellung in den Medien steht.

Im fünften Gang lernt ihr **Weltreligionen und Weltanschauungen** kennen: Zuerst werden die Weltreligionen Judentum, Christentum, Islam, Hinduismus, Buddhismus und Taoismus behandelt, um danach die Frage zu stellen, ob Gott beweisbar ist oder die Religionen vom Menschen geschaffen wurden. Abschließend soll noch ein Blick auf die Bedeutung von Weltanschauungen geworfen werden.

Die Themen in der Menüfolge haben wir so abwechslungsreich gestaltet, dass für jeden von euch etwas dabei ist: Ihr findet in *lebensWert* **3** philosophische, theologische und soziologische Texte, aber natürlich auch interessante Geschichten, Ausschnitte aus Jugendbüchern, Bilder, Fotos und Karikaturen sowie zahlreiche Vorschläge für Projekte, in denen ihr aktiv selbst etwas gestalten könnt. Appetit bekommen? Das hoffen wir doch sehr!

Was die Speisenfolge betrifft, könnt ihr gemeinsam festlegen, welchen der fünf Gänge ihr zuerst probieren wollt. Wir würden euch lediglich empfehlen, in der Speisenabfolge Gang 5 eher ans Ende zu legen, denn das Beste bzw. der „gehaltvolle Nachtisch" kommt bekanntlich zum Schluss.

Übrigens: Ihr braucht nicht alle Aufgaben, die ihr bei einem Gang vorfindet, zu euch zu nehmen, sprich: zu bearbeiten. Die grau gedruckten sind entweder zusätzliche oder freiwillige Aufgaben.

Besonderen Wert haben wir in diesem Lehrwerk auch wieder auf methodische Vielfalt, auf den Einsatz von neuen, anregenden Verfahren und auf soziales und kooperatives Lernen gelegt. (Falls ihr wissen wollt, was mit all diesen Begriffen gemeint ist, schaut doch einmal in den Methodenüberblick, der sich am Ende dieses Buches befindet.)

Und jetzt wünschen wir euch viel Spaß – und guten Appetit!

Euer Autorenteam

Inhalt

1 Fragen nach dem Ich

Auf dem Weg zum Ich — 6

1. Wer bin ich? — 6
2. Erwachsen werden — 8
3. Entscheidungen treffen — 10
4. Lebensstufen — 12
5. Sei du selbst! — 14
6. Was eine Person ausmacht — 16

Glück und Sinn — 18

1. Macht Glück glücklich? — 18
2. Glückliche Gesellschaft? — 20
3. Philosophie des Glücks — 22
4. Der Lust folgen? — 24
5. Mehr Glück für alle — 26
6. Vom Glück zum Sinn — 28

Lebensstile — 30

1. „In" or „out"? — 30
2. Lebenswelten — 32
3. Sich in Szene setzen — 34
4. Anarchie ist machbar? — 36
5. Ich bin so frei — 38
6. Zurück zur Gemeinschaft — 40

2 Fragen nach der Zukunft

Alt werden … — 42

1. Von der Geburt bis zum Tod und umgekehrt — 42
2. Forever young — 44
3. Wie es ist, alt zu sein — 46
4. Deutschland wird immer älter — 48

Sterben müssen, sterben dürfen — 50

1. Dienstags bei Morrie — 50
2. An der Schwelle — 52
3. Sterben – ein Prozess — 54
4. Mysterium Tod — 56
5. Der „schöne Tod" — 58
6. Der Tod, der Leben retten kann — 60
7. Freiwillig aus dem Leben scheiden — 62

Den Tod überwinden? — 64

1. Trauer und Schmerz — 64
2. Trost und Hoffnung — 66
3. Was kommt danach? — 68
4. Auferstehung — 70
5. Kreislauf der Wiedergeburten — 72
6. Das Gewicht der Seele — 74
7. Der Tod gehört zum Leben — 76

3 Fragen nach Moral und Ethik

Konflikte und Konfliktlösungen — 78

1. Konflikte und ihre Ursachen — 78
2. … bis in den Abgrund — 80
3. Konflikte konstruktiv bearbeiten — 82
4. Im Konflikt mit der Moral — 84
5. Ethische Prinzipien — 86
6. Ein fühlendes Herz — 88

Gewalt und Aggression — 90

1. … dann brauche ich Gewalt — 90
2. Klassenkampf — 92
3. „Ene, mene, muh, tot bist du!" — 94
4. Machen Computerspiele gewalttätig? — 96
5. Wegschauen oder eingreifen? — 98
6. Ohne Gewalt miteinander auskommen — 100
7. Das Ideal der Gewaltlosigkeit — 102

Völkergemeinschaft und Frieden — 104

1. Krieg und Frieden — 104
2. Kein Tag ohne Krieg und Terror — 106
3. Wege zum Frieden — 108
4. Friede durch Völkerrecht? — 110
5. Engagement für den Frieden — 112

Inhalt

4 Fragen nach der Wirklichkeit

Wahrhaftigkeit und Lüge — 114

1. Wirklich wahr? — 114
2. Lügen – warum denn nicht ... — 116
3. Ausnahmen erlaubt? — 118
4. Nicht gelogen, also wahr?! — 120
5. „Pflicht zur Wahrheit" versus „Recht zu lügen" — 122

Erkenntnis und Wahrheit — 124

1. Was weißt du eigentlich? — 124
2. Urteil und Vorurteil — 126
3. Was heißt hier „wahr"? — 128
4. Illusionen des Sehens — 130
5. Die Sinne – Tore zur Welt — 132
6. Nicht ohne den Verstand! — 134
7. Wahrheit oder Wahrscheinlichkeit? — 136

Die Wirklichkeit der Medien — 138

1. Zugänge zum Wissen der Welt? — 138
2. Wirklichkeit oder Illusion? — 140
3. Die Realität der Bilder — 142
4. Realitätsverlust — 144
5. Simulation und Virtualität — 146
6. Die Welt ist allem Anschein nach ... — 148

5 Fragen nach Weltreligionen und Weltanschauungen

Weltreligionen — 150

1. Reli-Rallye — 150
2. Ein Zeichen des Bundes mit Gott? — 152
3. Häufige Wiederkehr — 154
4. Vom Erwachen — 156
5. Lass es geschehen! — 158
6. Was ihnen gemeinsam ist — 160

Religionskritik — 162

1. Unsere Bilder von Gott — 162
2. Ist Gott beweisbar? — 164
3. Religion ist vom Menschen gemacht — 166
4. Die Abschaffung Gottes? — 168
5. Ist es vernünftig, an Gott zu glauben? — 170
6. Fanatismus gegen Vernunft — 172

Weltanschauungen — 174

1. So ist die Welt beschaffen — 174
2. Kapitalismus – Geld regiert die Welt — 176
3. Kommunismus – Aufhebung der Klassengegensätze? — 178
4. Rassismus – ungleich durch Abstammung? — 180
5. Fundamentalismus – notfalls mit Gewalt — 182
6. Humanismus – Besinnung auf den Menschen — 184

Methodenüberblick — 186

Personenregister — 189
Sachregister — 191
Textnachweise — 193
Bildnachweise — 199

Auf dem Weg zum Ich

1 M1 Immer wieder Ich

M2 Eine verzwickte Frage

Sofie schaute in den Briefkasten, ehe sie das Gartentor öffnete. In der Regel gab es darin viel Reklamekram und einige große Briefumschläge für ihre Mutter. Sofie legte dann immer einen dicken Stapel Post auf den Küchentisch, ehe sie auf ihr Zimmer ging, um ihre Aufgaben zu machen. [...] Heute lag in dem großen grünen Briefkasten nur ein kleiner Brief – und der war für Sofie.

„Sofie Amundsen", stand auf dem kleinen Briefumschlag. „Kløverveien 3". Das war alles, kein Absender. Der Brief hatte nicht einmal eine Briefmarke.

Sowie Sofie das Tor hinter sich geschlossen hatte, öffnete sie den Briefumschlag. Darin fand sie nur einen ziemlich kleinen Zettel, nicht größer als der dazugehörende Umschlag. Auf dem Zettel stand: *Wer bist Du?* Mehr nicht. Der Zettel enthielt keinen Gruß und keinen Absender, nur diese drei handgeschriebenen Wörter, auf die ein großes Fragezeichen folgte.

Sie sah noch einmal den Briefumschlag an. Doch – der Brief war wirklich für sie. Aber wer hatte ihn in den Briefkasten gesteckt? Sofie schloss rasch die Tür des roten Hauses auf [...], warf die Schultasche in die Ecke und stellte Sherekan eine Schale mit Katzenfutter hin. Dann ließ sie sich mit dem geheimnisvollen Brief in der Hand auf einen Küchenhocker fallen. Wer bist Du? Wenn sie das wüsste! Sie war natürlich Sofie Amundsen, aber wer war das? Das hatte sie noch nicht richtig herausgefunden. Wenn sie nun anders hieße? Anne Knutsen zum Beispiel. Wäre sie dann auch eine andere?

Plötzlich fiel ihr ein, dass ihr Vater sie zuerst gern Synnøve genannt hätte. Sofie versuchte sich auszumalen, wie es wäre, wenn sie die Hand ausstreckte und sich als Synnøve Amundsen vorstellte – aber nein, das ging nicht. Dabei stellte sie sich die ganze Zeit eine andere vor.

Nun sprang sie vom Hocker und ging mit dem seltsamen Brief in der Hand ins Badezimmer. Sie stellte sich vor den Spiegel und starrte sich in die Augen. „Ich bin Sofie Amundsen", sagte sie. Das Mädchen im Spiegel schnitt als Antwort nicht einmal die kleinste Grimasse. Egal, was Sofie auch machte, sie machte genau dasselbe. Sofie versuchte, dem Spiegelbild mit einer blitzschnellen Bewegung zuvorzukommen, aber die

1 Wer bin ich?

andere war genauso schnell. „Wer bist du?", fragte Sofie. Auch jetzt bekam sie keine Antwort, aber für einen kurzen Moment wusste sie einfach nicht, ob sie oder ihr Spiegelbild diese Frage gestellt hatte. Sofie drückte den Zeigefinger auf die Nase im Spiegel und sagte: „Du bist ich." Als sie keine Antwort bekam, stellte sie den Satz auf den Kopf und sagte: „Ich bin du."
Sofie Amundsen war mit ihrem Aussehen nie besonders zufrieden gewesen. Sie hörte oft, dass sie schöne Mandelaugen hätte, aber das sagten sie wohl nur, weil ihre Nase zu klein und ihr Mund etwas zu groß war. Die Ohren saßen außerdem viel zu nah an den Augen. Am schlimmsten aber waren die glatten Haare, die sich einfach nicht legen ließen. Manchmal strich der Vater ihr darüber und nannte sie „das Mädchen mit den Flachshaaren", nach einer Komposition von Claude Débussy. Der hatte gut reden, schließlich war er nicht dazu verurteilt, sein Leben lang schwarze, glatt herabhängende Haare zu haben. Bei Sofies Haaren halfen weder Spray noch Gel.

Manchmal fand sie ihr Aussehen so seltsam, dass sie sich fragte, ob sie vielleicht eine Missgeburt sein konnte. Ihre Mutter hatte jedenfalls von einer schwierigen Geburt erzählt. Aber entschied wirklich die Geburt, wie jemand aussah? War es nicht ein bisschen komisch, dass sie nicht wusste, wer sie war? Und war es nicht auch eine Zumutung, dass sie nicht über ihr eigenes Aussehen bestimmen konnte? Das war ihr einfach in die Wiege gelegt worden. Ihre Freunde konnte sie vielleicht wählen, sich selber hatte sie aber nicht gewählt. Sie hatte sich nicht einmal dafür entschieden, ein Mensch zu sein. Was war ein Mensch?
Sofie sah wieder das Mädchen im Spiegel an.

Jostein Gaarder

Wo möchtest du leben?
Was ist für dich Glück?
Welche Fehler entschuldigst du am ehesten?
Was ist für dich das größte Unglück?
Deine liebsten Romanhelden?
Deine Lieblingsgestalt in der Geschichte?
Dein Lieblingsmaler?
Dein(e) Lieblingsmusiker?
Welche Eigenschaften schätzt du bei einer Frau am meisten?
Welche Eigenschaften schätzt du bei einem Mann am meisten?
Deine Lieblingsbeschäftigung?
Wer oder was würdest du gerne sein?
Dein Hauptcharakterzug?
Was schätzt du bei deinen Freunden am meisten?
Dein größter Fehler?
Deine Lieblingsfarbe?
Deine Lieblingsblume?
Dein Lieblingsvogel?
Dein Lieblingsschriftsteller?
Dein Lieblingslyriker?
Deine Helden der Wirklichkeit?
Deine Heldinnen in der Geschichte?
Deine Lieblingsnamen?
Welche geschichtlichen Gestalten verabscheust du am meisten?
Welche natürliche Gabe möchtest du besitzen?
Wie möchtest du gern sterben?
Deine gegenwärtige Geistesverfassung?
Dein Motto?

M3 Proust-Fragebogen

Questionnaires waren gegen Ende des 19. Jahrhunderts ein beliebtes Gesellschaftsspiel. Der französische Schriftsteller Marcel Proust (1871-1922) hat solche Fragebögen sogar zweimal, einmal im Alter von 13 und einmal im Alter von 20 Jahren, ausgefüllt. Nachdem Proust seinen zweiten ausgefüllten Bogen veröffentlichte, wurde der Questionnaire als Proust-Fragebogen bekannt. Heute dürfen Prominente z. B. in der FAZ oder der ZEIT solche Fragebögen in abgewandelter Form ausfüllen.

Aufgaben

1 Beschreibt die Fotos und sprecht darüber, ob es sich wirklich immer um dieselbe Person handelt. → M1
2 Stellt dar, welche Antwortmöglichkeiten Sofie für sich auf die Frage „Wer bist du?" findet. → M2
3 Beantwortet zunächst die Fragen für euch allein. Stellt dann abwechselnd euren Mitschülern die Fragen. Jeder sollte zwei bis drei Antworten geben. Haltet fest, was euch aufgefallen ist. → M3
4 Wer bist du? Schreibe dazu eine Reflexion. → M1-M3

Auf dem Weg zum Ich

M1 Die schönste Zeit von allen ...

Ja, die Jugendzeit ist doch die schönste Zeit von allen. Sowohl die Schule als auch das andere Zeug. Man sammelt einfach die besten Erfahrungen. Unser Alltag besteht aus Mutproben, die man vollbringt, weil man crazy ist. Dementsprechend lautet unser Motto auch: „Leben heißt so viel wie nie darüber nachdenken."

Übrigens: Ich heiße Benjamin. Es ist mein zweiter Abend in diesem Internat. Einige Jungen und ich haben uns über eine Feuerleiter in eines der Mädchenzimmer geschlichen, um dort mit den Mädchen zu trinken und zu feiern. Die Mädchen haben extra eine blaue Wolldecke ausgebreitet. Malen, Anna und Marie sitzen auf dem Boden. Sie haben schon eifrig gebechert. Marie bittet mich, Platz zu nehmen. Schnell habe ich ein Bier in der Hand. Ich betrachte sie. Sie hat ein rundes Gesicht. Giftgrüne Augen. Ihre Haut ist ein wenig gebräunt. Das lange, braune Haar hat sie nach oben gesteckt. Ihre Lippen sind voluminös. Sie ist sehr dünn. In dem pechschwarzen Nachthemd verliert sie sich fast. Ihre Brüste sind groß. Soweit ich das beurteilen kann.

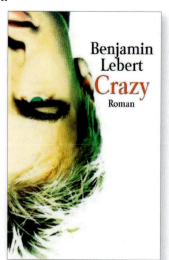

Ich trinke noch einen Schluck Bier. Das macht die ganze Sache leichter. Marie kommt immer näher. Sie liegt fast auf mir. Ich rieche ihre Haut. Rieche ein traumhaftes Parfüm. Zwei Tage sind jetzt vergangen. Nun befinde ich mich in irgendeinem Mädchenzimmer, und ein Mädchen liegt auf mir. Ich stehe auf. Ich muss dringend auf die Toilette. Im Vorraum befinden sich sechs Waschbecken an der Wand. Über jedem hängt ein Spiegel. Ich sehe mich darin. Ich trete an ein Waschbecken heran. Spritze mir ein wenig Wasser ins Gesicht. Es tut gut. Auf einmal öffnet sich hinter mir die Türe. Marie ist in den Toilettenvorraum getreten. „Was machst du?", fragt sie. „Ich spritze mir Wasser ins Gesicht", antworte ich. „Ist es denn kühl?", möchte sie wissen. „Sehr kühl", erwidere ich.

Sie zieht ihr Nachthemd über den Kopf. Nun trägt sie nur noch schwarze Unterwäsche. Ich sehe ihre zarte Haut. Den Bauchnabel. Das Gesicht. Die Brüste. Wenn auch ein wenig verschwommen. Irgendetwas will sie von mir. Das weiß ich. Ich habe Angst. Dann berührt sie meinen Hals. Ich zittere. Ich habe es noch nie mit einem Mädchen getrieben. Außerdem bin ich betrunken. Sie öffnet ihren BH.

Ich habe keine Erfahrung. Was ist, wenn ich etwas falsch mache? Warum ist die Jugend nur so brutal?, frage ich mich. Ich fürchte mich. Das geht alles zu schnell. Irgendwie komme ich da nicht mit. Marie tut einen weiteren Schritt auf mich zu. Mit zarten Fingern streicht sie mir über die Beine. Und dann geschieht es.

Das war also mein erstes Mal. Wie lauten doch gleich die ganzen Sprüche? Nach dem ersten Mal wäre man ein Mann? Vorbei sei es mit der milden Jugend? Man wäre nun erwachsen? Hm? Mein erstes Mal ist nun vorbei. Und ich fühle mich noch immer wie ein kleiner Hosenscheißer. Das ist, glaube ich, auch ganz gut so. Ich will gar nicht erwachsen werden. Ich will ein ganz normaler Junge bleiben. Meinen Spaß haben. Mich, wenn nötig, bei meinen Eltern verstecken. Und das soll jetzt alles vorbei sein? Das hat doch sowieso niemand gesehen. Ich werde es auch niemandem erzählen. Tun wir einfach so, als wäre nichts geschehen. Der liebe Gott soll ein Einsehen mit mir haben. Warum muss ich denn überhaupt jemals erwachsen werden? Oder anders gefragt, welcher Vollidiot hat diesen Begriff erfunden? Warum bleiben wir nicht alle einfach kleine Jungen? Die ihren Spaß haben wollen?

Das war alles ein wenig viel für mich heute: Anstatt zu schlafen, eine Feuerleiter hinaufzuklettern, zu saufen, was das Zeug hält, mal eben ein bisschen zu vögeln und nebenbei erwachsen zu werden. Das reicht für eine Nacht. Ich gehe hinaus auf den Mädchengang. Lausche dem Klang meiner Schritte. Ich bin allein. Niemand hilft mir.

nach Benjamin Lebert

2 Erwachsen werden

M2 Der Fänger im Roggen

Der siebzehnjährige Holden Caulfield trägt grundsätzlich seine Jägermütze falsch herum (also mit dem Schild nach hinten), denn er will sich auf diese Weise von der Erwachsenenwelt abgrenzen. Man hat ihn wegen schlechter Leistungen wiederholt aus einem Internat verwiesen. Deshalb traut er sich nicht, zu seinen Eltern zu fahren. Stattdessen irrt er drei Tage lang durch Manhattan, auf der Suche nach menschlicher Nähe und (s)einer Zukunftsperspektive. Er hat in dieser Zeit Kontakt zu unterschiedlichen Menschen (Stripperin, Touristinnen, Prostituierte, Nonnen, Ex-Mitschüler und -schülerinnen aus etablierten Elternhäusern), findet aber bei keinem das, wonach er sucht. Schließlich schleicht er sich am zweiten Abend nach Hause, um mit seiner zehnjährigen Schwester Phoebe zu reden. Sie durchschaut sofort, dass ihr Bruder ein weiteres Mal von einer Schule geflogen ist, und macht ihm deshalb Vorwürfe. Dann fragt sie ihn, was er denn wirklich gerne tun würde. Diese Frage bringt Holden in Verlegenheit. Schließlich erinnert er sich an ein Lied:

„Du kennst doch das Lied ‚Wenn einer einen fängt, der durch den Roggen kommt'. Ich würde gern …"

„Das heißt ‚Wenn einer einen *trifft*, der durch den Roggen kommt'", sagte die gute Phoebe. „Das ist ein
5 Gedicht. Von Robert *Burns*." […]

„Ich hab gedacht, es heißt ‚Wenn einer einen fängt'", sagte ich. „Jedenfalls stelle ich mir dabei immer lauter kleine Kinder vor, die in einem großen Roggenfeld spielen und so. Tausende von kleinen Kindern, und
10 niemand ist da – also, kein Großer –, nur ich. Und ich stehe am Rand eines verrückten Abgrunds. Und da muss ich alle fangen, bevor sie in den Abgrund fallen – also, wenn sie rennen und nicht aufpassen, wo sie hinlaufen, dann muss ich irgendwo rauskommen und
15 sie *fangen*. Und das würde ich den ganzen Tag lang machen. Ich wär einfach der Fänger im Roggen und so. Ich weiß, es ist verrückt, aber das ist das Einzige, das ich richtig gern wäre. Ich weiß, es ist verrückt."

Bevor Holden geht, schenkt er Phoebe seine Mütze:

Dann zog ich meine Jägermütze aus der Tasche und
20 gab sie ihr. Sie mag so verrückte Mützen. Sie wollte sie nicht annehmen, aber ich bestand darauf. Sie mag solche Mützen wirklich.

Am nächsten Tag lässt er Phoebe eine Nachricht zukommen, dass er sie treffen will, um sich von ihr zu verabschieden, bevor er endgültig in den Westen abhaut.

Endlich sah ich sie. […] Ich sah sie deshalb, weil sie meine verrückte Jägermütze aufhatte – diese Mütze sah man aus ungefähr zehn Kilometer Entfernung. […] 25
Sie kam gerade quer über die Fifth Avenue, und sie schleppte so einen verflucht großen Koffer. […] „Was hast du denn in dem Koffer? Ich brauche nichts. Ich gehe einfach so, wie ich bin. […]" Sie stellte den Koffer ab. „Meine Sachen", sagte sie. „Ich komme mit. Kann 30 ich? Ja?" […] Ich dachte, ich falle gleich in Ohnmacht. […] „Du kommst nicht mit. Also halt die Klappe. Gib mir den Koffer", sagte ich. […] Sie fing an zu weinen. „Ich hab gedacht, du sollst in einem Stück in der Schule mitspielen und so. Ich hab gedacht, du spielst 35 Benedict Arnold in dem Stück und so", sagte ich. Ich sagte es ganz gemein. „Was willst'n machen? Nicht in dem Stück mitspielen, Herrgott nochmal? […] Komm jetzt. Ich bring dich zur Schule zurück." […]
Sie gab mir keine Antwort. Sie nahm nur meine rote 40 Jägermütze ab – die, die ich ihr geschenkt hatte – und schmiss sie mir mitten ins Gesicht.

Holden verspricht Phoebe schließlich, doch nicht abzuhauen. Weil sie immer noch sauer auf ihn ist, lädt er sie zum Karussellfahren ein.

Als das Karussell anhielt, stieg sie von ihrem Pferd und kam zu mir. […] Und dann – es machte mich fast fertig –, und dann langte sie in meine Manteltasche, zog 45 meine rote Jägermütze raus und setzte sie mir [richtig herum] auf den Kopf. […] „Hast du das ernst gemeint, was du gesagt hast? Gehst du wirklich nicht weg? Gehst du hinterher wirklich nach Hause?", fragte sie. „Ja", sagte ich. Und das war auch mein Ernst. […] 50
Mann, es regnete nun wie blöd […], aber ich blieb noch eine ganze Weile auf der Bank sitzen. […] Meine Jägermütze gab mir irgendwie eine ganze Menge Schutz, aber trotzdem wurde ich patschnass. Aber das war mir egal. Ich war auf einmal so verdammt glücklich, als die 55 gute Phoebe da immer im Kreis fuhr. *Jerome D. Salinger*

Aufgaben

1 Bildet arbeitsteilige Gruppen und vergleicht, wie es dazu kommt, dass Benjamin und Holden erwachsen werden. (Untersucht dabei in M2, welche Rolle das Motiv der Jägermütze spielt.) ➔ M1/M2

2 Beurteilt, welche Art des Erwachsenwerdens euch mehr überzeugt. ➔ M1/M2

Auf dem Weg zum Ich

3 M1 Auf dem Weg zur Party

Elin und ihre Schwester Jessica gehen nur deshalb zu Agnes' Geburtstagsfeier, weil sie dieser einen Streich spielen und sich dort betrinken wollen. Jessica weiß nämlich, dass Agnes angeblich lesbisch sein soll, und wettet mit ihrer jüngeren Schwester Elin um 20 Kronen, dass diese sich nicht traut, Agnes zu küssen. Elin gewinnt die Wette, verletzt aber Agnes dabei zutiefst, da diese sich in Elin verliebt hat. Die beiden Schwestern gehen direkt nach dem Kuss noch zu einer anderen Party. Agnes dagegen ist verzweifelt und will sich die Pulsadern aufschneiden. Da Elin ein schlechtes Gewissen hat, kehrt sie noch einmal zu Agnes zurück und überredet diese, mit zu der anderen Party zu kommen. Auf dem Weg dorthin, müssen die beiden Mädchen eine Autobahnbrücke überqueren.

Elin: Was willst du denn später mal werden?
Agnes: Weiß ich noch nicht.
Elin: Ich möchte Model werden oder Psychologin.
Agnes: Daran habe ich auch schon gedacht.
5 **Elin:** Ja, wirklich? Möchtest du das auch?
Agnes: Ich weiß nicht, aber es muss spannend sein, im Leben von anderen Menschen herumzustochern. Aber eigentlich – du findest es wahrscheinlich lächerlich – aber am liebsten würde ich Schriftstellerin werden.
10 **Elin:** Wenn du Bock drauf hast, mach's doch. Dann kannst du Bücher über solchen Psychokram und so was schreiben. Und Massenmörder. Aber am liebsten möcht ich Model werden. Glaubst du, ich schaff das?
Agnes: Ja, das glaube ich. Ich denke aber, dass es
15 mehr Spaß macht, Psychologin zu sein.
Elin: Bin ich denn hübsch genug?
Agnes: Ja. – Weißt du, eigentlich will ich auf diese Party gar nicht.
[*Die beiden Mädchen bleiben auf der Mitte der Auto-*
20 *bahnbrücke an einem Geländer stehen.*]

Elin: Irgendwie bist du seltsam. Also, ich meine es nicht bös, aber du bist so anders.
Agnes: Du bist auch anders.
Elin: Findest du?
Agnes: Ja. 25
Elin: Ich will auch anders sein – und dann auch wieder nicht. Auf keinen Fall will ich wie einer von diesen Spießern reden, aber manchmal glaube ich, dass ich schon genauso bin wie die anderen.
Agnes: Nein, das bist du nicht. 30
Elin: Weißt du, wie mein Albtraum aussieht? Dass ich hier in Åmal versauern muss. Dass ich nie von hier wegkommen werde. Dass ich Kinder und Auto und alles, was ich brauche, haben werde. Und dann haut mein Mann ab, weil er eine Jüngere und Schönere 35 gefunden hat. Und ich sitze hier mit meinen Kindern, die nur schreien und quengeln. Ganz schön bescheuert, oder? – Woher kommst du? Ich meine, wo hast du gewohnt, bevor du hierher gezogen bist?
Agnes: Mariefred. 40
Elin: War es da aufregend?
Agnes: Es ging so.
Elin: Aufregender als in Åmal.
Agnes: Vielleicht.
Elin: Darf ich dich mal was fragen? 45
Agnes: Ja, na klar.
Elin: Hattest du schon viele Freundinnen?
Agnes: Was? Wieso? Warum fragst du?
Elin: Hat mich einfach nur interessiert.
Agnes: Nein, ich hatte noch nicht viele Freundinnen, 50 wenn du es genau wissen willst. Als du mich heute geküsst hast ...
Elin: Oh Gott, ich schäme mich so. Entschuldige.
Agnes: Es war das erste Mal.
Elin: Wirklich? 55
Agnes: Ja, das erste und letzte Mal.
Elin: Das darfst du nicht sagen. Nur weil du in diesem verkackten Åmal wohnst. Es ist so verdammt ungerecht. Wenn du zum Beispiel in Stockholm wohnen würdest, könntest du so viele Freundinnen haben wie 60 du willst.
Agnes: Glaubst du?
Elin: Ja.
[*Elin rennt dem Ende der Autobahnbrücke entgegen.*]

3 Entscheidungen treffen

M2 In der Pause

Elin ist Agnes lange Zeit aus dem Weg gegangen, weil sie sich ihre Gefühle für die 16-Jährige nicht eingestehen wollte. Jetzt möchte sie etwas klarstellen und zerrt Agnes in der Pause auf die Schultoilette.

Elin: Geh da rein, na mach schon. *[Sie schließt die Toilette von innen ab.]* Es ist sehr ...

Agnes: Was soll das?

Elin: Ich will dir doch nur schnell was sagen. Hör zu.

5 **Agnes** *[trotzig]*: Na los, was ist es?

Elin: [...] Wahrscheinlich glaubst du, dass ich schlecht von dir denke. Aber es ist nicht so. Das ... das musst du mir unbedingt glauben. Um ganz ehrlich zu sein: Weißt du, eigentlich finde ich dich wirklich ... sehr nett.

10 **Agnes** *[gereizt]*: Willst du mich verarschen?

Elin: Nein, das ist mein Ernst. Ich hab sehr viel an dich denken müssen. Das mein ich ehrlich.

Agnes *[unsicher]*: Wirklich?

Elin: Hm.

15 **Agnes:** Wenn du mich noch mal reinlegst, bring ich dich um.

Elin: Das werd ich nicht. Versprochen. *[Schweigen.]* Ist es wahr, was Viktoria gesagt hat? Dass du, dass du dich in mich verliebt hast? *[Schweigen.]* Wenn es 20 wirklich so ist, dann bin ich es auch. *[Agnes schaut ungläubig drein. Dann klopft ein Mädchen von außen an die Toilettentür.]*

Mädchenstimme: Hallo!

Elin *[zu Agnes]*: Bist du es? *[Agnes nickt.]*

25 **Mädchenstimme:** Komm raus da!

Elin: Mist. Ähm, ich schick sie weg. *[Elin öffnet die Tür einen Spalt, geht nach draußen und stellt sich vor die Tür.]* Äh, sie ist kaputt. [...]

Mädchen: Was soll der Scheiß? Ich muss auf's Klo.

30 **Elin:** Dann such dir 'ne andere.

Mädchen: Verstehe. *[Sie ruft in Richtung Elins Schwester.]* OK! Jessica?

Jessica: Ja? [...]

Mädchen: Elin hat sich auf'm Klo mit 'nem Jungen 35 versteckt. [...]

Elin: Nein, das ist nicht wahr. *[Sie dreht sich um und geht schnell wieder in die Toilettenkabine.]*

Mädchen *[versucht die Tür aufzureißen]*: Komm, Jessica! Elin!

Elin *[zu Agnes]*: Was sollen wir jetzt nur tun? *[Agnes 40 schüttelt ratlos den Kopf.]*

Mädchen *[im Off]*: Elin, wir wollen sehen, mit wem du da drin bist. Bitte! Elin mach auf. Wir wollen wissen, wen du da versteckst. *[Immer mehr Schülerinnen und Schüler versammeln sich vor der Toilettentür.]* [...] 45

Agnes *[zu Elin]*: Ist doch Schwachsinn. Wir können doch nicht den ganzen Tag in der Toilette bleiben.

Elin *[zu Agnes]*: Was sollen wir tun?

Agnes *[zu Elin]*: Wir gehen einfach raus. [...] Komm jetzt, los. Wir gehen raus. 50

Elin *[unsicher, was sie tun soll]*: Aber ...

Agnes *[zu Elin]*: Meinst du das ehrlich, was du vorhin gesagt hast?

Elin *[geht in sich, dann schaut sie Agnes an und sagt bestimmt]*: Ja. *[Agnes schaut Elin an und streicht ihr* 55 *eine Haarsträhne aus dem Gesicht.]*

Elin: OK. Gehen wir. *[Agnes nickt zustimmend und lächelt. Elin atmet einmal tief durch, dann schließt sie die Tür auf.]* [...]

Elin *[sieht in die erstaunten Gesichter ihrer Mitschü-* 60 *lerinnen und Mitschüler]*: Hallo. Da staunt ihr, was? *[Sie nimmt Agnes an die Hand. Die beiden Mädchen verlassen die Toilettenkabine.]* Das ist meine neue Freundin. Würdet ihr bitte Platz machen.

Aufgaben

1 Überlegt, was der Gang über die Autobahnbrücke, das Stehenbleiben der beiden Mädchen nach der Hälfte des Weges und das Gespräch zwischen Agnes und Elin über ihre Selbstfindung zum Ausdruck bringen. → M1

2 Beurteilt, welchen Stellenwert die Szene auf der Schultoilette für die beiden Mädchen hat. Vergleicht die Szene mit der Situation aus M1 von Seite 8. → M2

Auf dem Weg zum Ich

M1 Auf- und Niedergang des männlichen Alters

Abraham Aubry, Auff und Nidergang deß Männlichen Alters, Kupferstich aus dem 17. Jahrhundert

M2 Stufen

Wie jede Blüte welkt und jede Jugend
Dem Alter weicht, blüht jede Lebensstufe,
Blüht jede Weisheit auch und jede Tugend
Zu ihrer Zeit und darf nicht ewig dauern.

Es muß das Herz bei jedem Lebensrufe
Bereit zum Abschied sein und Neubeginne,
Um sich in Tapferkeit und ohne Trauern
In andre, neue Bindungen zu geben.

Und jedem Anfang wohnt ein Zauber inne,
Der uns beschützt und der uns hilft, zu leben.

Wir sollen heiter Raum um Raum durchschreiten,
An keinem wie an einer Heimat hängen,
Der Weltgeist will nicht fesseln uns und engen,
Er will uns Stuf' um Stufe heben, weiten.

Kaum sind wir heimisch einem Lebenskreise
Und traulich eingewohnt, so droht Erschlaffen,
Nur wer bereit zu Aufbruch ist und Reise,
Mag lähmender Gewöhnung sich entraffen.

Es wird vielleicht auch noch die Todesstunde
Uns neuen Räumen jung entgegensenden,
Des Lebens Ruf an uns wird niemals enden ...
Wohlan denn, Herz, nimm Abschied und gesunde!

Hermann Hesse

4 Lebensstufen

M3 Die Altersstufen

Phasen	Ich-Erkenntnis	Thema	zu erwerbende Grundstärken
1. Säuglingsalter (ca. 1. Lebensjahr)	Ich bin, was man mir gibt.	Vertrauen vs. Misstrauen	Wird die richtige Balance erreicht, entwickelt das Kind die Tugend **Hoffnung**.
2. Kleinkindalter (ca. 2.-3. Lebensjahr)	Ich bin, was ich will.	Autonomie vs. Scham und Zweifel	Gelingt die korrekte positive Balance von Autonomie und Scham und Zweifel, entwickelt das Kind die Tugend **Willenskraft**.
3. Spielalter (ca. 4.-5. Lebensjahr)	Ich bin, was ich mir vorstellen kann zu werden.	Initiative vs. Schuldgefühl	Eine gute Balance führt zu der Stärke von **Entschlusskraft**.
4. Schulalter (ca. 6.-11./12. Lebensjahr)	Ich bin, was ich lerne.	Regsamkeit vs. Minderwertigkeit	Wenn diese Phase erfolgreich ausbalanciert wird, erreicht man die Tugend der **Kompetenz**.
5. Adoleszenz (ca. 11./12.-15./16. Lebensjahr)	Ich bin, was ich bin. (Ich bin die Person, die ich in meinen Augen bin, und die, für die mich die anderen halten.)	Identität vs. Rollenkonfusion	Gelingt die Ausbalancierung, dann erreicht die Person in dieser Phase die Fähigkeit der **Treue**.
6. Frühes Erwachsenenalter	Ich bin, was ich für andere Menschen bin.	Intimität vs. Isolierung	Wird in dieser Phase eine Balance erreicht, erlangt die Person für den Rest ihres Lebens die Tugend oder die psychosoziale Stärke der **Liebe**.
7. Erwachsenenalter	Ich bin, was ich bereit bin zu geben.	Entwicklung vs. Stagnation	Bewältigt man diese Phase erfolgreich, hat man die Fähigkeit zur **Fürsorge** erlangt, die für den Rest des Lebens Bestand hat.
8. Alter	Ich bin, was ich als sinnhaft erlebe.	Integrität vs. Verzweiflung	Wer dem Tod ohne Furcht entgegensieht, hat die Stärke der **Weisheit** (wisdom) erlangt.

nach Eric H. Erikson

B

Aufgaben

1 Beschreibt das Bild. Stellt heraus, was die Besonderheit jedes Jahrzehnts ist. → M1
2 Interpretiert das Gedicht von Hermann Hesse und arbeitet dabei heraus, welche Stufe er in welcher Strophe anspricht. → M2
3 Erikson teilt die menschlichen Altersstufen in acht Phasen. Erklärt, welche Bedeutung in jeder einzelnen Phase die Ich-Erkenntnis hat, wieso die benannten Themen im Vordergrund stehen und was es mit den zu erwerbenden Grundstärken auf sich hat. → M3
4 Beurteilt, welche der vorgestellten Altersstufentheorien aus eurer Sicht haltbar ist. → M1-M3

Auf dem Weg zum Ich

M1 Blick in den Spiegel

M2 Anonymer Brief

Bitte höre, was ich nicht sage!
Lass Dich nicht von mir narren. Lass Dich nicht durch das Gesicht täuschen, das ich mache. Denn ich trage tausend Masken, die ich fürchte abzulegen. Und keine davon bin ich. So tun als ob ist eine Kunst, die mir zur zweiten Natur wurde.

Aber lass Dich dadurch nicht täuschen, um Gottes willen, lass Dich nicht von mir narren.

Ich mache den Eindruck, als sei ich umgänglich, als sei alles sonnig und heiter in mir, innen wie außen, als sei mein Name Vertrauen und mein Spiel Kühle, als sei ich ein stilles Wasser und als könne ich über alles bestimmen, so als brauchte ich niemanden. Aber glaube mir nicht, bitte glaube mir nicht!

Mein Äußeres mag sicher erscheinen, aber es ist eine Maske. Darunter ist nichts Entsprechendes. Darunter bin ich, wie ich wirklich bin: verwirrt, in Furcht und alleine. Aber ich verberge das. Ich möchte nicht, dass es irgendjemand merkt. Beim bloßen Gedanken an meine Schwäche bekomme ich Panik und fürchte mich davor, mich anderen überhaupt auszusetzen. Gerade deshalb erfinde ich verzweifelt Masken, hinter denen ich mich verbergen kann: eine lässige, kluge Fassade, die mir hilft, etwas vorzutäuschen, die mich vor dem wissenden Blick schützt, der mich erkennen würde.

Dabei wäre dieser Blick gerade meine Rettung. Und ich weiß es. Wenn er verbunden wäre mit Angenommenwerden, mit Liebe. Das ist das Einzige, das mir Sicherheit geben würde, die ich mir selbst nicht geben kann: DASS ICH WIRKLICH ETWAS WERT BIN!

Aber das sage ich Dir nicht. Ich wage es nicht. Ich habe Angst davor. Ich habe Angst, dass Dein Blick nicht von Annahme und Liebe begleitet wird. Ich fürchte, Du wirst gering von mir denken und über mich lachen – und Dein Lachen würde mich umbringen. Ich habe Angst, dass ich tief drinnen in mir selbst nichts bin, nichts wert, und dass Du das siehst und mich abweisen wirst.

So spiele ich mein Spiel, mein verzweifeltes Spiel: eine sichere Fassade außen und ein zitterndes Kind innen. Ich rede daher im gängigen Ton oberflächlichen Geschwätzes. Ich erzähle Dir alles, was wirklich nichts ist, und nichts von dem, was wirklich ist, was in mir

5 Sei du selbst!

schreit; deshalb lass Dich nicht täuschen von dem, was ich aus Gewohnheit rede.

Bitte höre sorgfältig hin und versuche zu hören, was ich nicht sage, was ich gerne sagen möchte, was ich um des Überlebens willen rede und was ich nicht sagen kann.

Ich verabscheue Versteckspiel. Ehrlich! Ich verabscheue dieses oberflächliche Spiel, das ich da aufführe. Es ist ein unechtes Spiel. Ich möchte wirklich echt und spontan sein können, einfach ich selbst, aber Du musst mir helfen. [...]

Ich möchte, dass Du weißt, wie wichtig Du für mich bist, wie sehr Du aus mir den Menschen machen kannst, der ich wirklich bin – wenn Du willst. Bitte, ich wünschte, Du wolltest es. Du allein kannst die Wand niederreißen, hinter der ich zittere. Du allein kannst mir die Maske abnehmen. Du allein kannst mich aus meiner Schattenwelt, aus Angst und Unsicherheit befreien – aus meiner Einsamkeit. Übersieh mich nicht. Bitte – bitte übergeh mich nicht! Es wird nicht leicht für Dich sein.

Die lang andauernde Überzeugung, wertlos zu sein, schafft dicke Mauern. Je näher Du mir kommst, desto blinder schlage ich zurück. Ich wehre mich gegen das, wonach ich schreie. Aber man hat mir gesagt, dass Liebe stärker sei als jeder Schutzwall, und darin liegt meine Hoffnung.

Bitte, versuche diese Mauern einzureißen, mit sicheren Händen, aber mit zarten Händen: Ein Kind ist sehr empfindsam.

Tobias Brocher

Identität

Mit Identität sind die Merkmale gemeint, durch die sich Individuen unterscheiden lassen. Somit umfasst der Begriff all die einzigartigen Merkmale, die ein bestimmtes Individuum ausmachen. Aus psychologischer Sicht ist die Identität das Ergebnis aus Selbsterkenntnis und Formung der eigenen Persönlichkeit. Solche Ich-Identität ist von der Wir-Identität zu unterscheiden, die sich auf eine Gruppe (Wir-Gruppe) bezieht und die keine einzigartigen, sondern geteilte Merkmale aufweist.

M3 Doppelte Persönlichkeit?

[S]tell dir vor, es sei normal, dass menschliche Wesen zwei Charaktere haben, etwa so: Die Gestalt, Größe und die charakteristischen Merkmale des Verhaltens von Leuten verändern sich in periodischen Abständen vollständig. Es ist normal, dass ein Mensch zwei solcher Zustände hat; und er fällt plötzlich von dem einen in den anderen. Es ist sehr wahrscheinlich, dass wir in einer solchen Gesellschaft geneigt wären, jeden Menschen mit zwei Namen zu taufen, und vielleicht von zwei Personen in seinem Körper zu sprechen. Waren nun Dr. Jekyll und Mr. Hyde zwei Personen oder waren sie ein und dieselbe Person, die sich lediglich änderte? Wir können sagen, was wir wollen. Wir sind nicht gezwungen, von einer doppelten Persönlichkeit zu sprechen.

Ludwig Wittgenstein

Aufgaben

1 Beschreibe das Bild. Überlege, was der Künstler zum Ausdruck bringen möchte. ➜ M1

2 Beschreibe zunächst die Situation, in der sich der anonyme Briefeschreiber befindet. Erläutere danach, wozu er den Leser auffordert, und erkläre abschließend, warum er diese Aufforderung an den Leser richtet. ➜ M2

3 Führt das Gedankenexperiment durch. Vergleicht eure Ergebnisse mit den Resultaten von M1 und M2. ➜ M3

G

P

Projekt: Kursbuch *Dr. Jekyll und Mr. Hyde*

Lest im Kurs die Geschichte *Der seltsame Fall von Dr. Jekyll und Mr. Hyde* von Robert Louis Stevenson oder schaut euch eine der zahlreichen Verfilmungen der Geschichte an. Fertigt anschließend ein Kursbuch an zum Thema: „Dr. Jekyll / Mr. Hyde – sei du selbst". Jeder von euch liefert einen Beitrag: einen Song, ein Gedicht, ein Bild, einen Essay, ein Psychogramm usw. Alle Beiträge werden vervielfältigt und gebunden, so dass jede Schülerin bzw. jeder Schüler sein Kursbuch erhält.

Übrigens: Ihr könnt den Kurs auch teilen; dann arbeitet die andere Hälfte nach dem gleichen Muster zum Buch oder Film *Das Bildnis des Dorian Gray* von Oscar Wilde. So habt ihr am Ende sogar zwei Kursbücher.

Auf dem Weg zum Ich

M1 Was macht eine Person zur Person?

M2 Mein neuer Körper

Ijon Tichy wurde bei einem Putsch des Militärs schwer verwundet. Da eine medizinische Versorgung unmöglich ist, versetzt man ihn in Kühlschlaf. Als man ihn im Jahre 2039 aufwachen lässt, findet er folgende Nachricht:

„Werter Patient (Vor- und Zuname)! Du weilst derzeit bei uns im Versuchsspital dieses Staates. Der Eingriff, der Dir das Leben gerettet hat, war schwer – sehr schwer (Nichtbenötigtes streichen!). Gestützt auf neueste medizinische Erkenntnisse, haben Dich unsere besten Chirurgen vorerst einmal – zweimal – dreimal – viermal – fünfmal – zehnmal operiert (Nichtbenötigtes streichen!). Deinem Wohle zuliebe ersetzten sie notgedrungenermaßen Teile Deines Organismus durch Organe, die von anderen Personen herrühren (gemäß des Bundesgesetzes d. Sen. U. R. H., Verordn. BGBl 1 989/0 001/89/1). Die herzliche Benachrichtigung, die Du hiermit liest, soll Dir helfen, Dich den neuen Gegebenheiten Deines Lebens bestmöglich anzupassen. Wir haben es Dir bewahrt. Gleichwohl entfernten wir Dir notgedrungenermaßen Arme, Beine, Rücken, Schädel, Genick, Bauch, Nieren, Leber, Sonstiges (Nichtbenötigtes streichen!). Das Los dieser Deiner irdischen Überreste braucht Dich nicht zu beunruhigen; wir haben sie im Einklang mit Deiner Religion versorgt und nach Maßgabe ihrer Weisungen begraben, verbrannt, einbalsamiert, als Staub in alle Winde verstreut, in der Aschenurne bestattet, geweiht, in die Mülltonne geworfen (Nichtbenötigtes streichen!). Vielleicht befremdet Dich anfangs die neue Gestalt, worin Du von nun an ein glückliches und gesundes Leben führen wirst. Doch Du kannst uns glauben: Wie alle unsere anderen lieben Patienten gewöhnst Du Dich bald daran. Zur Vervollständigung Deines Organismus verwendeten wir die allerbesten – geeigneten – hinreichenden – letzten (Nichtbenötigtes streichen!) derzeit verfügbaren Organe. Die Tauglichkeit dieser Organe verbürgen wir Dir für ein Jahr, Halbjahr, Quartal, drei Wochen, sechs Tage (Nichtbenötigtes streichen!). Du musst verstehen, dass …"
Der Text brach hier ab. Nun erst fiel mir auf, was jemand in Blockbuchstaben an den oberen Blattrand geschrieben hatte: Ijon Tichy, Oper. 6, 7 u. 8, Sämtliches. Das Papier flatterte mir in den Händen. – Großer Gott! Was ist von mir übrig? – Ich scheute mich sogar, die eigenen Finger zu besehen. Auf dem Handrücken wucherten dicke rote Haare. Mich schauderte. Gegen die Wand gestützt, richtete ich mich auf. Mir schwirrte der Kopf. Brüste hatte ich nicht; immerhin ein Trost! Stille umgab mich. Vor dem Fenster zwitscherte ein Vogel. Gerade der passende Moment, um zu zwitschern! Sämtliches. Was heißt Sämtliches? Wer bin ich?

Stanislaw Lem

M3 Das Schiff des Theseus

Das bekannteste Gedankenexperiment in Bezug auf das Identitätsproblem ist Das Schiff des Theseus. *Hier wird es in der Fassung von Thomas Hobbes wiedergegeben:*

Es kann aber auch ein Ding mit sich selbst zu verschiedenen Zeiten verglichen werden. Hier erhebt sich das Problem der Individuation, eine Streitfrage, die viel von den Philosophen verhandelt wird. In welchem Sinn bleibt ein Körper derselbe, in welchem wird er ein anderer, als er vorher war? Ist ein Greis noch derselbe Mensch, der er einst als Jüngling war, bleibt ein Staat in verschiedenen Jahrhunderten derselbe? Einige setzen die Individuation in die Einheit der Materie, andere wieder verlegen sie in die Einheit der Form; auch in die Summe aller Akzidenzien, in deren Einheit soll die Identität beruhen. Für die Materie spricht der Umstand, dass ein Stück Wachs, sei es kugelförmig oder würfelförmig, immer noch dasselbe Wachs ist. Für die Form spricht, dass der Mensch von seiner Kindheit bis zum Greisenalter, obgleich seine Materie sich ändert, immer ein und derselbe Mensch ist; kann

6 Was eine Person ausmacht

seine Identität nicht der Materie zugeschrieben werden, so scheint nichts übrig zu bleiben, als sie der Form zuzuschreiben. [...]

Nach der ersten Ansicht wäre ein Mensch, der sündigt, nicht derselbe wie jener, der bestraft wird, weil der menschliche Körper sich im ständigen Wechsel befindet. Auch ein Staat, der seine Gesetze im Laufe der Jahrhunderte geändert hat, wäre nicht mehr derselbe, eine Folgerung, die indessen das gesamte Bürgerrecht in Verwirrung bringen würde.

Nach der zweiten Ansicht würden unter Umständen zwei gleichzeitig existierende Körper zahlenmäßig ein und derselbe sein. So in dem Fall des berühmten Schiffs des Theseus, über das schon die Sophisten Athens so viel disputiert haben:

Werden in diesem Schiff nach und nach alle Planken durch neue ersetzt, dann ist es zahlenmäßig dasselbe Schiff geblieben; hätte aber jemand die herausgenommenen alten Planken aufbewahrt und sie schließlich sämtlich in gleicher Richtung wieder zusammengefügt und aus ihnen ein Schiff zusammengefügt, so wäre ohne Zweifel auch dieses Schiff zahlenmäßig dasselbe wie das ursprüngliche. Wir hätten dann zwei zahlenmäßig identische Schiffe, was absurd ist.

Nach der dritten Ansicht aber bleibt überhaupt nichts dasselbe; nicht einmal ein Mensch, der soeben saß, wäre stehend noch derselbe, und auch das Wasser, das sich in einem Gefäß befindet, wäre etwas anderes, wenn es ausgegossen ist. Das Prinzip der Individuation beruht eben weder allein auf der Materie noch auf der Form.

Wenn die Identität eines Gegenstandes in Frage steht, ist vielmehr der Name entscheidend, der ihm gegeben wurde. Es ist etwas anderes zu fragen, ob Sokrates derselbe Mensch ist, und etwas anderes, ob er derselbe Körper bleibe; denn sein Körper kann als Greis nicht derselbe sein, wie er als Kind war, schon der Größenunterschiede wegen. [...]

Der Mensch bleibt derselbe, sofern alle seine Handlungen und Gedanken aus demselben Lebensprinzip der Bewegung, das von der Erzeugung in ihm war, fließen; wir sprechen auch von dem nämlichen Fluss, wenn er nur aus einer und derselben Quelle her fließt, mag auch das Wasser nicht das gleiche Wasser sein oder etwas ganz anderes als Wasser von dort fließen. [...]

Ein Schiff, unter welchem Namen wir eine bestimmt gestaltete Materie verstehen, wird dasselbe sein, solange seine Materie dieselbe bleibt; ist kein Teil der letzteren mehr derselbe, dann ist es zahlenmäßig ein anderes geworden; sind Teile geblieben, andere ersetzt worden, so ist das Schiff teilweise dasselbe, teilweise ein anderes.

Thomas Hobbes

M4 Was eine Person ist

„Unter einer Person verstehe ich ein denkendes, verständiges Wesen, das Vernunft und Überlegung besitzt und sich selbst als sich selbst betrachten kann. Das heißt, eine Person kann sich als dasselbe Ding, das zu verschiedenen Zeiten und an verschiedenen Orten denkt, denken. Dies geschieht durch das Bewusstsein, das vom Denken untrennbar ist und zum Wesen einer Person gehört. Soweit nun das Bewusstsein rückwärts auf vergangene Taten oder Gedanken ausgedehnt werden kann, so weit reicht die Identität dieser Person. Sie ist in diesem Moment dasselbe Selbst wie damals; jene Handlung wurde von demselben Selbst ausgeführt, das jetzt über sie nachdenkt."

John Locke

Aufgaben

1. Beantwortet die Frage. ➜ M1
2. Stell dir vor, du bist Ijon Tichy. Wie fühlst du dich, wenn du die Augen zum ersten Mal wieder öffnest und die Nachricht findest? Beschreibe deine ersten Minuten. Was denkst du, als du dich zum ersten Mal im Spiegel betrachtest? ➜ M2
3. Stellt dar, in welchem Sinn ein Körper derselbe bleibt und in welchem er ein anderer wird. Diskutiert danach das Problem des Schiffs des Theseus. Zu welchem Resultat gelangt Hobbes? ➜ M3
4. Arbeite die Kriterien heraus, die für Lockes Personenbegriff unentbehrlich sind. ➜ M4

Glück und Sinn

1 **M1** Goofy im Glück

M2 Gustav Gans zieht das große Los

M1/M2: Walt Disney

1 Macht Glück glücklich?

M3 „Glück haben" und „glücklich sein"

Glück im Sinne des englischen Wortes *luck* (französisch: *bonne chance*, lateinisch: *fortuna*) erkennt man im Deutschen meist an der Formulierung „Glück haben". Damit meinen wir einen erfreulichen Zufall,
5 z. B. die Fragen in einer Arbeit, zu denen wir ohne Lernen zufällig die richtigen Antworten wissen; oder den Ball genau so erwischt zu haben, dass er im Tor dort landet, wo der Torwart gerade nicht hinkommt. Glück haben wir dann, wenn das geschieht, was wir
10 wollten, was wir gehofft haben, was wir aber nicht sicher erreichen konnten. Besonders groß ist das Glück, wenn das Erreichte sogar unwahrscheinlich war.
Aber auch Gesundheit, besondere Erfolge und Wohlstand bezeichnen wir als Glücksgüter. Ein „glückli-
15 ches Händchen" in diesem Sinne schreiben wir dem zu, der bei seinen Unternehmungen zumeist erfolgreich ist. Glück im Sinne des englischen Wortes *happiness* (französisch: *bonheur*, lateinisch: *beatitudo*) formuliert man im Deutschen zumeist als „glücklich
20 sein". Damit ist eine Empfindung bzw. ein Gefühl gemeint. Das kann ein Hochgefühl nach einem besonderen Erfolg, ein körperliches Wohlfühlen oder allgemein die Empfindung von Spaß, Vergnügen oder Genuss sein.
25 Ob man glücklich ist, hängt nicht unbedingt von den äußeren Umständen ab, sondern vom eigenen Empfinden. So kann von zwei Personen in der gleichen Situation die eine glücklich, die andere aber unglücklich sein. Vielleicht habt ihr das schon erlebt, dass z. B.
30 ein „ausreichend" in einer Arbeit den einen jubeln lässt, während der andere darüber betrübt ist. Das Nachdenken über Glück ist in der deutschen Sprache besonders schwierig, weil hier zwei unterschiedliche Arten von Glück mit dem gleichen Begriff be-
35 zeichnet werden.
Diese Doppeldeutigkeit findet sich in anderen Sprachen nicht. So wird eben im Englischen zwischen *luck* und *happiness* unterschieden, und auch im Französischen und im Lateinischen findet sich diese Unter-
40 scheidung (s. o.). Ähnliches gilt für das Italienische, Spanische oder Türkische.

M4 Das alles ist „Glück"

Da hattest du aber Glück im Unglück.

Dem Glücklichen schlägt keine Stunde.

Glückliche Reise!

ICH BIN WUNSCHLOS GLÜCKLICH.

Happy Christmas!

Glück auf!

Probier das mal auf gut Glück!

Jeder ist seines Glückes Schmied!

Du Glückspilz!

„Die Tür des Glücks geht nicht nach innen auf, dass man auf sie zueilen und aufstoßen könnte, sondern nach außen."
Søren Kierkegaard

Aufgaben

1 Wie erklärst du dir, dass Goofy den Tag als seinen Glückstag bezeichnet? Suche mögliche Gründe. ➔ M1
2 Hättest du Goofys Tag genauso als Glückstag erlebt wie er? Begründe deine Auffassung. ➔ M1
3 Erzählt euch gegenseitig, was ihr über Gustav Gans wisst, und betrachtet das Bild. Ist er ein glücklicher Entenhausener? Warum bzw. warum nicht? ➔ M2
4 Stellt in einer Tabelle Beispiele für „glücklich sein" und „Glück haben" gegenüber. ➔ M3
5 Begründet, in welchen dieser Redewendungen „Glück" eher für „glücklich sein", in welchen für „Glück haben" steht. ➔ M4

Glück und Sinn

2 M1 Bhutan – das glücklichste Land der Erde

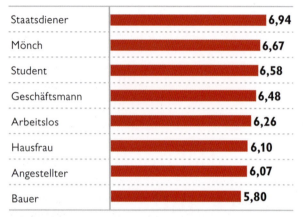

So glücklich sind die Bürger
Eine Auswahl nach Berufen auf einer Skala von 1 bis 10

- Staatsdiener: 6,94
- Mönch: 6,67
- Student: 6,58
- Geschäftsmann: 6,48
- Arbeitslos: 6,26
- Hausfrau: 6,10
- Angestellter: 6,07
- Bauer: 5,80

ZEIT-Grafik/Quellen: Bhutan, Glücksstudie 2011

Tief im Himalaya, in einem kleinen Land steht ein Mann auf dem Reisfeld, erntet sein Glück und kehrt Stroh zusammen. Später wird er den Ballen anzünden, es wird seine Freude befeuern über Tausende Reiskör-
5 ner, die nun geerntet sind. Denn das Glück, sagt Bauer Dorji, sei ein Reiskorn. Dorji, Herr über sieben winzige Felder, ist 79 Jahre alt und lebt in Bhutan, dem einzigen Land der Welt, dem das Glück seiner Bewohner wichtiger ist als sein wirtschaftlicher Erfolg.
10 Als die Sonne am Nachmittag hinter die Berge rutscht, geht Dorji heim. An der Wand hängt ein Bild von Buddha, daneben ein Foto des alten Königs von Bhutan. Jigme Singye Wangchuk war der vierte König der Dynastie, Spitzname K 4. Er war es, der 1986 in
15 einem Interview gefragt wurde, wie hoch das Bruttoinlandsprodukt Bhutans sei. 50 US-Dollar pro Kopf, der König kannte die Zahl, es war die niedrigste weltweit. Er antwortete: „Das Bruttoinlandsprodukt interessiert mich nicht. Mich interessiert das Bruttoinlands-
20 glück." Was nach einer einfachen Ausrede klang, steht heute in Artikel 9, Absatz 2 der nationalen Verfassung: „Der Staat bemüht sich, jene Bedingungen zu fördern, die das Streben nach Bruttoinlandsglück ermöglichen." Glück als oberstes Staatsziel? Die Welt hat das jahre-
25 lang belächelt. Für die Zufriedenheit einer Nation schien vor allem das Wirtschaftswachstum von Bedeutung. Mehr Wohlstand, mehr Zufriedenheit – eine einfache Gleichung. Dann begann die Finanzkrise, und auf einmal ist dieses Konzept in Verruf geraten.
30 Wann geht es einem Land wirklich gut? Wenn die Menschen viel lachen? Viel Freizeit haben? Oder doch, wenn ihr Einkommen steigt? Bhutan stellt sich diese Fragen schon lange; andere Länder haben sie gerade erst entdeckt.
In Bhutan fragte sich K 4, wie er die Zufriedenheit 35 seines Volkes erhöhen könne. Er formulierte vier Leitlinien: Bewahren und Fördern der Kultur; Leben im Einklang mit der Natur; gerechte Wirtschaftsentwicklung; gutes Regieren. So entstand das Konzept, das er später „Gross National Happiness" nannte, Bruttoin- 40
landsglück.
Man kann sich das Bruttoinlandsglück als ein Haus mit vier Säulen denken. Nur wenn alle Säulen gleich groß sind, wenn Kultur, Umweltschutz, Wirtschaftswachstum und gutes Regieren gleichermaßen berück- 45
sichtigt werden, lässt sich ein Dach darauf bauen. In bhutanischen Augen ist der Kapitalismus ein Haus mit nur einer Säule – dem Wirtschaftswachstum. Ein Haus mit nur einer Säule stürzt ein, früher oder später. Kann ein Mensch glücklich sein, wenn der Staat es 50
ihm vorschreibt? „Wir können niemanden zu seinem Glück zwingen", sagt Bhutans Premierminister Jigme Thinley. „Der Mensch soll selbst entscheiden, was sein persönliches Glück ist. Wir sorgen für den Rahmen, für kostenlose Bildung und Gesundheit." [...] 55
Kann Deutschland etwas lernen von Bhutan? Man kann sich Reichtum und Zufriedenheit wie Geschwister vorstellen, die Hand in Hand einen Berg hinaufgehen. Irgendwann kommt der Punkt, an dem Bruder Reichtum weiter aufsteigt und Schwester Zufrieden- 60
heit umdreht und absteigt. Die Bundesrepublik hat diesen Punkt längst erreicht. [...] In Bhutan sind die Geschwister noch ganz am Anfang des Berges. Noch gehen sie gemeinsam nach oben. Aber es ist das Ziel der Politik, dass das so bleibt, dass sie den Gipfel 65
zusammen erreichen, auch wenn sie dann ein bisschen länger unterwegs sind. Das ist der Unterschied.

nach Amrai Coen

2 Glückliche Gesellschaft?

M2 Glücksatlas

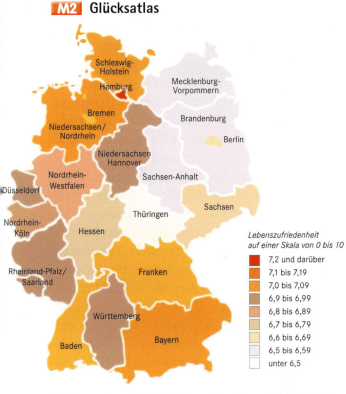

Lebenszufriedenheit auf einer Skala von 0 bis 10
- 7,2 und darüber
- 7,1 bis 7,19
- 7,0 bis 7,09
- 6,9 bis 6,99
- 6,8 bis 6,89
- 6,7 bis 6,79
- 6,6 bis 6,69
- 6,5 bis 6,59
- unter 6,5

Die Deutschen sind laut einer Studie so glücklich wie seit 10 Jahren nicht mehr, vor allem in den vergangenen zwei Jahren sind sie deutlich zufriedener geworden. [...] Unterschiede bestehen der Studie zufolge
5 zwischen Frauen und Männern: „Frauen sind glücklicher als Männer", sagte Raffelhüschen. Auf einer Skala von null bis zehn errechneten die Autoren der Studie eine durchschnittliche Zufriedenheit von 7,0. [...] Wie in anderen Studien zeigte sich, dass Wirt-
10 schaftswachstum, gemessen am Bruttoinlandsprodukt pro Kopf, die Lebenszufriedenheit kaum steigert. Auch die Finanzkrise von 2008 habe die Lebenszufriedenheit der Deutschen kaum getrübt, heißt es im Glücksatlas.
www.zeit.de

M3 Das Glück liegt in uns selbst

Menschen ab 65 und 20–30-Jährige sind besonders glücklich. Was lässt sich von den Jungen und den Alten abschauen? Zuerst ein Blick auf das Glück der Jugend: Zwei Faktoren hat die Soziologin Brock-
5 mann ausgemacht, die Menschen in ihren Zwanzigern glücklicher sein lassen als in ihren Vierzigern: erstens mehr Freunde, zweitens weniger Konkurrenz.

„Wettbewerb macht nicht glücklich", sagt sie. Die beiden Faktoren bedingten sich zudem gegenseitig: Unter Freunden halte sich die Konkurrenz in Gren-
10 zen. Stürze man sich aber spätestens um die 30 in den Wettbewerb des Arbeitsmarktes, bleibe wiederum weniger Zeit für Freunde. Egal, welchen Forscher man fragt: Dass soziale Beziehungen einer der wichtigsten Schlüssel zum Glück sind, ist Konsens. [...]
15 „Ältere Menschen können Schwierigkeiten besser meistern", meint der Lebenskrisenforscher George Bonanno. Selbst den Tod ihres Lebenspartners verwänden viele besser als weithin angenommen. Und etlichen gelänge es erstaunlich gut, sich damit abzu-
20 finden, dass ihre Ressourcen langsam schwinden: „Sie wählen sorgfältiger aus, wofür sie ihre Kraft aufwenden." Gezwungenermaßen anpassungsfähig sind die Älteren also. Und wenn Bonanno daraus einen Glückstipp ableiten soll, dann diesen: „Sei flexibel!"
25 Es komme eben vor allem darauf an, dass das Verhalten zur jeweiligen Situation passe. „Wir können ziemlich viel von den Alten lernen."
Freundschaft und Flexibilität – also die Offenheit für Menschen und für den Wandel: Dieser Schlüssel zum
30 Glück liegt also in uns selbst.
nach Stefanie Schramm

Aufgaben

1. Die Zufriedenheit eines Volkes kann durch die vier Leitlinien Bewahren und Fördern der Kultur, Leben im Einklang mit der Natur, gerechte Wirtschaftsentwicklung, gutes Regieren erreicht werden. Sucht Gründe, die diese Behauptung be- oder widerlegen. ➜ M1
2. Erstellt ein Ranking der 16 Bundesländer. Beginnt mit dem Bundesland, in dem die Deutschen am glücklichsten sind, und endet mit dem Bundesland, in dem sie sich nicht so glücklich fühlen. Diskutiert anschließend, woran das liegen könnte. ➜ M2
3. Recherchiert in Gruppen und stellt anschließend eure Ergebnisse zu dem Thema „Je höher das Bruttoinlandsprodukt, desto mehr Wohlstand gibt es; und dies führt wiederum zu mehr Zufriedenheit in der Bevölkerung" zur Diskussion. ➜ M1/M2
4. Nennt die angeführten Gründe, die belegen sollen, dass junge und alte Menschen besonders glücklich sind. Überlegt, inwieweit sich die Ergebnisse der Forscher aus eurem näheren Umfeld (nicht) bestätigen lassen. ➜ M3

Glück und Sinn

3

M1 Diogenes – ein Leben in der Tonne

Hallo! Ich, Diogenes, verachtete die Zivilisation der Athener Bürger. Ich bin der Auffassung, dass man nur durch ein einfaches Leben in Bedürfnislosigkeit glücklich werden kann. Deshalb lebe ich vor den Toren der Stadt, schlafe in einem Ölfass und verzichtete auf allen Besitz. Was ich bis vor einiger Zeit zum Leben brauchte, war eine Essensschale und einen Trinkbecher. Aber als ich dann einen Jungen sah, der mit bloßer Hand Wasser auffing, habe ich auch noch meinen Becher weggeworfen. Die Athener finden, dass ich ein Leben wie ein Hund führe. Deshalb haben sie mir den Beinamen Kynikos, Hund, gegeben.

Meine Philosophie schreibe ich nicht auf, lieber bringe ich sie durch provozierende Handlungen zum Ausdruck. So bin ich beispielsweise im letzten Jahr mit einer Laterne auf den Marktplatz gegangen und habe gerufen: „Ich suche einen wirklichen Menschen!" Im Jahr davor war ich schon einmal dort und lockte die Athener: „Kommt herbei, Menschen!" Alle, die meinem Aufruf folgten, verscheuchte ich dann wieder mit den Worten: „Menschen habe ich zu mir gerufen, nicht Abschaum!" Und als König Alexander der Große zu mir kam und mir einen Wunsch freistellte, entgegnete ich ihm: „Geh mir aus der Sonne!"

M2 Aristoteles – der mittlere Weg

Schüler: Aristoteles, Sie haben in Ihren Schriften behauptet, dass alle Menschen nach Glück streben. Wie sind Sie darauf gekommen?

Aristoteles: Überlege einmal: Wenn du etwas tust, dann tust du es nur, wenn du davon überzeugt bist, dass es gut für dich ist – sonst würdest du es ja nicht tun. Du treibst z. B. Sport, weil du denkst, dass das gut für dich ist. Jedoch stellt sich die Frage: Wozu ist es gut, Sport zu treiben? Vielleicht tust du es, um dich fit zu halten. Aber wozu ist Fitness gut? Vielleicht, um erfolgreich zu sein. Aber wozu ist das wiederum gut? So verweist jedes Gut, das du anstrebst, immer auf ein noch höheres Gut.

Schüler: Hört das denn nie auf? Gibt es denn kein höchstes Gut?

Aristoteles: Doch, genau das meine ich. Alles, was wir tun, tun wir letztlich, um glücklich zu werden. Glück ist das höchste Gut, um das es den Menschen in ihrem Handeln geht.

Schüler: Und was ist das – Glück?

Aristoteles: Ich sage dir erst einmal, was menschliches Glück nicht ist: die Befriedigung von Lust. Wenn unser Glück in der Befriedigung von Lust läge, wären wir nicht mehr als Schweine, denn auch denen geht es um Lustbefriedigung. Das menschliche Glück muss also etwas mit dem zu tun haben, was für Menschen im Unterschied zu allen anderen Lebewesen kennzeichnend ist: also mit dem Denken, dem Verstand.

Schüler: Was heißt das?

Aristoteles: Das heißt, dass du dich nicht blind deinen Gefühlen überlassen darfst, sondern bei allem, was du tust, überlegen sollst. Sonst führt dich dein Weg leicht ins Unglück. Man darf z. B. in einer Gefahr nicht einfach seiner Angst gehorchen, dann ist man ein Feigling. Man darf aber auch nicht tollkühn sein, denn dann rennt man ins Verderben. Richtig ist es, mutig zu sein, also den mittleren Weg zwischen Feigheit und Tollkühnheit zu wählen. Der mittlere Weg zwischen Extremen ist immer der, der uns zum Glück führt. Und was die Mitte ist, das erkennen wir durch Überlegung.

3 Philosophie des Glücks

M3 Seneca – Harmonie der Seele

Lieber Bruder Gallio,

alle wollen glücklich leben, aber es ist nicht leicht herauszufinden, wie das geht.

Auf jeden Fall reicht es nicht, wie das Vieh der Herde nachzutrotten, also den Weg aller zu gehen. Es ist so, dass der Mehrheit das Bessere meistens gar nicht gefällt. Man könnte fast sagen, die Masse ist der Beweis für das Schlechteste. Lass uns deshalb nicht nach dem fragen, was üblich, sondern nach dem, was richtig ist, was uns in den Besitz eines beständigen Glücks bringt.

Für ein glückliches Leben muss man sich um seelische Stärke und Gelassenheit bemühen. Was das heißt? Du musst einfach die Dinge, die unabänderlich sind, so hinnehmen, wie sie kommen.

Natürlich sollst du dich z. B. um deine Gesundheit und deinen Körper kümmern. Treibe also etwas Sport, halte dich fit und ernähre dich vernünftig. Aber übertreibe nichts davon. So reicht z. B. ein wenig Sport für dein Wohlbefinden aus – man muss nicht gleich alle Wettkämpfe gewinnen wollen. Wenn dir etwas Gutes passiert, du z. B. zu einem tollen Essen eingeladen wirst, dann genieße es. Aber sei nicht unzufrieden, wenn du in der Schule nur ein paar Butterbrote zu essen hast. Die machen auch satt.

Mach dich nicht abhängig von den Sachen, sonst macht dich ihr Verlust unglücklich. Hast du einen tollen Wagen, erfreue dich daran. Fährt er nicht mehr, dann vergiss nicht, dass du auch ohne diesen Wagen gut leben konntest.

Wenn dich nichts mehr reizt oder abschreckt, dann kannst du viel ausgeglichener leben und wirst frei von Zwängen. Du musst nicht mehr alles erlebt haben und alles, was du bei anderen siehst, besitzen. Vieles ist unbedeutsam, kurzlebig, manchmal sogar schädlich. Wenn du das so hinbekommst, dann entsteht eine unendlich große, unerschütterliche und gleichbleibende Freude, dazu Friede, Harmonie der Seele und innere Größe, verbunden mit Großzügigkeit gegenüber den Schwächen von anderen.

Dein Seneca

Glücksvorstellungen der Antike

Die aristotelische Glückslehre beruht auf dem Begriff der *Glückseligkeit (eudaimonía)*. Sie verkörpert das höchste Ziel im menschlichen Leben. Im Gegensatz zu anderen Gütern erstrebt man sie um ihrer selbst willen, weil sie vollkommen ist. Man kann sie durch einen auf Tugenden abgestimmten Lebenswandel erreichen.

Die Kyniker (siehe Diogenes) betonen, dass Glück auf Bedürfnislosigkeit und *Selbstgenügsamkeit (autárkeia)* beruht. Alle vermeintlichen Güter stellen in Wirklichkeit Übel dar oder sind für ein glückseliges Leben unwichtig.

Die Stoiker setzen das Erreichen der *Seelenruhe (ataraxía)* mit Glückseligkeit gleich. Die mit der Ataraxie verbundene Freiheit wiederum besteht sowohl in der Unabhängigkeit von äußeren Umständen als auch von den eigenen Leidenschaften und Wünschen.

Aufgaben

1 Erläutert, auf welche Weise Diogenes nach Glück strebt. → M1

2 Welche im Text erwähnten Gegenstände kannst du auf dem Bild wiedererkennen? Erkläre ihre Bedeutung. → M1

3 Erkläre Aristoteles' Auffassung vom Weg zum Glück. → M2

4 Welche Ratschläge gibt Seneca für das glückliche Leben? Erstelle eine Liste. → M3

5 Diskutiert, welche Auffassung euch heute noch aktuell erscheint. → M1–M3

D

Glück und Sinn

4

M1 So muss Leben sein

M2 Lust und Glück

Der Zweck des Menschen ist die Lust – so lautet die entscheidende These der epikureischen Ethik. Sinn und letztes Ziel unseres Daseins ist es, dass wir ein möglichst lustvolles Leben führen.

Wir dürfen den Epikureismus aber nicht mit einem primitiven Hedonismus verwechseln. *Hedone* ist griechisch und bedeutet Lust. Für den primitiven Hedonisten besteht das Glück in der unkontrollierten Suche nach immer neuen Annehmlichkeiten; völlig zügellos gibt er sich den Genüssen des Lebens hin. Für einen solchen Hedonismus stehen Sprüche wie: „Lasst uns essen und trinken, denn morgen sind wir tot", oder der Titel eines Liedes des französischen Sängers Serge Gainsbourg: *Sea, sex and sun*.

Epikur ist kein primitiver Hedonist. Er ist klug genug, um zu wissen, dass die unkontrollierte und vernunftlose Suche nach immer neuen Annehmlichkeiten am Ende zu Überdruss, Ärger und Leid führt. Nehmen wir ein Beispiel. Wenn jemand eine Vorliebe für *Cuba libre* hat, dann meint ein primitiver Hedonist, er müsse davon so viele trinken, wie er Lust hat, gegebenenfalls bis zum Umkippen. Ein Epikureer dagegen würde die folgende Überlegung anstellen: Sich mit Rum zu betrinken, ruft zwar einen lustvollen Zustand hervor, der zwei bis drei Stunden andauert; am nächsten Tag aber hast du dafür sechs oder sieben Stunden lang Kopfschmerzen, Magenbeschwerden und Durst. Außerdem ist im Rausch die Gefahr größer, bei einem Streit oder einem Unfall verletzt zu werden oder jemand anderen zu verletzen, und das hätte unangenehme Folgen (im zweiten Falle: Gefängnis, Gewissensbisse, Geldverlust). Und wenn wir uns zu häufig betrinken, würden wir schließlich unsere Leber zugrunde richten und unsere Arbeit verlieren, und dann hätten wir kein Geld mehr übrig für weitere Besuche in der Cocktailbar. Deswegen ist das Betrinken nicht besonders gut dazu geeignet, uns Lust zu verschaffen. Die damit verbundene Lust ist zu kurz, zu kostspielig und das Risiko zu hoch, dass sie in Leid umschlägt. Es ist viel sinnvoller, maßvoll zu trinken, denn auch das bringt uns Lust und auf Dauer keinen Schmerz.

Die wahre Lust – so glaubt Epikur – liegt darin, dass wir so viel Leid, Unruhe und Ängste von uns fernhalten wie möglich. Nach seinem Dafürhalten soll der Mensch deshalb ein gemäßigtes Leben führen, kein zügelloses. Die Sehnsucht nach sexueller Lust, nach dem Rausch des Alkohols, nach Reichtum, nach Auszeichnung und Ehre enthält zu viel Unzufriedenheit, zu viel Leid. Besser ist es, ein heiteres und ausgeglichenes Leben zu führen. Ein Leben ohne innere Unruhe führt zu beständiger Lust, während die exzessiven Vergnügen bald vorüber sind, worauf wir sie dann schmerzlich vermissen.

Epikur geht mit der Lust wirtschaftlich um. Wenn er zum gemäßigten Leben aufruft, so nicht deshalb, weil er es für tugendhaft hält. Ihm geht es um das richtige Streben nach Lust. Epikur überschlägt die Investitionen und kommt zu dem Ergebnis, dass es besser ist, in Unternehmen zu investieren, die kontinuierlich kleinere Erträge erwirtschaften, als sein ganzes Kapital in Unternehmen zu stecken, die große Gewinne versprechen, bei denen jedoch das Risiko groß ist, dass man alles verliert. Den besonders intensiven Lustzuständen, die schnell vorübergehen und noch größeres Leid verursachen, zieht Epikur die kleineren Annehmlichkeiten vor, die lange ohne unangenehme Nebenwirkungen genossen werden können.

Héctor Zagal / José Galindo

4 Der Lust folgen?

M3 Die paradoxe Verfassung des Menschen

Wir wenden uns darum der anspruchsloseren Frage zu, was die Menschen selbst durch ihr Verhalten als Zweck und Absicht ihres Lebens erkennen lassen, was sie vom Leben fordern, in ihm erreichen wollen. Die Antwort darauf ist kaum zu verfehlen; sie streben nach dem Glück, sie wollen glücklich werden und so bleiben. Dies Streben hat zwei Seiten, ein positives und ein negatives Ziel, es will einerseits die Abwesenheit von Schmerz und Unlust, andererseits das Erleben starker Lustgefühle. Im engeren Wortsinne wird „Glück" nur auf das letztere bezogen.

Entsprechend dieser Zweiteilung der Ziele entfaltet sich die Tätigkeit der Menschen nach zwei Richtungen, je nachdem sie das eine oder das andere dieser Ziele – vorwiegend oder selbst ausschließlich – zu verwirklichen sucht.

Es ist, wie man merkt, einfach das Programm des Lustprinzips, das den Lebenszweck setzt.

Dies Prinzip beherrscht die Leistung des seelischen Apparates vom Anfang an: an seiner Zweckdienlichkeit kann kein Zweifel sein, und doch ist sein Programm im Hader mit der ganzen Welt, mit dem Makrokosmos eben sowohl wie mit dem Mikrokosmos. Es ist überhaupt nicht durchführbar, alle Hinrichtungen des Alls widerstreben ihm; man möchte sagen: die Absicht, dass der Mensch „glücklich" sei, ist im Plan der „Schöpfung" nicht enthalten. Was man im strengsten Sinne Glück heißt, entspringt der eher plötzlichen Befriedigung hoch aufgestauter Bedürfnisse und ist seiner Natur nach nur als episodisches Phänomen möglich. Jede Fortdauer einer vom Lustprinzip ersehnten Situation ergibt nur ein Gefühl von lauem Behagen; wir sind so eingerichtet, dass wir nur den Kontrast intensiv genießen können, den Zustand nur sehr wenig. Somit sind unsere Glücksmöglichkeiten schon durch unsere Konstitution beschränkt. Weit weniger Schwierigkeiten hat es, Unglück zu erfahren. Von drei Seiten droht das Leiden, vom eigenen Körper her, der, zu Verfall und Auflösung bestimmt, sogar Schmerz und Angst als Warnungssignale nicht entbehren kann, von der Außenwelt, die mit übermächtigen, unerbittlichen, zerstörenden Kräften gegen uns wüten kann, und endlich aus den Beziehungen zu anderen Menschen. Das Leiden, das aus dieser Quelle stammt, empfinden wir vielleicht schmerzlicher als jedes andere; wir sind geneigt, es als eine gewissermaßen überflüssige Zutat anzusehen, obwohl es nicht weniger schicksalsmäßig unabwendbar sein dürfte als das Leiden anderer Herkunft. [...]

Das Programm, welches uns das Lustprinzip aufdrängt, glücklich zu werden, ist nicht zu erfüllen, doch darf man – nein, kann man – die Bemühungen, es irgendwie der Erfüllung näher zu bringen, nicht aufgeben. Man kann sehr verschiedene Wege dahin einschlagen, entweder den positiven Inhalt des Ziels, den Lustgewinn, oder den negativen, die Unlustvermeidung, voranstellen. Auf keinem dieser Wege können wir alles, was wir begehren, erreichen. [...] Es gibt hier keinen Rat, der für alle taugt; ein jeder muss selbst versuchen, auf welche besondere Fasson er selig werden kann.

Sigmund Freud

Hedonismus

(von gr. *hédoné* = Lust, Genuss, Freude, sinnliche Begierde)

Aus philosophischer Sicht unterscheidet man zwischen einem positiven und einem negativen Hedonismus. Der *positive Hedonismus* stellt das Ausleben von Leidenschaften und die Maximierung von Lust in den Vordergrund, um auf diese Weise Bedürfnisbefriedigung zu erreichen. Demgegenüber geht es dem *negativen Hedonismus* um die größtmögliche Minimierung von Schmerzen und die Freiheit von Leidenschaften; sein Ziel ist die Bedürfnislosigkeit.

Aufgaben

1 Beschreibt, welche Freuden des Lebens in dem Bild dargestellt sind. Diskutiert anschließend, ob es lohnenswert ist, sich diesen (Ge-)Lüsten hinzugeben. ➔ M1

2 Stellt anhand von Beispielen dar, welche Form des Hedonismus Epikur vertritt. ➔ M2

3 Stellt auf Plakaten dar, welche Haltung Freud zum positiven bzw. zum negativen Hedonismus einnimmt. Bewertet anschließend seine Position. ➔ M3

Glück und Sinn

5

M1 Glück gehabt!

Wenn wir die ganze Menschheit auf ein Dorf von 100 Einwohnern reduzieren, aber auf die Proportionen aller bestehenden Völker achten würden, wäre dieses Dorf so zusammengesetzt: Es gäbe 57 Asiaten, 21 Europäer, 14 Amerikaner (Nord und Süd), 8 Afrikaner, 52 Frauen, 48 Männer, 70 Nicht-Weiße, 30 Weiße, 70 Nicht-Christen, 30 Christen, 89 Heterosexuelle und 11 Homosexuelle.
6 Personen würden 59% des gesamten Weltreichtums besitzen und kämen alle aus den USA.
80 Menschen hätten keine ausreichenden Wohnverhältnisse, 70 wären Analphabeten, 50 wären unterernährt, 1 würde sterben, 2 würden geboren, 1 hätte einen PC, 1 hätte einen akademischen Abschluss.
Falls du heute Morgen gesund aufgewacht bist, hast du mehr Glück als die 1 Million Menschen, die die nächste Woche nicht mehr erleben werden. Falls du nie Krieg, Gefangenschaft oder Folter erlebt oder nie Hunger gespürt hast, dann hast du mehr Glück als 500 Millionen Menschen der Welt.
Falls du deine Religion ausüben kannst, ohne die Angst, dass dir gedroht wird, dass man dich verhaftet oder dich umbringt, hast du mehr Glück als 3 Milliarden Menschen der Welt.
Falls sich in deinem Kühlschrank Essen befindet, du angezogen bist, ein Dach über dem Kopf und ein Bett hast, bist du reicher als 75% der Menschen dieser Welt. Falls du ein Konto bei der Bank hast und etwas Geld im Portmonee, gehörst du zu den 8% Wohlhabenden auf dieser Welt.

nach Mario Hilgemeier

M2 Das Prinzip des größten Glücks

Die Auffassung, für die die Nützlichkeit oder das Prinzip des größten Glücks die Grundlage der Moral ist, besagt, dass Handlungen insoweit und in dem Maße moralisch richtig sind, als sie die Tendenz haben, Glück zu befördern, und insoweit moralisch falsch, als sie die Tendenz haben, das Gegenteil von Glück zu bewirken. Unter „Glück" (happiness) ist dabei Lust (pleasure) und das Freisein von Unlust (pain), unter „Unglück" (unhappiness) Unlust und das Fehlen von Lust verstanden. Damit die von dieser Theorie aufgestellte Norm deutlich wird, muss freilich noch einiges mehr gesagt werden, insbesondere darüber, was die Begriffe Lust und Unlust einschließen sollen und inwieweit dies von der Theorie offengelassen wird. Aber solche zusätzlichen Erklärungen ändern nichts an der Lebensauffassung, auf der diese Theorie der Moral wesentlich beruht: dass Lust und das Freisein von Unlust die einzigen Dinge sind, die als Endzwecke wünschenswert sind, und dass alle anderen wünschenswerten Dinge [...] entweder deshalb wünschenswert sind, weil sie selbst lustvoll sind oder weil sie Mittel sind zur Beförderung von Lust und zur Vermeidung von Unlust. [...]
Nach dem Prinzip des größten Glücks ist, wie oben erklärt, der letzte Zweck, bezüglich dessen und um dessentwillen alles andere wünschenswert ist (sei dies unser eigenes Wohl oder das Wohl anderer), ein Leben, das so weit wie möglich frei von Unlust und in quantitativer wie in qualitativer Hinsicht so reich wie möglich an Lust ist; wobei der Maßstab, an dem Qualität gemessen und mit der Quantität verglichen wird, die Bevorzugung derer ist, die ihrem Erfahrungshorizont nach – einschließlich Selbsterfahrung und Selbstbeobachtung – die besten Vergleichsmöglichkeiten besitzen. Indem dies [...] der Endzweck des menschlichen Handelns ist, ist es notwendigerweise auch die Norm der Moral. Diese kann also definiert werden als die Gesamtheit der Handlungsregeln und Handlungsvorschriften, durch deren Befolgung ein Leben der angegebenen Art für die gesamte Menschheit im größtmöglichen Umfange erreichbar ist; und nicht nur für sie, sondern, soweit es die Umstände erlauben, für die gesamte fühlende Natur.

John Stuart Mill

5 Mehr Glück für alle

M3 Alle sind glücklich, nur ich ...

Bill Amend

1 Wir gehören ganz offensichtlich zu den besonders privilegierten Bewohnern des „Welt-Dorfes". Beurteilt (auch anhand von Doppelseite 2 dieses Kapitels), inwieweit wir glücklicher sind, weil wir mehr haben. ➔ M1

2 Stell das Prinzip des größten Glücks in einem Schaubild dar, in dem die Begriffe „Glück – Unglück, Lust – Unlust, Quantität – Qualität, moralisch richtig – moralisch falsch" enthalten sind. ➔ M2

3 Überlege, a) welche Vor- und b) welche Nachteile mit der Theorie John Stuart Mills verbunden sind und welche Kritik man an ihr üben kann. ➔ M2

4 Stellt die Haltung von Paige dar und findet eine Entgegnung, warum es für sie sinnvoll ist, Hausaufgaben zu machen. Gebt auch die Auffassung von Peter wieder und bewertet seine Aussage, indem ihr den quantitativen vom qualitativen Gesichtspunkt unterscheidet. ➔ M3

Glück und Sinn

M1 Hectors Reise

Der französische Psychiater Hector trifft seinen alten Freund Jean-Michel wieder, der in einem armen afrikanischen Staat als Arzt in einem Krankenhaus tätig ist.

Sie gelangten zu einem Gebäude, das man direkt an eine kleine Kirche angebaut hatte. Über dem Eingang stand geschrieben „Poliklinik", und draußen auf einer Bank im Schatten saßen jede Menge schwarze Frauen und warteten mit ihren Babys. Sie schauten auf Hector und lächelten, als er mit Jean-Michel hineinging, und Jean-Michel erklärte ihm, dass sie gewiss glaubten, Hector sei ein neuer Arzt. [...] Drinnen gab es junge schwarze Damen in weißen Kitteln. Sie untersuchten die Babys, und ein junger Mann war auch dabei. Sie freuten sich sehr, als Jean-Michel und Hector hereinkamen. Jean-Michel erklärte, dass es Krankenschwestern und ein Krankenpfleger waren, aber dass sie viele Arbeiten machten, die in Hectors Land nur ein Arzt erledigen durfte, und dass er selbst nur vorbeikam, um nach den Kindern zu sehen, deren Krankheiten ein bisschen kompliziert waren. Hinterher hatte Jean-Michel nämlich noch drei andere Polikliniken abzufahren. Hector ließ ihn in Ruhe arbeiten, und draußen traf er Marcel, [den er fragte,] weshalb die Leute hier zufriedener wirkten als in der Stadt.

„Auf dem Lande kann man mit einem Gemüsegarten und ein paar Hühnern immer durchkommen. Und dann bleiben die Leute in den Familien, sie helfen sich gegenseitig. In der Stadt schaffen es die Leute nicht, sich aus dem Schlamassel zu ziehen, wenn sie kein Geld haben. Also gehen die Familien kaputt, es gibt eine Menge Alkohol und Drogen, und dann sehen die Leute ja auch, was sie sich kaufen könnten, wenn sie das nötige Geld hätten. Hier draußen gibt es viel weniger Versuchungen." [...]

Hector fragte [später noch] Jean-Michel, ob er glücklich sei. Darüber musste Jean-Michel lachen.

„Ich stelle mir diese Frage gar nicht, aber ich glaube, dass ich es bin. Ich mache eine Arbeit, die ich liebe, ich weiß, dass ich sie gut mache, und außerdem fühle ich mich hier wirklich nützlich. Und dann sind die Leute freundlich zu mir, du hast ja gesehen, wir bilden ein richtiges Team. [...] Hier hat jeder meiner Tage einen Sinn."

François Lelord

M2 Was macht uns wirklich glücklich?

„Was häufig gemeint ist, wenn nach „GLÜCK" gefragt wird, ist eigentlich „SINN". WAS ABER IST SINN?
Davon, dass etwas „Sinn macht", ist immer dann die Rede, wenn ZUSAMMENHÄNGE erkennbar werden, wenn also einzelne Dinge, Menschen, Begebenheiten, Erfahrungen nicht isoliert für sich stehen, sondern in irgendeiner Weise aufeinander bezogen sind. So lässt sich sagen:
SINN, DAS IST ZUSAMMENHANG,
Sinnlosigkeit demzufolge Zusammenhanglosigkeit.
[...] Jede BEZIEHUNG, die Menschen zueinander pflegen und die einen starken ZUSAMMENHANG zwischen ihnen stiftet, erfüllt sie offenkundig mit Sinn."

Wilhelm Schmid

M3 Der Sinn des Lebens

Samuel, Jenny und Arvid sind Teil einer Gruppe jugendlicher Umweltschützer, die ein Haus besetzt haben, um den Bau einer Umgehungsstraße zu verhindern.

Die Sonne brannte auf Samuel, Jenny und Arvid herunter, die auf dem Dach des besetzten Hauses lagen und sich sonnten. „Was ist eigentlich der Sinn von dem Ganzen?", fragte Samuel. „Was meinst du mit ‚Sinn', Samuel?" Typisch, dass Arvid in Lachen ausbrach. „Hm, ich möchte wissen", sagte Arvid, „ob du fragst, welchen Sinn es hat, dass es uns gibt, oder ob du fragst, was das Leben lebenswert macht."
„Wenn es dir um den Sinn des Lebens geht", sagte Jenny, „muss man voraussetzen, dass es jemanden gibt, der eine Absicht verfolgt, Gott oder so. [...] Aber ich kann weder an Gott glauben noch mir eine frei schwebende, von niemandem ausgehende Absicht vorstellen."
„Wir können unserem Leben aber doch selbst eine Absicht, einen Sinn geben. Im Augenblick liegt der Sinn darin, dass wir diese Schnellstraße stoppen und dadurch dazu beitragen, die Erde zu einem bewohnbaren Planeten zu machen. Durch diese Aktion machen wir doch diesen Teil unseres Lebens sinnvoll." [...]
Samuel dachte nach. „Wenn man verliebt ist ... und geliebt wird, dann scheint das Leben einen Sinn zu haben. Man ist auf der Welt, damit sie glücklich wird,

6 Vom Glück zum Sinn

man ist auf der Welt, weil sie es will. Aber wir können wohl nicht jeder für den anderen der Sinn des Lebens sein, falls ihr versteht, was ich meine?" [...]
„Jetzt verlegst du den Sinn des Lebens wieder außerhalb von dir selbst: Dich gibt es für etwas anderes. Aber ist das Leben an und für sich nicht sinnvoll, wenn du zum Beispiel glücklich bist?", fragte Arvid. „Ich meine, vieles ist nicht besonders lustig, aber du tust es trotzdem, weil es zu etwas Gutem führt: Du putzt dir die Zähne, damit du keine Zahnschmerzen kriegst. Aber anderes tust du nur, weil es dir gefällt. Haben diese Dinge nicht ihren eigenen Sinn? Du tust sie, weil sie dich glücklich machen, Punktum. Glücklich zu sein ist gut, unglücklich zu sein ist schlecht. [...]"
So leicht wollte sich Samuel nicht geschlagen geben, schon gar nicht in einer Diskussion mit seinem Bruder. „Stell dir vor, ich wäre nicht froh, das zu tun, was ich tun sollte ... Es gibt etwas, das ich tun sollte, und etwas anderes, das mich glücklich machen würde. Wann ist mein Leben am sinnvollsten, wenn ich glücklich werde oder wenn ich das Richtige tue? [...]"
Samuel griff einen neuen Faden auf. „Und stell dir vor, wenn es gar nichts gibt, was wirklich gut ist oder wirklich richtig. [...] Dann hätte ich zwar geglaubt, mein Leben sei sinnvoll gewesen, aber war es das wirklich?"

Ragnar Ohlsson

M4 Keine Antwort?

Charles M. Schulz

M5 Die Wozu-Frage

Eine Pflanze, ein Tier, ein Gegenstand kennt die Frage nach dem Dasein nicht. Dass es da ist, das ist der Sinn des Daseins. Auch der primitive Mensch fragt nicht, auch der naive nicht, das Kind zum Beispiel. Zu leben, das eben ist der Sinn des Daseins. Sogar der bewusste Mensch kennt Zeiten, in denen er nicht fragt. Solange es ihm „gut geht", scheint es ihm, als wisse er, wozu er lebt. Anders, wenn er plötzlich herausfällt aus der Selbstverständlichkeit des Lebens, wenn ihm sein Dasein „fragwürdig" wird. [...]
Weil „der Sinn" nicht unmittelbar deutlich wird, suchen wir ihn in Teilstrecken-Zielen. Wir streben immer irgendetwas an, ein Haus zu bauen, zu heiraten, Kinder zu haben, Gehaltserhöhung zu bekommen, den Betrieb zu erweitern, reich zu werden, gesund zu werden. Solange wir dies oder das anstreben, haben wir das (berechtigte) Gefühl, sinnvoll zu leben. Haben wir das Angestrebte erreicht [...], so merken wir, dass die alte Frage sich neu erhebt: Wozu das? [...]
Unsere Wozu-Frage ist Ausdruck unserer Sehnsucht nach dem Sinn, und diese Sehnsucht lässt sich nicht durch Teilantworten stillen. Sie führt uns weiter und weiter, von Aufgabe zu Aufgabe, von Krise zu Krise. [...] Das „Wozu" heißt eigentlich: „Geh weiter, nimm die Hürde, und du wirst sehen, wozu die Frage dient."
Die Wozu-Frage ist der Motor unseres geistigen Lebens und die Garantie dafür, dass wir eines Tages die Antwort finden werden.

Luise Rinser

Aufgaben

1. Entscheide und begründe, ob du Jean-Michel, der in einer armseligen Gegend Afrikas auf dem Lande lebt, für einen glücklichen Menschen hältst. ➜ M1
2. Stelle dar, was uns nach Ansicht von Wilhelm Schmid wirklich glücklich macht. ➜ M2
3. Stellt die Positionen, die die Jugendlichen zum Sinn des Lebens vertreten, grafisch dar. Diskutiert die unterschiedlichen Positionen. Begründe, mit welcher Position du dich anfreunden kannst. ➜ M3
4. Formuliere deine eigene Hypothese zum Sinn des Lebens. ➜ M4
5. Nimm Stellung zu Luise Rinsers Position. ➜ M5
6. Bewertet, in welchem Verhältnis Glück und Sinn zueinander stehen. ➜ M1-M5

Lebensstile

M1 Aussteigen

In dem Buch *Into the wild* berichtet Jon Krakauer von dem Leben des Aussteigers Christopher McCandless, der als Kind wohlhabender Eltern in einem reichen Vorort von Washington, D. C., aufwuchs. Nach einem
5 erfolgreich abgeschlossenen Studium spendete er seine Ersparnisse in Höhe von 24 000 US-Dollar einer Hilfsorganisation und machte sich auf den Weg zu einer Reise durch die USA, die ihn schließlich nach Alaska führte. Von Fairbanks, einer Stadt nahe am
10 nördlichen Polarkreis, brach er im April 1992, ausgestattet mit einem Gewehr und fünf Kilo Reis, in die Wildnis auf, um sich dort den Herausforderungen eines einfachen Lebens fernab der Zivilisation zu stellen.

Individualismus

In der Alltagssprache charakterisiert *Individualismus* eine persönliche Geisteshaltung, die sich durch eigenständige Entscheidungen und Meinungen auszeichnet. Dabei spielt es keine Rolle, ob die Gedanken oder Meinungen gesellschaftlich akzeptabel sind oder nicht. Künstler und andere Kreative bezeichnet man häufig als Individualisten, aber auch Menschen, die aus der Gesellschaft ausgestiegen sind. *Individualismus* ist daher eine Betrachtungsweise, in der das Individuum zum Ausgangspunkt von Gedanken- und Wertesystemen gemacht wird.

M2 Neue Horizonte

Auf seiner Reise lernte Chris unter anderem den 80-jährigen Ron Franz kennen. Zwischen den beiden entwickelte sich eine tiefe Freundschaft. Ron wollte Chris sogar adoptieren und war sehr traurig, als dieser weiterzog. Einige Zeit darauf erhielt Ron von Chris den folgenden Brief.

Ron, ich bin Dir wirklich dankbar für all Deine Hilfe und auch für die tolle Zeit, die wir zusammen verbracht haben. Ich hoffe, dass Dich der Abschied nicht allzu traurig gemacht hat. Es kann noch viel Zeit vergehen, bis wir uns wiedersehen. Aber Du hörst von mir, vorausgesetzt, dass ich mein Alaska-Vorhaben auch heil überstehe. Ich möchte aber gern noch einmal auf meinen Ratschlag zurückkommen: Ich finde nämlich, dass Du Dein Leben radikal ändern und ganz mutig Dinge in Angriff nehmen solltest, die Dir früher nie in den Sinn gekommen wären und vor denen Du zurückgeschreckt bist. So viele Menschen sind unglücklich mit ihrem Leben und schaffen es trotzdem nicht, etwas an ihrer Situation zu ändern, weil sie total fixiert sind auf ein angepasstes Leben in Sicherheit, in dem möglichst alles gleich bleibt – alles Dinge, die einem scheinbar inneren Frieden garantieren. In Wirklichkeit wird die Abenteuerlust im Menschen jedoch am meisten durch eine gesicherte Zukunft gebremst. Leidenschaftliche Abenteuerlust ist die Quelle, aus der der Mensch die Kraft schöpft, sich dem Leben zu stellen. Freude empfinden wir, wenn wir neue Erfahrungen machen, und von daher gibt es kein größeres Glück als in einen immer wieder wechselnden Horizont blicken zu dürfen, an dem jeder Tag mit einer neuen, ganz anderen Sonne anbricht. Wenn du mehr aus Deinem Leben machen willst, Ron, dann musst Du Deine Vorliebe für monotone, gesicherte Verhältnisse ablegen und das Chaos in Dein Leben lassen, auch wenn es Dir am Anfang verrückt erscheinen vermag. Aber sobald Du Dich an ein solches Leben einmal gewöhnt hast, wirst Du die volle Bedeutung erkennen, die darin verborgen liegt, und die schier unfassbare Schönheit.

Jon Krakauer

1 „In" or „out"?

M3 Mitmachen

Anna, 18

Wie ich mir mein Leben vorstelle? Hm, da es das perfekte Leben nicht gibt, strebe ich zumindest Sicherheit und Geborgenheit an. Was ich darunter verstehe? Im nächsten Jahr mache ich mein Abitur. Wenn alles gut läuft, habe ich einen Einser-Schnitt. Dieser Schnitt ermöglicht mir eventuell ein duales Studium bei der Sparkasse zur Betriebsfachwirtin. Was ich auf keinen Fall aufgeben werde, sind meine sportlichen Aktivitäten. Erstens bin ich eine ziemlich gute Fußballspielerin und daher macht der Sport besonders viel Spaß, zweitens brauche ich den Sport als Ausgleich zur Schule und zukünftig wahrscheinlich zum Berufsalltag und drittens habe ich im Verein viele meiner Freundinnen gefunden. Sie sind immer für mich da, so wie ich auch für sie da bin. Außerdem haben wir immer viel Spaß, wenn wir in eine Kneipe oder Disco gehen. Wenn mein Freund und ich nach meiner Ausbildung bzw. seinem Studium noch zusammen sein sollten, wäre es an der Zeit zu heiraten. Vielleicht können wir uns ja ein kleines Häuschen oder zumindest eine schöne Wohnung leisten. Aber ein Haus würde mir schon besser gefallen, denn ich stelle mir vor, dass wir zwei oder drei Kinder haben werden. Sie könnten dann im Garten spielen. Und ich bräuchte keine Angst zu haben, dass ihnen auf der Straße etwas passiert.

Tim, 17

Nach der Schule werde ich erst einmal für ein oder zwei Jahre durch die Welt reisen und fremde Kulturen kennen lernen. Außerdem möchte ich etwas erleben und mich selbst verwirklichen. Auf dieser Reise werde ich natürlich viele Erfahrungen machen, die ich wahrscheinlich später im Berufsleben gut nutzen kann. Was ich einmal werden möchte? Das weiß ich doch jetzt noch nicht. Vielleicht mache ich etwas mit Naturwissenschaften oder Sprachen. In den Fächern Chemie, Bio und Französisch bin ich ganz gut und vielleicht werden meine Leistungen mir irgendwann Vorteile verschaffen. Ich habe aber auch schon einige Praktika gemacht, denn eventuell gehe ich auch in eine ganz andere Richtung. Die Praktika helfen mir auf alle Fälle weiter, denn wenn ich irgendwann mal in einen Job einsteigen will, können die Personaler an meinem Lebenslauf sehen, dass ich engagiert bin. Was mich interessiert und was ich mag? Alles, was mit Mode, Musik und Film zu tun hat, aber auch Sport wie beispielsweise Snowboarden oder Mountainbiken. Mir ist es wichtig, in möglichst vielen gesellschaftlichen Bereichen zu wissen, was da abgeht. Das Einzige, was ich überhaupt nicht cool finde, ist rumhängen.

Auf Schule und Eltern habe ich eigentlich keinen Bock. Die wollen doch alles nur kontrollieren – und das geht überhaupt nicht. Ich lasse mir nicht sagen, mit wem ich meine Freizeit verbringen soll. Es ist aber okay, wenn meine Eltern und meine Schwester mit mir zusammen grillen wollen. Solange meine Eltern mich nicht mit Hausaufgaben nerven und von mir nicht verlangen, dass ich Arbeiten im Haus verrichten soll, komme ich mit ihnen gut aus. Ich will einfach nur chillen und meinen Spaß haben. Was ich unter „Spaß haben" verstehe? Da ist zum einen mein Handy. Damit stehe ich in Verbindung zur Außenwelt. Bei Facebook habe ich schon fast 500 Freunde. Ich verbringe viel Freizeit vor dem Fernseher und kenne nahezu alle Folgen von GZSZ aus den letzten zwei Jahren. Wenn ich mal nicht vor dem Fernseher sitze, spiele ich gerne am PC. In dem Rollenspiel *World of Warcraft* bin ich als Nachtelf ziemlich erfolgreich. Über meinen zukünftigen Beruf denke ich nicht so viel nach, das wird sich schon finden. Und verhungern muss man in Deutschland schließlich nicht.

Laura, 16

Aufgaben

1 Beschreibe das Bild. Welche Gefühle erweckt es bei dir? ➔ M1
2 Führt Gründe an, weshalb man Christopher McCandless als einen Aussteiger bezeichnen kann. Welchen Gefahren könnte er in seinem neuen Leben ausgesetzt sein? ➔ M2
3 Stellt dar, welche Argumente Chris anführt, um Ron davon zu überzeugen, sein Leben radikal zu ändern. ➔ M2
4 Fertigt Mindmaps zu den Jugendlichen an und beurteilt anschließend, welchen Platz sie in der Gesellschaft einnehmen möchten. ➔ M3

Lebensstile

2 M1 Milieus der U18

Das SINUS-Institut untersucht in regelmäßigen Abständen, in welche Milieus sich die deutschen Jugendlichen einteilen lassen:

Die familien- und heimatorientierten Bodenständigen mit Traditionsbewusstsein und Verantwortungsethik.

Die nachhaltigkeits- und gemeinwohlorientierten Jugendlichen mit sozialkritischer Grundhaltung und Offenheit für alternative Lebensentwürfe.

Die erfolgs- und lifestyleorientierten Networker auf der Suche nach neuen Grenzen und unkonventionellen Erfahrungen.

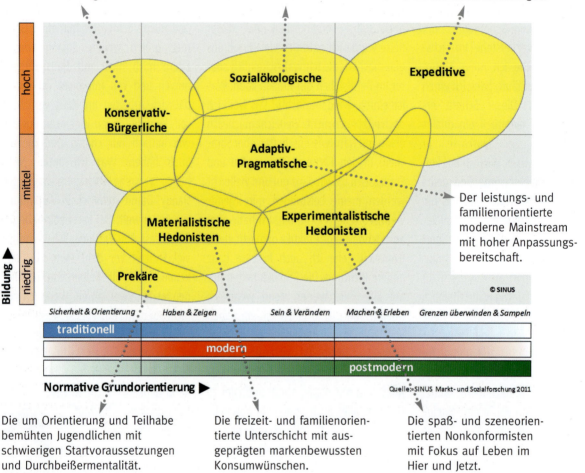

Der leistungs- und familienorientierte moderne Mainstream mit hoher Anpassungsbereitschaft.

© SINUS

Quelle: SINUS Markt- und Sozialforschung 2011

Die um Orientierung und Teilhabe bemühten Jugendlichen mit schwierigen Startvoraussetzungen und Durchbeißermentalität.

Die freizeit- und familienorientierte Unterschicht mit ausgeprägten markenbewussten Konsumwünschen.

Die spaß- und szeneorientierten Nonkonformisten mit Fokus auf Leben im Hier und Jetzt.

Milieu und soziale Rolle

In der Soziologie versteht man unter *Milieu* die sozialen Bedingungen, mit denen ein Individuum oder eine Gruppe zu tun hat. Häufig spricht man in diesem Zusammenhang auch von einem *sozialen Milieu*. Obwohl dieser Begriff einem stetigen gesellschaftlichen Wandel unterliegt, kann man sagen, dass im Milieubegriff Menschen zusammengefasst werden, die sich in ihren Wertorientierungen, Lebenszielen, Lebensformen sowie in ihrem Konsumverhalten gleichen.
Eng verbunden mit der Milieuvorstellung ist der Begriff der *sozialen Rolle*. Die Erwartungen, Werte und Handlungsmuster, die ein Individuum in seinem Rollenverhalten aufweist, sind abhängig vom jeweiligen *sozialen System* oder *Milieu*, in dem es sich bewegt.

2 Lebenswelten

M2 Aufstieg unmöglich?

Seit einer spektakulären Milieustudie der Friedrich-Ebert-Stiftung aus dem Jahre 2006 hat die gesichtslose Armut [...] einen Namen: das „abgehängte Prekariat", jene acht Prozent der Arbeitslosen ohne Qualifikation und Perspektive sind damit gemeint. In der modernen Arbeitswelt bilden sie die einzig real existierende Parallelgesellschaft [...]. In ihr ist Aufstieg unmöglich und Resignation erblich geworden.

Raoul Löbbert

Die Wirtschaftskrise der letzten Jahre scheint in Deutschland Spuren hinterlassen zu haben. Immer öfter ist von einer Schichtengesellschaft die Rede, in der die Grenzen nach unten durchlässiger und nach oben dichter geworden sind. Auch deshalb, weil vor allem in der Mittelschicht eine schleichende oder zumindest gespürte Not um sich greift. Und die Unterschicht wird langsam abgehängt.

Christiane Florin / Raoul Löbbert

M3 Selbst gewählte Erlebnisgemeinschaften

Der Soziologe Gerhard Schulze hat nicht nur den Begriff der „Erlebnisgesellschaft" geprägt, sondern auch ein Modell von fünf Milieus entworfen, die sich v. a. über Freizeitgestaltung, Interessen und Lebensstil definieren:

Dem Subjekt kommt bei der Entstehung von Erlebnissen eine zentrale Rolle zu. Das als „schön" Empfundene kommt nicht von außen auf den Menschen zu, sondern vielmehr schreibt er es Gegenständen und Situationen zu. Erst durch seine innere Verarbeitung werden äußere Reize überhaupt zum Erlebnis. Damit ist der Mensch also selbst für seine Erlebnisse verantwortlich. Die eigene Verantwortung bei der Entstehung von Erlebnissen ist wiederum eng mit Unsicherheit verbunden: Der Mensch muss sich in unserer Gesellschaft heutzutage nicht mehr fragen, was er tatsächlich, also objektiv zum Überleben braucht, sondern was ihm subjektiv Spaß macht, was er eigentlich will, und diese Frage ist oft schwer zu beantworten. Erlebnisbedürfnisse werden durch Faktoren wie ästhetische Sozialisation, biologische und psychische Reife, Alterung und elementare kulturgeschichtliche Erfahrungen strukturiert. Der Mensch versucht nun ständig, durch Beeinflussung der äußeren Umstände die gewünschte subjektive Reaktion herzustellen, und bildet dabei Routinen aus, die beim Konsum von Erlebnisangeboten immer wiederkehren. Durch die Inflation von Erlebnissen steigt aber das Enttäuschungsrisiko, Befriedigung stellt sich nicht mehr ein, weil die Suche nach der Befriedigung zur Gewohnheit wird. Mit der Enttäuschungsangst steigt dann wiederum die Nachfrage nach Erlebnisangeboten usw. Unsicherheit und Enttäuschung spielen also wichtige Rollen bei der Konstitution der Erlebnisgesellschaft: Unsicherheit erzeugt ein ästhetisches Anlehnungsbedürfnis, sie öffnet das Subjekt für die Bildung sozialer Gruppen. Der oder die Einzelne hat selbst zu entscheiden, wo er oder sie dazugehören will, und wird nicht zwangsläufig durch äußere Lebensumstände einer sozialen Gruppe zugeordnet. Er bzw. sie ist also aktiv an der Konstruktion [folgender fünf] sozialer Milieus beteiligt.

- *Niveaumilieu:* hoher Bildungsgrad, Interesse an Hochkultur, konservativ-konventioneller Stil
- *Harmoniemilieu:* eher niedriger Bildungsgrad, Interesse an trivialer Unterhaltung, billig-unauffälliger Stil
- *Integrationsmilieu:* mittlerer Bildungsgrad, Interesse an Trivial- und Hochkultur, durchschnittlicher Stilmix
- *Selbstverwirklichungsmilieu:* mittlerer bis hoher Bildungsgrad, Interesse an Hochkultur und Spannungsschema, origineller, ausgefallener Stil
- *Unterhaltungsmilieu:* niedriger bis mittlerer Bildungsgrad, Interesse an spannenden, intensiven Erlebnisreizen, Orientierung an ausgefallenem Stil

nach www.philo.at/wiki

---

1 Recherchiert, was unter den beschriebenen Milieus zu verstehen ist. Interpretiert anschließend das SINUS-Lebensweltmodell. → M1

2 Ordnet die Jugendlichen von Seite 31, M3 in das SINUS-Schema ein und begründet eure Entscheidung. → M1

3 Erläutert, von welchem Schichtenmodell die Textausschnitte ausgehen und welche Befürchtungen formuliert werden. → M2

4 Erkläre, welche Faktoren dafür ausschlaggebend sind, dass eine Erlebnisgesellschaft fünf typisierte soziale Milieus hervorbringt. → M3

5 Diskutiert, inwieweit der Einzelne „aktiv an der Konstruktion sozialer Milieus" beteiligt ist oder nicht. → M1–M3

Lebensstile

3 | M1 Zugehörigkeitsgefühl

M2 Netzwerk Jugendkultur

[W]as macht Jugendkulturen für Jugendliche so attraktiv? Jugendkulturen sind in der Lage, die nicht nur von Jugendlichen als immer chaotischer empfundene Welt ein wenig zu ordnen. Sie sind Beziehungsnetzwerke, bieten Jugendlichen eine soziale Heimat, eine Gemeinschaft der Gleichen. Wenn eine Gothic-Frau aus München durch Hamburg oder Rostock läuft und dort einen anderen Gothic trifft, wissen die beiden sofort enorm viel über sich. Sie (er)kennen die Musik-, Mode-, politischen und eventuell sexuellen Vorlieben des anderen, haben mit Sicherheit eine Reihe derselben Bücher gelesen, teilen ähnliche ästhetische Vorstellungen, wissen, wie der andere zum Beispiel über Gewalt, Gott, den Tod und Neonazis denkt. [...]
Jugendkulturen sind *artificial tribes*, künstliche Stämme und Solidargemeinschaften, deren Angehörige einander häufig bereits am Äußeren erkennen. Sie füllen als Sozialisationsinstanzen das Vakuum an Normen, Regeln und Moralvorräten aus, das die zunehmend unverbindlichere, entgrenzte und individualisierte Gesamtgesellschaft kennzeichnet.

M3 Minderheiten bewegen etwas

Seit Sokrates vor mehr als 2000 Jahren heißt es über jede Jugend, sie sei schlimmer, respektloser, konsumtrotteliger, unpolitischer, unengagierter als die vorhergegangenen – sprich: als wir selbst. Dies ist jedoch mehr einer gnädigen Rosarot-Zeichnung unserer eigenen Jugendphase geschuldet. Nehmen wir nur einmal als Beispiel die berühmten „68er", die nachfolgenden Generationen seitdem stets als leuchtendes Vorbild vorgehalten werden: scheinbar eine ganze Generation auf den Barrikaden, politisiert und engagiert, Aktivisten einer sexuellen und kulturellen Revolution. Tatsächlich gingen damals nur drei bis fünf Prozent der Studentinnen und Studenten demonstrierend auf die Straße, und die „Bravo"-Charts der Jahre 1967 bis 1970 verzeichnen als beliebteste Künstler der Jugend jener Jahre nicht die Rolling Stones, Jimi Hendrix oder The Doors, sondern mit großem Abstand: Roy Black.
Es waren Minderheiten, die sich damals engagierten, auch wenn es ihnen gelang, einer ganzen Generation ihren Stempel aufzudrücken. Nicht anders ist es heute: Die Mehrheit jeder Generation ist bieder, spießig, kon-

3 Sich in Szene setzen

sumtrottelig und unengagiert. Das ist bei den Jungen kaum besser als bei den Alten. Es sind immer Minderheiten, die etwas bewegen (wollen) und dabei manchmal sogar die Gesamtgesellschaft verändern. [...]
Heute ist Hip-Hop – Oberbegriff für Graffiti, Tanz (Breakdance bzw. B-Boying/-Girling) und die Musik (Rap/MCs, DJ-ing) – weltweit die mit Abstand größte Jugendkultur. Mit keinem anderen Musikgenre wird so viel Umsatz bei unter 20-Jährigen gemacht, in jeder Stadt in Deutschland, und sei sie noch so klein, existieren Hip-Hop-Kids. Doch [...] Hip-Hop ist keine Erfindung der späten 1990er Jahre, sondern bereits Anfang der 1970er Jahre in der New Yorker Bronx entstanden. [...]
Punk – eine weitere der historisch bedeutenden „Stammkulturen" [...] – entstand 1975/76. Die Skateboarder lassen sich bis auf die Surfer der 1950er/1960er Jahre zurückführen (The Beach Boys) [...]. Gothics – früher auch Grufties, Dark Waver, New Romantics etc. genannt – erlebten die Geburt ihrer Szene bereits um 1980/81 als Stilvariante des Punk: eine introvertierte, melancholische neue Blüte, geprägt vor allem von Jugendlichen mit bildungsbürgerlichem familiären Hintergrund, denen Punk zu „aggressiv" und zu „prollig" war. [...] Ein typisches Kennzeichen heutiger Jugendkulturen scheint also zu sein, dass sie alt sind.

M4 Konsumkultur

Jugendkulturen sind grundsätzlich vor allem Konsumkulturen. Sie wollen nicht die gleichen Produkte konsumieren wie der Rest der Welt, sondern sich gerade durch die Art und Weise ihres Konsums von dieser abgrenzen; der Konsum vor allem von Musik, Mode, Events ist ein zentrales Definitions- und Identifikationsmerkmal von Jugendkulturen. Das bedeutet auch: Wo Jugendkulturen sind, ist die Industrie nicht fern. Vielleicht ist dies einer der deutlichsten Generationenbrüche: Jugendliche haben mit großer Mehrheit ein positives Verhältnis zum Markt, sie lieben die moralfreie Kommerzialisierung ihrer Welt. Sie wissen: ohne die Industrie keine Musik, keine Partys, keine Mode, keinen Spaß. [...] Die Industrie – Nike, Picaldi, Sony, MTV und wie sie alle heißen – erfindet keine Jugendkulturen. Das müssen immer noch Jugendliche selbst leisten, indem sie eines Tages beginnen, manchmal unbewusst, sich von anderen Gleichaltrigen abzugrenzen, indem sie etwa die Musik leicht beschleunigen, die Baseballkappe mit dem Schirm nach hinten tragen oder nur noch weiße Schnürsenkel benutzen – „Wir sind anders als ihr!" lautet die Botschaft, und das wollen sie natürlich auch zeigen. Das bekommen nach und nach andere Jugendliche mit, oft über erste Medienberichte, finden es cool und machen es nach. Eine „Szene" entsteht. Die nun verstärkt einsetzenden Medienberichte schubladisieren die neue Jugendkultur, machen Unerklärliches etwas erklärlicher, heben zu stigmatisierende oder vermarktbare Facetten hervor, definieren die Jugendkultur (um) und beschleunigen den Verbreitungsprozess. Ab einer gewissen Größenordnung denkt auch die übrige Industrie – allen voran die Mode- und die Musikindustrie – darüber nach, ob sich diese neue Geschichte nicht irgendwie kommerziell verwerten lässt. Aus einer verrückten Idee wurde eine Subkultur, dann ein Trend und eine Mode.

M2-M4 Klaus Farin

Aufgaben

1 Erklärt, woran ihr welche Jugendkulturen auf den Bildern erkennt. ➜ M1
2 Recherchiert im Internet und fertigt eine Tabelle dazu an, was diese und weitere Jugendkulturen ausmacht, welche Zeichen, Rituale, Einstellungen, Treffpunkte, Medien und Strukturen sie besaßen bzw. besitzen. Begründet anschließend, welche Jugendszene(n) ihr aus welchen Gründen positiv bzw. negativ seht. ➜ M1
3 Erläutert an einem Beispiel, warum Jugendkulturen für Jugendliche so attraktiv sind. ➜ M2
4 Begründet, warum aus Minderheitsbewegungen Jugendkulturen entstehen können. ➜ M3
5 Legt dar, inwiefern Jugend und Konsum zusammenhängen. ➜ M4

Projekt: Jugendkulturen

Plant eine Ausstellung in eurer Schule. Stellt dafür Informationstafeln, Mode, Medien, Zeichen etc. zu von euch ausgewählten Jugendkulturen zusammen.

Lebensstile

4

M1 So geht's!

M2 Macht kaputt, was euch kaputt macht

Radios laufen, Platten laufen,
Filme laufen, TV's laufen,
Reisen kaufen, Autos kaufen,
Häuser kaufen, Möbel kaufen.
Wofür?

Refrain:
Macht kaputt, was euch kaputt macht!
Macht kaputt, was euch kaputt macht!

Züge rollen, Dollars rollen,
Maschinen laufen, Menschen schuften,
Fabriken bauen, Maschinen bauen,
Motoren bauen, Kanonen bauen.
Für wen?

Bomber fliegen, Panzer rollen,
Polizisten schlagen, Soldaten fallen,
die Chefs schützen, die Aktien schützen,
das Recht schützen, den Staat schützen.
Vor uns!

Ton Steine Scherben

M3 Wer ist ein Anarchist?

Wer die Freiheit der Persönlichkeit zur Forderung aller Menschengemeinschaft erhebt, und wer umgekehrt die Freiheit der Gesellschaft gleichsetzt mit der Freiheit aller in ihr zur Gemeinschaft verbundenen Menschen, hat das Recht, sich Anarchist zu nennen. Wer dagegen glaubt, die Menschen um der gesellschaftlichen Ordnung willen oder die Gesellschaft um der vermeintlichen Freiheit der Menschen willen unter von außen wirkenden Zwang stellen zu dürfen, hat keinen Anspruch, als Anarchist anerkannt zu werden. Die verschiedenen Ansichten über die Wege, welche die Menschen einzuschlagen haben, um zur Freiheit zu gelangen, über die Mittel, mit denen die der Freiheit widerstrebenden Kräfte zu bekämpfen und zu besiegen sind, über die endlichen Formen und Einrichtungen der freiheitlichen Gesellschaft bilden Meinungsgegensätze zwischen anarchistischen Richtungen innerhalb der gemeinsamen Weltanschauung.

Erich Mühsam

M4 Prinzipien des Anarchismus

Empörenswert ist der Mangel an Freiheit. Die Ursache der Unfreiheit sind Institutionen, die Zwang und Herrschaft ausüben, diese sind klar erkennbar, an ihrem hierarchischen, antidemokratischen Aufbau und dem Verlust der Verantwortung des Einzelnen in dieser Hierarchie.

Anarchisten sehen dies als klaren Konzeptionsfehler in diesen Organisationen, der im schlimmsten Fall menschenverachtende und grausame Konsequenzen verursacht. Dieser gewollte Aufbau verhindert, dass Menschen in diesen Institutionen verantwortlich und frei handeln können.

Der Mensch ist das Produkt seiner Gesellschaft. Sprache, Kultur, Wertvorstellung, Tradition sind die Dinge, die unsere Ethik prägen. Wichtiger als die mündliche und schriftliche Form dieser Werte ist das Beispiel der Anderen, die uns diese oder andere Werte vorleben. [...]

4 Anarchie ist machbar?

Die freie Organisation ist nur möglich, wenn es keine durch Gewalt geschaffene Hierarchie gibt, d. h. dass sich die Menschen nach ihren Bedürfnissen und ihren eigenen Vorstellungen frei zusammenschließen.
Die Voraussetzung ist, dass Menschen frei sind, denn nur in diesem Fall, können sie unabhängig für sich und andere entscheiden. Unter der Knute eines Mafiabosses kann man keine freie Entscheidung treffen, dasselbe gilt auch für alle größeren Zwangsinstitutionen. Anarchie heißt nur kein Staat und keine Unterdrücker, es heißt aber nicht, dass sich Gesellschaft auf wundersame Weise zu einem Paradies entwickelt.
Anarchismus bedeutet einen gesellschaftlichen Aufbau durch die, die es betrifft, in der einzig legitimen Form, von unten nach oben, im unerschütterlichen Glauben des Einzelnen an sein unveräußerliches Mitbestimmungs- und Mitgestaltungsrecht! Solange es eine Institution gibt, die Zwang auf die Menschen ausübt, die Freiheit somit einschränkt, sind wir nicht in der Lage, frei zu entscheiden. Jede Form der Bevormundung verhindert die Entwicklung eines emanzipativen Bewusstseins, das Voraussetzung dafür ist, dass Menschen frei miteinander leben können.
Der Staat in sich stellt ein Ungleichgewicht dar. Der Staat sorgt einerseits für seinen Machterhalt und gleichzeitig für die Ohnmacht aller Anderen in der Gesellschaft. Dieses Ungleichgewicht entsteht damit auch im Sozialen und Ökonomischen bzw. erhält diesen Zustand dort. Gleichheit ist die notwendige Voraussetzung für Freiheit.

Bibliothek der Freien

Anarchismus
Anarchismus ist die Lehre von der Freiheit als Grundlage der menschlichen Gesellschaft. Anarchie, zu Deutsch: ohne Herrschaft, ohne Obrigkeit, ohne Staat, bezeichnet somit den von den Anarchisten erstrebten Zustand der gesellschaftlichen Ordnung, nämlich die Freiheit jedes Einzelnen durch die allgemeine Freiheit. In dieser Zielsetzung, in nichts anderem, besteht die Verbundenheit aller Anarchisten untereinander, besteht die grundsätzliche Unterscheidung des Anarchismus von allen andern Gesellschaftslehren und Menschenkenntnissen.

Erich Mühsam

M5 Freiheit

Positive und negative Freiheit
Negative Freiheit bezeichnet als „Freiheit von" allgemein das Freisein von äußeren und inneren Zwängen. Davon unterschieden wird die *positive Freiheit*, die als „Freiheit zu", d. h. als Freiheit, etwas tun bzw. lassen zu dürfen, verstanden wird.

Aufgaben

1. Welche Ziele verfolgen Anarchisten? Fertigt eine Mindmap an, in der auch die Hinweise aus dem Info-Kasten berücksichtigt werden. → M1
2. Charakterisiere den Anarchismus, der sich im Song der Band Ton Steine Scherben widerspiegelt. → M2
3. Erläutere, was nach Erich Mühsam einen Anarchisten ausmacht. → M3
4. Begründet, weshalb Anarchisten das Leben in einem Staat als unfrei ansehen. Diskutiert diese Einstellung. → M4
5. Interpretiert zunächst das Bild und stellt es dann in Bezug zu den Prinzipien des Anarchismus (M4). → M5
6. Formuliere in einem Zwei-Minuten-Vortrag deine eigene Haltung zum Anarchismus. → M1–M5

Lebensstile

M1 Freiheit oder Sicherheit

M2 Freiheit und ihre Grenzen

[Es gilt], einen sehr einfachen Grundsatz aufzustellen, welcher den Anspruch erhebt, das Verhältnis der Gesellschaft zum Individuum in Bezug auf Zwang oder Bevormundung zu regeln, gleichgültig, ob die dabei gebrauchten Mittel physische Gewalt in der Form von gerichtlichen Strafen oder moralischer Zwang durch öffentliche Meinung sind. Dies Prinzip lautet: dass der einzige Grund, aus dem die Menschheit, einzeln oder vereint, sich in die Handlungsfreiheit eines ihrer Mitglieder einzumengen befugt ist, der ist: sich selbst zu schützen. Dass der einzige Zweck, um dessentwillen man Zwang gegen den Willen eines Mitglieds einer zivilisierten Gemeinschaft rechtmäßig ausüben darf, der ist: die Schädigung anderer zu verhüten. Das eigene Wohl, sei es das physische oder das moralische, ist keine genügende Rechtfertigung. Man kann einen Menschen nicht rechtmäßig zwingen, etwas zu tun oder zu lassen, weil dies besser für ihn wäre, weil es ihn glücklicher machen, weil er nach Meinung anderer klug oder sogar richtig handeln würde. Dies sind wohl gute Gründe, ihm Vorhaltungen zu machen, mit ihm zu rechten, ihn zu überreden oder mit ihm zu unterhandeln, aber keinesfalls um ihn zu zwingen oder ihn mit Unannehmlichkeiten zu bedrohen, wenn er anders handelt. Um das zu rechtfertigen, müsste das Verhalten, wovon man ihn abbringen will, darauf berechnet sein, anderen Schaden zu bringen. Nur insoweit sein Verhalten andere in Mitleidenschaft zieht, ist jemand der Gesellschaft verantwortlich. Soweit er dagegen selbst betroffen ist, bleibt seine Unabhängigkeit von Rechts wegen unbeschränkt. Über sich selbst, über seinen eigenen Körper und Geist ist der Einzelne souveräner Herrscher.

John Stuart Mill

M3 Der Minimalstaat

Michael J. Sandel ist eigentlich ein Kritiker der libertären Position. Aber seine Zusammenfassung macht die Forderungen der Libertären deutlich:

Wenn sich die libertäre Rechtstheorie als richtig erweisen sollte, müssen zahlreiche Maßnahmen des modernen Staates nicht nur als ungesetzlich, sondern auch als Angriffe auf die Freiheit gewertet werden. Nur ein Minimalstaat – der Verträge durchsetzt, das Privateigentum vor Diebstahl schützt und den innerstaatlichen Frieden aufrecht hält – ist mit der libertären Rechtsauffassung vereinbar. Ein Staat, der sich mehr in die Belange der Bürger einmischt, ist moralisch nicht haltbar. Der Libertäre weist daher drei Arten von Politik und Gesetzen zurück, die ein moderner Staat normalerweise verkörpert:

1. Keine Bevormundung. Libertäre lehnen solche Gesetze ab, die Menschen davor schützen sollen, sich selbst zu schädigen. Gute Beispiele dafür sind die Anschnallpflicht für Auto- oder die Helmpflicht für Motorradfahrer. Auch wenn das Motorradfahren ohne Helm verantwortungslos ist und durch die Helmpflicht schon manches Leben gerettet und verheerenden Verletzungen vorgebeugt werden konnte, behaupten Libertäre, dass solche Gesetze das Recht des Einzelnen missachten, selber über das Risiko entscheiden zu können, das man eingehen will. Solange kein Dritter geschädigt wird und solange Motorradfahrer bei Unfällen ihre Arztrechnungen selber begleichen, hat der Staat kein Recht, sich einzumischen und ihnen vorzuschreiben, welches Risiko sie mit ihren Körpern oder ihrem Leben eingehen dürfen.

2. Keine moralischen Vorschriften. Die Libertären lehnen es ab, Gesetze einzusetzen, um Tugendbegriffe zu fördern oder den moralischen Überzeugungen der Mehrheit Ausdruck zu verleihen. Prostitution mag für viele Leute als moralisch verwerflich gelten, aber sie rechtfertigt trotzdem kein Gesetz, das Erwachsene davon abhalten soll, sich diesem Beruf hinzugeben. In einigen Gemeinden missbilligen Mehrheiten Homosexualität, aber diese Einstellung rechtfertigt keine Gesetze, wonach Schwulen und Lesben das Recht abgesprochen werden sollte, ihre Sexualpartner selbst zu wählen.

5 Ich bin so frei

3. Keine Einkommens- oder Vermögensumverteilung. Die libertäre Rechtslehre lehnt jedes Gesetz ab, das von einigen Menschen einfordert, anderen Menschen zu helfen. Dies schließt die Besteuerung der Vermögensumverteilung mit ein. Obwohl wünschenswert, sollte es dem Wohlhabenden überlassen bleiben, ob er die weniger Glücklichen unterstützt, beispielsweise durch Bezuschussung in der Krankenpflege, der Miete oder der schulischen Ausbildung. Solche Hilfe sollte dem Einzelnen überlassen bleiben und in keiner Form durch eine Regierung vorgeschrieben werden. Nach Auffassung des Libertären handelt es sich bei der Umverteilung von Steuergeldern um eine Form von Nötigung, wenn nicht sogar um Diebstahl. Ein Staat hat nämlich ebenso wenig das Recht, einen wohlhabenden Steuerzahler dazu zu zwingen, Sozialprogramme für Arme zu unterstützen, wie ein Dieb das Recht hat, einem Reichen Geld zu stehlen, um es an Arme zu verteilen.

Michael J. Sandel

Liberalismus

Der Begriff *Liberalismus* enthält das Wort *liberalis*, das übersetzt „die Freiheit betreffend" bedeutet. Der Liberalismus verfolgt daher das Ziel, jedem Individuum so viel Freiheit wie möglich zuzugestehen und nur so viel Staat wie nötig zukommen zu lassen, damit der Einzelne eine freiheitliche politische, ökonomische und soziale Ordnung anstreben kann. Die liberale Herrschaftsform stützt sich auf die Pfeiler Menschenrechte, Verfassung und vernünftige Selbstbestimmung der Bürger. Unter wirtschaftlich-sozialen Gesichtspunkten besagt das liberale Prinzip, dass jeder die Freiheit hat, alles zu tun, was er will, sofern er nicht die Freiheit des anderen verletzt.

M4 Der Fall Pussy Riot

Der Prozess war ein bizarres Schauspiel, der Schuldspruch passt in Putins Kalkül. [...] Mit ihrer Punk-Andacht gegen Putin in der Moskauer Christ-Erlöser-Kathedrale hätten sich Aljochina, 24, Nadjeschda Tolokonnikowa, 22, und Jekaterina Samuzewitsch, 30, des Rowdytums aus religiösem Hass schuldig gemacht, befand das Gericht. Dafür müssen die drei Frauen jetzt zwei Jahre ins Straflager. [...]

Mit seinem Kommentar, in anderen Ländern hätten den Täterinnen ganz andere Strafen gedroht, hat Putin unlängst klar gemacht, woran er sich bei der Entwicklung seines Landes orientiert. Nicht mit liberalen Demokratien vergleicht er Russland, in denen Menschenrechte geschützt und rechtsstaatliche Verfahren gewährleistet werden. Er schielt auf religiöse Regime wie den Iran oder Parteidiktaturen wie China [...]. [...] Die Anklageschrift basierte zum Teil auf einer Synodalerklärung aus dem siebten Jahrhundert, die das Tanzen in der Kirche verbietet. Von der „Herabwürdigung jahrhundertealter Grundlagen der russisch-orthodoxen Kirche" war die Rede und vom „Verlust heiliger christlicher Werte", gerade so, als hätten nicht Juristen die Anklage verfasst, sondern Kleriker. Entsprechende Straftatbestände kennt das russische Strafrecht nicht.

Julian Hans

Aufgaben

1 Erklärt die auf der Wand zu lesende These und diskutiert sie. ➔ M1
2 Fasst die wesentlichen Grundsätze des Liberalismus zusammen und überlegt, welche konkreten Konsequenzen sich daraus ergeben. ➔ M2
3 Recherchiert, worin sich Liberalismus und Libertarismus unterscheiden. Präsentiert eure visualisierten Ergebnisse anschließend im Kurs. ➔ M2/M3
4 Stellt die libertäre Auffassung eines Minimalstaats auf Plakaten dar. Diskutiert die Vor- und Nachteile der einzelnen Aspekte des Minimalstaats und nehmt Stellung dazu. ➔ M3
5 Schreibe einen Brief an Wladimir Putin, in dem du die Position des Liberalismus vertrittst und das Vorgehen des russischen Regierungschef in Bezug auf Pussy Riot kommentierst. ➔ M4

Lebensstile

6 M1 Der freie Einzelne …

Edward Hopper, Automat, 1927

Kaum zu glauben, aber wahr: Der Zerfall der Gemeinschaft ist lange als etwas Befreiendes verstanden worden. Die soziale Entwicklung, so hieß es, schreite von der engen, „primitiven" oder dörflichen Welt zur freien, „modernen" oder urbanen fort. Erstere gründe auf Verwandtschaft und Loyalität (eine suspekte Angelegenheit!), letztere aber auf Vernunft („Rationalität"). Dieses Konzept entstand in einer Zeit, in der man die Fackel der Vernunft pries und die dunklen Schatten, die sie erzeugte, kaum sah. Für diese zwei Typen sozialer Beziehungen benutzte man häufig die von dem deutschen Soziologen Ferdinand Tönnies entwickelten Begriffe Gemeinschaft (das deutsche Wort für community) und Gesellschaft (society). Mit Gesellschaft meinte er Gruppen von Menschen, die nur wenig verbindet, wie die Menschenmenge oder die Massengesellschaft.

Weit davon entfernt, den Verlust der Gemeinschaft zu beklagen, schilderte diese optimistische Theorie der Moderne die Dörfer und kleinen Städte als rückständig und beengend. […] [Die Kleinstadt] galt als das Gegenteil der „Großstadt" mit ihrer befreienden Atmosphäre und Anonymität, in der die Menschen nach ihren Vorstellungen leben könnten und nicht dem Diktat der Gemeinschaft gehorchen müssten. In der *Gesellschaft*, hieß es, basieren Beziehungen nicht mehr auf traditionellen, „zugeschriebenen" Sozialbanden, wie denen zwischen Vettern oder Kusinen, sondern auf Verträgen, die autonome Individuen frei miteinander aushandeln. […] Das neue Universum sollte unter dem Stern des Individuums und nicht dem der Gemeinschaft stehen. […]

Anfang der 90er wurde der Niedergang der Gemeinschaft, der die Soziologen schon lange beunruhigt hatte, so deutlich, dass er immer mehr Menschen zu beschäftigen begann. Der Autor Jonathan Rowe hat gesagt: „Die Gemeinschaft war für uns etwas wie die Luft oder das Wasser: Sie ist da. Sie sorgt für sich selbst und kann und wird alles schlucken, was wir ihr zumuten." Nun wurde klar, dass die soziale Umwelt ebenso schutzbedürftig war wie die Natur.

M2 Ein neues Wir-Gefühl

[V]iele Großstädte [haben] kommunitäre Elemente bewahrt (oder kultiviert). Der Soziologe Herbert Gans […] hat in den Großstädten Gebilde beobachtet, die er „urbane Dörfer" nennt. Er stieß auf Viertel, wo die Nachbarn im Großen und Ganzen „freundlich zueinander waren und einander gern guten Tag sagten", wo die diversen ethnischen Gruppen, „Durchreisenden" und Bohemiens „ohne große Probleme Seite an Seite leben konnten". […] Kurz gesagt, unsere Gesellschaft ist weder gemeinschaftslos noch kommunitär genug; sie ist (im Tönnies'schen Sinne) weder Gesellschaft noch *Gemeinschaft*, vielmehr eine Mischung aus beidem. Was wir brauchen, ist nicht einfach die Rückkehr zur […] traditionellen Gemeinschaft. Das ist nicht nur aufgrund der modernen ökonomischen Erfordernisse unmöglich, sondern gar nicht wünschenswert, waren doch die traditionellen Gemeinschaften allzu beengend und autoritär. Sie waren meist homogen. Wir benötigen heute Gemeinschaften, die Vielfalt mit Einheit verbinden. […] Mit einem Wort: Wir brauchen neue Gemeinschaften, in denen die Menschen Wahlmöglichkeiten haben, die genug Raum für divergente *Sub*gemeinschaften bieten und doch gemeinsame Bande aufrechterhalten.

6 Zurück zur Gemeinschaft

M3 **Eine bessere Gesellschaft schaffen**

Kommunitarismus ist eine Bewegung für eine bessere moralische, soziale, politische Umwelt. [...] Der Einstellungswandel ist unser Dreh- und Angelpunkt. Ohne starke moralische Stimmen ist der Staat überfordert, laufen die Märkte aus dem Ruder. [...] Freiheit von staatlicher Bevormundung kann aber nicht heißen, aller Verantwortung für das Gemeinwohl ledig und für die Gemeinschaft nicht zuständig zu sein. [...] Um die moralische Basis der Gesellschaft zu stärken, müssen wir bei der Familie beginnen. Sie hatte schon immer die Aufgabe, die Fundamente der moralischen Erziehung zu legen. In den erneuerten Gemeinschaften, die wir vor Augen haben, sind nicht allein die Mütter für die Erziehung zuständig, sondern beide Eltern. [...] Die Schulen und Universitäten bilden die zweite Ebene. Sie vermitteln nicht nur Wissen und Fähigkeiten. Sie sind auch Stätten der Erziehung – oder sollten es sein. Zu ihrer Aufgabe gehört es, die in der Familie erworbenen Wertvorstellungen zu stärken und Kindern und Jugendlichen, deren Charakterbildung und moralische Formung zu Hause vernachlässigt wurde, Werte nahezubringen. An dritter Stelle kommen die sozialen Netzwerke, die von den Gemeinschaften in den Wohnvierteln, am Arbeitsplatz und in den ethnischen Clubs und Verbänden angeboten werden. Sie verbinden die Individuen, die sonst auf sich gestellt wären, zu Gruppen, deren Mitglieder sich um einander kümmern und mithelfen, eine zivile, soziale, moralische Ordnung aufrechtzuerhalten. [...]

Und viertens: Die Nation, die Gesellschaft, muss dafür sorgen, dass lokale Gemeinschaften nicht an Einstellungen festhalten, die wir als die umfassendere und maßgeblichere Gemeinschaft zutiefst ablehnen – wie etwa die ideologische Intoleranz, die Bücher verbrennt. Die nationale Gesellschaft sollte auch die übergreifenden Bindungen zu bewahren versuchen, die die konkurrierenden Gruppen davon abhalten, einander mit Hass und Gewalt zu begegnen. Wir können sehr gut mit den kulinarischen, musikalischen und religiösen Eigenarten all der Subkulturen [...] leben, werden dadurch sogar reicher. Aber all diese Untergruppen müssen ein System vorrangiger Werte anerkennen: vor allem das Prinzip der Demokratie, die Verfassung und die Grundrechte, Toleranz und Achtung vor dem Mitmenschen.

Aber wir müssen neben der moralischen auch die zivile Ordnung stärken. Zu Individualrechten gehören Sozialpflichten. Wenn die Leute von ihresgleichen gerichtet werden wollen, müssen sie bereit sein, selbst ein Schöffenamt zu übernehmen. Wenn sie Repräsentanten wollen, die ihre Werte und Interessen vertreten, müssen sie bei den Vorwahlen mitmischen, bei denen die Kandidaten geküt werden. Sie müssen auch mehr Zeit und Kraft für die Teilnahme an der Lokalpolitik und die Mitarbeit in kommunalen Institutionen aufbringen – vom Gemeindehospital bis zum örtlichen Schulausschuss.

Und endlich: Es genügt nicht, über den Einfluss der Lobbys zu klagen. Werden Sie nicht sauer, sondern aktiv! Wir müssen die Interessengruppen entmachten, sie dürfen mit ihrem Geld unsere gewählten Vertreter nicht länger korrumpieren. Die politische Kraft, die es braucht, um das politische System zu reformieren und dem Gemeinwohl wieder den ihm gebührenden zentralen Platz zu geben, kann nur aus einer sozialen Bewegung besorgter und engagierter Bürger kommen [...].

M1-M3: Amitai Etzioni

Kommunitarismus

(von lat. *communitas* = Gemeinschaft)
Kommunitaristen gehen davon aus, dass eine Gemeinschaft auf gemeinsamen Traditionen und von allen geteilten Wert- und Moralvorstellungen beruht. Anders als im Liberalismus wird der Einzelne nicht als unabhängiges Individuum betrachtet, sondern als jemand, der in Abhängigkeit von der Gesellschaft steht, in die er sich mit seinen vernünftig begründeten Urteilen einbringen soll.

Aufgaben

1 Sprecht darüber, was das Bild von Hopper zum Ausdruck bringen soll und inwieweit es die Gedanken des Textes widerspiegelt. → M1
2 Erläutert, warum es heute keine Gemeinschaft oder Gesellschaft im Tönnies'schen Sinn mehr gibt. → M2
3 Erklärt, wie die neue kommunitaristische Gesellschaft aufgebaut sein soll. → M3

Alt werden …

1 M1 Ein Leben

Marius Müller-Westernhagen, Fotos aus dem Video zu dem Song „Nimm mich mit"

1 Von der Geburt bis zum Tod und umgekehrt

M2 Benjamin Button

1860. Wie überrascht war Mr. Button, als ihn eine Krankenschwester verwirrt in den Saal mit den Neugeborenen führte, um ihm sein Kind zu zeigen. Sein Blick folgte ihrem Zeigefinger, und da sah er es. Eingewickelt in eine bauschige weiße Decke und halbwegs hineingestopft in eines der Bettchen, hockte dort ein alter Mann von etwa siebzig Jahren. Er hatte schütteres, nahezu weißes Haar, und von seinem Kinn hing ein langer, rauchgrauer Bart. Mit einem ratlosen, fragenden Blick in den trüben, verwaschenen Augen schaute er hinauf zu Mr. Button – seinem Vater.

Mr. Button versuchte, seinem Sohn ein guter Vater zu sein, doch Benjamin konnte den Spielzeuggeschenken seines Vaters nur wenig abgewinnen. Benjamin stahl sich lieber die Hintertreppe hinunter, um sich einen Band der *Encyclopedia Britannica* zu holen, in dem er dann den ganzen Nachmittag schmökerte, derweil seine Stoffkühe und seine Arche Noah unbeachtet auf dem Fußboden herumlagen.

Eines Tages aber machte Benjamin, während er sich im Spiegel betrachtete, eine erstaunliche Entdeckung. War sein Haar in dem Dutzend Jahren, das er jetzt auf der Welt war, wirklich unter der überdeckenden künstlichen Farbe von Weiß in Stahlgrau übergegangen? Und waren nicht die Runzeln, die sein Gesicht gleich einem Netz überzogen, weniger tief als sonst? Sah seine Haut nicht gesund und straffer aus, hatte sie nicht gar einen Hauch von winterlich frischer Röte? Er war sich nicht sicher. Er wusste nur, dass er nicht mehr gebückt ging und seine körperliche Verfassung sich im Vergleich zu seinen frühen Lebensjahren verbessert hatte.

Bald heiratete Benjamin die junge Hildegarde. Während sie älter wurde, unterlag er dem Prozess der Verjüngung: Oben in seinem Zimmer sah er sein Bild in dem vertrauten Spiegel – er trat näher heran, betrachtete besorgt und prüfend sein Gesicht, verglich es einen Moment später mit einer Fotografie, auf der er in Uniform abgebildet war. Kein Zweifel – er sah jetzt wie ein Dreißigjähriger aus. Doch statt dass er sich freute, war ihm unbehaglich zumute – er wurde jünger. Ihm schauderte. Sein Schicksal kam ihm schrecklich vor, unfassbar.

Das Verhältnis zwischen Hildegarde und Benjamin zerrüttete immer mehr, weil sich ihre Alter verkehrten und sie sich nichts mehr zu sagen hatten. Im Jahre 1910 übergab Benjamin sein Geschäft an seinen Sohn Roscoe. 1920 kam Roscoe Buttons erstes Kind zur Welt. Fünf Jahre später war sein Söhnchen alt genug, um mit dem kleinen Benjamin unter Aufsicht einer gemeinsamen Amme kindliche Spiele zu spielen. Nach einem Jahr rückte Roscoes Sohn in die erste Klasse auf, Benjamin aber blieb im Kindergarten. Er war sehr glücklich. Nur wenn die anderen Knirpse darüber sprachen, was sie einmal werden wollten, schien es ihm zu dämmern, dass er an diesen Dingen niemals Anteil haben würde. Er ging nun schon das dritte Jahr wieder in den Kindergarten, doch unterdessen war er zu klein, um zu verstehen, was es mit den leuchtend bunten Papierstreifen auf sich hatte. Da nahm man ihn aus dem Kindergarten, und nun wurde seine Amme Nana zum Mittelpunkt seiner winzigen Welt. Bei schönem Wetter gingen sie im Park spazieren; dann zeigte Nana auf ein großes graues Ungeheuer und sagte „Elefant", und Benjamin sprach ihr nach. Er konnte sich an die Vergangenheit nicht erinnern. Er konnte sich nicht einmal recht daran erinnern, ob die Milch beim letzten Füttern warm oder kalt gewesen war oder wie er die Tage zugebracht hatte – es gab nichts als sein Bettchen und Nanas vertraute Gegenwart. Und dann erinnerte er sich an gar nichts mehr. Wenn er Hunger hatte, schrie er – das war alles. Die Nachmittage über und die Nächte hindurch atmete er, und über ihm gab es leises, kaum hörbares Gebrabbel und Gemurmel und Gerüche, die sich kaum voneinander unterschieden, und Licht und Dunkelheit.

Dann gab es nur noch Dunkelheit, und sein weißes Bettchen, die verschwommenen Gesichter, die sich über ihn beugten, der warme, süße Duft von Milch – all das verblasste und schwand endlich ganz und gar aus seiner Erinnerung.

nach F. Scott Fitzgerald (gekürzt)

Aufgaben

1 Beschreibt das Leben eines Menschen, wie auf den Fotos dargestellt. Was ist das Besondere? ➔ M1

2 Erstellt einen Strahl, der das Alter und die Lebensstationen von Benjamin Button anzeigt. Was ist das Ungewöhnliche an seinem Leben? ➔ M2

Alt werden ...

M1 Der Wunsch nach ewiger Jugend

M2 Anti-Aging

Der Wunsch, ewig jung zu bleiben und das Altwerden so lange wie nur möglich hinauszuzögern, begleitet den Menschen, solange es ihn gibt. Dank der medizinischen Fortschritte können die Menschen in der heutigen Zeit mit einer Lebenserwartung rechnen, die im Vergleich zu den vorigen Jahrhunderten geradezu unglaublich ist. [...]

Da jugendliches Aussehen häufig gleichbedeutend mit gesellschaftlicher Macht ist, sind Körperkult und Schönheitswahn in der heutigen Gesellschaft allgegenwärtig. Anti-Aging stellt in diesem Zusammenhang für viele das Wundermittel dar, das hilft, jung zu bleiben oder sogar Altersprozesse rückgängig zu machen. Fakt ist: *„Der Wert Jugend ist etwas wert; der Traum von der ewigen Jugend generiert Milliardenumsätze."* Hinter dem dringenden Bedürfnis, auch im höheren Alter noch ein attraktives Äußeres zu bewahren, sehen gerade Kosmetikhersteller gute Wachstumsmöglichkeiten. [...]

Der Wunsch nach ewiger Schönheit und Jugend ist [...] kein Phänomen der Neuzeit, sondern schon seit Jahrhunderten existent. Die Wurzeln für diese Entwicklung liegen im Wesentlichen in einem gesellschaftlichen Wandel, bei dem verschiedene Einflussfaktoren zusammenwirken, die das Phänomen Anti-Aging ausgelöst haben und auch in Zukunft weiterhin rechtfertigen werden. [...] Da sich die heutige ältere Generation [...] wesentlich jünger fühlt als sie tatsächlich ist und eine deutlich höhere Aktivität und Vitalität als die Vorgängergenerationen zeigt, kommt dem Alter in der Gesellschaft eine neue Bedeutung zu. Das Lebensgefühl der Älteren gleicht sich in immer mehr Bereichen dem der Jüngeren an, so dass das gefühlte Alter im Verhältnis zum chronologischen Alter eine immer wichtigere Rolle spielt. „Alt sein" wird nicht mehr festgelegt durch das Erreichen eines bestimmten Lebensalters, sondern vielmehr durch bestimmte Ausschlusskriterien, wie Einsamkeit, Abhängigkeit, abnehmende Leistungsfähigkeit und Krankheit.

Aufgrund des Trends zu einer Verjüngung in Mentalität, Lebensstil und sozialen Verhaltensweisen in der heutigen demografisch alternden Gesellschaft besteht eine steigende Nachfrage nach Hilfsmitteln, mit denen man das Lebensgefühl mit der äußeren Erscheinung in Einklang bringen kann. Anti-Aging bietet hier die Möglichkeit, zu verhindern, dass sich der jugendliche Geist in einem zu alten Körper gefangen fühlt. Da nicht ein langes „Alt sein", sondern ein langes „Jung bleiben" erstrebenswert ist, erlebt Anti-Aging gerade durch diese Entwicklung einen Aufschwung. *Kerstin Heydecker*

2 Forever young

M3 Gift hilft bei der Verjüngungskur

Botox ist ein Nervengift, das Patienten von Hautärzten an jenen Stellen injiziert wird, an denen die Haut wieder straff erscheinen soll. Seine Wirkung beruht darauf, dass die Signalfunktion vom Gehirn zu den Muskeln unterbrochen, die Muskulatur also eine gewisse Zeit lang gelähmt wird.

Die Schauspielerin Daryl Hannah vor und nach einer Botox-Behandlung

M4 Das Altern stoppen

Herr de Grey, [...] was machen Sie als Geriontologe [...]?
Ich werde dafür sorgen, dass Sie alle so lange leben werden, wie sie möchten. [...]
Wie wollen Sie das erreichen?
5 [...] Altern an sich besteht aus einer Häufung von Fehlern auf zellulärer Ebene. Der Körper funktioniert nicht mehr richtig. Dieser Funktionsverlust entsteht durch viele verschiedene Effekte. Es geht darum, diese immer weiter zu verlangsamen und zu reparieren und
10 so das physiologische Alter des Körpers zu verringern. [...] In den nächsten zehn Jahren wird es möglich sein, bei Mäusen diese „Verschleißerscheinungen" aufzuhalten. [...] Mäuse werden in Gefangenschaft etwa drei Jahre alt. Mit unseren Methoden werden sie bis
15 zu fünf Jahre alt werden.
Aber es geht immer noch „nur" um Mäuse ...
Sicher, [...] aber es wird möglich sein, diese Erkenntnisse auf Menschen zu übertragen. [...] Die Gesellschaft wird einsehen, dass der Fatalismus, den wir heute in
20 Bezug auf das Altern pflegen, falsch ist. Ich denke, dass dieser Prozess noch einmal zehn Jahre dauern wird, bis die erste Generation von Anti-Aging-Therapeutika verfügbar ist, die auch bei Menschen wirkt.
Sie scheinen sehr von ihrer Forschung überzeugt zu sein.
Es ist ein richtiger Kreuzzug. Ich rette Leben. An 25 jedem Tag, an dem wir die Forschung aufhalten, die das Altern verzögert, sterben 100.000 Menschen. Das sind 30 World Trade Center. Jeden Tag! Es ist also wirklich wichtig, diese Forschung voranzutreiben.

ruprecht Nr. 93 vom 15.12.2004

M5 Der Unsterbliche

Eines Tages, wer weiß wie, wurde ein Unsterblicher geboren. Ich will sagen, er konnte nur sterben, wenn er es wollte, er brauchte nur Wasser aus den todbringenden Quellen zu trinken; aber er konnte auch nicht sterben, und das war ein großes Glück. [...]   5
Der Unsterbliche wuchs, fand eine Arbeit, heiratete und hatte Kinder. Und er lebte glücklich und zufrieden; eine Zeitlang. Dann begannen die Leute um ihn herum zu sterben: Alle seine Bekannten, und seine Frau und seine Kinder verschwanden einer nach dem 10 anderen. Jetzt gab es neue Menschen um ihn herum, und der Unsterbliche musste von vorne anfangen, ein anderes Mal heiraten, andere Kinder haben, sich um andere Freunde bemühen.

Ermanno Bencivenga

Aufgaben

1 Beschreibt das Bild von Lucas Cranach d. Ä. und gebt ihm einen Titel.* → M1   **B**

2 Begründet, ob ihr von der Möglichkeit, wieder jung zu werden, Gebrauch machen würdet. In welchem Alter wäre das? → M1

3 Sprecht darüber, was Anti-Aging ist und was es bewirkt. Stellt eine Collage aus Werbeanzeigen zusammen, die versprechen, beim Anti-Aging zu helfen. → M2

4 Beschreibt, wie dieselbe Frau im ersten und dann im zweiten Bild auf euch wirkt. Überlegt, welche Motive manche Menschen haben könnten, die sich alle sechs Monate Botox unter die Haut spritzen lassen. → M3

5 Formuliert das Ziel von de Grey mit eigenen Worten. Beurteilt, wie realistisch seine Auffassungen sind. → M4

6 Schreibe die Geschichte weiter. → M5   **S**

7 Was wäre, wenn alle Menschen Unsterblichkeit besäßen? Benennt, welche Vor- bzw. Nachteile das mit sich bringen würde. → M5

* Der Originaltitel lautet Der Jungbrunnen.

Alt werden …

3 M1 Der Alters-Simulationsanzug

Da siehste alt aus: Wer in einen der Alters-Simulationsanzüge schlüpft, klagt bald über Einschränkungen wie bei Rheuma oder Gicht, über Knirschen in den Knien, Schwerhörigkeit, Kurzsichtigkeit und andere Zipperlein. Denn wie eine enge Ritterrüstung umschließt dieses besondere Gewand den Träger und grenzt ihn überall ein – nicht nur die Bewegungsfreiheit wird durch den speziellen Schnitt und verwendetes Material erschwert, auch Hören und Sehen mindern Ohrenschützer und Unschärfebrille. Wer so verkleidet ist, erlebt in Sekunden, warum Oma und Opa nicht so schnell unterwegs sind wie ihre Kinder – und warum sie zum Beispiel mit schmalen Türeinstiegen, niedrigen Fahrersitzen und hohen Ladekanten in Autos ihre Probleme haben. Mit den Anzügen sollen die Bedingungen erforscht werden, unter denen ältere Menschen leben. Um die Simulationsanzüge zu entwickeln, wurden mehr als 200 wissenschaftliche Studien aus Medizin, Gerontologie (Altersforschung), Sportwissenschaft und Psychologie berücksichtigt.

nach Roland Wildberg

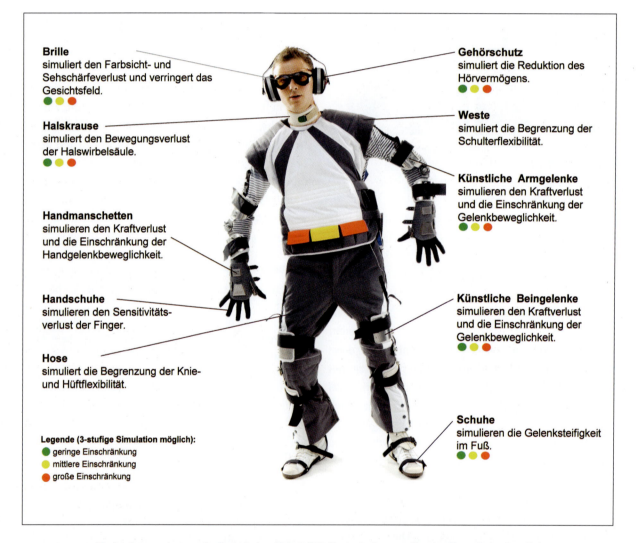

Brille simuliert den Farbsicht- und Sehschärfeverlust und verringert das Gesichtsfeld.

Halskrause simuliert den Bewegungsverlust der Halswirbelsäule.

Handmanschetten simulieren den Kraftverlust und die Einschränkung der Handgelenkbeweglichkeit.

Handschuhe simulieren den Sensitivitätsverlust der Finger.

Hose simuliert die Begrenzung der Knie- und Hüftflexibilität.

Gehörschutz simuliert die Reduktion des Hörvermögens.

Weste simuliert die Begrenzung der Schulterflexibilität.

Künstliche Armgelenke simulieren den Kraftverlust und die Einschränkung der Gelenkbeweglichkeit.

Künstliche Beingelenke simulieren den Kraftverlust und die Einschränkung der Gelenkbeweglichkeit.

Schuhe simulieren die Gelenksteifigkeit im Fuß.

Legende (3-stufige Simulation möglich):
- geringe Einschränkung
- mittlere Einschränkung
- große Einschränkung

Die Anzüge wurden von der Technischen Universität Chemnitz in enger Kooperation mit der AutoUni im Auftrag des Volkswagen Konzerns entwickelt: Sie sollen dem Automobilhersteller helfen, neue Erkenntnisse für altersgerechte Fertigungsverfahren, die ergonomische Gestaltung von Arbeitsplätzen und Produkten zu gewinnen, um sich so auf den demografischen Wandel vorzubereiten.

3 Wie es ist, alt zu sein

M2 Alt werden – alt sein

Nicht der Mensch hat am meisten gelebt, welcher die höchsten Jahre zählt, sondern der, welcher sein Leben am meisten empfunden hat.
Jean-Jacques Rousseau

Warum bekommt der Mensch die Jugend in einem Alter, in dem er nichts davon hat? G. B. Shaw

Das Greisenalter, das alle zu erreichen wünschen, klagen alle an, wenn sie es erreicht haben. Cicero

Viele möchten leben, ohne zu altern, und sie altern in Wirklichkeit, ohne zu leben. Alexander Mitscherlich

M3 Alter – Verfall oder Gewinn?

lebensWert: Herr Mittelstraß, was ist für Sie Alter?
Mittelstraß: Die Frage ist nicht so einfach zu beantworten. Wenn wir vom Alter als einem Prozess sprechen, der zum Tode führt, ist diese Ausdrucksweise
5 schon verfänglich. Sie lässt das Alter nämlich als eine Schwundstufe des Lebens erscheinen, die im Wesentlichen durch Verlust und Verfall charakterisiert ist.
lebensWert: Eine solche Betrachtung würde den Menschen doch auf ein rein biologisches Wesen re-
10 duzieren, oder?
Mittelstraß: Ja, wer so denkt, kann zwar auf unbestreitbare biologische Einschränkungen verweisen, übersieht aber, dass das Alter, auch das hohe Alter, in Wahrheit eine eigene Lebensform darstellt, die – wie
15 Kindheit, Jugend, Erwachsensein – nur eine andere Form des Menschseins ist.
lebensWert: Was meinen Sie damit?
Mittelstraß: Jugend, Alter, aber auch Abschied und Glück sind nicht Eigenschaften des Lebens, sondern
20 Formen, Gestalten, Zeiten, unter die ein Leben tritt. Das Leben ist nicht einfach ein zeitlicher Prozess – oder anders formuliert: Die Zeit des Lebens sind seine Zeiten. Das Leben schafft sich unterschiedliche Gestalten; und das Alter ist eine dieser Gestalten.
25 *lebensWert*: Stehen sich in der Altersforschung noch immer naturwissenschaftliche und geistes- bzw. sozialwissenschaftliche Perspektiven unverbunden gegenüber?
Mittelstraß: Die Unterscheidung selbst liegt nahe, da am Alter nicht nur unsere biologische Natur, sondern
30 auch unsere psychische und kulturelle Natur teilhat. Eine biologische Perspektive bezieht sich dabei übli-cherweise auf Abbauprozesse, d. h. auf Gesichtspunkte schwächer werdender biologischer Kapazitäten und Funktionsfähigkeiten. Die geistes- bzw. sozialwissenschaftliche Perspektive dagegen betrachtet auch sol- 35 che Aspekte des Alterns und des Alters, die Ausdruck von Prozessen sind, bezogen auf die Welt des Geistes, der Gefühle, aber auch der Handlungen. Die physischen Grenzen der Handlungswelt können wohl enger, ihre kulturellen Grenzen aber durchaus weiter werden. Hier 40 werden Besonderheiten ins Auge gefasst, die deutlich machen, dass Entwicklung kein exklusives Moment der Jugend ist.
lebensWert: Wie werden sich Alterungsprozesse in Zukunft darstellen? 45
Mittelstraß: Optimistische Annahmen gehen davon aus, dass sich Krankheiten in Zukunft derart verlangsamen bzw. verschieben lassen, dass sie erst jenseits des biologischen Maximalalters auftreten werden, also nicht mehr innerhalb der üblichen Lebenszeit liegen. 50 Das Alter verlöre seine Krankheit und damit einen wesentlichen Teil seiner Einschränkungen. Pessimistische Annahmen verknüpfen hingegen gerade das Alter mit wachsender Krankhaftigkeit. Jedes gesunde Jahr eines verlängerten Lebens würde durch viele 55 kranke Jahre erkauft. Vermutlich wird keine dieser Annahmen rein bestätigt werden, die eine nicht, weil sie nicht mit der natürlichen Evolution rechnet, die noch manch böse Überraschung, Stichwort „AIDS", für uns bereithalten wird, die andere nicht, weil sie 60 den wissenschaftlichen Fortschritt, z. B. im Bereich der Alzheimer-Demenz, wohl zu gering einschätzt. Entscheidend jedoch ist, dass das Alter wieder als eine Lebensform in den Blick tritt, die sich nicht allein als Ausbleiben von Wachstum und als Eintritt 65 von Verfall definieren lässt.

Aufgaben

1 Erklärt, wie der Alters-Simulationsanzug funktioniert und welchen Nutzen er hat. → M1
2 Sprecht darüber, welche Weisheit in den Sprüchen enthalten sein könnte. → M2
3 Fertigt eine Matrix an, die die unterschiedlichen Aspekte des Alterns nach Jürgen Mittelstraß erfasst. → M3

Alt werden …

4 | M1 | Der Wandel der Altersstruktur in Deutschland

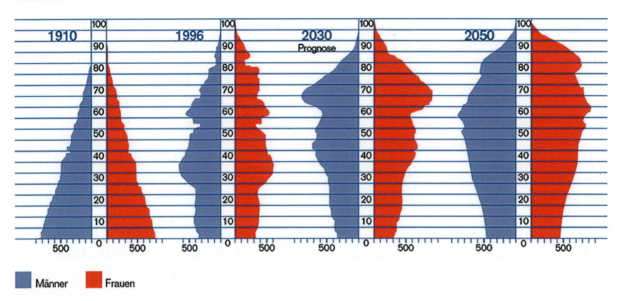

M2 | Deutschland vergreist

Die Deutschen werden immer älter – und immer weniger. In 20 Jahren leben in der Bundesrepublik laut einer Studie der Bertelsmann Stiftung weniger als 80 Millionen Menschen. Die Zahl der über 80-Jährigen steigt um 60 Prozent [...].

Es ist eigentlich eine positive Entwicklung: Jeder zweite Mann wird in Deutschland mittlerweile mindestens 80 Jahre alt. Die Lebenserwartung liegt damit zwar immer noch fünf Jahre unter jener der Frauen. Aber auch die Männer erreichen heutzutage in der Mehrzahl ein hohes Alter. Weil die Zahl der Neugeborenen in der Bundesrepublik gleichzeitig konstant niedrig ist, verschiebt sich die Altersstruktur allerdings dramatisch. Bis 2030 wird die Hälfte aller Einwohner älter als 49 Jahre sein. Das zeigen neue Vorausberechnungen der Bertelsmann Stiftung. Am stärksten altern die ostdeutschen Länder: In Sachsen-Anhalt und Thüringen wird jeder Zweite in 20 Jahren älter als 54 Jahre sein.

Das Besondere an den Zahlen ist, dass die Studie die Entwicklung für jede der rund 3200 Kommunen vorhersagt. So sagt sie vor allem für den Osten eine steile Zunahme der über 80-Jährigen voraus. Bundesweit wird es 2030 knapp 60 Prozent mehr Hochbetagte geben, in Brandenburg und Mecklenburg-Vorpommern hingegen gibt es einen Zuwachs von mehr als 80 Prozent. Den höchsten Anstieg verzeichnet der Brandenburger Landkreis Oberhavel (plus 138 Prozent).

In dem Demografie-Bericht der Bundesregierung schaut das Bundesinnenministerium sogar noch weiter in die Zukunft: Im Jahr 2060 werde demnach bereits jeder Dritte (34 Prozent) mindestens 65 Jahre alt sein – heute ist der Anteil von Kindern und Jugendlichen unter 20 Jahren noch ungefähr genauso groß wie der Anteil der über 65-Jährigen. [...]

Das Bundesinnenministerium geht davon aus, dass die deutsche Bevölkerung bis 2060 auf 65 bis 70 Millionen schrumpft. Laut der Bertelsmann-Studie wird Deutschland bereits bis 2030 die Grenze von 80 Millionen Einwohnern unterschreiten. Dabei setzt sich die Urbanisierung fort: Die Großstädte München (plus 15 Prozent), Dresden (plus zwölf Prozent) und Leipzig (plus neun Prozent) wachsen deutlich. Dagegen schrumpfen etwa das thüringische Suhl, Dessau (Sachsen-Anhalt) und Salzgitter in Niedersachsen besonders stark.

Der Spiegel vom 26.10.2011

4 Deutschland wird immer älter

M3 Wenn ich einmal alt bin ...

Je älter ein Wein wird, desto vollmundiger wird er im Geschmack. Je älter ein Indianer wird, desto angesehener ist er unter seinen Stammesmitgliedern. Je älter wir werden, desto höher steigen unsere Ansprüche, denn die alten Menschen von morgen werden in der Regel nicht schwach, krank und hilflos sein.

Wenn ich einmal alt bin,

... dann möchte ich mit meinen Enkeln, meinen
5   Kindern und meinem Mann in einem Haus wohnen – so, wie das früher ganz normal war. Der einzige Unterschied wird darin bestehen, dass ich finanziell unabhängig sein werde. Ich bin übrigens auch
10 in einem Haus, in dem drei Generationen gewohnt haben, aufgewachsen. So konnte meine Oma immer auf mich aufpassen, wenn meine Eltern bei der Arbeit waren oder sich am Wochenende mit Freunden getroffen haben.

Zurzeit lebe ich in einer WG.

Vielleicht werde ich das auch im Alter tun, denn es ist unwahrscheinlich, dass ich mir irgendwann ein Haus leisten kann. Ob meine Kinder später einmal hier in der Region arbei-
10 ten werden und Lust dazu haben, mich zu betreuen, ist auch zu bezweifeln. Meine Mitbewohner und ich müssen uns dann – so gut es geht – gegenseitig unterstützen. Und falls die Rente nicht reichen sollte, muss ich im
15 Alter vielleicht noch einmal etwas Neues lernen und dazuverdienen, um ausreichend Geld für meinen Lebensunterhalt zu haben.

M4 Mein Lebensabend

Ich bin jetzt 83 Jahre alt

... und fühle mich – seit meine Kinder mich ins Altenheim abgeschoben haben – einsam und leer. Das Leben macht keinen Spaß mehr, da ich nicht mehr gebraucht werde. Eigentlich könnte ich noch viele nützliche Aufgaben erledigen, denn geistig bin ich sehr rege, aber meine Beine tun mir ständig weh. Hier im Seniorenstift nehme ich wenigstens an Bastelstunden und Singnachmittagen teil. Meine Kinder kommen mich nur unregelmäßig besuchen, weil ihre Arbeit und Familien sie so in Anspruch 15 nehmen. Wenn sie mich zu sich nehmen würden, könnte ich sie entlasten.

Solange es geht,

... werde ich das Leben genießen und mich mit meinen Freunden treffen. Mein Altersheim hat einen ganz 5 besonderen Namen: Mallorca. In diesem Land verbringe ich in der Regel die meiste Zeit des Jahres, zumindest aber den Winter. Wenn es eines Tages nicht mehr geht, nehmen meine Tochter und mein Schwiegersohn mich zu sich. 10 Das haben sie mir schon mehrmals versprochen.

Aufgaben

1. Erläutert den demografischen Wandel der Altersstruktur in Deutschland. ➜ M1/M2
2. Stellt dar, welches Bild vom Alter die beiden Jugendlichen bzw. die beiden Rentner vom Lebensabend zeichnen. ➜ M3/M4
3. Tauscht euch darüber aus, welche Hoffnungen ihr mit dem Alter verbindet bzw. welche Probleme ihr auf euch zukommen seht. ➜ M1–M4

Sterben müssen, sterben dürfen

1 M1 Vorbereitung auf den Tod

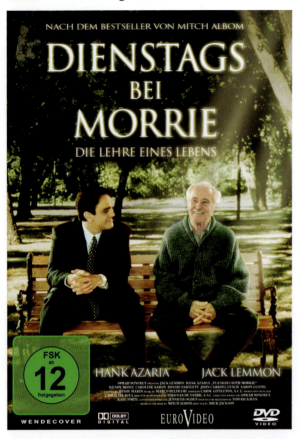

Als er erfährt, dass sein ehemaliger Professor Morrie Schwartz schwer erkrankt ist und bald sterben wird, beginnt der Journalist Mitch Albom seinen Lehrer regelmäßig jeden Dienstag zu besuchen. Sie unterhalten sich dann über theologische oder philosophische Fragen. Der nachfolgende Textauszug behandelt das Thema „Wie man mit dem Tod umgehen sollte":

„Lass uns mal von folgender Idee ausgehen", sagte Morrie. „Jeder weiß, dass er sterben wird, aber niemand glaubt es." An diesem Dienstag war er in einer nüchtern-geschäftsmäßigen Stimmung. Das Thema war der Tod, der erste Punkt auf meiner Liste. Bevor ich eintraf, hatte Morrie sich ein paar Notizen auf kleinen weißen Blättern gemacht, damit er nichts vergaß. Seine zittrige Handschrift war mittlerweile für niemanden außer ihm selbst zu entziffern. [...]

Hier in Morries Büro ging das Leben einen kostbaren Tag nach dem anderen weiter. Jetzt saßen wir beisammen, etwa einen Meter von der letzten Neuanschaffung des Hauses entfernt: einer Sauerstoffmaschine. Sie war klein und tragbar, etwa kniehoch. Manchmal, wenn er in der Nacht nicht genügend Luft bekommen konnte, befestigte Morrie den langen Plastikschlauch an seiner Nase, steckte ihn an seine Nasenflügel wie einen Blutegel. Ich hasste die Vorstellung, dass Morrie an irgendeine Art Maschine angeschlossen war, und ich versuchte, sie nicht anzuschauen, während Morrie sprach.

„Jeder weiß, dass er sterben muss", sagte er noch einmal, „aber niemand glaubt es. Wenn wir es täten, dann würden wir die Dinge anders machen."

„Also machen wir uns, was den Tod angeht, etwas vor", sagte ich.

„Ja. Aber es gibt eine bessere Herangehensweise. Zu wissen, dass du sterben musst, und jederzeit darauf *vorbereitet* zu sein. Das ist besser. Auf die Weise kannst du tatsächlich *intensiver* leben, während du lebst."

„Wie kann man jemals darauf vorbereitet sein zu sterben?"

„Tu das, was die Buddhisten tun. Stell dir vor, dass jeden Tag ein kleiner Vogel auf deiner Schulter sitzt, der dich fragt: ‚Ist heute der Tag? Bin ich bereit? Tue ich alles, was ich tun sollte? Bin ich der Mensch, der ich sein möchte?'" Er drehte seinen Kopf zu seiner Schulter, als säße der kleine Vogel tatsächlich dort. „Ist heute der Tag, an dem ich sterbe?", sagte er. Morrie verwendete die Weisheiten aller Religionen. Er wurde als Jude geboren, wurde aber als Teenager zum Agnostiker [damit ist jemand gemeint, der weiß, dass er nicht erkennen kann, ob es Gott gibt oder nicht], zum Teil wegen all des Unglücks, das ihm als Kind widerfahren war. Er übernahm einige der philosophischen Lehren des Buddhismus und des Christentums, aber er fühlte sich kulturell noch immer im Judentum zu Hause. Er war sozusagen ein religiöser Straßenköter, was ihn gegenüber den Studenten, die er im Laufe der Jahre unterrichtete, noch offener und toleranter machte. Und die Dinge, die er in seinen letzten Monaten auf der Erde sagte, schienen alle religiösen Unterschiede zu überschreiten. Offenbar ist das eine Einstellung, die der bevorstehende Tod mit sich bringt.

„Die Wahrheit ist", erklärte er, „wenn du lernst, wie man stirbt, dann lernst du, wie man lebt." Ich nickte.

1 Dienstags bei Morrie

M2 **Lerne, wie man stirbt**

„Hast du viel über den Tod nachgedacht, bevor du krank wurdest?", fragte ich.

„Nein", sagte Morrie lächelnd. „Ich war wie alle anderen. Einmal sagte ich in einem Moment der überschwänglichen Freude zu einem Freund: ‚Ich werde der gesündeste alte Mann sein, dem du je begegnet bist!'"

„Wie alt warst du?"

„Über sechzig."

„Also warst du optimistisch."

„Warum nicht? Wie ich schon sagte: Niemand glaubt wirklich, dass er sterben wird."

„Aber jeder kennt jemanden, der gestorben ist", sagte ich. „Warum ist es so schwer, über das Sterben nachzudenken?"

„Weil", fuhr Morrie fort, „die meisten von uns wie Schlafwandler durch die Gegend laufen. Wir kosten das Leben nicht voll aus, weil wir ständig im Halbschlaf sind und Dinge tun, von denen wir glauben, wir müssten sie tun."

„Und all das verändert sich durch die Konfrontation mit dem Tod?"

„Oh ja. Du streifst all das unnütze Zeug ab und konzentrierst dich auf das Wesentliche. Wenn du erkennst, dass du sterben wirst, dann siehst du alles mit ganz anderen Augen."

Er seufzte. „Lerne, wie man stirbt, und du wirst lernen, wie man lebt."

Ich bemerkte, dass er jetzt zitterte, wenn er seine Hände bewegte. Seine Brille hing ihm am Hals, und als er sie sich an die Augen hob, rutschten die Bügel an seinen Schläfen herum, als versuchte er, sie in der Dunkelheit jemand anderem aufzusetzen. Ich langte hinüber, um ihm zu helfen, die Bügel über seine Ohren zu schieben.

„Danke", flüsterte Morrie. Er lächelte, als meine Hand seinen Kopf streifte. Der geringste menschliche Kontakt machte ihn glücklich.

„Mitch. Kann ich dir etwas sagen?"

„Natürlich", sagte ich.

„Möglicherweise gefällt es dir nicht."

„Warum nicht?"

„Tja, die Wahrheit ist, wenn du wirklich auf jenen Vogel auf deiner Schulter hören würdest, wenn du akzeptieren würdest, dass du jederzeit sterben kannst – dann wärst du vielleicht nicht so ehrgeizig, wie du jetzt bist."

Ich zwang mich zu einem kleinen Lächeln.

„Die Dinge, auf die du so viel Zeit verwendest – all diese Arbeit, die du machst – erscheinen dann vielleicht nicht so wichtig. [...]"

„Na ja", sagte ich. [...]

„Wir sind allzu sehr mit materialistischen Dingen beschäftigt, und sie befriedigen uns nicht. Die liebevollen Beziehungen, die wir haben, das Universum um uns herum – wir nehmen diese Dinge als selbstverständlich hin."

Er nickte in Richtung des Fensters. „Siehst du das? Du kannst da rausgehen, nach draußen, jederzeit. Du kannst die Straße rauf- und runterrennen und verrückt spielen. Ich kann das nicht. Ich kann nicht rausgehen. Ich kann nicht rennen. Ich kann nicht da draußen sein [...]. Aber weißt du was? Ich *weiß* jenes Fenster mehr zu *schätzen* als du."

„Zu schätzen?"

„Ja. Ich schaue jeden Tag aus diesem Fenster hinaus. Ich bemerke die Veränderung in den Bäumen, sehe, wie stark der Wind weht. Es ist, als könnte ich durch jene Fensterscheibe sehen, wie die Zeit vergeht. Weil ich weiß, dass meine Zeit fast abgelaufen ist, fasziniert mich die Natur, als sähe ich sie zum ersten Mal."

Er stockte, und einen Moment lang saßen wir beide nur da und schauten aus dem Fenster. Ich versuchte zu sehen, was er sah. Ich versuchte, die Zeit und die Jahreszeiten zu sehen und wie mein Leben im Zeitlupentempo verging. Morrie ließ seinen Kopf ein wenig zur Seite sinken. Vielleicht fragte er einen imaginären kleinen Vogel, ob heute sein letzter Tag sei.

M1/M2: Mitch Albom

Aufgaben

1 Überlegt, was Morrie meint, wenn er sagt: „Jeder weiß, dass er sterben wird, aber niemand glaubt es." ➜ M1

2 Beschreibt, wie man sich Morrie zufolge auf den Tod vorbereiten kann. ➜ M1

3 Arbeitet heraus, wie sich Morrie insbesondere in den letzten Monaten verändert hat. ➜ M2

4 Diskutiert, was es für uns Menschen bedeuten würde, wenn wir immer so leben würden, als sei heute unser letzter Tag. ➜ M2

Sterben müssen, sterben dürfen

M1 Zu Hause

Edvard Munch, Am Sterbebett, 1895

Auch wenn wir es uns selbst noch so sehr wünschen, einen Sterbenden zu Hause sterben zu lassen, so müssen wir doch die Realität akzeptieren, dass dies nicht in jedem Falle sinnvoll und möglich ist. Unter folgenden Voraussetzungen ist der Wunsch für unheilbar Kranke realisierbar:
- Der Sterbende hat selbst wirklich den Wunsch, zu Hause zu sterben.
- Der Sterbende weiß, dass er sterben wird, weil seine Erkrankung unheilbar geworden ist, und wünscht keine das Leben künstlich verlängernde Maßnahmen, die klinischer Überwachung bedürfen (wie z. B. intravenöse Dauer-Infusionen, künstliche Beatmung o. Ä.), sondern gegebenenfalls nur lindernde Therapie und Pflege.
- Im Haushalt befindet sich eine Person, die die Verantwortung für die Versorgung übernimmt.

Der Sterbeprozess zu Hause hat auch Bedeutung für die Angehörigen:
- Menschen, die zu Hause sterben, haben mehr Einfluss auf die Gestaltung und die Qualität ihrer letzten Lebensspanne.
- Der Sterbende erfährt zu Hause mehr Achtung und bewahrt seine Würde.
- Die Familie erfährt sich selbst als nützlich, hilfreich und notwendig.
- Der Sterbende und seine Familie können „normaler", alltäglicher leben und sich gemeinsam besser innerlich auf das Sterben vorbereiten: Gefühle können freier und ungestörter ausgedrückt werden (Trauer ebenso wie Ärger, Schmerz, Liebe etc.).

nach Johann Christoph Student

M2 Im Krankenhaus

Sterben ist meist planbar. Aber es fällt Ärzten wie Angehörigen schwer, damit umzugehen. Jeder zweite Deutsche stirbt in Klinik, Alten- oder Pflegeheim, hieß es auf dem Deutschen Schmerztag 2008. Das geplante Sterben zu Hause ist dagegen nicht vorgesehen. Dazu fehlt den Angehörigen, aber auch den Ärzten der Mut. Der Ablauf ist fast immer derselbe: Wenn sich der Zustand eines Kranken verschlechtert, etwa mit Atemstörungen, wird der Notarzt gerufen, selbst wenn schon lange klar ist, dass es sich um einen Sterbenden handelt. Und damit beginnt eine Kette von Untersuchungen, Behandlungen und weiteren Verlegungen, die keiner gewollt hat. Es fängt an beim Notarzt: Er kann nicht

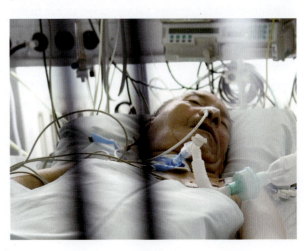

anders, als den Patienten, den er nicht kennt, einzuweisen. Etwaigen Beteuerungen der Angehörigen, der Kranke wolle nicht mehr in die Klinik, kann er kaum Gehör schenken. Womöglich haben sie ganz andere Motive als das Wohl des Sterbenden – etwa dessen Geld. Also kommt der Sterbende in die Klinik. Dort verschafft sich der aufnehmende Arzt einen Überblick über die Situation des Kranken. Von der Angiographie bis zur Darmspiegelung, vom Herzkatheter über Kernspin bis zu unzähligen Blutuntersuchungen wird innerhalb kürzester Zeit intensive Diagnostik betrieben. Vielleicht wird sogar der längst verlorene Kampf um das Leben des Sterbenden wiederaufgenommen. Eine teure, sinnlose und schmerzhafte Quälerei. Am Ende aller Diagnostik ist es kaum möglich, aus der Klinik wieder herauszukommen, selbst dann, wenn Patient, Angehörige und Ärzte sich einig sind.

Magnus Heier

M3 Das Hospiz und die Palliativmedizin

In den hellen Zimmern liegen blasse Gestalten auf schmalen Betten, manche umringt von ihren Angehörigen. Ruhig und friedvoll liegen sie dort, obwohl Karzinome ihre Körper zerfressen. Leberkrebs, Lymphknoten-, Knochenmark- oder Lungenkrebs. [...] Das St. Christopher's Hospice [...] [in London] ist keine Krebsstation, in der ums Überleben gerungen wird. Wer hier eingeliefert wird, weiß, dass er bald sterben muss. [...] [In dem Zimmer über dem Eingang steht] eine imposante alte Dame. [...] Cicely Saunders ist 84 Jahre alt und hat ihr ganzes Leben dem Sterben anderer Menschen gewidmet. [...] Sie ist die Gründerin des Heims und die Mutter der Hospizbewegung [...].

Sie leistete die Vorarbeit für die routinemäßige Verwendung von Morphium als Schmerzmittel. [...] 40 Prozent aller richtig auf Morphium eingestellten Patienten können ihr Hospiz sogar wieder verlassen und die letzten Tage zu Hause verbringen.

Kurz nach dem Krieg vertraute Cicely der Schwester Oberin eines Hospitals an, dass sie schon seit 1935 Morphium zur Schmerzlinderung bei Krebspatienten verwende. [...] Saunders fing an, Medizin zu studieren, forschte und wollte den damals gängigen „Mythos" von Morphium als einer „medizinisch unbrauchbaren Droge" widerlegen. 1962 bewies sie, dass Patienten bei einer geeigneten Dosis oft ein ganz normales Leben führen können und dass es bei richtiger Verwendung keine Suchtprobleme gibt. Und sie stellte das Prinzip einer Palliativmedizin – Morphium-Dauereinnahme, um Schmerzen gar nicht erst aufkommen zu lassen – auf eine wissenschaftliche Grundlage. [...] „Bei uns wird gute, fundierte und menschliche Medizin betrieben", führt Cicely Saunders aus, „bei der Sterbehilfe geht es um die beste medizinische Praxis." „Beste medizinische Praxis" ist ihre Parole. [...] Indirekte oder gar aktive Sterbehilfe sei – ganz abgesehen von ethischen Bedenken – „schlechte Medizin", behauptet sie apodiktisch, „weil unnötig". Nach ihrem Dafürhalten können 95 Prozent aller Krebspatienten bei hinreichenden Morphiumgaben schmerzfrei bleiben. Bei den restlichen fünf Prozent würden Beruhigungsmittel helfen. [...]

Und wenn Patienten trotz Morphium und menschlicher Zuwendung ihre Leidenszeit verkürzen wollen? [...] „Sie wissen, dass ich Ihnen keine Überdosis geben kann", pflegt Cicely Saunders ihnen zu sagen. [...] Eines ihrer Hauptargumente gegen Euthanasie ist das durch einen Freitod ausgelöste Trauma vor allem in den Familien. Man müsse das Sterben als den letzten Teil des Lebens begreifen – und damit als eine Grunderfahrung des Daseins.

Reiner Luyken

Aufgaben

1 Beschreibt das Bild. Äußert Vermutungen über die Beziehung der sich im Raum befindenden Personen zu dem bzw. der Sterbenden / Toten. → M1

2 Versetz dich in das Bild und stell dir vor, eine der um das Sterbebett versammelten Personen zu sein. Welche Gedanken gehen dir als einer der Personen durch den Kopf? Versuche auch, die Gefühle dieser Person nachzuvollziehen und zu beschreiben. → M1

3 Diskutiert, welche Vorteile das Sterben zu Hause hat. Überlegt, ob es auch Nachteile gibt. → M1

4 Stellt dar, warum die meisten Menschen im Krankenhaus sterben. → M2

5 Erläutert, welche Aufgaben das St. Christopher's Hospice in London wahrnimmt und was man unter Palliativmedizin versteht. → M3

6 Halte ein Referat zum Thema: Die Aufgaben der deutschen Hospize. → M3

Sterben müssen, sterben dürfen

3 M1 Fünf Sterbephasen

Das Modell der „Fünf Sterbephasen" wurde 1969 von der amerikanischen Ärztin und Sterbeforscherin Elisabeth Kübler-Ross aufgestellt.

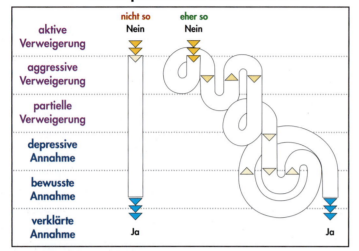

M2 Der lange Weg zur Zustimmung

1. Phase: Nicht-wahr-haben-Wollen und Isolierung

(Der englischsprachige Originaltitel lautet *Denial*, auch übersetzbar mit Verleugnung, dem Abstreiten einer Tatsache.)

Der Betroffene will die Diagnose der tödlichen Erkrankung nicht wahrhaben, die eigene Sterblichkeit liegt außerhalb seiner Vorstellungskraft. Er verdrängt sie und erlebt einen Schock. Er glaubt an Verwechslungen und Irrtümer, schiebt alles auf die Unfähigkeit der Ärzte und Pfleger. Oft sucht er weitere Ärzte auf, in der Hoffnung, dass ihm diese eine „bessere" Diagnose liefern können.

In dieser Phase werden noch Zukunftspläne geschmiedet, der Kranke legt auch besonderen Wert auf seine äußere Erscheinung, wie Kleidung und Frisur. Trotzdem kreisen seine Gedanken ständig um das Todesproblem. Angehörige und Pfleger versuchen oft, diese Todesgefahr zu verbergen, um einen Schock zu vermeiden und der eigenen Betroffenheit zu entgehen. Doch dieses Verbergen und Verschweigen des Zustandes kann den Betroffenen in eine noch größere Krise stürzen. [...] Viele Sterbende fordern daher, ihnen die Wahrheit zu sagen. [...]

Der Sterbende sollte offen über seine Befindlichkeiten reden und auf *wahrhaftige* Antworten vertrauen können, um so schrittweise zu begreifen, dass es schlecht um seine Gesundheit steht. Doch neben diesen ernsten Gesprächen sollten auch andere Gespräche geführt werden, die den Kranken ablenken und ihn dazu ermutigen, das Leben noch intensiv auszukosten.

2. Phase: Zorn und Ärger (engl.: *Anger*)

In der zweiten Phase folgt auf das Nichtwahrhabenwollen meist Zorn, Groll, Wut, Neid. Denn der Betroffene stellt sich die Frage: „Warum denn gerade ich?" Der Sterbende richtet seinen Zorn gegen diejenigen, die weiterleben dürfen, also Angehörige, Pflegepersonal usw., da er den Tod nicht direkt angreifen kann. Die so „Angegriffenen" sollten sich von den Anschuldigungen und Beschimpfungen nicht persönlich angesprochen fühlen und nicht selbst aggressiv reagieren. Vielmehr sollten sie sich in die Lage des Kranken hineinversetzen und ihm die Möglichkeit geben, über seine Probleme und Ängste offen reden zu können. Denn wenn der Betroffene sich verstanden fühlt und ihm Hilfe zugesichert wird, werden die begründeten sowie die unbegründeten Aggressionen am schnellsten wieder abgebaut.

Allerdings gehen manche Kranke mit ihrem provozierendem Verhalten immer weiter, um ihre Umgebung zu „testen": „Man behandelt mich mit *Samthandschuhen*, da es sowieso bald vorbei sein wird mit mir." In so einem Fall hilft auch nur *Wahr*haftigkeit weiter: Der Sterbende wird als erwachsene Persönlichkeit betrachtet und nicht als „armes Hascherl", das vor jeglicher Auseinandersetzung geschützt werden müsse. Diese Sichtweise erlaubt auch deutliche Kritik an unangemessenem Verhalten. Fühlt sich der Kranke (wieder) ernst genommen, legt er meistens die schikanösen Verhaltensweisen ab. [...]

3 Sterben – ein Prozess

3. Phase: Verhandeln (engl.: *Bargaining*)

In der, meist kurzen, dritten Phase erkennt der Betroffene den bevorstehenden Tod an, dennoch versucht er zu *verhandeln*. Er „verhandelt" mit den Ärzten, dem Pflegepersonal, dem *Schicksal* und mit Gott. Er besucht plötzlich die Kirche, legt Gelübde und Versprechen ab: „Das will ich auch ändern, wenn ich weiterleben darf", es wird um Aufschub gebeten, z. B. bis zur Geburt des ersten Enkels oder Urenkels. Der Kranke nimmt regelmäßig an den Therapien teil und stimmt neuen Therapien zu. Pflegepersonal sollte versuchen, im Sinne der Wahrhaftigkeit die Hoffnungen auf einen realistischen Hintergrund zurückzuführen und keine falschen Hoffnungen zu wecken. Als *Wünsche* dürfen aber auch unrealistische Äußerungen stehenbleiben.

4. Phase: Depressive Phase (engl.: *Depression*)

Die Depression ist vor allem durch eine hoffnungslose innere Leere, durch Sinnlosigkeitsgefühle und Lebensüberdruss gekennzeichnet. Der Sterbende trauert um das, was er mit seinem Tod verlieren wird, um das, was ihm wichtig war (Partner, Kinder, Freunde und Angehörige). Er bereut vielleicht zurückliegende Versäumnisse, erinnert sich an frühere Ereignisse und Probleme, die er jetzt nicht mehr lösen kann. Das kann in ihm Kummer und Schuldgefühle erwecken. Es ist ihm aber vielleicht auch möglich geworden, sich mit der Realität des Todes auseinanderzusetzen und zum Beispiel sein Testament zu erstellen oder eine Aussöhnung herbeizuführen.

Doch auch in dieser Phase gibt der Sterbende die Hoffnung nicht auf. Er hofft immer noch auf eine Genesung oder zumindest auf einen Stillstand seiner Krankheit. Wenn diese, meist unrealistischen, Hoffnungen nicht eintreffen, hofft er wenigstens auf ein gutes, möglichst schmerzfreies Sterben und auf ein besseres Leben nach dem Tod. [...] Weiterhin sollte bei wichtigen Erledigungen, wie Testament erstellen und Versöhnungen mit Angehörigen und Freunden, Unterstützung erfolgen bzw. vermittelt werden. Denn viele Menschen können einfach nicht sterben, bevor sie nicht noch ein letztes Mal ihre Angehörigen gesehen haben. [...]

5. Phase: Zustimmung (engl.: *Acceptance*)

In dieser letzten – fünften – Phase nimmt der Betroffene sein Schicksal an und willigt darin ein. Es bestehen zwar immer noch schwache Hoffnungen, nicht sterben zu müssen, doch ansonsten ist diese Phase frei von solchen starken Gefühlen, wie sie in den vorangegangenen Phasen auf den Sterbenden eingestürmt sind. Er ist jetzt körperlich und geistig erschöpft, schläft viel und möchte häufig nicht gestört werden. Meist kann und will er sich nur noch mit wenigen Worten und Gesten verständigen. Er beginnt, sich von seiner Umwelt abzunabeln; er isoliert sich, möchte kaum oder keinen Besuch mehr, auch lange Gespräche werden ihm zu viel. [...]

Dennoch entwickelt er eine besondere Sensibilität gegenüber seiner Umgebung. Er registriert bereits kleinste Veränderungen im Verhalten der Pflegenden, Ärzte oder der Besucher. Der Sterbende nimmt seine Umgebung wahr, auch wenn er abwesend erscheint. Deshalb ist gerade jetzt ein hohes Maß an Einfühlungsvermögen gefragt; rücksichtsloses Verhalten, gefühllose oder verletzende Bemerkungen werden als solche vom Sterbenden durchaus aufgenommen, auch wenn er nicht mehr reagiert. Dies müssen sich alle bewusst machen, die mit dem Sterbenden zu tun haben. Darüber hinaus gelten weiterhin dieselben Regeln, die auch sonst im Umgang mit Pflegebedürftigen herrschen, insbesondere die Wahrung der Intimsphäre. Es spricht nichts gegen Körperkontakt, wie z. B. in den Arm nehmen oder das Berühren von „öffentlichen Zonen" wie Schulter oder Hand [...]. Das Streicheln über Kopf oder Wange kann aber als zu distanzlos erscheinen und sollte nur wirklich Nahestehenden erlaubt sein, die sicher wissen, dass dies vom Sterbenden nicht als unangenehm wahrgenommen wird.

M1/M2: www.pflegewiki.de

Aufgaben

1 Erläutert das Schaubild. → M1
2 Bildet fünf Gruppen. Jede Gruppe setzt sich mit einer der fünf Sterbephasen auseinander und fertigt auf einem Plakat ein Schaubild dazu an. Die fünf Plakate werden der Reihe nach im Kursraum aufgehängt. Jede Gruppe stellt bei einem Museumsgang ihr Schaubild vor. → M2

Sterben müssen, sterben dürfen

M1 Was Mediziner über den Tod sagen

Der Tod tritt ein, wenn lebenswichtige Organe wie Herz oder Gehirn nicht mehr ausreichend durchblutet werden und deshalb der Nachschub an Sauerstoff und Nährstoffen zusammenbricht. [...] Schon eine kurzfristige Unterversorgung kann ausreichen, einen Teil des Herzmuskels absterben zu lassen. Dann kommt der Herzschlag aus seinem normalen Takt, verwandelt sich in ein chaotisches Flimmern und setzt kurz darauf aus. Die Minuten danach bezeichnet man als klinischen Tod. In dieser Zeit setzen häufig dramatische Rettungsaktionen ein: Der klinisch Tote erhält einen Beatmungstubus in die Luftröhre geschoben, durch den Sauerstoff in die Lunge gepresst wird. Flimmert das Herz, versucht man [durch Stromstöße], den Herzmuskel wieder zum gleichmäßigen Schlagen zu bringen. Sind die Bemühungen erfolglos, beginnt ein Mitglied des Rettungsteams mit äußerer Herzmassage. All dies geschieht unter einem enormen Zeitdruck: Bleibt das Gehirn länger als vier Minuten ohne Sauerstoff, tritt der Hirntod ein. Aber ab wann ist der ganze Mensch tot? Eine Ad-hoc-Kommission der Harvard Medical School definierte 1968 erstmals das unwiderrufliche Erlöschen aller Funktionen des menschlichen Gehirns als Tod. Bezeichnenderweise fiel diese Definition in die Zeit der ersten Herzverpflanzungen. Die Sicherheit, die sie in die Todeszeitbestimmung bringen sollte – Hirnströme sind messbar –, war jedoch nur Schein. Denn das Herz kann ohne Gehirn noch längere Zeit selbständig weiterschlagen und Blutkreislauf sowie Stoffwechsel aufrechterhalten. 1992 erregte der Fall der schwangeren und für hirntot erklärten Martina Ploch in der Erlanger Universitätsklinik das Interesse der Öffentlichkeit. Das Baby im Körper der Komapatientin lebte noch. Um es zu retten, wollten die Ärzte den Tod der Mutter so lange wie möglich hinauszögern. Die Hirntote entwickelte jedoch Fieber, die Gebärmutter kontrahierte und stieß die Frucht ab. Der Fall zeigte deutlich die Schwierigkeit jeder rechtlichen Definition des Todes: Sie ist dehnbar und kann dem jeweiligen wissenschaftlichen Anliegen angepasst werden. Endgültig tot ist der Mensch, wenn das Herz nicht mehr zu beleben ist und für immer aufhört zu schlagen. Diesem Ereignis geht häufig eine sogenannte Agonalphase voraus; Agon kommt aus dem Griechischen und bedeutet Kampf. [...] Manchmal zuckt der ganze Körper noch einmal zusammen, Brustkorb und Schultern heben sich – das Leben entweicht dem Körper mit einem letzten Atemzug.

Sabine Korte

M2 Reise ins Jenseits?

Sterbeforscher haben Menschen, die klinisch tot waren, aber wieder ins Leben zurückgeholt werden konnten, nach ihren Erlebnissen befragt. Dabei kamen sie zu folgenden Ergebnissen:

Zunächst nimmt die betroffene Person wahr, dass sie tot sei, indem sie z. B. hört, dass die Ärzte ihren klinischen Tod feststellen. Darauf folgt in der Regel eine Tunnel-Erfahrung. Die Person geht aus ihrem Körper heraus und kann ihn beobachten. Es kommt zur Begegnung mit anderen Wesen, mit verstorbenen Verwandten oder „Lichtwesen". Der Lebensfilm läuft ab, in dem das eigene Leben bewertet wird. Dann stellt die Person fest, dass ihr Todeszeitpunkt noch nicht gekommen ist. Ihr Zustand wird von Gefühlen der Freude, des Friedens und des Glücks begleitet. Daher sträubt die Person sich unter Umständen zunächst gegen die Rückkehr in das alte Leben. [...] Nahtoderfahrungen können aber auch höchst unangenehm und von negativen Emotionen oder Bildern begleitet sein [...].

in: Das weiße Pferd, 24/1999

Hieronymus Bosch,
Der Aufstieg in das himmlische Paradies (Ausschnitt), um 1500

4 Mysterium Tod

M3 Flatliners

Fünf Medizinstudenten wollen wissen, ob es ein Leben nach dem Tod gibt und was im Jenseits passiert. Sie machen sich mit modernsten medizinischen Apparaten auf den Weg ins Jenseits, um nach wenigen Momenten des Herzstillstandes, der flatline, zurückzukehren – und den anderen über ihre Erfahrungen zu berichten. Sie wollen nicht sterben, sondern Antworten auf einem Gebiet finden, auf dem sowohl die Religionen als auch die Philosophie bislang versagt haben. Doch für sie bestätigen sich die ihnen bekannten Nahtoderlebnisse nicht; vielmehr erleben sie in ihren „Todesmomenten" nichts als Qual, da ihnen ein Spiegel ihres bisherigen sündigen und / oder unmoralischen Lebens vor Augen geführt wird.

M4 Erklärung der Nahtoderlebnisse

Der Hirnforscher Detlev Linke hat sich aus medizinischer Sicht mit Nahtod- und Out-of-Body-Erlebnissen auseinandergesetzt:

Bei den Nahtodeserfahrungen handelt es sich nicht um Erfahrungen aus einer „Welt" nach dem Tode, sondern um Erlebnisse, die sich unter Extrembedingungen der Hirnfunktionen einstellen können. Solche extrem Bedingungen liegen vor, wenn das Gehirn durch Todesangst in einen maximalen Aktivierungszustand versetzt wird. Der Tod tritt erst 10 Minuten nach dem Herzstillstand ein, und zwar aufgrund einer irreversiblen Schädigung des Gehirns. Nahtodeserfahrungen sind nach diesem Zeitpunkt nicht mehr möglich. [...] Immer wieder berichten Patienten, dass sie während der Wiederbelebungsmaßnahmen die Szene der Wiederbelebung aus einer Perspektive oberhalb des eigenen Körpers und der behandelnden Ärzte, Schwestern und Pfleger betrachtet hätten. Dies ist durchaus einer medizinischen Interpretation zugänglich. [...]
Das visuelle System ist [...] in der Lage, [...] eine Perspektive einzunehmen, die nicht mit der kulturell antrainierten In-eins-Setzung von Perspektive und eigenen Augen operiert. [...]
80 % der Menschen, die sich an ihren letzten Schwimmbadbesuch erinnern, sehen sich in der visuellen Erinnerung dabei in einer Perspektive, bei der sie sich gleichsam vom Beckenrand aus betrachtend

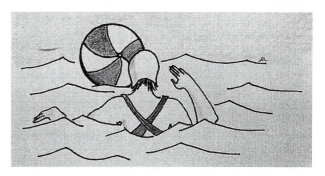

im Wasser schwimmen sehen. Obwohl sie nur eine Perspektive eingenommen hatten, bei der sie die Wellen des Wassers unmittelbar vor ihren Augen sahen, sind sie in der Lage, sich anschließend selber auch aus einer anderen Perspektive zu betrachten. [Außerkörperliche Erfahrungen können aber auch künstlich erzeugt werden.] Als Mediziner der Universitätsklinik in Genf [im Rahmen einer Epilepsie-Operation bei einer Frau] im sogenannten Gyrus angutaris der rechten Hirnhälfte einen leichten Strom anlegten, erlebte die Frau [...] bei höherer Stromstärke ein Gefühl der Leichtigkeit – und den Eindruck, zwei Meter über dem Bett zu schweben. Sie hatte den Eindruck, von oben auf ihren Unterkörper und ihre Beine herabzusehen. Out-of-Body-Erlebnisse liegen demnach in der Funktionsweise unseres Gehirns begründet.

Detlev Linke

Aufgaben

1 Erklärt, wann der Mensch als a) klinisch tot, b) hirntot und c) ganz tot gilt. → M1
2 Erläutert, wieso es schwierig ist, eine rechtliche Definition des Todes vorzunehmen. → M1
3 Beschreibt die typischen Phasen bei Nahtoderlebnissen. → M2
4 Kann man das Bild von Hieronymus Bosch auf Nahtoderlebnisse beziehen? Begründet eure Auffassungen. → M2
5 Schaut euch den Film *Flatliners* an und beschreibt, welche Nahtoderlebnisse die Medizinstudenten haben. → M3 **F**
6 Vergleicht die Erfahrungen der Medizinstudenten mit den in M2 dargestellten Nahtoderlebnissen. → M2/M3
7 Stellt dar, wie Detlev Linke Nahtoderfahrungen erklärt. → M4
8 Diskutiert, ob Nahtoderlebnisse als Beweise für ein Weiterleben der Seele angesehen werden können. → M2-M4 **D**

Sterben müssen, sterben dürfen

M1 Million Dollar Baby

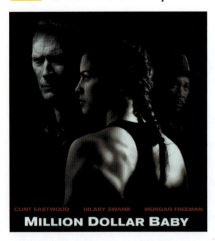

Der Boxtrainer und Manager Frankie Dunn trainiert zunächst widerwillig, dann mit immer mehr Engagement die 31-jährige Kellnerin Maggie Fitzgerald. Schließlich kommt es zum WM-Kampf gegen die deutsche Titelträgerin. Die Weltmeisterin, die Maggie klar unterlegen ist, versetzt ihrer Rivalin nach dem Pausengong rücklings noch einen Schlag. Maggie fällt dabei unglücklich auf die Kante eines für sie zum Ausruhen bereitgestellten Schemels und bricht sich die Halswirbel. Sie ist fortan vom Hals an für den Rest ihres Lebens gelähmt. Es treten in der Folge Durchblutungsstörungen sowie schmerzhafte Druck- und Wundliegegeschwüre auf, die dazu führen, dass ihr ein Bein abgenommen werden muss. Außerdem ist sie an diverse medizinische Apparate angeschlossen, die zu ihrer Lebenserhaltung dienen. Sie leidet unter ihrer Situation und sieht für sich als einzigen Ausweg den Tod. Sie wünscht sich nichts mehr, als dass die Maschinen, die sie am Leben erhalten, endlich abgestellt werden. Nur Frankie, der sich rührend um sie kümmert, könnte ihr diesen Gefallen tun …

M2 Der Eid des Hippokrates

„ÄRZTLICHE VERORDNUNGEN WERDE ICH TREFFEN ZUM NUTZEN DER KRANKEN NACH MEINER FÄHIGKEIT UND MEINEM URTEIL, HÜTEN ABER WERDE ICH MICH DAVOR, SIE ZUM SCHADEN UND IN UNRECHTER WEISE ANZUWENDEN. AUCH WERDE ICH NIEMANDEM EIN TÖDLICHES MITTEL GEBEN, AUCH NICHT, WENN ICH DARUM GEBETEN WERDE, UND WERDE AUCH NIEMANDEN DABEI BERATEN."

M3 § 216 StGB: Tötung auf Verlangen

(1) Ist jemand durch das ausdrückliche und ernstliche Verlangen des Getöteten zur Tötung bestimmt worden, so ist auf Freiheitsstrafe von sechs Monaten bis zu fünf Jahren zu erkennen.

(2) Der Versuch ist strafbar.

Sterbehilfe/Euthanasie

Unter **Sterbehilfe** versteht man Handlungen, die den Übergang vom Leben zum Tod bei sterbenden oder schwerstkranken Menschen erleichtern bzw. beschleunigen oder herbeiführen.
- *indirekte Sterbehilfe:* beabsichtigt nicht den direkten Tod eines Patienten, sondern beschleunigt den Prozess des Sterbens, etwa durch die Verabreichung von starken, schmerzlindernden Mitteln wie Morphium.
- *direkte Sterbehilfe:* führt den Tod eines Patienten unmittelbar herbei, um sein Leiden zu verkürzen. Dabei werden zwei Möglichkeiten unterschieden:
  • *passive Sterbehilfe:* bestimmte medizinische Maßnahmen zur Lebenserhaltung werden ausgesetzt (z. B. der Einsatz einer Herz-Lungen-Maschine).
  • *aktive Sterbehilfe:* führt durch aktives Hinzutun, etwa durch die Verabreichung einer Giftspritze, den Tod eines Menschen herbei.

Das Wort **Euthanasie** stammt aus dem Griechischen und bedeutete ursprünglich „der schöne Tod". Damit war in der Antike ein (nicht vorzeitiger und möglichst leichter) Tod „an der Zeit" gemeint, bei dem man nicht lange leiden musste. Heute wird der Begriff Euthanasie meistens mit Sterbehilfe gleichgesetzt. Wegen des Missbrauchs der Bezeichnung „Euthanasie" durch die Nationalsozialisten (für ihre Mordprogramme an Menschen mit Behinderungen im Rahmen der sogenannten „Rassenhygiene") wird der Begriff in Deutschland aber eher vermieden.

5 Der „schöne Tod"

M4 Sterbehilfe

Euthanasie bedeutet immer nur Tötung auf Verlangen bzw. im Interesse der Person. Dass die Tötung im (wahren) Interesse der Person erfolgt, bedeutet, dass subjektiv wie objektiv „die Schrecknisse des Lebens
5 die Schrecknisse des Todes überwiegen". Das Leben ist sowohl aus der Perspektive des Patienten als auch aus der des behandelnden Arztes nicht mehr lebenswert. Dabei unterscheidet man zwei Arten. Die erste ist die Sterbehilfe oder Tötung auf Verlangen, d. h. die
10 Tötung nach expliziter Willensbekundung des Patienten. Die zweite umfasst Tötungen, bei denen der Patient nicht (nicht mehr oder noch nicht) in der Lage ist, seinen Sterbenswunsch explizit zu äußern. Hier ist ein Beispiel für die erste Art: Ein Gericht hatte der
15 vom Hals abwärts gelähmten Nancy B. das Recht zugesprochen zu sterben. Sie konnte selbst bestimmen, wann die Lungenmaschine abgeschaltet werden sollte, die sie am Leben erhielt. Die Ärzte hatten ihr mitgeteilt, dass sie noch lange leben könne, weil ihr
20 Herz gesund sei. Nancy wollte aber nicht mehr an der Maschine hängen: „Das ist kein Leben", sagte sie.
Es ist klar, dass der Todes- oder Sterbewunsch von Nancy begründet war. Der Tod lag daher im Interesse der Patientin. Außerdem kann man unterstellen, dass
25 die Interessen von anderen nicht negativ tangiert wurden. Deshalb folgt, dass die von Nancy B. juristisch eingeklagte Beihilfe zum Sterben moralisch in Ordnung war. Gegen diese Auffassung gab es viele Einsprüche, die sich insbesondere gegen die aktive, im
30 Unterschied zur passiven, Sterbehilfe richteten. Diese Unterscheidung ist jedoch begrifflich recht unklar: „Aktive Sterbehilfe meint die direkte Herbeiführung des Todes, etwa durch ein tödliches Mittel oder eine andere, den Tod unmittelbar bewirkende Maßnahme
35 wie z. B. Nahrungsmittelentzug.
Unter passiver Sterbehilfe versteht man das Geschehenlassen des Sterbens ohne ein medizinisches Einschreiten. Das bedeutet faktisch den Abbruch oder das Unterlassen einer therapeutischen Maßnahme."
40 Nach dieser Definition wäre die Sterbehilfe im Fall Nancy B. gleichzeitig eine aktive und passive: Einerseits bewirkt das Abstellen der Lungenmaschine unmittelbar den Tod; andererseits stellt sie den Abbruch einer therapeutischen Maßnahme dar. Es ist
45 jedenfalls schwer einzusehen, worin der moralische Unterschied zwischen der Sterbehilfe im Falle von Nancy B. und der noch „aktiveren" Sterbehilfe im Fall Tracy B. bestehen sollte: Der britische Arzt Nigel Cox erfüllte seiner Patientin Tracy B. nach 13 Jahren aus-
50 sichtsloser Behandlung den Wunsch der Todesspritze. Da Sterbehilfe in Großbritannien strafbar ist, wurde er mit der Begründung, sein Verhalten sei „nachvollziehbar", zu 12 Monaten Haft auf Bewährung verurteilt. Passive Euthanasie ist erlaubt, sofern z. B. der
55 Verzicht auf lebensrettende Geräte gemeint ist.
Es gibt gute Gründe, aktive Sterbehilfe juristisch anders zu behandeln als passive. Es ist durchaus denkbar, dass die rechtliche Freigabe beispielsweise einer Todesspritze durch den behandelnden Arzt eher miss-
60 braucht werden könnte als die rechtliche Erlaubnis zum Abstellen einer Herz-Lungen-Maschine. Doch wenn das Ende der Leiden von Tracy B. nur durch das Verabreichen einer tödlichen Injektion möglich war und wenn Tracy B. dies selbst ausdrücklich gewünscht
65 hat, dann war das Verhalten von Nigel Cox nicht nur „nachvollziehbar", sondern moralisch ebenso unbedenklich wie das Abstellen der Lungenmaschine durch den Arzt von Nancy B.

nach Wolfgang Lenzen

Aufgaben

1 Stell dir vor, du wärst Frankie Dunn. Wie würdest du auf Maggies Wunsch reagieren? Begründe deine Entscheidung. → M1
2 Welche Aspekte in Bezug auf Sterbehilfe werden in dem Auszug aus dem Eid des Hippokrates genannt? Sprecht darüber, ob sie aus eurer Sicht heute noch haltbar sind. → M2
3 Benennt die juristischen Konsequenzen, die sich ergeben, wenn man in Deutschland Sterbehilfe leistet. Vergleicht die deutsche Gesetzgebung mit der niederländischen und englischen (Internetrecherche). → M3
4 Vergleicht die beiden Fälle, in denen Sterbehilfe geleistet wurde, miteinander. Zu welchen (moralischen) Ergebnissen kommt ihr? → M4
5 Kommt noch einmal auf Maggie Fitzgerald (M1) und eure Entscheidungen zu Aufgabe 1 zurück. Stellt dar, ob und was ihr jetzt ggf. anders bewertet, nachdem ihr verschiedene Aspekte zur Sterbehilfe kennengelernt habt. → M1-M4

Sterben müssen, sterben dürfen

6 M1 „Organspende schenkt Leben"

Viele tausend Menschen warten in Deutschland auf ein Spenderorgan – oft vergeblich. Obwohl ca. 74 % der Bürgerinnen und Bürger bereit wären, im Todesfall ein Organ zu spenden, halten nur wenige von ihnen dies in einem Organspendeausweis schriftlich fest. Durch regelmäßige Anfragen soll sich das künftig ändern.

nach www.organspende-info.de

M2 Verlauf einer Organtransplantation

Auf der Intensivstation

Die Behandlung schwerer Hirnschäden gehört zum Alltag in den Krankenhäusern. Doch nicht immer sind die intensiven Bemühungen der Ärzte, das Leben dieser Patienten zu retten, erfolgreich. Trotz aller Anstrengungen, Leben zu retten, tritt der Tod ein.

Benachrichtigung der DSO

Die Organisationszentrale der Deutschen Stiftung Organtransplantation (DSO) wird von der Intensivstation informiert. Sie ist Ansprechpartner in allen Fragen der Organspende, veranlasst medizinische Tests vor einer Organentnahme, informiert Eurotransplant und organisiert die Organentnahme.

Feststellung des Todes

Beim Hirntoten ist die Gehirnfunktion vollständig und irreversibel erloschen. Der Hirntod ist ein sicheres Todeszeichen, auch wenn Kreislauf und Atmung des Verstorbenen noch künstlich aufrechterhalten werden. Der Hirntod muss durch zwei erfahrene Ärzte festgestellt und dokumentiert werden, die unabhängig vom Transplantationsteam sind.

Einwilligung der Angehörigen

Liegt keine eigene Erklärung zur Organspende vor, werden die nächsten Angehörigen darum gebeten, stellvertretend für den Verstorbenen zu entscheiden. Wird eine schriftliche Einwilligung des Verstorbenen gefunden, werden die Angehörigen darüber informiert.

Typisierung der Gewebe

Dem Toten werden Blut- und Gewebeproben entnommen, um gewebetypische Merkmale festzustellen, die für die Übereinstimmung von Spender und Empfänger von Bedeutung sind. Dies spielt vor allem für die Nierentransplantation eine Rolle. Die Ergebnisse werden umgehend an Eurotransplant weitergegeben.

6 Der Tod, der Leben retten kann

Organvermittlung

Eurotransplant ist zuständig für die Organvermittlung. Es führt die Organempfänger in Deutschland, Österreich, den Niederlanden, Belgien, Luxemburg, Slowenien, Kroatien und Ungarn auf einer gemeinsamen Warteliste. Bei Eurotransplant ermittelt der Computer nach festgelegten Kriterien die Empfänger gemäß den Richtlinien der Bundesärztekammer.

Explantation der Organe

Die Organentnahme erfolgt durch ein erfahrenes Ärzteteam. Bis zur Verpflanzung werden die Organe konserviert. Nach der Explantation wird der Leichnam versorgt.

Transplantation

Die Empfänger werden umgehend benachrichtigt und für vorbereitende Untersuchungen in die Klinik gebeten. Falls keine medizinischen Vorbehalte bestehen, werden die Spenderorgane transplantiert. Nach einem geglückten Eingriff nehmen die Organe ihre Tätigkeit auf.

nach Deutsche Stiftung Organtransplantation

M3 „Meine Organe bekommst du nicht"

Meine Gründe, warum ich kein Organspender bin, sind folgende: Es ist mir nicht recht, dass es viele Menschen gibt (ob sie mich kennen oder nicht), die sehnlichst darauf hoffen, dass ich bald sterben werde. Und jeder Organspender ist auf einer Liste von
5 Menschen, auf deren baldigen Tod tatsächlich viele Menschen sehnlichst hoffen ...
Die Organe müssen funktionsfähig sein, weshalb sie dem LEBENDEN Körper entnommen werden müssen. Nur so bleiben die Organe LEBENDIG, und nur LEBENDIGE Organe kön-
10 nen anderen Menschen eingepflanzt werden. Folglich DARF der Arzt gar nicht warten, bis der Spender völlig gestorben ist! Mein Tod ist neben meiner Geburt eines der zentralsten Ereignisse meines Lebens! Ich möchte dieses Ereignis möglichst ungestört und ganzheitlich erleben.
15 Ich habe Ärzte zu Lebzeiten schon zur Genüge kennengelernt, und ich vertraue längst nicht jedem Arzt.
Und den Arzt, der irgendwann über meinen Todeszeitpunkt entscheidet, kann ich nicht mal selbst aussuchen und ich kenne ihn jetzt noch nicht.
20 Es gibt ein weltweites Geschäft mit Organen – legal und illegal. Jedenfalls geht es in jedem Fall um sehr viel Geld bei diesem Geschäft, und denen, die dieses Geld verdienen, geht es wohl eher um diesen Gewinn als um die Lebensverlängerung der Organempfänger ... Die Not der kranken Menschen, denen
25 durch eine Organtransplantation geholfen werden könnte, wird von den Managern des Organbusiness schamlos benutzt, um ihre Gewinne zu machen.
Nur ein Organspende-Ausweis, in dem steht, dass man KEINE Organe spendet, kann einen schwachen Schutz vor den
30 Managern des Organbusiness bieten. Aber wenn keine Verwandten da sind, die aufpassen, dann kann mir niemand erzählen, dass so ein Stück Papier, von dem nur derjenige Kenntnis hat, der hilflos im Sterben liegt, die Ärzte und die Organbusiness-Manager davon abhalten kann, sich (!) trotz-
35 dem zu bedienen ...
Viele Grüße und sorry für die unpopuläre Einstellung zum Thema
Martin *Beitrag in einem Internet-Forum*

Aufgaben

1 Informiert euch unter www.organspende-info.de über wichtige Fragen rund um den Organspendeausweis, z. B. ab welchem Alter Jugendliche in Deutschland sich erklären dürfen, wie lange er gültig ist usw. ➔ M1

2 Recherchiert und notiert stichpunktartig, welche Organe heute verpflanzt werden können, in welcher Zeit dies passieren muss und welche Voraussetzungen beim Organempfänger vorliegen müssen, damit er das entsprechende Organ erhält. ➔ M2

3 Nehmt Stellung dazu, ob ihr es richtig findet, dass gemäß den Richtlinien der Bundesärztekammer ein Computer darüber entscheidet, wer ein Spenderorgan erhält. ➔ M2

4 Diskutiert die Aussagen von Martin und beurteilt sie. ➔ M3

5 Beurteilt, ob es sinnvoll ist, einen Organspendeausweis bzw. einen Ausweis, der besagt, dass man keine Organe spenden möchte, bei sich zu tragen. ➔ M1/M3

Sterben müssen, sterben dürfen

M1 Komm großer schwarzer Vogel

Komm großer schwarzer Vogel, komm jetzt!
Schau, das Fenster ist weit offen,
schau, ich hab Dir Zucker auf's Fensterbrett g'straht.
Komm großer schwarzer Vogel, komm zu mir!
Spann Deine weiten, sanften Flügel aus
und leg s' auf meine Fieberaugen!
Bitte, hol mich weg von da!
Und dann fliegen wir rauf,
mit in Himmel rein,
in a neue Zeit, in a neue Welt,
und ich werd' singen, ich werd' lachen,
ich werd' „das gibt's net" schrei'n,
weil ich werd' auf einmal kapieren,
worum sich alles dreht.
Komm großer schwarzer Vogel, hilf mir doch!
Press Deinen feuchten, kalten Schnabel
auf meine wunde, auf meine heiße Stirn!
Komm großer schwarzer Vogel,
jetzt wär's grad günstig!
Die anderen da im Zimmer schlafen fest
und wenn wir ganz leise sind,
hört uns die Schwester nicht!
Bitte, hol mich weg von da!

Und dann fliegen wir rauf,
mit in Himmel rein,
in a neue Zeit, in a neue Welt,
und ich werd' singen, ich werd' lachen,
ich werd' „das gibt's net" schrei'n,
weil ich werd' auf einmal kapieren,
worum sich alles dreht.
Ja, großer schwarzer Vogel, endlich!
Ich hab' Dich gar nicht reinkommen g'hört,
wie lautlos Du fliegst,
mein Gott, wie schön Du bist!
Auf geht's, großer schwarzer Vogel, auf geht's!
Baba, ihr meine Lieben daham!
Du, mein Mädel, und du, Mama, baba!
Bitte, vergesst's mich nicht!
Auf geht's, mitten in den Himmel eine,
nicht traurig sein, na, na, na,
ist kein Grund zum Traurigsein!
Weil ich werd' singen, ich werd' lachen,
ich werd' „das gibt's net" schrei'n,
weil ich werd' auf einmal kapieren,
ich werd' glücklich sein!

Ludwig Hirsch

M2 Versuch und Tat

	SUIZIDVERSUCH	SUIZID
Geschlecht	häufiger bei Frauen	häufiger bei Männern
Altersgruppe	meist unter 45	meist über 45
Personenstand	höchste Rate bei Geschiedenen und Ledigen	höchste Rate bei Geschiedenen, Ledigen und Verwitweten
Sozialschicht	höher in Unterschichten	kein erkennbarer Gradient [Maß für Anstieg bzw. Gefälle einer Größe]
Stadt/Land	häufiger in Städten	häufiger in Städten (gewöhnlich)
Erwerbsstatus	verbunden mit Arbeitslosigkeit und Berentung	verbunden mit Arbeitslosigkeit
psychiatrische Hauptdiagnosen	Situationsreaktion, Depression, Alkoholismus	affektive Erkrankung, Alkoholismus
Persönlichkeitstyp	häufig Persönlichkeitsstörung	kein spezieller Typ

Thomas Bronisch

7 Freiwillig aus dem Leben scheiden

M3 Darf man Hand an sich legen?

PLATON

Ich vertrete die Auffassung, dass wir Menschen uns nicht töten dürfen, weil wir von den Göttern abstammen und daher einen Teil ihres Eigentums ausmachen. Folglich ist es uns nur dann erlaubt, uns umbringen, wenn uns (ein) Gott dazu auffordert. Dass mein Argument stichhaltig ist, zeigt folgendes Beispiel: Wenn einer deiner Sklaven sich selbst töten würde, ohne dass du eine Andeutung gemacht hättest, dass dir sein Tod gelegen käme, wärst du sehr erzürnt über seine Tat und würdest, wenn es dir möglich wäre, ihn für den Versuch, sich zu töten, bestrafen.

CHARLES DE MONTESQUIEU

Bisher steht die Selbsttötung unter Strafe. Dabei ist die eigene Tötung keine Pflichtverletzung gegenüber der Gesellschaft, denn diese gründet sich auf gegenseitigen Vorteil. Wenn das Leben aber aufhört von Vorteil zu sein, gibt es niemanden, der mich daran hindert, es zu verlassen. Das Leben wurde mir als ein Gut verliehen; ich kann es also zurückgeben, wenn es keins mehr ist.

SENECA

Platon und Aristoteles lehnen ein freiwilliges Ausscheiden aus dem Leben grundsätzlich ab und behaupten, man werde zu einem Sünder, wenn man zu seinem eigenen Mörder werde. Wer das sagt, verkennt, dass man sich damit den Weg der freien Entscheidung versperrt. Dabei haben wir doch die Möglichkeit, nachdem es nur einen Weg ins Leben gegeben hat, unzählige Ausgänge zu wählen. Soll ich wirklich die Grausamkeit durch eine Krankheit oder einen Menschen hinnehmen, wenn ich die Macht dazu habe, mich von allen Folterqualen bzw. Widerwärtigkeiten zu befreien? Das, worüber wir nicht klagen können, ist der Umstand, dass das Leben niemanden hält. Gefällt dir das Leben, so lebe! Gefällt's dir nicht, so hast du die Freiheit, wieder dort hinzugehen, von wo du kamst. Um sich selbst zu töten, braucht man sich keine großen Wunden zuzufügen: Mit einem kleinen Messer öffnet man sich den Weg zur ewigen Freiheit – die Sorgenfreiheit und Ruhe kostet nur einen Stich.

JOHANN GOTTLIEB FICHTE

Ich stelle die Frage, ob es Mut oder Feigheit ist, sich selbst zu töten. Da der Selbstmörder alle Zukunft für sich vernichtet, so kann man ihm nicht eigentlich Mut zuschreiben. Selbst wenn es Stärke erfordern sollte, sich zum Sterben zu entschließen, so gehört noch größere Stärke dazu, ein unerträglich gewordenes Leben zu erdulden. Dieser Mut fehlt dem Selbstmörder, und nur in dieser Beziehung kann man ihn feige nennen. Während man ihn im Vergleich mit einem Tugendhaften feige nennen muss, ist er im Vergleich zu einem Niederträchtigen ein Held, weil sich jener der Schande und Sklaverei unterwirft, um das armselige Gefühl seiner Existenz noch ein paar Jahre fortzusetzen.

JEAN AMÉRY

Aus meinem Essay *Hand an sich legen* lassen sich folgende Thesen ableiten:
1. Der Suizid ist eine Möglichkeit des menschlichen Seins und nur dem Menschen eigen.
2. Im Suizid verwirklicht sich die höchste Form menschlicher Freiheit.
3. Der Suizid bewahrt dem Menschen Humanität, Würde und Freiheit, denn er bewahrt ihn vor einem inhumanen, unwürdigen und unfreien Leben.
4. Die Entscheidung zum Suizid ist entgegen der Meinung der Psychiater und Psychologen eine freie Entscheidung. Die Grenzen von psychischer Gesundheit gegen den Bereich der Krankheit sind fließend und der Willkür der Grenzziehung durch die Psychologie, Psychiatrie als Vertreter der herrschenden Gesellschaft ausgesetzt.
5. Im Augenblick vor Begehen des Suizids sind alle Suizidenten gleich unabhängig von ihrer Biographie.
6. Auch wenn der Suizident nach erfolgreicher Therapie das Leben als lebenswert empfindet, so ist er nicht mehr derselbe Mensch wie vor dem Suizidversuch. Er hat sich der Erwartung der Gesellschaft angepasst und ist wieder zur Logik des Lebens zurückgekehrt.
7. Mit dem Suizid ist das Dogma, dass das Leben der Güter höchstes ist, aufgehoben. Der Tod steht gleichberechtigt neben dem Leben.
8. Der Suizid ist der Ausdruck der absoluten Individualität, des Sich-selbst-Gehörens, und kann Ausdruck der absoluten Identität sein.

Aufgaben

1. Weist anhand des Liedes nach, dass der Sprecher seinen eigenen Selbstmord ankündigt. Welche Vorstellung vom Tod wird hier deutlich? ➔ M1
2. Erläutert die Statistik. Welche Aspekte sind auffällig? ➔ M2
3. Diskutiert die unterschiedlichen Einschätzungen, ob der Mensch sich selbst töten darf, und nehmt Stellung dazu. ➔ M3
4. Recherchiert, welche der auf dieser Doppelseite vorgestellten Philosophen und Denker Selbstmord begangen haben und warum. ➔ M1/M3

Den Tod überwinden?

1 | M1 Grabstätten

Christliches Grab

Jüdisches Grab

Islamisches Grab

M2 Eine Todesanzeige

> *Wer im Herzen seiner Lieben weiterlebt,*
> *der ist nicht tot, der ist nur fern;*
> *tot ist nur, wer vergessen wird.*
> E. Hemingway

Monika Schmidt
geb. Meyer
* 10. Oktober 1958 † 16. September 2007

Wir haben die Stunden vor Augen gehabt.
Wir haben geahnt: Uns bleibt nicht mehr viel Zeit.
Das letzte Stück war eine schwerer Weg.
Du hast gekämpft und wir standen hilflos daneben.
Wir wissen, dass du erlöst bist von deiner Krankheit und den Schmerzen, uns bleibt ein anderer Schmerz: weil unser Miteinander hier zu Ende geht.

Danke für deine Liebe.
Andreas Schmidt
Sabine und Michael
Peter und Regine
Anna Meyer
Karl und Luise Meyer, geb. Wittmann
Egon und Maria Fischer
und Verwandte

Die Trauerfeier zur Einäscherung findet am Freitag, dem 21. September 2007, um 11.00 Uhr in der Kapelle des städtischen Friedhofes statt.

Spenden für den ambulanten Palliativdienst Braunschweig sind für uns wie Blumen zum Abschied.
Die Urnenbeisetzung erfolgt zu einem späteren Zeitpunkt im engsten Kreis.
Sollte jemand aus Versehen keine besondere Nachricht erhalten haben, so diene diese als solche.

1 Trauer und Schmerz

M3 Du fehlst mir!

Die Bekenntnisse *des Kirchenvaters und Philosophen Augustinus (354-430) sind einer der einflussreichsten autobiografischen Texte der Weltliteratur. In diesem Buch beschreibt er unter anderem seine Gefühle, die der frühe Tod eines seiner Freunde bei ihm ausgelöst hat.*

[Mein Freund wurde] aus diesem Leben hinweggerafft, als kaum ein Jahr unserer Freundschaft verstrichen war, einer Freundschaft mir so süß wie sonst nichts auf Erden. [...]
5 Wie wurde damals mein Herz von Gram verdüstert! Wohin ich auch blickte, überall begegnete mir der Tod. Die Vaterstadt ward mir zur Pein, das elterliche Haus zu unsagbarem Elend. Woran ich einst mit ihm gemeinsam mich gefreut, ohne ihn verkehrte es sich zur Fol-
10 terqual. Überall suchten ihn meine Augen und fanden ihn nicht. Alles war mir verhasst, weil er fehlte und nichts mir sagen konnte: Da kommt er! wie früher, wenn er fort gewesen war und zurück erwartet wurde. Ich ward mir selbst zu einem großen Rätsel und fragte
15 meine Seele, „warum sie sich betrübe und so unruhig sei in mir", aber sie konnte keine Antwort geben. [...] Nur das Weinen war mir noch süß, die einzige Wonne, die auf die Wonnen der Freundschaft folgte. [...]
Doch so war es nicht bei dem Schmerz über meinen
20 Verlust und der Trauer, die mich niederdrückte. Denn keine Hoffnung hatte ich, er könnte wieder aufleben, bat auch nicht darum mit meinen Tränen, sondern trauerte und weinte nur. Denn elend fühlte ich mich und hatte meine Freude verloren. Ist etwa das Wei-
25 nen an sich bitter und freut uns nur, weil das andere, das wir einst genossen, uns nun zum Überdruss und Abscheu geworden ist?
Doch wozu das? Jetzt ist's nicht die Zeit zu grübeln, sondern dir zu bekennen. Elend war ich, und elend ist
30 jede Seele, die von der Liebe zu den vergänglichen Dingen gefesselt und dann zerrissen wird, wenn sie sie verliert. Denn dann fühlt sie ihr Elend, das doch schon vor dem Verluste auf ihr gelastet. So stand es damals mit mir. Ich weinte bitterlich und versenkte
35 mich in Bitterkeit. So elend war ich und hatte doch mein elendes Leben lieber noch als meinen Freund. Denn anders wünschte ich es mir wohl, doch hätte ich es keineswegs eher hingegeben als ihn. [...] Aber dagegen sträubte sich in mir heftig ich weiß nicht welch ein anderes Gefühl, und übergroß wie der
40 Lebensüberdruss war auch meine Todesfurcht. Ich glaube, je mehr ich den Freund liebte, umso mehr hasste und fürchtete ich den Tod, der ihn mir entrissen, als meinen grimmigsten Feind, und wähnte, er möge wohl unversehens alle Menschen wegraffen,
45 weil er ihn wegraffen konnte. So war ich damals, ich erinnere mich deutlich.

Augustinus

Aufgaben

1 Vergleicht die Beschriftungen auf den Grabsteinen. Welche Unterschiede werden deutlich? Welche Funktion hat ein Grabstein? ➜ M1

2 Erklärt, welche Bedeutung die unterschiedlichen Symbole auf den Grabsteinen haben. ➜ M1
Eine Internet-Recherche kann weiterhelfen, z. B.:
http://mein-franken.eu/fraenkischesehenswuerdigkeiten-und-kultur/juedischefriedhoefe-in franken/symbole-an-juedischengrabsteinen-in-franken.html

3 Denkt darüber nach, warum Tote auf Friedhöfen bestattet werden. ➜ M1

4 Untersucht, welche Informationen man der Todesanzeige entnehmen kann. Bestimmt die äußeren Merkmale und besondere sprachliche Kennzeichen der Todesanzeige. ➜ M2

5 Überlegt, welche Funktion eine Todesanzeige eigentlich hat. ➜ M2

6 Sammelt weitere Todesanzeigen und vergleicht sie miteinander. Was könnt ihr ihnen entnehmen? ➜ M2

7 Beschreibt die Gedanken, die Augustinus nach dem Tod seines Freundes hat, und die Gefühle, die er durchlebt. ➜ M3

Projekt: Unterrichtsgang zum Friedhof

Besucht einen Friedhof in der Nähe eurer Schule. Teilt euch in Kleingruppen auf und überlegt vorher, welche Gruppe welche Aufgabe übernimmt; z. B.:
- Wie lautet die Friedhofsordnung und welchen Zweck hat sie?
- Macht Fotos von unterschiedlichen Gräbern und dokumentiert, was durch die Gestaltung der Ruhestätten zum Ausdruck gebracht werden soll.
- Beobachtet die Menschen auf dem Friedhof und beschreibt, was sie dort tun.
- ...

Präsentiert eure Ergebnisse in der nächsten Stunde.

Den Tod überwinden?

M1 Trauerbewältigung in der Gemeinschaft

Die SELK (Selbständig evangelisch lutherische Kirche) in Lachendorf bietet ab diesem Sonntag eine neue Form der Trauerbewältigung an, das Trauercafé. In einem offenen monatlichen Treffen bei Kaffee und Kuchen sollen „keine Vorträge gehalten oder irgendein Austausch über intime Gefühle erzwungen, sondern offene, zwanglose Gespräch geführt werden", so Vikar Johannes Heicke.
Dabei kann es dann um die eigene Lebenssituation und den Umgang mit Trauer gehen, muss es aber nicht – je nachdem, wie sich das Gespräch entwickelt. Die Erfahrung zeige, dass es Trauernden gut tue, eine solche monatliche Anlaufstelle zu haben. Man ist unter Menschen, die eine ähnliche Erfahrung teilen, knüpft wieder neue Kontakte und „vor allem kommt man mal raus", so Heicke [...].
Das Trauercafé soll einen möglichst natürlichen Raum schaffen – nicht ausgrenzend, wie Trauernde ihn im gesellschaftlichen Umfeld oft erfahren. Es soll ganz elementar dem Grundbedürfnis entsprechen: Ich kann dort hingehen und mehr oder weniger aktiv dabei sein, also auch schweigen, nur einen Kaffee trinken. Erst an zweiter Stelle steht der inhaltliche Schwerpunkt, die Arbeit mit der Gruppe.
Häufig naheliegenden Tendenzen, sich in der Trauer von Gruppe und Gemeinschaft, oft auch aus dem eigenen Familienverbund zurückzuziehen und evtl. in Isolation zu geraten, wie „Da muss ich alleine durch! Mir kann sowieso keiner helfen!" wird somit entgegengewirkt. Stattdessen wird die Erfahrung möglich, dass man nicht der Einzige ist, der von einem schmerzlichen Verlust betroffen ist, dessen Leben von Grund auf erschüttert ist, der an seiner eigenen Identität zweifelt: „Wer bin ich nach dem Tod meines Partners? Bin ich noch Ehefrau nach dem Tod meines Mannes?"
Da Trauernde ihre Einsamkeit an den Tagen besonders schwer erleben, an denen Familienzeit großgeschrieben wird und es auch sonst nicht viele Angebote gibt, findet das Trauercafé sonntags statt – in der Regel am letzten Sonntag im Monat von 15:30 bis 17:00 Uhr.

www.celleheute.de

M2 Von guten Mächten

Von guten Mächten treu und still umgeben,
behütet und getröstet wunderbar,
so will ich diese Tage mit euch leben
und mit euch gehen in ein neues Jahr.

Noch will das alte unsre Herzen quälen,
noch drückt uns böser Tage schwere Last.
Ach Herr, gib unsern aufgeschreckten Seelen
das Heil, für das du uns geschaffen hast.

Und reichst du uns den schweren Kelch, den bittern
des Leids, gefüllt bis an den höchsten Rand,
so nehmen wir ihn dankbar ohne Zittern
aus deiner guten und geliebten Hand.

Doch willst du uns noch einmal Freude schenken
an dieser Welt und ihrer Sonne Glanz,
dann woll'n wir des Vergangenen gedenken,
und dann gehört dir unser Leben ganz.

Lass warm und hell die Kerzen heute flammen,
die du in unsre Dunkelheit gebracht,
führ, wenn es sein kann, wieder uns zusammen.
Wir wissen es, dein Licht scheint in der Nacht.

Wenn sich die Stille nun tief um uns breitet,
so lass uns hören jenen vollen Klang
der Welt, die unsichtbar sich um uns weitet,
all deiner Kinder hohen Lobgesang.

Von guten Mächten wunderbar geborgen,
erwarten wir getrost, was kommen mag.
Gott ist bei uns am Abend und am Morgen
und ganz gewiss an jedem neuen Tag.

Dietrich Bonhoeffer

2 Trost und Hoffnung

M3 Ge(schehen)lassen

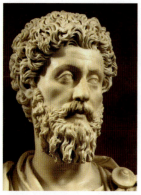

Verachte nicht den Tod, sondern habe dein Wohlgefallen an ihm, in der Überzeugung, dass auch er zu den Dingen gehört, die die Natur will. Denn ein Vorgang der Art wie Jungsein und Altwerden, Wachsen und Blühen oder wie das Hervorkommen der Zähne, des Bartes, der grauen Haare, das Zeugen, Schwangergehen und Gebären und die übrigen Auswirkungen der Natur sind alles Dinge, die die Jahreszeiten deines Lebens mit sich bringen – solch ein Vorgang ist gerade auch die Auflösung. Es entspricht daher der inneren Einstellung eines denkenden Menschen, dass er dem Tode nicht gleichgültig gegenübersteht, aber auch nicht ungestüm nach ihm verlangt oder ihn geringschätzt; vielmehr muss er auf ihn warten als auf ein Ereignis, das die Natur der Dinge so mit sich bringt. Und wie du jetzt darauf wartest, dass das Kindlein aus dem Leibe deines Weibes herauskommt, so warte der Zeit, in der deine Seele diese Hülle verlassen wird. Wenn du aber auch ein gewöhnliches herzstärkendes Trostmittel wünschest: am gelassensten wirst du dem Tod gegenüber werden, wenn du auf die Dinge blickst, von denen du dich trennen musst, und wenn du bedenkst, mit was für Charakteren deine Seele dann nicht mehr vermengt sein wird. Denn du darfst an ihnen durchaus keinen Anstoß nehmen, sondern musst dich ihrer liebevoll annehmen und sie geduldig ertragen, jedoch dabei nicht vergessen, dass dein Abscheiden nicht von Menschen sein wird, die dieselben Grundsätze wie du selber haben. Denn nur das, wenn überhaupt etwas, könnte dich zurückziehen und im Leben festhalten, wenn dir gegönnt wäre, mit Menschen zusammenzuleben, die dieselben Grundsätze haben. Jetzt aber siehst du, wie groß das Elend in dem Missklang des Zusammenlebens ist, so dass man sagen möchte: „Komm schneller, lieber Tod, damit ich nicht ebenfalls mich selber vergesse."

Marc Aurel

M4 Wie man die Angst vor dem Tod verringert

Wenn wir über den Wert und den Sinn des Lebens nachdenken, dann öffnen sich uns zwei Sichtweisen: Wir gewinnen einerseits Vertrauen und Sicherheit, andererseits erkennen wir unsere Begrenzungen; wir werden daran erinnert, dass wir sterblich sind. Selbst wer nicht an ein Leben nach dem Tod glaubt, muss sich jedenfalls mit der Tatsache des Älterwerdens abfinden. Der Wunsch, ein langes Leben zu führen und doch nicht alt zu werden, die ewige Jugend, bleibt ein unerfüllbarer Wunschtraum. Das Alter ist ein Teil allen Lebens. Keine Kraft, keine Wissenschaft, keine moderne Technik kann diesen Prozess der Natur aufhalten. Es ist also viel besser, diese Grundgegebenheit hinzunehmen und sich mit ihr anzufreunden, als sich gegen sie zu sträuben oder sie zu verdrängen.

Will man die Schattenseiten des menschlichen Lebens nicht wahrhaben, dann ist man auch nicht auf solche Schicksalsschläge vorbereitet wie den Verlust eines nahestehenden Menschen oder eine schwere Erkrankung. Wer völlig unvorbereitet ist, der wird vom Unglück überwältigt. [...]

Wir können dem Tod gegenüber zwei Haltungen einnehmen: ihn nicht beachten oder ganz bewusst die Tatsache annehmen, dass unser Leben einmal ein Ende nehmen wird. Da wir ohnehin sterben müssen, ist es sinnlos, uns darüber zu sorgen. Wenn wir lernen, so zu denken, dann kann sich die Todesangst verringern. Natürlich kann der Tod dadurch nicht besiegt werden.

Dalai Lama

Aufgaben

1. Beschreibt das Bild und sprecht darüber, was es zum Ausdruck bringen soll. → M1
2. Beurteilt, ob ein Trauercafé dazu beitragen kann, über den Verlust eines geliebten Menschen hinwegzukommen. → M1
3. Informiert euch, unter welchen Bedingungen und für wen Dietrich Bonhoeffer das Gedicht geschrieben hat. Arbeitet heraus, inwiefern es Trost und Hoffnung spenden kann. → M2
4. Stellt visuell dar, welche Haltung Marc Aurel und der Dalai Lama dem Tod gegenüber einnehmen und wie sie ihre Auffassungen begründen. → M3/M4
5. Diskutiert die Plausibilität der beiden Einstellungen. → M3/M4

Den Tod überwinden?

3 M1 Der Tod des Sokrates

Jacques-Louis David: Der Tod des Sokrates, 1787

M2 Über die Unsterblichkeit der Seele

Sokrates: Wir sind uns also darüber einig, dass etwas nie sich selbst zum Gegensatz werden kann?
Kebes: Durchaus.
Sokrates: Gibt es etwas, das du als „Wärme" oder „Kälte" bezeichnest?
Kebes: Ja.
Sokrates: Ist es dasselbe, was du „Schnee" und „Feuer" nennst?
Kebes: Nein.
Sokrates: Also ist Wärme etwas anderes als das Feuer und Kälte etwas anderes als Schnee?
Kebes: Ja.
Sokrates: Und ich nehme an, du bist der Meinung, dass der Schnee als solcher niemals die Wärme in sich aufnehmen und gleichzeitig das bleiben kann, was er ist, sondern dass er beim Herannahen der Wärme [...] zugrunde gehen wird.
Kebes: Gewiss.
Sokrates: Und nun das Feuer: Niemals wird es Kälte in sich aufnehmen und trotzdem sein, was es war: nämlich Feuer.
Kebes: Du hast recht.
Sokrates: Sieh nun: Offenbar schließt etwas nicht nur seinen Gegensatz aus, sondern auch das, was dieser mit sich bringt. Nimm als Beispiel die Zahl Drei. Sie ist mit ihrem Namen Drei zu benennen und auch mit dem Begriff des Ungeraden. Er gehört zu ihrem Wesen und sie wäre ohne ihn nicht das, was sie ist. Sie trägt also den Gegensatz zum Geraden in sich und so trifft also für sie niemals der Begriff des Geraden zu – sie schließt ihn aus.
Kebes: Selbstverständlich.
Sokrates: So antworte nun: Was muss dem Leib innewohnen, wenn er leben soll?
Kebes: Eine Seele.
Sokrates: Und ist das immer so?
Kebes: Ja, selbstverständlich.
Sokrates: Wird also die Seele, wovon sie auch Besitz ergreift, immer das Leben mit sich bringen?
Kebes: Ja, das wird sie.
Sokrates: Gibt es etwas, das dem Leben entgegengesetzt ist, oder nicht?
Kebes: Es gibt etwas: den Tod.
Sokrates: So wird also die Seele das Entgegengesetzte

3 Was kommt danach?

von dem, was sie immer mit sich bringt, ausschließen. Darüber sind wir uns nach dem Vorangegangenen doch einig?

Kebes: Ganz gewiss.

Sokrates: Wie nannten wir aber soeben das, was die Idee des Geraden ausschließt?

Kebes: Ungerade.

Sokrates: Gut. Wie nennen wir aber, was den Tod ausschließt?

Kebes: Unsterblich.

Sokrates: Nun schließt die Seele doch den Tod aus?

Kebes: Ja.

Sokrates: So ist also die Seele unsterblich?

Kebes: Ja, unsterblich.

Sokrates: Gut. Können wir das als erwiesen betrachten?

Kebes: Ja, und zwar zur Genüge. *Platon*

M3 Leib und Seele

Der römische Philosoph Seneca schreibt im 102. seiner 124 Briefe an Lucilius Folgendes über den Tod:

Bei diesem Verweilen im sterblichen Leben handelt es sich um das Vorspiel zu einem besseren und längeren Leben. Wie uns nämlich in zehn Monaten umfangen hält der Mutterschoß und uns vorbereitet nicht für sich, sondern für jene Stätte, in die wir hinausgeschickt werden sollen, bereits fähig zu atmen und im Freien zu überleben – so reifen wir in diesem Zeitraum, der sich von der Kindheit bis in das hohe Alter ausdehnt, zu einer Wiedergeburt heran. Eine andere Gegend erwartet uns, eine andere Situation. Noch können wir den Himmel nur aus der Entfernung ertragen. Deshalb erwarte furchtlos jene Entscheidungsstunde: nicht ist sie für die Seele die letzte, sondern für den Körper. Welche Verhältnisse immer dich umgeben, gleichsam als Einrichtung eines Gasthauses sieh sie an: weitergehen muss man. Es schickt uns die Natur, wenn wir es verlassen, so hinaus, wie wir es betreten. Du darfst nicht mehr mit dir nehmen, als du mitgebracht hast, nein, auch von dem, was du zum Leben mitgebracht hast, musst du einen großen Teil ablegen: weggenommen wird dir die dich umgebende – deine letzte Hülle – Haut; weggenommen wird dir das Fleisch und das darin fließende und das Ganze durchströmende Blut; weggenommen werden dir die Knochen und Sehnen, Halt und Stütze der weichen und in sich nicht festen Körperteile. Dieser Tag, vor dem du, als sei er der letzte, Grauen empfindest, ist der Geburtstag eines ewigen Lebens. Leg ab die Last: was zögerst du, als hättest du nicht auch vorher schon den Körper, in dem du geborgen warst, verlassen und dennoch gelebt? Du zauderst, du widerstrebst: auch damals bist unter großer Anstrengung deiner Mutter ausgetrieben worden. Du seufzt, du jammerst: gerade auch dieses Weinen ist eine Verhaltensweise des Neugeborenen. Doch damals musste man damit Nachsicht üben: unausgebildet und in allen Dingen unkundig warst du zur Welt gekommen. Als du aus der warmen und weichen Umhüllung des Mutterleibes hinausgeschickt worden warst, wehte dich ein freier Wind an, dann verletzte dich die Berührung einer harten Hand, noch zart und ohne eine Kenntnis von der Welt befandest du dich betäubt in unbekannter Umgebung: Jetzt ist es für dich nicht neu, dich von dem zu trennen, dessen Teil du vorher warst; gleichmütig lass die nun überflüssigen Gliedmaßen fahren und lege diesen lange bewohnten Körper ab. Er wird zerstückelt, vergraben, vernichtet werden: was betrübst du dich? Das ist der Lauf der Welt: stets gehen die Hüllen der Neugeborenen zugrunde. Was liebst du diese Körperlichkeit, als sei sie ein Teil von dir? Sie bedeckt dich nur: kommen wird der Tag, der dich davon losreißt und aus der Gemeinschaft mit dem scheußlichen und stinkenden Leib befreit. *Seneca*

Aufgaben

1. Beschreibt das Bild und recherchiert, was genau in dieser Szene dargestellt wird. → M1
2. Versetze dich in die Lage der Besucher und überlege, wie sie sich fühlen und was ihnen eventuell durch den Kopf geht. → M1
3. Versetze dich jetzt in die Lage des Sokrates. Was würdest du deinen Freunden und Bekannten in dieser Situation mit auf den Weg geben? → M1
4. Rekonstruiert in Kleingruppen die Argumentationen Platons und Senecas zur Unsterblichkeit der Seele. Stellt die Theorien der beiden Philosophen grafisch dar und präsentiert anschließend dem Kurs eure Ergebnisse. → M2/M3

Den Tod überwinden?

M1 Am dritten Tage auferstanden von den Toten

Matthias Grünewald, Auferstehung (Ausschnitt), Isenheimer Altar (1505-1516), 2. Schauseite, rechte Tafel

Am nächsten Tag gingen die Hohenpriester und die Pharisäer gemeinsam zu Pilatus [...]. Sie sagten: Herr, es fiel uns ein, dass dieser Betrüger, als er noch lebte, behauptet hat: Ich werde nach drei Tagen auferstehen. Gib also den Befehl, dass das Grab bis zum dritten Tag sicher bewacht wird. Sonst könnten seine Jünger kommen, ihn stehlen und dem Volk sagen: Er ist von den Toten auferstanden. Und dieser letzte Betrug wäre noch schlimmer als alles zuvor. Pilatus antwortete ihnen: Ihr sollt eine Wache haben. Geht und sichert das Grab, so gut ihr könnt. Darauf gingen sie, um das Grab zu sichern. Sie versiegelten den Eingang und ließen die Wache dort.
Nach dem Sabbat kamen in der Morgendämmerung des ersten Tages der Woche Maria aus Magdala und die andere Maria, um nach dem Grab zu sehen. Plötzlich entstand ein gewaltiges Erdbeben; denn ein Engel des Herrn kam vom Himmel herab, trat an das Grab, wälzte den Stein weg und setzte sich darauf. [...] Die Wächter begannen vor Angst zu zittern und fielen wie tot zu Boden. Der Engel aber sagte zu den Frauen: Fürchtet euch nicht! Ich weiß, ihr sucht Jesus, den Gekreuzigten. Er ist nicht hier; denn er ist auferstanden, wie er gesagt hat. Kommt her und seht euch die Stelle an, wo er lag. Dann geht schnell zu seinen Jüngern und sagt ihnen: Er ist von den Toten auferstanden. [...] Sogleich verließen sie das Grab und eilten voll Furcht und großer Freude zu seinen Jüngern, um ihnen die Botschaft zu verkünden. Plötzlich kam ihnen Jesus entgegen und sagte: Seid gegrüßt! Sie gingen auf ihn zu, warfen sich vor ihm nieder und umfassten seine Füße. Da sagte Jesus zu ihnen: Fürchtet euch nicht! Geht und sagt meinen Brüdern, sie sollen nach Galiläa gehen und dort werden sie mich sehen. Noch während die Frauen unterwegs waren, kamen einige von den Wächtern in die Stadt und berichteten den Hohenpriestern alles, was geschehen war. Diese fassten gemeinsam mit den Ältesten den Beschluss, die Soldaten zu bestechen. Sie gaben ihnen viel Geld und sagten: Erzählt den Leuten: Seine Jünger sind bei Nacht gekommen und haben ihn gestohlen, während wir schliefen. Falls der Statthalter davon hört, werden wir ihn beschwichtigen und dafür sorgen, dass ihr nichts zu befürchten habt. Die Soldaten nahmen das Geld und machten alles so, wie man es ihnen gesagt hatte.

Matthäus 27,62-66; 28,1-15

M2 Entmachtung des Todes

Ich erinnere euch, Brüder, an das Evangelium, das ich euch verkündet habe [...]: Christus ist für unsere Sünden gestorben, gemäß der Schrift, und ist begraben worden. Er ist am dritten Tage auferweckt worden, gemäß der Schrift, und erschien dem Kephas, dann den Zwölf. Danach erschien er mehr als fünfhundert Brüdern zugleich [...]. Danach erschien er dem Jakobus, dann allen Aposteln. Als Letztem von allen erschien er auch mir [...].
Wenn aber verkündigt wird, dass Christus von den Toten auferweckt worden ist, wie können dann einige von euch sagen: Eine Auferstehung der Toten gibt

4 Auferstehung

es nicht? Wenn es keine Auferstehung der Toten gibt, ist auch Christus nicht auferweckt worden. Ist aber Christus nicht auferweckt worden, dann ist unsere Verkündigung leer und euer Glaube sinnlos. Wir werden dann auch als falsche Zeugen Gottes entlarvt, weil wir im Widerspruch zu Gott das Zeugnis abgelegt haben: Er hat Christus auferweckt. Er hat ihn eben nicht auferweckt, wenn Tote nicht auferweckt werden. Denn wenn Tote nicht auferweckt werden, ist auch Christus nicht auferweckt worden. Wenn aber Christus nicht auferweckt worden ist, dann ist euer Glaube nutzlos und ihr seid immer noch in euren Sünden; und auch die in Christus Entschlafenen sind dann verloren. [...] Nun aber ist Christus von den Toten auferweckt worden als der Erste der Entschlafenen. Da nämlich durch einen Menschen der Tod gekommen ist, kommt durch einen Menschen auch die Auferstehung der Toten. Denn wie in Adam alle sterben, so werden in Christus alle lebendig gemacht werden. Es gibt aber eine bestimmte Reihenfolge: Erster ist Christus, dann folgen, wenn Christus kommt, alle, die zu ihm gehören. Danach kommt das Ende, wenn er jede Macht, Gewalt und Kraft vernichtet hat und seine Herrschaft Gott, dem Vater, übergibt. Denn er muss herrschen, bis Gott *ihm alle Feinde unter die Füße gelegt hat.* Der letzte Feind, der entmachtet wird, ist der Tod. [...]

[D]ann erfüllt sich das Wort der Schrift:
Verschlungen ist der Tod vom Sieg.
Tod, wo ist dein Sieg? Tod, wo ist dein Stachel?

1 Korinther 15,1-8 ; 15,12-28; 15,54-55

M3 Was „Auferstehung" bedeutet

„**Auferstehung**" bedeutet nach christlicher Auffassung nicht die Wiederbelebung eines Leichnams, auch nicht Reinkarnation, sondern eine völlig andere, alle menschlichen Vorstellungen sprengende Qualität des Lebens. „Auferstehung" steht für ungebrochene Gemeinschaft mit Gott, vollkommenes Leben, das Menschen auf Erden allenfalls erahnen, aber nie finden oder gar herstellen können.
Peter Kliemann

Ein als leer festgestelltes Grab bezeugt als solches allein nie den Sinn und die Existenz einer Auferstehung. Unter „**Auferstehung**" ist daher nicht ein Fortbestand der menschlichen Existenz zu verstehen, sondern ihre Angenommenheit und ihr Gerettetsein durch Gott. Auferstehung ist die bleibende reale Gültigkeit der menschlichen Geschichte, die weder ins Leere immer weitergeht noch untergeht.
nach Karl Rahner

Auferstehung

Die Vorstellung einer Auferstehung findet sich neben dem christlichen auch im antiken griechischen, jüdischen und islamischen Kulturkreis wieder:

1. Im Hellenismus und Platonismus steht der Gedanke im Vordergrund, dass sich die Seele in der Auferstehung wieder mit dem durch den Tod getrennten Leib vereint.
2. Für die Juden besteht die Auferstehung in der Rettung der auserwählten gerechten Israeliten aus dem Tod oder als Neuschöpfung der Welt, die alle Lebewesen einbezieht und den Tod überwindet.
3. Für die Christen ist die Auferstehung Christi die Vorwegnahme der Rettung aller Menschen aus dem Endgericht. Jesus Christus ist zugleich der kommende Richter aller Lebenden und Toten und verbürgt die Auferstehung der Toten.
4. Der Islam wiederum versteht die Auferstehung als leibliche Auferstehung aller Gestorbenen zu einem Endgericht Gottes über Gute und Böse.

Aufgaben

1 Erzählt die Geschichte der Auferstehung Jesu nach und vergleicht eure Erzählung mit dem Bild. Welchen Teil der Geschichte deckt das Bild ab? ➜ M1

2 Stellt die Gründe zusammen, weshalb Paulus in seinem ersten Korintherbrief darauf beharrt, dass es zur Auferstehung kommen wird. ➜ M2

3 Interpretiert, was Kliemann und Rahner unter „Auferstehung" verstehen, und zeigt, inwiefern sich ihre Auffassungen von der Auferstehungsdarstellung der Bibel unterscheiden. ➜ M1/M3

Den Tod überwinden?

M1 Samsara

Sowohl in der hinduistischen als auch in der buddhistischen Tradition existieren sehr ähnliche Vorstellung von Samsara, dem ewigen Kreislauf der Wiedergeburten und der Erlösung davon. Der folgende Text konzentriert sich ausschließlich auf die Gemeinsamkeiten beider Religionen.

Samsara heißt wörtlich „herumdrehen", „kreisen" und bedeutet philosophisch den Kreislauf der Geburt, des Todes und der Wiedergeburt eines jeden Individuums bzw. den Kreislauf ewigen Werdens und Vergehens alles Seienden.

Samsara hängt eng mit der Lehre des Karma zusammen, wonach jedes menschliche Handeln (Karma) neben seiner sichtbaren Wirkung auch eine unsichtbare Wirkung hervorruft (Karma-Phala), die gut oder schlecht (Verdienst oder Schuld) sein kann. Diese unsichtbare Wirkung bleibt bestehen, auch wenn die sichtbare Wirkung bereits verschwunden ist. Sie beschränkt sich nicht auf das gegenwärtige Leben, sondern währt über dieses hinaus und bestimmt qualitativ und quantitativ den Zustand nach dem Tod. Handlungen des gegenwärtigen Lebens sind die Ursache der zukünftigen Existenz, so wie alle Umstände des gegenwärtigen Lebens die notwendigen Folgen der Taten im früheren Dasein sind.

Die Annahme, dass jede Tat ihre Vergeltung finden muss, schließt mit Notwendigkeit die Idee der Seelenwanderung oder Wiedergeburt (Reinkarnation) ein. Wenn daher der Mensch im Tod erlösungsbedüftig ist, muss er wiedergeboren werden.

Der Grund dafür, dass die Lehre vom Karma die Wiedergeburt zur Konsequenz hat, ist ihr enger Zusammenhang mit der Idee von Samsara, was „das Rad des Lebens", den ewigen Kreislauf aller Schöpfungen bezeichnet. Nacht und Tag, Sommer und Winter, Geburt und Tod wechseln in alle Ewigkeit. Das Karma, das ich jetzt ernte, ist durch frühere Menschenleben hindurch gesät worden. Der Körper, die Familie, die Nation und die Kaste, in die hinein ich geboren wurde, sind durch meine Handlungen in früheren Leben bestimmt worden.

Die Menschen, die wir eben jetzt um uns sehen, sind eigentlich nur Körperhüllen, von denen jeder Einzelne eine (uralte) ewige Seele in sich trägt. Sie hat zahllose Male in der Vergangenheit in anderen Körpern gewohnt. Jede Seele ist schon geboren worden und auch gestorben und ist Millionen mal in endlosen Generationen wiedergeboren worden.

Die im Osten weit verbreitete Lehre von der Wiedergeburt (Reinkarnation) beruht auf der Annahme, die Seele eines Menschen löse sich im Tode vom Körper und werde gleichzeitig – oder zu einem späteren Zeitpunkt – in einem anderen Körper wiedergeboren. Diese Vorstellung steht im Zentrum buddhistischer und hinduistischer Überlieferung. Wann aber kommt das „Samsara", das Rad des Lebens, zum Stillstand? Dann, wenn die Auswirkungen früherer Taten abgetragen sind.

M2 Unterschiedliche Ziele

Die rund zwei Milliarden Anhänger der buddhistischen und hinduistischen Religion verstehen allerdings etwas ganz anderes unter der Wiedergeburt als unsere westliche Erlebnisgesellschaft. Hierzulande gilt Reinkarnation als eine Art „Reset"-Taste, mit der man das Spiel des Lebens noch einmal von vorne beginnen kann, mit neuen Chancen und Möglichkeiten. […] Im Osten dagegen bedeutet jeder neue Lebensdurchgang eine Verlängerung der irdischen Mühsal – also keine wünschenswerte Erlösung vom Tod, sondern ein Verhängnis. Denn das Sterben wird zwar überlebt, aber nur, um wieder in ein weiteres, dem Tod ausgeliefertes Leben voller Leid zurückzukehren. Ziel des menschlichen Lebens ist die Befreiung aus dem Kreislauf von Geburt und Tod, nicht mehr wiedergeboren zu werden.

M1/M2: www.harekrsna.de

5 Kreislauf der Wiedergeburten

M3 Das Rad des Lebens

M4 Das Weltsystem und der Mensch

Das Weltsystem besteht im Hinduismus aus der Erdscheibe mit dem Berg Meru in der Mitte, der von Kontinenten und Meeren umgeben ist. Unter der Erde befinden sich die Unterwelten, die von Dämonen bevölkert sind, und die Höllen als Straforte für die Übeltäter. Über der Erde erheben sich stockwerkartig übereinander die Oberwelten, wo die Geister und Götter wohnen. Die ganze Welt ist von einer Hülle umgeben [...]. Auf der Welt leben unendlich viele Lebewesen; jedes dieser Wesen besteht aus einer rein geistigen Seele [...] und einem stofflichen (materiellen) Leib. Die Seelen existieren seit anfangloser Zeit und nehmen je nach ihrem Karma (vollbrachte Taten) immer neue Leiber an. [...] Gerade beim Menschen wird das Verhältnis der Seele zur Materie bzw. zum Leib unterschiedlich bestimmt, hauptsächlich aber so, dass der Mensch nur infolge seines Nichtwissens glaubt, seine unsterbliche Seele sei wirklich mit dem (sterblichen) Leib, mit der völlig verschiedenen Materie, zu einer Einheit verbunden.

M5 Wiedergeburt und Erlösung

Auf den Tod des Unwissenden und damit Unerlösten folgt unweigerlich seine Wiedergeburt. Der Buddhismus kennt keine Angst vor dem Tode, da der endgültige Tod ja den Eingang ins Nirwana bedeutet, sondern nur die Angst vor dem Wiedergeborenwerden. Doch ist auch diesem Schrecken mit Gelassenheit zu begegnen. Die Wiedergeburtslehre des Buddhismus lehnt sich an die indische bzw. hinduistische Karmalehre an: Eine bessere Wiedergeburt wird durch gute, eine schlechtere durch böse Taten bewirkt. Allerdings sind im Buddhismus (stärker als im Hinduismus) nicht so sehr die Taten selber entscheidend, sondern die ihnen zugrundeliegenden Motive bzw. die geistige Einstellung des Handelnden. Was wir frei von Begehren, Hass oder Verblendung tun, wirkt sich positiv aus; das Handeln ohne Begierde auf Erfolg, ohne den Wunsch, jemandem zu schaden, und ganz allgemein das nur von der Vernunft geleitete Handeln fördern die Erlösung. Die treibende Kraft der Wiedergeburten ist die Gier, [...] [die] die Wesen durch „Mein" und „Ich" ans Dasein bindet. Daher wird der Zustand der Erlösung, das erlöschende Eingehen ins Nirwana, auch als Zustand der absoluten Gier- und Durstlosigkeit gefasst. Der unerlöste Mensch hingegen ist durch Unwissenheit, durch Unkenntnis der Leidenszusammenhänge an die Welt gefesselt.

M4/M5: Markus Hattstein

Aufgaben

1 Beschreibt das Bild und arbeitet heraus, inwiefern sich Samsara darin wiederfindet. → M1
2 Sprecht darüber, wie sich die Wiedergeburt für Hinduisten und Buddhisten einerseits und Christen andererseits darstellt. → M1/M2
3 Erklärt das Rad des Lebens. → M3
4 Stellt visuell dar, welche Bedeutung der Tod im Weltsystem der Hinduisten und Buddhisten besitzt. → M4/M5

Den Tod überwinden?

M1 21 Gramm

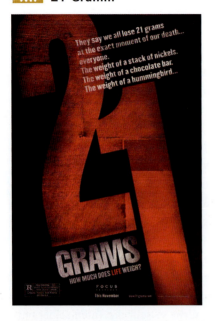

Am 10. März 1907 meldete die *New York Times* exklusiv, dass der Arzt Duncan Macdougall durch jahrelanges Experimentieren herausgefunden habe, dass die menschliche Seele eine materielle Substanz besitze und ungefähr 21 Gramm wiege. Zu diesem Ergebnis sei er gekommen, weil er zuletzt Messungen bei sechs Personen durchführte, die er innerhalb weniger Minuten, nämlich sehr kurz vor und bei deren Tod, gewogen habe. Als er diese Experimente mit Hunden nachstellte, um seine Ergebnisse zu verifizieren, konnte Macdougall bei ihnen allerdings keinerlei Gewichtsverlust feststellen.

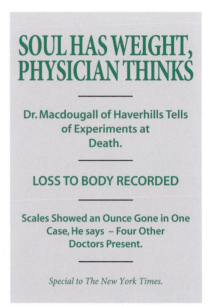

M2 Körper und Seele

[Es gibt] Naturwissenschaftler, die an eine immaterielle Weiterexistenz des Menschen glauben und versuchen, diese Ideen in Einklang mit den bekannten Naturgesetzen zu bringen. Einer davon ist der australische Hirnforscher Sir John Eccles […].

Er war ein ausgemachter „Dualist": Er glaubte daran, dass Körper und Seele zwei Einheiten sind, die auch unabhängig voneinander existieren können. Nach dem Tod eines Menschen besteht seine Seele fort, erklärte er. Die Herkunft des Selbst lasse sich aber nur religiös beantworten. Sie werde uns gegeben als „Geist Gottes". Dieser Geist bringe unser Bewusstsein hervor, indem er das Gehirn beeinflusst, und zwar durch Einwirkung auf bestimmte mikroskopische Strukturen. Diese seien in den sogenannten Pyramidenzellen der Großhirnrinde zu finden, genauer an deren Fortsätzen, den Dendriten. Eine Zelle besitzt bis zu 10 000 Schaltstellen zu Nachbarzellen, die Synapsen. Diese wiederum enthalten winzige Säckchen – sogenannte Vesikel –, die gefüllt sind mit Botenstoffen (Neurotransmitter). Erreicht ein Nervenreiz die Zelle, öffnen sich die Vesikel und setzen Neurotransmitter frei. Sie durchqueren den Spalt, der die Synapsen zweier Nachbarzellen trennt, und leiten so den Reiz weiter. Bei der riesigen Zahl der Synapsen löst dieser Prozess auch sehr komplexe Gehirnaktivitäten aus – beispielsweise Gedanken. Eccles' Idee war nun, dass „mentale Einheiten" – er nannte sie Psychonen – dieses Nervengeflecht durchdringen. Das Ensemble der Psychonen bildet seiner Ansicht nach das Bewusstsein. Unsere Gedanken und Erfahrungen gehen von den Dendriten in die Psychonen über. Diese wiederum beeinflussen die Synapsen. So wirkt der Geist auf das Gehirn ein und umgekehrt das Gehirn auf das Bewusstsein. […]

[Letztlich] verbinden die Psychonen auch den Geist mit der Quantenphysik. Quanten können auf einzelne Vesikel einwirken und sie veranlassen, ihre Membran zu öffnen und die Neurotransmitter auszuschütten. Dies würde zur spontanen Entstehung neuer Gedanken führen, unsere Kreativität ließe sich so erklären. Unsterblichkeit könnte es geben, weil die Psychonen nicht materiell sind. Sie bleiben bestehen – auch nach dem Tod. Die Kopplung mit den Quantenfeldern verbinde unser Bewusstsein womöglich mit dem „Weltgeist", der das ganze Universum durchdringt – also mit Gott. „Dies lässt sich aber wohl nie beweisen", vertraute mir Eccles 1995 im wohl letzten Interview seines Lebens an […]. „Das Geheimnis unserer Existenz ist größer, als wir uns je vorstellen können."

Michael Odenwald

6 Das Gewicht der Seele

M3 Seele mit und ohne Körper

Thomas Nagel (*1937) ist einer der wichtigsten zeitgenössischen amerikanischen Philosophen.

Die Frage des Lebens nach dem Tode hängt mit dem Leib-Seele-Problem zusammen. Wenn der Dualismus wahr ist und jede Person aus einer Seele und einem mit ihr verbundenen Körper besteht, so lässt sich denken, wie ein Leben nach dem Tode möglich sein könnte. Die Seele müsste bloß allein existieren und auch ohne die Hilfe des Körpers ein inneres Leben haben können: Sie könnte dann den Körper verlassen, wenn dieser stirbt, und würde nicht mit ihm zerstört. Zwar wäre sie nicht in der Lage, ein psychisches Leben des Handelns und der sinnlichen Wahrnehmung zu haben, da dies von ihrer Verbindung mit dem Körper abhinge (es sei denn, sie würde mit einem neuen Körper verbunden), doch sie hätte möglicherweise ein Innenleben anderer Art, das vielleicht von anderen Ursachen und Einflüssen abhinge – etwa von direkter Kommunikation mit anderen Seelen.

Ich sage, ein Leben nach dem Tode könnte möglich sein, falls der Dualismus wahr wäre. Ebenso könnte es unmöglich sein, da das Überleben der Seele und ihr fortlaufendes Bewusstsein vollständig vom Beistand und der Einwirkung abhinge, die sie von dem Körper empfängt, dem sie innewohnt – und es könnte unmöglich sein, dass sie ihren Körper wechselt.

Falls der Dualismus jedoch nicht wahr ist und sich psychische Vorgänge im Gehirn abspielen, also gänzlich vom biologischen Funktionieren des Gehirns und des übrigen Organismus abhängen, so ist ein Leben nach dem Tod des Körpers nicht möglich. Oder genauer formuliert: Ein physisches Leben nach dem Tode würde die Wiederherstellung eines biologischen, körperlichen Lebens erfordern; es würde erfordern, dass der Körper wieder zu leben beginnt.

Thomas Nagel

M4 Was es mit dem Tod auf sich hat

Der griechische Philosoph Epikur (341-270 v. Chr.) vertritt wohl die radikalste Todestheorie:

Gewöhne dich auch an den Gedanken, dass es mit dem Tode für uns nichts auf sich hat. Denn alles Gute und Schlimme beruht auf Empfindung; der Tod aber ist die Aufhebung der Empfindung. Daher macht die rechte Erkenntnis von der Bedeutungslosigkeit des Todes für uns die Sterblichkeit des Lebens erst zu einer Quelle der Lust, indem sie uns nicht eine endlose Zeit als künftige Fortsetzung in Aussicht stellt, sondern dem Verlangen nach Unsterblichkeit ein Ende macht. Denn das Leben hat für den nichts Schreckliches, der sich wirklich klargemacht hat, dass in dem Nichtleben nichts Schreckliches liegt. Wer also sagt, er fürchte den Tod, nicht etwa weil er uns Schmerz bereiten wird, wenn er sich einstellt, sondern weil er uns jetzt schon Schmerz bereitet durch sein dereinstiges Kommen, der redet ins Blaue hinein. Denn was uns, wenn es sich wirklich einstellt, nicht stört, das kann uns, wenn man es erst erwartet, keinen anderen als nur einen eingebildeten Schmerz bereiten. Das angeblich schaurigste aller Übel also, der Tod, hat für uns keine Bedeutung; denn solange wir noch da sind, ist der Tod nicht da; stellt sich aber der Tod ein, so sind wir nicht mehr da. Er hat also weder für die Lebenden Bedeutung noch für die Abgeschiedenen, denn auf jene bezieht er sich nicht, diese aber sind nicht mehr da. [...] Noch weit schlimmer aber steht es mit dem, der da sagt, das Beste sei es, gar nicht geboren zu sein, *aber, geboren einmal, sich schleunigst von dannen zu machen*. Denn wenn er es mit dieser Äußerung wirklich ernst meint, warum scheidet er nicht aus dem Leben? Denn das stand ihm ja frei, wenn anders er zu einem festen Entschlusse gekommen wäre. Ist es aber bloßer Spott, so ist es übel angebrachter Unfug.

Epikur

Aufgaben

1 Sprecht über die „wissenschaftliche" Erkenntnis von Macdougall, die der Aufhänger für den Film *21 Gramm* ist. Recherchiert danach im Internet, wie seine Theorie heute gesehen wird, und vergleicht eure Auffassungen mit der wissenschaftlich vorherrschenden. → M1

2 Stellt dar, wie Eccles den Zusammenhang von Leib und Seele und eine mögliche Unsterblichkeit der Seele begründet. → M2

3 Fasst die Theorien von Nagel in einem Schaubild zusammen. Präsentiert eure Ergebnisse dem Kurs. → M3

4 Diskutiert die Plausibilität der Theorien von Eccles und Nagel. → M2/M3

5 Stellt die Argumentation Epikurs dar, was es mit dem Tod auf sich hat. → M4

Den Tod überwinden?

M1 Was ist und was nicht ist!

nach www.entecker.ch

M2 Nach dem Tod lebt man nur im Geist anderer weiter

Ludwig Feuerbach (1804–1872) hat eine materialistische These vom Tod vertreten:

Der Tod kommt nur aus den Menschen in den Menschen, er ist nur der Vollender und Ausführer seines eigenen Tuns. Nur die niedrige Denkungsart fasst den Tod als ein äußerliches Gesetz, als eine harte Naturnotwendigkeit. Wo kein Geist, keine Freiheit, keine innere Natur ist, da ist kein Tod; denn wo keine innere Unterscheidung ist, da ist keine Freiheit, wo keine Unterscheidung, kein Tod. Der Tod setzt Geist voraus. Du stirbst, weil Du ein freies, denkendes, bewusstes Wesen bist. Bewusstsein ist Entzweiung; nur das, was sich selbst sich entgegensetzen kann, sein Wesen von sich unterscheiden, es über sich setzen und sich als ein Bestimmtes und Einzelnes unter dasselbe subsummieren und so sich zu sich selbst als einem Objekte von sich verhalten kann, ist bewusst. Du stirbst aber gerade nur deswegen, weil Du Gegenstand bist, weil Du Dich von Deinem Wesen unterscheidest, und die innerliche Unterscheidung auch äußerliche, natürliche Abscheidung werden, das innere Tun des Vergegenständlichens sich auch als Gegenstandsein in der Natur darstellen muss, und es kommt also der Tod nur aus dem Geiste, der Freiheit. Der Grund Deines Lebens, das Bewusstsein, die Entzweiung, ist auch der wahre Grund und Ursprung Deines Todes. [...]

„Also Nichts ist nach dem Tode?" Allerdings: Bist Du Alles, so ist, wenn Du stirbst, nach dem Tode Nichts; bist Du aber nicht Alles, so bleibt nach dem Tode noch Alles übrig, was Du nicht gewesen bist. Bist Du freilich die Menschheit, der Geist, das Bewusstsein selbst, so ist natürlich mit Dir Alles aus. [...] Dein Bewusstsein von Dir war anfänglich außer Dir; die Anderen selbst waren Dein Bewusstsein, in das Wissen der Anderen war Dein Sein aufgenommen; erst später, indem Du auch körperlich und äußerlich Dich verselbständigst, wirst Du auch innerlich, geistig, selbständig. Das Wissen Anderer von Dir wird nun auch Dein eigenes Wissen, das äußere Bewusstsein ein inneres; die Stelle, die die Anderen an Deiner Statt bekleideten, übernimmst Du nun selbst, Du empfängst gleichsam aus der Hand der Anderen Dein Bewusstsein als ein schon zubereitetes. Wie Du leiblich im Schoße Deiner Mutter umschlossen und umfasst von ihr lagst, so ist der Mutterschoß Deines Selbsts das Bewusstsein der Anderen, von dem Du umfasst warst, ehe Du Dich selbst umfasstest; aber das Wissen Anderer von Dir und Dein Wissen von Dir bleibt immer im Leben ein innig in sich verwebtes Wissen. Wie Deine erste Speise eine im Mutterleibe zubereitete, die Milch der Mutter war, so saugst Du Deine Persönlichkeit gleichsam an und von der Brust der Menschheit ein. Der Tod ist nichts anderes, als die Handlung, worin Du Dein Bewusstsein wieder Anderen zurückgibst und einhändigst. Dein Wissen tritt in ihm wieder aus Dir hinaus; Dein eigenes Wissen wird, wie anfangs, wieder nur ein Wissen der Anderen von Dir, ein Wissen, das jetzt Erinnerung, Andenken, Gedächtnis ist. [...] Wie Du anfangs nur im Bewusstsein der Anderen existiertest, so existierst Du endlich wieder nur in ihrem Bewusstsein. [...]

Im Tode sinkst Du ermüdet [...] in den ewigen Schlaf, die bewusstlose Ruhe des Nichts zurück. Der Tod ist daher [...] Beraubung des Bewusstseins. Wie kannst Du aber nun klagen, dass Du sterblich bist, wenn Du nicht klagst, dass Du einst Kind, einst gar nicht warst? [...] Schaue doch auf das zurück, was Du vor dem Leben gewesen bist, und was vor Deinem Leben war, so wirst Du nicht mehr zittern vor dem, was Du nach dem Leben sein wirst.

Ludwig Feuerbach

7 Der Tod gehört zum Leben

M3 **Für sein Leben geradestehen**

Will man so recht einen Gegenstand für den Ernst nennen, so nennt man den Tod. [...] Der Ernst ist, dass du wirklich den Tod denkst [...] und dass du somit vollziehst, was der Tod ja nicht vermag, dass du bist und der Tod ebenfalls ist. [...]

Dem Ernsten [...] gibt der Gedanke des Todes die rechte Fahrt ins Leben und das rechte Ziel, die Fahrt dahin zu richten. Und keine Bogensehne lässt so straff sich spannen, keine vermag dem Pfeile solche Fahrt zu geben wie den Lebenden der Gedanke des Todes anzutreiben vermag, wenn der Ernst ihn spannt. Da packt der Ernst das Gegenwärtige noch heute, verschmäht keine Aufgabe als zu gering, verachtet keine Zeit als zu kurz, arbeitet nach äußerstem Vermögen. [...]

Siehe, es ist schon die Axt dem Baume an die Wurzel gelegt, jeder Baum, der nicht gute Frucht bringt, soll umgehauen werden – nein, jeder Baum soll umgehauen werden, auch der, welcher gute Frucht bringt. Das Gewisse ist, die Axt liegt an der Wurzel des Baums; [...] die Ungewissheit besteht dennoch jeden Augenblick, das Ungewisssein, wann der Hieb fällt – und der Baum. Wenn er aber gefallen ist, so ist es entschieden, ob der Baum gute Frucht gebracht oder faule Frucht. [...]

Die Unerklärlichkeit ist die Grenze, und die Bedeutung der Aussage ist allein, dem Gedanken des Todes rückwirkende Kraft zu geben, ihn zu einem Ansporn im Leben zu machen, weil mit der Entscheidung des Todes es vorüber ist und weil die Ungewissheit des Todes jeden Augenblick nachsieht. [...] Des Todes ernste Mahnung an den Lebenden [lautet]: „Ich habe keine Erklärung nötig, du bedenke, dass mit dieser Entscheidung es vorüber ist, und dass sie jeglichen Augenblick zur Stelle sein kann; siehe, dies ist für dich wohl des Bedenkens wert."

Søren Kierkegaard

M4 **Dasein zum Tode**

Martin Heidegger (1889-1976) übte mit seiner Vorstellung vom Tod großen Einfluss auf die Philosophie des 20. Jahrhunderts aus. Ein fiktives Interview:

Schülerin: Herr Heidegger, in Ihrem Hauptwerk *Sein und Zeit* sprechen Sie vom „Sein zum Tode". Was meinen Sie damit?

Heidegger: Die Aussage bezieht sich auf die Art und Weise, wie der Mensch existiert. Der Tod ist nämlich ein besonderes Phänomen des menschlichen Lebens.

Schülerin: Können Sie das genauer erklären?

Heidegger: Natürlich. Ein Tier muss sterben, aber es weiß nicht, dass es sterben muss. Der Mensch dagegen weiß, dass sein In-der-Welt-sein durch den Tod beendet wird, d. h. er weiß um seine Endlichkeit. Sein Leben ist ein Leben-auf-den-Tod hin. Im Unterschied zum Tier kann der Mensch sterben.

Schülerin: Sie sagen: Der Mensch kann sterben. Aber muss es nicht heißen: Der Mensch muss sterben?

Heidegger: Nein, Sterbenkönnen bedeutet: den Tod als Tod vermögen. Davon, ob wir den Tod vermögen, hängt ab, wie wir leben.

Schülerin: Das ist mir noch nicht ganz klar.

Heidegger: Die vorherrschende Art des Verhaltens zum Tod ist die Flucht vor dem Tode, das Verdrängen des Todes, vor dem sich ja alle fürchten. Das geht einher mit dem Phänomen, dass mein Leben zerstreut ist und ich zunächst gar nicht so recht weiß, worum es in meinem Leben gehen soll. Ich lebe einfach so, wie die anderen leben, existiere, wie man existiert. Dadurch, dass ich mir meiner Sterblichkeit bewusst werde, kommt er aber zu mir selbst. Mir wird bewusst, dass mein Leben etwas Begrenztes und Einmaliges ist, und ich frage mich: Was ist eigentlich wichtig in meinem Leben? So führt das Wissen um den Tod mich erst wirklich zu mir selbst, zur meiner eigentlichen Existenz.

Aufgaben

1. Diskutiert darüber, was die Grafik zum Ausdruck bringen soll. → M1
2. Arbeitet heraus, wieso nach Feuerbach der Tod Geist voraussetzt. → M2
3. Begründet, warum es Feuerbach zufolge kein Leben nach dem Tod gibt. → M2
4. Erläutert, wieso nach Kierkegaard der zukünftige Tod auf die Gegenwart verweist. → M3
5. Überlegt, was der Mensch gegen den Tod „tun" kann. → M3
6. Stellt dar, wieso Heidegger zufolge der Tod ein Phänomen des Lebens ist. → M4
7. Klärt den Begriff „In-der-Welt-sein" und diskutiert über die Bedeutung, die Heidegger ihm zuspricht. → M4

Konflikte und Konfliktlösungen

1 M1 Uneins

M2 Keiner will helfen

Die Lehrerin ist fassungslos und enttäuscht. Das hätte sie von ihrer Klasse nicht gedacht. Was ist geschehen? Zwei Schüler aus der 11. Klasse eines Wirtschaftsgymnasiums [, Eike und Sahand,] sind mit dem Motorrad verunglückt. [Sie] haben sich glücklicherweise nur „glimpfliche" Verletzungen zugezogen. Eike hat sich den Knöchel gebrochen und Sahand den linken Arm. Es geht ihnen schon wieder besser, aber sie müssen noch mindestens vier Wochen im Krankenhaus bleiben. Damit sie den Anschluss nicht verlieren, hat die Lehrerin vorgeschlagen, dass täglich ein Schüler oder eine Schülerin den beiden die Hausaufgaben ins nahe liegende Krankenhaus bringt und sie über das Schulgeschehen informiert.

Die Lehrerin [...] ist [...] völlig überrascht, dass niemand aus der Klasse bereit ist, die beiden zu besuchen. Der größere Teil der Klasse schaut bei der Frage zu Boden. Winfried, Volker und Anna sagen offen, dass sie nicht bereit sind, diese Aufgabe zu übernehmen. Andere meinen, sie hätten keine Zeit.

Was ist der Hintergrund für dieses Verhalten der Klasse? Die 11. Klassen am Wirtschaftsgymnasium sind sehr heterogen zusammengesetzt. Nur wenige kommen aus der eigenen Schule. Eike und Sahand kommen von dem örtlichen Elitegymnasium. Dort mussten sie nach der 10. Klasse aussteigen, weil sie zu schlechte Noten hatten. In der 11. Klasse aber sind sie die Klassenbesten, da sie vieles schon einmal im Unterricht hatten. Diesen Vorsprung spielen sie voll aus, rufen ständig dazwischen und lachen, wenn jemand eine falsche Antwort gibt. Die Lehrerinnen und Lehrer, die froh sind, dass jemand schnell antwortet, übersehen zumeist das schlechte Benehmen der beiden und einige beziehen sich fast nur auf sie, um das Leistungsniveau der Klasse zu forcieren. Der größere Teil der Klasse hält sich zurück. Die Mitarbeit der meisten Schülerinnen und Schüler ist sehr stark zurückgegangen. Obwohl einige auch froh sind, dass die beiden die Lehrerinnen und Lehrer zufrieden stellen, haben sie doch zunehmend Angst wegen der Noten. Nur Winfried und Volker, die auch relativ gut sind, protestieren häufiger gegen das Verhalten von Eike und Sahand, allerdings ohne größere Wirkung.

Besonders scharf ist der Konflikt zwischen Sahand, der aus einer iranischen Familie kommt, und Anna, die aus einer spanischen Familie kommt. Anna ist recht gut in der Schule, aber sprachlich manchmal etwas unsicher. Jedes Mal, wenn sie einen kleinen Fehler macht, lacht Sahand sie lauthals aus. Das hat dazu geführt, dass Anna sich immer weniger im Unterricht meldet. Sie spricht aber bei den anderen Mädchen schlecht über Sahand, was diesen wiederum empört.

Kurt Faller / Wilfried Kerntke / Maria Wackmann

1 Konflikte und ihre Ursachen

M3 Konflikt ist nicht gleich Konflikt

Es gibt viele unterschiedliche Formen von Konflikten. Bei einer Klassifizierung kann man darauf schauen, wo sie auftreten und *worum* es geht.

Konflikte können innerhalb einer Person auftreten (intrapersoneller Konflikt, z. B. Entscheidungskonflikt) oder zwischen Personen (interpersoneller Konflikt, z. B. Streit), zwischen gesellschaftlichen Gruppierungen (gesellschaftlicher Konflikt, z. B. Tarifkonflikt) oder auch zwischen Staaten (internationaler Konflikt, z. B. Krieg). Blickt man auf die Bereiche innerhalb einer Gesellschaft, in denen es Konflikte geben kann, so sind vor allem Familie, Gruppe, Schule, Wirtschaft, Politik zu nennen. Konflikte können auch entstehen in Bezug auf religiöse oder weltanschauliche Überzeugungen sowie kulturelle und ethnische Unterschiede. Im Hinblick auf das, worum es in dem Konflikt geht, unterscheidet man zwischen Verteilungskonflikten (z. B. Entlohnung für Arbeit), Zielkonflikten (z. B. unterschiedliche Handlungsziele), Beziehungskonflikten (z. B. zwischen Partnern, Freunden), Rollenkonflikten (z. B. Konflikt einer Person in ihrer Rolle als Lehrerin und Mutter), Machtkonflikten (z. B. Machtverteilung zwischen Führungskräften) und Wertkonflikten (z. B. bezüglich der Auffassungen von „gut" und „schlecht").

Konflikt

Von einem Konflikt (lat.: *conflictus* = zusammengestoßen) spricht man, wenn unterschiedliche Handlungsabsichten von Akteuren (Personen, gesellschaftlichen Gruppen oder Staaten) aufeinandertreffen oder eine Unvereinbarkeit im Denken und Fühlen zwischen Akteuren besteht, so dass sich mindestens einer von ihnen durch den anderen in der Ausführung seiner Absichten beeinträchtigt sieht.
Konflikte sind meist von negativen Gefühlen wie Ärger, Wut, Zorn begleitet und können zu aggressivem Verhalten führen. Konfliktgegenstand ist in der Regel ein Gegensatz von Interessen. Wenn ein solcher Interessengegensatz nicht gefunden werden kann, handelt es sich lediglich um ein Missverständnis aufgrund fehlender, falscher oder falsch verstandener Information.

M4 Das Eisbergmodell

Mit Konflikten verhält es sich wie mit einem Eisberg: Nur ein kleiner Teil ist sichtbar, der größte Teil liegt im Verborgenen.

Aufgaben

1 Beschreibt, worum es auf den Bildern geht. Was ist den beiden Situationen gemeinsam? ➜ M1
2 Beschreibt den im Text dargestellten Konflikt. ➜ M2
3 Findet in Gruppen weitere Beispiele für Konflikte, schreibt sie auf Karten und stellt sie den anderen vor. Erarbeitet anschließend Merkmale eines Konfliktes. ➜ M1/M2
4 Erstellt ein Schaubild zu unterschiedlichen Formen von Konflikten und führt dazu Beispiele an. ➜ M3
5 Erklärt das Eisberg-Modell eines Konfliktes. Wendet es anschließend auf den in M2 dargestellten Konflikt an und analysiert, welche verborgenen Ursachen der Konflikt in der Klasse hat. ➜ M4/M2
6 Teilt euch in Gruppen auf und stellt einen Konflikt szenisch dar. Erprobt im Rollenspiel eine Lösung. ➜ M1–M3

Konflikte und Konfliktlösungen

2 M1 Der Rosenkrieg

Der Film erzählt die Geschichte der Scheidung zwischen Barbara und Oliver Rose, in deren Verlauf es zu absurden Situationen wie der Zerstörung der Einrichtung des Hauses und einer Verfolgungsjagd kommt. Am Ende liegen beide Ehepartner sterbend in der Eingangshalle ihres Hauses, nachdem sie im vorausgegangenen Kampf im Treppenhaus mit dem Kronleuchter abgestürzt sind.

M2 Nicht alles gefallen lassen

Wir wohnten im dritten Stock mitten in der Stadt und haben uns nie etwas zuschulden kommen lassen, auch mit Dörfels von gegenüber verband uns eine jahrelange Freundschaft, bis die Frau sich kurz vor dem Fest
5 unsre Bratpfanne auslieh und nicht zurückbrachte. Als meine Mutter dreimal vergeblich gemahnt hatte, riss ihr eines Tages die Geduld, und sie sagte auf der Treppe zu Frau Muschg, die im vierten Stock wohnt, Frau Dörfelt sei eine Schlampe.
10 Irgendwer muss das den Dörfelts hinterbracht haben, denn am nächsten Tag überfielen Klaus und Achim unsern Jüngsten, den Hans, und prügelten ihn windelweich. Ich stand gerade im Hausflur, als Hans ankam und heulte. In diesem Moment trat Frau Dör-
15 felt drüben aus der Haustür, ich lief über die Straße, packte ihre Einkaufstasche und stülpte sie ihr über den Kopf. Sie schrie aufgeregt um Hilfe, als sei sonst was los, dabei drückten sie nur die Glasscherben etwas auf den Kopf, weil sie ein paar Milchflaschen
20 in der Tasche gehabt hatte.

Vielleicht wäre die Sache noch gut ausgegangen, aber es war just um die Mittagszeit und da kam Herr Dörfelt mit dem Wagen angefahren. Ich zog mich sofort zurück, doch Elli, meine 25 Schwester, die mittags zum Essen heimkommt, fiel Herrn Dörfelt in die Hände. Er schlug ihr ins Gesicht und zerriss dabei ihren Rock. Das Geschrei lockte unsere Mutter ans Fenster und 30 als sie sah, wie Herr Dörfelt mit Elli umging, warf unsre Mutter mit Blumentöpfen nach ihm. Von Stund an herrschte bittere Feindschaft zwischen den Familien. 35
Weil wir nun Dörfelts nicht über den Weg trauten, installierte Herbert, mein ältester Bruder, der bei einem Optiker in die Lehre geht, ein Scherenfernrohr am Küchenfenster. Da konnte unsre 40 Mutter, waren wir andern unterwegs, die Dörfelts beobachten. Augenscheinlich verfügten diese über ein ähnliches Instrument, denn eines Tages schossen sie von drüben mit einem Luftgewehr herüber. Ich erledigte das feindliche Fern- 45 rohr mit einer Kleinkaliberbüchse, an diesem Abend ging unser Volkswagen unten im Hof in die Luft.
Unser Vater, der als Oberkellner im hoch renommierten Café Imperial arbeitete, nicht schlecht verdiente und immer für den Ausgleich eintrat, meinte, wir 50 sollten uns jetzt an die Polizei wenden. Aber unserer Mutter passte das nicht, denn Frau Dörfelt verbreitete in der ganzen Straße, wir, das heißt, unsre gesamte Familie, seien derart schmutzig, dass wir mindestens zweimal jede Woche badeten und für das hohe Was- 55 sergeld, das die Mieter zu gleichen Teilen zahlen müssen, verantwortlich wären.
Wir beschlossen also, den Kampf aus eigener Kraft in aller Härte aufzunehmen, auch konnten wir nicht mehr zurück, verfolgte doch die Nachbarschaft gebannt den 60 Fortgang des Streites.
Am nächsten Morgen schon wurde die Straße durch ein mörderisches Geschrei geweckt. Wir lachten uns

halbtot, Herr Dörfelt, der früh als Erster das Haus verließ, war in eine tiefe Grube gefallen, die sich vor der Haustür erstreckte. Er zappelte ganz schön in dem Stacheldraht, den wir gezogen hatten, nur mit dem linken Bein zappelte er nicht, das hielt er fein still, das hatte er sich gebrochen. Bei alldem konnte der Mann noch von Glück sagen – denn für den Fall, dass er die Grube bemerkt und umgangen hätte, war der Zünder einer Plastikbombe mit dem Anlasser seines Wagens verbunden. Damit ging kurze Zeit später Klunker-Paul, ein Untermieter von Dörfelts, hoch, der den Arzt holen wollte.

Es ist bekannt, dass die Dörfelts leicht übelnehmen. So gegen zehn Uhr begannen sie unsere Hausfront mit einem Flakgeschütz zu bestreichen. Sie mussten sich erst einschießen, die Einschläge befanden sich nicht alle in der Nähe unserer Fenster. Das konnte uns nur recht sein, denn jetzt fühlten sich auch die anderen Hausbewohner geärgert und Herr Lehmann, der Hausbesitzer, begann um den Putz zu fürchten. Eine Weile sah er sich die Sache noch an, als aber zwei Granaten in seiner guten Stube krepierten, wurde er nervös und übergab uns den Schlüssel zum Boden. Wir robbten sofort hinauf und rissen die Tarnung von der Atomkanone. Es lief alles wie am Schnürchen, wir hatten den Einsatz oft genug geübt, die werden sich jetzt ganz schön wundern, triumphierte unsere Mutter und kniff als Richtkanonier das rechte Auge fachmännisch zusammen. Als wir das Rohr genau auf Dörfelts Küche eingestellt hatten, sah ich drüben gegenüber im Bodenfenster ein gleiches Rohr blinzeln, das hatte freilich keine Chance mehr, Elli, unsre Schwester, die den Verlust ihres Rockes nicht verschmerzen konnte, hatte zornroten Gesichts das Kommando „Feuer" erteilt. Mit einem unvergesslichen Fauchen verließ die Atomgranate das Rohr, zugleich fauchte es auch auf der Gegenseite. Die beiden Geschosse trafen sich genau in der Straßenmitte.

Natürlich sind wir nun alle tot, die Straße ist hin und wo unsre Stadt früher stand, breitet sich jetzt ein graubrauner Fleck aus. Aber eins muss man sagen, wir haben das Unsre getan, schließlich kann man sich nicht alles gefallen lassen. Die Nachbarn tanzen einem sonst auf der Nase herum.

Gerhard Zwerenz

2 ... bis in den Abgrund

M3 Eskalationsstufen eines Konfliktes

Wenn es nicht gelingt, Konflikte rechtzeitig zu lösen, droht eine Eskalation, für die nach dem Modell des Konfliktforschers Friedrich Glasl bestimmte Stufen typisch sind.

1. Verhärtung
2. Debatte, Polemik
3. Taten statt Worte
4. Images, Koalitionen
5. Gesichtsverlust
6. Drohstrategien, Erpressung
7. Begrenzte Vernichtungsschläge
8. Zersplitterung
9. Gemeinsam in den Abgrund

Eskalation

Der Begriff Eskalation (engl.: *escalation* = Steigerung) stammt aus dem militärischen Bereich und bezeichnet hier eine Verschärfung bei der Anwendung von militärischen Mitteln. Im Bereich der Sozialwissenschaften wird der Begriff verwendet, um eine sich steigernde Intensität in der Entwicklung von Konflikten zu charakterisieren.

---

1 Sprecht darüber, was mögliche Ursachen dafür sind, dass eine Scheidung nicht gütlich verläuft, sondern in einem „Rosenkrieg" mündet. ➔ M1

2 Stellt die Entwicklung des Konflikts mit den Dörfelts in einem Schaubild dar. Untersucht, warum sich der Konflikt immer weiter steigert. ➔ M2

3 Sucht Beispiele für ähnliche Konfliktverläufe. ➔ M2

4 Erläutert das Modell der Eskalationsstufen eines Konfliktes und bezieht es auf den Konflikt mit den Dörfelts sowie auf die von euch gefundenen Konfliktverläufe. ➔ M3/M2

5 Analysiert den Konfliktverlauf in dem Film *Der Rosenkrieg* (USA 1989, Regie: Danny de Vito) nach dem Eskalationsmodell von Friedrich Glasl. ➔ M1/M3

6 Stellt in Rollenspielen an Beispielen dar, wie sich Interessenkonflikte lösen lassen, ohne dass es zu einer Eskalation kommt. ➔ M1–M3

Konflikte und Konfliktlösungen

M1 Ausdiskutieren

M2 Unpünktlichkeit

Herr J. beginnt seinen naturwissenschaftlichen Unterricht gern mit einer kurzen mündlichen Angabe der Dinge, die im Unterrichtsverlauf erledigt werden sollen. Die Schülerin Sylvia kommt häufig zu spät zur Stunde.

Lehrer: Wenn Sie verspätet hier ankommen, verpassen Sie die Instruktionen, die ich gleich zu Beginn der Stunde gebe. Dann muss ich mir extra nochmals die Zeit nehmen, um Ihnen Ihre Anweisungen persönlich zu geben. Ich bin das jetzt leid.

Sylvia: Ich gehöre nun mal dem Redaktionsstab für unser Jahrbuch an, und wir haben im Augenblick wirklich viel zu tun, um die von der Druckerei gesetzten Termine einzuhalten. Deshalb habe ich mich verspätet.

Lehrer: Ich weiß, dass Sie zu den Herausgebern des Jahrbuches gehören und dass dies eine wichtige Aufgabe ist, aber mein Unterricht ist auch wichtig. Sie kriegen Ihr Abitur nicht, wenn Sie diesen Kurs nicht beenden.

Sylvia: Die schriftlichen Arbeiten habe ich ja wohl alle geschafft, oder? Ich sehe nicht ein, dass ich mich so abhetzen soll, nur damit es Ihnen erspart bleibt, mir nochmals in ein paar Worten zu sagen, was ich tun soll. Was ist denn daran so schlimm?

Lehrer: Ich habe es mir ja auch eine ganze Weile schweigend angesehen, aber ich habe es jetzt satt, Sie wie eine Primadonna zu behandeln, nur weil Sie noch diesen anderen Job haben. Von jetzt an kommen Sie pünktlich oder gar nicht mehr!

Sylvia: Aber...

Lehrer: Kein aber. Wenn Sie die Punkte für diesen Kurs haben wollen, kommen Sie pünktlich wie alle anderen auch. Nun setzen Sie sich.

Sylvia: (ärgerlich): Nun gut, ich werd's versuchen.

Thomas Gordon

M3 *win-win* statt *win-lose*

Der Konflikt in dem dargestellten Gespräch zwischen Lehrer und Schülerin geht so aus, dass der Lehrer seine Macht durchsetzt und die Schülerin sich fügen muss. Das hinterlässt bei ihr ein Gefühl des Ärgers. Eine denkbare Fortsetzung wäre, dass Sylvia sich bei der Schulleitung über die Behandlung durch Herrn J. beschwert und durchsetzt, dass sie in den Parallelkurs von Lehrer B. wechseln darf, der nicht so streng ist. In diesem Fall hätte Lehrer J. sein Gesicht verloren und eine Niederlage erlitten.

In jedem Fall liegt eine *win-lose*-Situation vor: Einmal ist der Lehrer der Gewinner und die Schülerin die Verliererin, das andere Mal wäre es umgekehrt. In keinem Fall ist der Konflikt zwischen beiden wirklich gelöst, sondern schwelt weiter und wird vermutlich beim nächsten Anlass wieder aufbrechen.

Eine wirkliche Lösung des Konfliktes ist nur dann möglich, wenn sich bei beiden Konfliktparteien ein Gefühl der Zufriedenheit einstellt. Dazu muss eine Situation hergestellt werden, von der beide profitieren. Wenn eine Lösung gefunden wird, die für beide annehmbar ist, muss sich keiner als Verlierer fühlen, beide wären Gewinner (*win-win*-Situation).

Mediation

Unter Mediation (von engl. *mediation* = Vermittlung) versteht man ein Verfahren zur Konfliktlösung durch einen unparteiischen Dritten, der von beiden Konfliktparteien akzeptiert wird. Der Mediator hilft, dass die Beteiligten selbst eine einvernehmliche Lösung ihres Problems finden, eine sogenannte *win-win-Situation* herstellen.

3 Konflikte konstruktiv bearbeiten

M4 Was ist gewaltfreie Kommunikation?

Die Grundidee der Methode ist […] ganz einfach. Erstens: Beobachte dich selbst – was ist lebendig in dir? Und zweitens: Wodurch würde sich deine Lebensqualität verbessern, was würde dein Leben bereichern?

Lerne diese beiden Dinge zu kommunizieren, ehrlich, ohne jegliche Kritik. Es sind nur diese beiden Fragen. Es geht darum, sie gegenüber anderen Menschen auszudrücken und entsprechende Informationen von seinem Gegenüber empathisch aufzunehmen.

Um diese beiden Fragen zu beantworten, braucht man eine gewisse Sprachfertigkeit. Wenn uns etwas an dem Verhalten eines Menschen stört, ist es wichtig, präzise zu sein. Es gibt vier Komponenten, die ich für sehr nützlich halte.

Erstens: Beobachte, ohne zu bewerten. Der erste Schritt in der Gewaltfreien Kommunikation ist also, einer anderen Person mitzuteilen, was uns nicht gefällt, ohne ihr Verhalten zu bewerten. Eine klare Beobachtung heißt: Halte dich einfach an die Tatsachen. Zum Beispiel: Ein Mann sagt zu seiner Frau: „Du kannst einfach nicht mit Geld umgehen." Und sie sagt: „Immer musst du mich kontrollieren." Das sind keine Beobachtungen. Das sind Interpretationen und Bewertungen eines Verhaltens. […]

[Häufig bewerten wir das Verhalten anderer Menschen, indem wir ihnen Schuld zuweisen.] Dabei gehen wir davon aus, dass andere Menschen unsere Gefühle kreieren. Dann mache ich mein Gegenüber dafür verantwortlich, wenn es mir schlecht geht. Ich sage zum Beispiel: „Du verletzt mich." Oder: „Ich bin enttäuscht von dir", „Du machst mich wütend." Ein zentraler Aspekt der Gewaltfreien Kommunikation ist das Bewusstsein, dass andere Menschen nicht für unsere Gefühle verantwortlich sind. Das Einzige, was unsere Gefühle beeinflussen kann, ist die Haltung, mit der wir reagieren. […]

Die zweite Komponente sind Gefühle. Wie fühlst du dich, wenn die Person sich so verhält?

Und die dritte Komponente sind die Bedürfnisse, die mit den Gefühlen verbunden sind. Wenn unsere Bedürfnisse erfüllt sind, dann haben wir angenehme Gefühle. Wenn sie nicht erfüllt sind, haben wir schmerzhafte Gefühle. […] Wenn wir unserem Gegenüber vermitteln können, was unsere Bedürfnisse sind, dann haben wir eine viel bessere Chance, dass diese Person bereit ist, etwas zur Erfüllung dieser Bedürfnisse beizutragen, als wenn wir sie angreifen und kritisieren.

Und wenn meine Bedürfnisse nicht erfüllt sind, dann kommt die […] Frage ins Spiel […]: Wodurch würde sich deine Lebensqualität verbessern? Und dafür habe ich die vierte Komponente der Gewaltfreien Kommunikation entwickelt: die Bitte. Im vierten Schritt geht es also darum, eine klare Bitte zu äußern, das heißt, positiv zu formulieren, was ich von der anderen Person will – nicht, was ich nicht will – und dabei klare Handlungsangebote zu machen: […] Eine Frau sagt zum Beispiel zu ihrem Mann: „Ich will nicht, dass du so viel arbeitest." Das ist keine konkrete Bitte. […] Die konkrete Bitte der Frau […] [könnte] zum Beispiel [lauten]: „Ich möchte gerne, dass du mir sagst, ob du bereit bist, einen Abend in der Woche mit mir zu verbringen und einen mit den Kindern." […]

Die Grundidee der Gewaltfreien Kommunikation ist also ganz einfach […] Die Herausforderung ist, anderen Menschen offen mitzuteilen: „Hey, wenn du so handelst, dann passiert Folgendes in mir. So fühle ich mich, das brauche ich. Und das ist es, worum ich dich bitten will."

Marshall B. Rosenberg

Aufgaben

1 Beschreibt die abgebildete Situation. Warum kann das, was hier dargestellt ist, letztlich keine Lösung eines Konfliktes sein? → M1

2 Nimm Stellung zum Verlauf des Gespräches. → M2

3 Erkläre, welche Bedeutung die Herstellung von *win-win*-Situationen bei Konflikten hat. → M2/M3

4 Stellt die Grundsätze der gewaltfreien Kommunikation in einem Schaubild dar und beurteilt sie. → M4

5 Stellt euch vor, im geschilderten Fall M2 beschwert sich Sylvia bei ihrem Vertrauenslehrer über ihre Behandlung durch Lehrer J. Der schlägt ihr vor, zwischen ihr und Herrn J. zu vermitteln, falls beide damit einverstanden sind. Führt die Mediation als Rollenspiel durch und wendet dabei die dargestellten Grundsätze zur Konfliktlösung an. Informiert euch vorher (in *lebenswert* 1, S. 84 bzw. im Internet) über die Phasen eines Mediationsgesprächs. → M2-M4

Konflikte und Konfliktlösungen

M1 Calvin und Hobbes

Bill Watterson

M2 Die Mutprobe

Andreas bekommt von seiner Tante ein Skate-Board geschenkt, das er sich immer schon gewünscht hatte. Begeistert sucht er Anschluss an eine Gruppe von Jugendlichen, die auf einer Straße am Stadtrand ihre
5 Freizeit mit Skateboard-Fahren verbringen. Die Gruppe will ihn aber nicht sofort aufnehmen; um mitmachen zu können, müsse er erst einmal eine Mutprobe ablegen. Er soll den anderen, die sich im Gebüsch versteckt halten, ein Zeichen geben, wann ein LKW
10 sich nähert, damit sie sich auf ihren Boards daran anhängen und ein Stück mitziehen lassen können. Andreas weiß, dass so etwas verboten ist – aber was bleibt ihm anderes übrig? Bei dem Manöver schafft es einer der Jugendlichen nicht richtig, sich hinten am
15 LKW festzuhalten, er stürzt und verletzt sich dabei schwer. Ein Krankenwagen kommt, der Junge wird ins Krankenhaus gebracht, wo Andreas' Vater seinem Beruf als Unfallchirurg nachgeht. Der Anführer der Gruppe nötigt Andreas das Versprechen ab, über den
20 Hergang des Unfalls zu schweigen und seinem Vater nichts zu verraten, und droht ihm andernfalls mit Sanktionen. Andreas hat jedoch ein schlechtes Gewissen und bittet schließlich seine Schwester um Rat. – Was soll sie ihm sagen?

M3 Müllers Problem

Der Held unserer [...] Geschichte (nennen wir ihn Müller) ist nach einigem Suchen froh, in der hintersten Reihe des untersten Stockwerks [des Parkhauses] noch einen freien Platz gefunden zu haben. Beim
5 Aussteigen findet er eine auf dem Boden liegende Brieftasche. Ihr Inhalt besteht aus mehreren tausend Euro sowie der Visitenkarte des Besitzers: Es handelt sich um einen stadtbekannten Immobilienspekulanten. Müller weiß natürlich, dass er die Brieftasche
10 „eigentlich" ihrem Besitzer zurückgeben sollte; dennoch zögert er. Der Grund seines Zögerns liegt darin, dass er sich seit langem für die Belange der Dritten Welt engagiert. Gegenwärtig sammelt er im Rahmen eines örtlichen Solidaritätskomitees *Hilfe für Afrika*
15 Geld für den Bau einer Meerwasserentsalzungsanlage in einem afrikanischen Dorf. Diese Anlage würde etlichen Familien einen ausreichenden Lebensunterhalt als Bauern ermöglichen. Müller weiß nun, dass die in der Brieftasche enthaltene Summe ausreichen würde,
20 die Anlage zu finanzieren; dass andererseits der Verlust einiger tausend Euro dem Immobilienspekulanten nicht sonderlich weh tun würde.

Kurt Bayertz

4 Im Konflikt mit der Moral

M4 Interessenkonflikte und moralische Konflikte

Moralische Konflikte stellen eine besondere Art von Konflikten dar. Sie unterscheiden sich grundsätzlich von bloßen Interessenkonflikten.

Gegenstand eines Interessenkonfliktes sind unter-
5 schiedliche Interessen, z. B. die Interessen A und B. Der Konflikt wird beigelegt, indem man eine Lösung findet, die den Interessen beider Parteien gerecht wird. Das Ergebnis ist verhandelbar, es kann so oder so ausfallen; wichtig ist lediglich, dass beide Konfliktpar-
10 teien ihm zustimmen können. Es macht beispielsweise keinen großen Unterschied, ob eine Klassenfahrt nach Venedig oder ans Ijsselmeer geht oder als Kompromiss noch ein drittes Ziel gefunden wird, wenn sich alle Beteiligten auf die Lösung einigen können.
15 Anders verhält es sich bei einem Konflikt, in dem ein bestimmtes Interesse einer moralischen Norm gegenübersteht, die allgemeine Gültigkeit besitzt. Hier ist das Ergebnis nicht verhandelbar; vielmehr soll das getan werden, was die moralische Norm fordert. Man
20 soll z. B. wahrhaftig sein, nicht betrügen usw. Wenn man sich entscheidet, etwas zu tun, was der moralischen Norm widerspricht, hat das in der Regel Folgen: Gewissensbisse oder moralische Vorwürfe, die andere einem machen.

Interessenkonflikt:
Interesse A   Interesse B

Moralischer Konflikt:
Interesse   moralische Norm

Ethik

Unter *Ethos* (griech.: Gewöhnung, Charakter) versteht man die Einstellung eines Menschen, der sich an den herrschenden Sitten und Gewohnheiten orientiert. Als *Ethik* bezeichnet man den Bereich der Philosophie, der sich mit Fragen der Moral befasst und Probleme moralischen Handelns untersucht. Die Moral (lat. *mores*: Sitten, Charakter) umfasst Wertmaßstäbe und Handlungsregeln, die für alle Menschen verbindlich sind. In allen Gesellschaften und Kulturen werden moralische Normen als notwendig erachtet, um ein friedliches und konfliktfreies Zusammenleben von Menschen zu ermöglichen.

M5 Fallanalyse

Wenn man im Zweifel ist, wie man sich in einem moralischen Konflikt entscheiden soll oder wie ein gegebener Fall ethisch zu beurteilen ist, empfiehlt es sich, eine Fallanalyse durchzuführen. Um zu einem Urteil zu gelangen, kann man wie folgt vorgehen:

1. Schritt: Situationsanalyse
Beschreibung der gegebenen Situation, Feststellung der direkt und indirekt Beteiligten und Betroffenen

2. Schritt: Interessenanalyse
Untersuchung, welche Interessen im Spiel sind

3. Schritt: Normenanalyse
Untersuchung, welche moralische Normen von dem Konflikt berührt sind

4. Schritt: Folgenanalyse
Kalkulation der wahrscheinlichen Folgen für die gegebenen Handlungsmöglichkeiten

5. Schritt: Urteilsbildung
Bewertung der gegebenen Handlungsmöglichkeiten; Entscheidung / Beurteilung des Falles nach den relevanten Normen

---

Aufgaben

1 Erläutere Calvins Konflikt. Erkläre, was er mit „richtig" und „falsch" meint. ➔ M1

2 Beurteilt das Verhalten von Andreas und Herrn Müller. Erkennt ihr in den beiden Fällen Unterschiede zu den Konflikten, die auf den vorangegangenen Seiten dargestellt sind? ➔ M2/M3

3 Erklärt den Unterschied zwischen Interessenkonflikten und moralischen Konflikten und wendet die Unterscheidung auf die hier (M2, M3) und auf S. 78, M2 sowie S. 82, M2 dargestellten Konflikte an. ➔ M4

4 Sammelt weitere Fallbeispiele für moralische Konflikte. ➔ M4

5 Erläutert die Schritte einer Fallanalyse. Führt in Gruppen jeweils zu einem der dargestellten oder gesammelten moralischen Konflikte eine Fallanalyse durch. ➔ M5

Konflikte und Konfliktlösungen

M1 Die Jugend und ihre Werte

Wertorientierungen: Pragmatisch, aber nicht angepasst
Jugendliche im Alter von 12 bis 25 Jahren (Angaben in %)

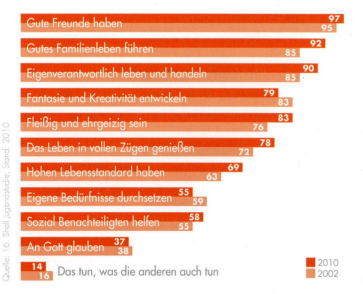

Quelle: 16. Shell Jugendstudie, Stand: 2010

M2 Das Nutzenprinzip

Sophie: Phil, ich habe neulich in einer Studie über Moral den Begriff Utilitarismus gelesen. Was ist damit eigentlich gemeint?

Phil: Ganz einfach: Der Begriff ist aus dem lateinischen Wort *utilis* abgeleitet, das heißt *nützlich*. Unter Utilitarismus versteht man eine ethische Position, die alle Handlungen nach ihrer Nützlichkeit bewertet.

Sophie: Eine Handlung ist dann gut, wenn sie nützlich ist, und nicht gut, wenn sie nicht nützlich ist?

Phil: Ja, ... aber das ist noch nicht ganz richtig. Für einen Utilitaristen ist der Gesamtnutzen wichtig. Es kommt nicht darauf an, dass eine Handlung einer einzelnen Person nützt, sondern dass es insgesamt nützlicher ist, so zu handeln, als nicht so zu handeln.

Sophie: Wie kann man denn das feststellen? Das stelle ich mir schwierig vor.

Phil: Jeremy Bentham, der Begründer des Utilitarismus, schlägt dafür ein Vorgehen in zwei Schritten vor. Zunächst soll man analysieren, wer alles an einer Handlung beteiligt ist und wer von ihr betroffen ist. Im zweiten Schritt soll man dann für jeden Beteiligten und Betroffenen feststellen, wie hoch für ihn der Nutzen ist oder der Schaden, und zwar in genauen quantitativen Angaben. Am Ende muss man eine Art Bilanz ziehen und sehen, was insgesamt überwiegt, der Nutzen oder der Schaden. Das nennt man utilitaristisches Kalkül.

Sophie: Das stelle ich mir aber wahnsinnig kompliziert vor. Kann man das denn überhaupt praktisch umsetzen?

Phil: Oft ist das schon ganz praktikabel. So leuchtet es ja auf den ersten Blick ein, dass eine Handlung, die beispielsweise 100 Menschen um 1000 Euro reicher macht, besser ist als eine Handlung, die nur 10 Leute um diesen Betrag reicher macht oder sogar 10 Leute um diesen Betrag schädigt. Aber es kommt auch vor, dass einem ein utilitaristisches Kalkül nicht weiterhilft. Was ist z. B., wenn bei einer finanziellen Spekulation eine Mehrheit einen Nutzen in Form eines kleinen Geldgewinns hat, aber eine Minderheit dadurch ihre Existenz verliert? Wie kann man den Nutzen der Mehrheit und den Schaden der Minderheit in diesem Fall miteinander vergleichen, wo doch beide auf einer ganz anderen Ebene liegen? Auf der einen Seite geht es um Existenzen, auf der anderen Seite bloß um Geldbeträge. Allgemein gefragt: Kann man überhaupt Folgen von unterschiedlicher Qualität miteinander verrechnen?

Sophie: Das erinnert mich an das Sprichwort „Äpfel und Birnen kann man nicht vergleichen". Aber welche Möglichkeiten gibt es dann, zu verlässlichen Handlungsmaßstäben zu kommen?

Phil: Man darf nicht die Folgen einer Handlung bewerten, sondern muss prüfen, ob die Handlung an sich moralisch ist oder nicht, wie es beispielsweise Immanuel Kant vorgeschlagen hat.

Utilitarismus

Utilitarismus (lat. *utilis:* nützlich) ist eine ethische Position, die besagt, dass eine Handlung moralisch ist, wenn es insgesamt – bezogen auf alle Beteiligten und Betroffenen – nützlicher ist, so zu handeln, als nicht so zu handeln. Sie wurde von Jeremy Bentham (1748-1832) begründet und ist in verschiedenen Abwandlungen bis heute aktuell.

5 Ethische Prinzipien

M3 Das Verallgemeinerungsprinzip

Sophie: Immanuel Kant ist doch der Philosoph, der den Kategorischen Imperativ aufgestellt hat. Was ist damit eigentlich gemeint?

Phil: Der Kategorische Imperativ ist ein ethisches Prinzip, nach dem man sein Handeln ausrichten soll. Ein *Imperativ* – das weißt du sicher aus dem Grammatikunterricht – ist ein Satz, der eine Forderung enthält. Nun gibt es Dinge, die bestimmte Menschen *unter bestimmten Bedingungen* tun sollen. So gilt die Forderung, einen Führerschein zu erwerben, ja nur für Menschen, die ein Auto fahren wollen, nicht für alle Menschen. Kategorisch nennt man einen Imperativ, der *unbedingt* gilt, also für alle Menschen in jeder Situation.

Sophie: Und was fordert dieser Kategorische Imperativ?

Phil: Dass man nur nach der *Maxime* handeln soll, von der man wollen kann, dass sie ein allgemeines Gesetz werde.

Sophie: Maxime? Allgemeines Gesetz?

Phil: Also: Eine Maxime ist ein Grundsatz, den ein Mensch in seinem Handeln befolgt, der aber nicht für alle Menschen gelten muss. Ich kann mich z. B. nach dem Grundsatz richten, zu lügen, wenn es für mich von Vorteil ist. Unter einem *Gesetz* versteht man dagegen eine Bestimmung, nach der sich alle Menschen richten müssen. Kant behauptet, dass nur die Handlungsgrundsätze moralisch sind, die man zu einem Gesetz für alle Menschen machen könnte. Kant ist der Ansicht, dass man ein Gedankenexperiment durchführen muss, in dem man erstens den Grundsatz des eigenen Handelns verallgemeinert und zweitens prüft, ob man das dann noch wollen kann.

Sophie: Ist der Kategorische Imperativ dann nicht eigentlich dasselbe wie die *Goldene Regel*: Was du nicht willst, dass man dir tu', das füg auch keinem andern zu?

Phil: Nein, denn bei der Goldenen Regel ist das Kriterium, ob ich das, worum es geht, z. B. Zufügung von Leid und Schmerz, gut finde oder nicht – und zwar wenn es mich selbst betrifft. Kant geht es jedoch darum, ob eine Handlungsweise den Gesetzen der Vernunft entspricht, ob sie vernünftig ist.

Sophie: Das verstehe ich noch nicht. Kannst du mir ein Beispiel geben?

Phil: Gerne. Stell dir vor, jemand ist in eine finanzielle Notsituation geraten, und er kann sich von einem Freund Geld leihen, wenn er verspricht, es in einer bestimmten Frist zurückzuzahlen. Er weiß genau, dass er das Geld nicht zurückzahlen kann, aber die Lüge ist seine einzige Chance, an Geld zu kommen. Nun muss er sich fragen, was wäre, wenn der Grundsatz seines Handelns – ein lügenhaftes Versprechen abzugeben, wenn man sich in finanzieller Not befindet – ein Gesetz wäre, nach dem sich alle Menschen richten müssten. Das Ergebnis wäre doch, dass niemand mehr einem anderen vertrauen könnte, weil man davon ausgehen müsste, dass er lügt. Für die Vernunft besteht da ein Widerspruch: Jemand will, dass ihm geglaubt wird – aber wenn alle Menschen so handeln würden wie er, wäre das Ergebnis, dass niemandem mehr geglaubt wird. Das aber kann kein vernünftiger Mensch wollen, und deshalb ist es nach Kant unmoralisch.

Kategorischer Imperativ

Der von Immanuel Kant (1724-1804) aufgestellte Kategorische Imperativ ist ein ethisches Prinzip, mit dem jeder prüfen kann, ob sein Handeln moralisch ist. Er lautet in seiner Grundformel: „Handle nur nach derjenigen Maxime, durch die du zugleich wollen kannst, dass sie ein allgemeines Gesetz werde."

Aufgaben

1 Erläutert die Ergebnisse der Jugendstudie und nehmt Stellung dazu: Welche Rolle spielen moralische Werte für junge Menschen? Welche Entwicklung zeichnet sich ab? Teilt ihr die Einschätzung der Befragten? → M1

2 Erkläre das utilitaristische Nutzenprinzip und den Kategorischen Imperativ anhand von Schaubildern und finde Beispiele für die Anwendung dieser ethischen Prinzipien bei moralischen Konflikten. Erkläre dabei auch, wie sich die Goldene Regel und der Kategorische Imperativ unterscheiden. → M2/M3

Konflikte und Konfliktlösungen

6 M1 Weinende Frau

Pablo Picasso, Weinende Frau, 1937

M2 In den Mokassins der anderen

Typisch: Nele hat als Erste gemerkt, dass es Mark nicht gut ging. Der war zwar immer ganz lustig und tat so, als könnte ihn nichts umwerfen. Aber Nele kann sich in andere einfühlen und merkt, was mit ihnen wirklich los ist. Sie verfügt, wie man so sagt, über Empathiefähigkeit. Und sie ist natürlich an anderen Menschen interessiert.

Wenn man ihr sagt, sie habe eben ihr Einfühlungsvermögen, dann lacht sie und sagt: „Ach was! Du musst nur genau hinschauen und hinhören. Wie geht und steht der andere, wie guckt er, wie spricht er, wie ist seine Körperhaltung? Das musst du mitkriegen. Und wenn du weißt, in welcher Situation er steckt, musst du dich fragen: Was würdest du selbst dabei empfinden? Dann merkst du einfach, was los ist mit deinem Mitmenschen und spürst selbst seinen Ärger, seinen Frust, seine Enttäuschung, aber auch sein Glück und dass er wirklich begeistert ist und nichts vorspielt." Sagt man dann zu Nele: „Also doch Empathie?", dann lacht sie wieder und sagt: „Also wenn du meinst, ich sei so eine Art Naturtalent, dann irrst du dich. Allerdings habe ich einen Spruch, den ich mir schon mal vorsage. Er stammt von den Indianern. Sie sagen: ‚Urteile nie über einen anderen, bevor du nicht einen Mond lang in seinen Mokassins gegangen bist!' Manchmal ziehe ich mir eben die Mokassins von Phil oder von Jana oder von Mark an. Das hilft."
Ja, so ist Nele. Vielleicht ist sie was Besonderes.

M3 Sich in die Lage anderer versetzen

Worin besteht dieses, die Personen wie Personen, d. h. menschlich, zu behandeln? Antwort: Es besteht darin, *sich in die Lage anderer Menschen zu versetzen.* Jemanden als Mitmenschen anzuerkennen, schließt vor allem die Möglichkeit ein, ihn von innen zu verstehen, für einen Augenblick seinen Standpunkt zu übernehmen. Und wenn du dich in seine Lage versetzt, musst du nicht nur fähig sein, die Gründe für sein Handeln zu beachten, sondern auch auf irgendeine Weise an seinen Leidenschaften und Gefühlen, an seinen Schmerzen, Sehnsüchten und Freuden teilzunehmen. Es geht darum, Sympathie für den anderen zu empfinden, sich in gewisser Weise mit dem anderen eins fühlen zu können, ihn in seinem Denken und Wollen nicht gänzlich allein zu lassen. Sich in die Lage des anderen zu versetzen, heißt, sich anstrengen, objektiv zu sein, um die Sachen so zu sehen, wie er sie sieht. Um überhaupt zu verstehen, was der andere von dir erwarten kann, gibt es keinen anderen Weg, als ihn ein bisschen zu lieben, wenn auch nur deshalb, weil er ebenfalls ein Mensch ist – und diese kleine, aber äußerst wichtige Liebe kann kein Gesetz erzwingen. Wer gut lebt, muss einer mitfühlenden Gerechtigkeit fähig sein, eines gerechten Mitgefühls.

nach Fernando Savater

6 Ein fühlendes Herz

M4 Mitleid ist die Grundlage der Moral

Ich gehe davon aus, dass alle Menschen egoistisch handeln. Dies ist z. B. der Fall bei jenen Handlungen, die man offensichtlich zu seinem eigenen Nutzen und Vorteil unternimmt, aber auch bei solchen, wenn man für sich einen entfernten Erfolg, sei es in dieser, sei es in einer anderen Welt, erwartet oder wenn man seine Ehre oder seinen Ruf im Auge hat oder die Hochachtung oder Sympathie von anderen erheischen will. Da der Zweck jeder dieser Handlungen aber ausschließlich das eigene Wohl betrifft, sind sie als egoistische Handlungen ohne moralischen Wert.

Wenn nun meine Handlung aber ausschließlich eines anderen wegen geschehen soll, so muss ich mit ihm fühlen können. Indem ich mit dem anderen fühle, versetze ich mich in ihn hinein, ich werde eins mit ihm. In diesem Moment will ich sein Wohl, so wie ich mein Wohl will, und will nicht, dass er leidet, so wie ich nicht leiden will. Dies setzt voraus, dass ich in seinem Leid mitleide, wie sonst nur bei meinem, und sein Wohl will, wie sonst nur meines.

Kurz gesagt: Ich muss mich mit dem anderen identifizieren. Die Identifizierung hat zur Folge, dass mein Egoismus aufgehoben wird, weil der Zweck meiner Handlung das Wohl des anderen betrifft. Deshalb ist das Mitleid die Grundlage aller Moral und somit besitzen Handlungen aus Mitleid moralischen Wert.

Arthur Schopenhauer

M5 Herz oder Kopf?

Trifft man eine Entscheidung nach dem utilitaristischen Nutzenkalkül oder dem kategorischen Imperativ, so folgt man seinem Kopf. Nach Schopenhauer stellt dagegen das Mitleid die Grundlage aller Moral dar und die neuere Gehirnforschung bestätigt seine Auffassung: Ein völlig gefühlloser, der Empathie unfähiger Mensch wäre unfähig, moralisch zu handeln. Ist das nicht verwirrend? Wonach sollen wir uns denn richten: nach den Überlegungen unseres Kopfes oder nach der Stimme unseres Herzens?

Die Wahrheit ist: Hier gibt es kein Entweder – Oder, sondern nur ein Sowohl – Als auch. Wenn wir alltäglich handeln, überlegen wir nicht erst lange, was zu tun ist, sondern entscheiden „aus dem Gefühl heraus". Unser moralisches Gefühl (man nennt es auch Gewissen) sagt uns sehr oft, was richtig ist und was nicht. Aber das ist nicht immer der Fall. Gelegentlich wäre es besser, nicht blind seinen Gefühlen zu folgen, etwa im Fall von Wut und Zorn. Und manchmal befällt uns auch der Zweifel, und da hilft es nur noch, seinen Kopf anzustrengen und zu überlegen, was denn das Richtige ist.

> **Empathie**
>
> Unter Empathie versteht man die Fähigkeit, sich in andere hineinzuversetzen und ihre Gedanken, Gefühle und Absichten zu erkennen. Sie ermöglicht, angemessen auf andere zu reagieren, und ist somit eine wichtige Voraussetzung für soziales, insbesondere moralisches Handeln.

Aufgaben

1. Stell dir vor, du würdest der Frau begegnen. Wie würdest du dich ihr gegenüber verhalten? → M1
2. Erarbeitet die Aussagen der Texte arbeitsteilig und stellt sie euch gegenseitig vor. Erklärt, was Empathie bedeutet. → M2/M3
3. Stellt die Auffassung Schopenhauers in einem Schaubild dar und nehmt dazu Stellung. → M4
4. Möchtest du mit jemandem befreundet sein, der kein Mitleid kennt? Begründe deine Antwort. → M4
5. Zeige an Beispielen, welche Bedeutung Gefühl und Vernunft für das moralische Handeln haben. → M5

Gewalt und Aggression

1 **M1** Auch so geht es in unserer Gesellschaft zu ...

1 ... dann brauche ich Gewalt

M2 Formen von Gewalt

Wenn man von Gewalt spricht, denken die meisten sofort an Schlägereien, Prügeleien, Überfälle usw., also körperliche Gewalt. Doch Gewalt ist ein sehr komplexes Phänomen, das sich in mannigfachen Formen darstellt.
Gewalt ist nicht nur etwas Negatives. Wir alle sind darauf angewiesen, dass der Staat uns mit seiner Gewalt vor Angriffen anderer schützt. Solche legitime (gesetzliche) Gewalt wird auch als Macht bezeichnet. Ohne Macht funktioniert kein Staat. Zu verurteilen ist die illegitime (ungesetzliche) Gewalt. Sie liegt vor, wenn jemand einem anderen mit Absicht Schaden zufügt. Dies kann ein körperlicher Schaden sein (Verletzung, Tötung), oder ein seelischer Schaden (Einschüchterung, Angsteinflößung). Auch Sprache kann gewalttätig sein (Schimpfen, Spotten, Beleidigen). Neben Gewalt gegen Personen gibt es Gewalt gegen Sachen (Sachbeschädigung, Vandalismus, Graffiti). Gewalt kann nicht nur direkt von Personen ausgeübt werden, sondern auch indirekt durch gesellschaftliche Strukturen. So können ungleiche Lebensverhältnisse z. B. dazu führen, dass nicht alle Kinder gleiche Bildungschancen haben oder dass Frauen gegenüber Männern benachteiligt werden. In diesem Fall spricht man von struktureller Gewalt.
Der Begriff Gewalt ist nicht zu trennen vom Begriff der Aggression. Er ist vom lateinischen Wort *aggredi* (annähern, angreifen) abgeleitet. Darunter versteht man die Verhaltensweise einer Person, die von der Absicht geleitet ist, zerstörend, schädigend oder verletzend auf andere einzuwirken. Aggressive Verhaltensweisen sind Schlagen, Töten, Bedrohen usw.

M3 Bewertungen von Aggression und Gewalt

Aggression wird oft als das Böse bezeichnet, das man überwinden soll. In Wahrheit ist sie etwas ganz Natürliches, wie ein Blick ins Tierreich lehrt. Alle Tiere besitzen einen Aggressionstrieb. Ohne ihn könnten sie im Kampf ums Dasein nicht überleben. Aggression ist unser tierisches Erbe, das wir nicht einfach abschaffen können. Wir müssen lernen, damit zu leben. *Biologe*

Realistisch betrachtet ist Aggression ein Teil unserer Gesellschaft. In der Geschäftswelt fressen die Großen die Kleinen. Besonders in meiner Branche herrscht ein starker Konkurrenzkampf, und wer nicht bereit ist, mit Ellenbogen zu kämpfen, der hat schon verloren. Wer es zu etwas bringen will, der muss auch mal skrupellos sein und über Leichen gehen. *Finanzexperte*

Durch Gewalt können wir manches erreichen und durchsetzen, jedoch zumeist auf Kosten und zum Nachteil anderer. Obwohl wir kurzfristig ein Problem vielleicht lösen können, schaffen wir durch Gewalt zugleich die Grundlage für neue Schwierigkeiten. Der beste Weg, Probleme zu lösen, besteht in Verständnis und gegenseitigem Respekt *Dalai Lama*

Die Gewalt ist das Böse, und die Gewaltlosigkeit der einzige Weg derer, die wach geworden sind. Dieser Weg wird niemals der aller sein, und niemals der der Regierenden und derer, die die Weltgeschichte machen und die Kriege führen. Die Erde wird nie ein Paradies und die Menschheit nie mit Gott eins und versöhnt sein. Aber wenn man weiß, auf welcher Seite man steht, lebt man freier und ruhiger. Immer muss man auf Leiden und Vergewaltigung gefasst sein, niemals aber darf man selbst zum Töten bereit sein. *Hermann Hesse*

Gewalt

Unter Gewalt (von ahd. *waltan* = stark sein, beherrschen) versteht man eine starke Einwirkung, die jemand auf Gegenstände oder den Körper bzw. die Psyche von Lebewesen ausübt. Von Gewalt geprägt sein können auch die Sprache (verbale Gewalt), gesellschaftliche Strukturen (strukturelle Gewalt) und politische Verhältnisse (Macht). Man unterscheidet zwischen legitimer Gewalt (z. B. Staatsgewalt) und illegitimer Gewalt (z. B. Beschädigung, Zerstörung, Tötung).

Aufgaben

1 Beschreibe die Bilder. Nimm Stellung zu den dargestellten Ereignissen. → M1
2 Welche unterschiedlichen Formen von Gewalt und Aggression werden im Text M2 genannt? Ordne sie den Abbildungen in M1 zu. → M1/M2
3 Erstelle eine Mindmap zu den in M2 genannten Formen von Gewalt und Aggression. Welche weiteren Formen kennst du? Ergänze die Mindmap. → M2
4 Bildet Vierer-Gruppen. Jedes Gruppenmitglied liest eine der Bewertungen von Gewalt und Aggression und stellt sie den anderen vor. → M3
5 Diskutiert die Bewertungen in der Klasse. Sagt eure eigene Meinung zu Gewalt und Aggression. → M3

Gewalt und Aggression

2 M1 Abgemeldet

M2 Der Gipfel der Schikanen

Als Tim von der Grundschule auf eine weiterführende Schule wechselte, wurde er mit zwei ehemaligen Mitschülern in eine neue Klasse eingeteilt. Anfangs hatte er sich noch sehr gut mit den beiden verstanden, doch bereits nach wenigen Monaten wollten sie plötzlich nichts mehr mit ihm zu tun haben. Sie hatten sich mit den anderen Jungs der Klasse angefreundet und wollten Tim nicht mehr dabei haben. Immer wenn er zu der neuen Clique kam, wurde er weggeschickt. Darüber hinaus versuchten die Jungs, ihn bei jeder Gelegenheit zu verunsichern und bloßzustellen (zum Beispiel indem sie ihn bei einem „Annäherungsversuch" fragten, warum er eigentlich keine eigenen Freunde habe). Als Gipfel der Schikanen wurde Tim eines Tages von einer Mitschülerin unter falschem Vorwand in den Park gelockt. Tim war froh über die Einladung und folgte ihr prompt. Im Park angekommen warteten bereits seine Mitschülerin, die besagte Clique und andere Klassenkameraden auf ihn. Als die Jugendlichen anfingen, Tim zu beleidigen, wollte er sofort gehen, doch zwei seiner Klassenkameraden hielten ihn fest. Dann fingen sie an, ihm in den Bauch zu schlagen und verlangten von ihm, etwas im Kaufhaus zu klauen. Als Tim sich weigerte, zogen sie ihm seine Hose runter und fotografierten ihn mit dem Handy. Seitdem wird er mit dem Foto erpresst. Er muss für die Jungen klauen gehen, angelutschte Bonbons essen und sich auch alle anderen Schikanen der Mitschüler gefallen lassen. Und es ist kein Ende in Sicht. Tim fühlt sich hilflos und findet sein Leben schrecklich. Er denkt sogar an Selbstmord. *blog.schueler-mobbing.de*

M3 Tod eines Teenagers

Megan war Schülerin am örtlichen katholischen Privatgymnasium und hatte einen Traum: Der nannte sich Josh Evans und verdrehte seiner MySpace-Bekanntschaft gründlich den Kopf. Der gutaussehende 16-Jährige interessierte sich auf höchst angenehme Weise für das übergewichtige Mädchen. Megan betete Josh an. Doch Josh war kein Freund, sondern eine ehemalige Freundin des Mädchens aus der unmittelbaren Nachbarschaft. Als Megan mit ihr brach, war dies zum einen der gegebene Anlass für einen pubertären Zickenkrieg, zum anderen für Racheakte. Die ehemalige Freundin baute die Josh-Figur auf. Nutzte persönliche Kenntnisse, um ein emotionales Verhältnis zu schaffen. Man kann sich vorstellen, dass neben Rachegefühlen und Neugier auch eine Menge niederträchtiger Spaß im Spiel war, als sie das Mädchen mit so einfachen Mitteln emotional manipulierte. Der Anfang vom Ende war eine kleine Nachricht von Josh: Er wolle mit ihr keinen Kontakt mehr, weil er gehört habe, dass sie schlecht mit ihren Freunden umgehe, eine böse Person sei. „Wovon redest Du?", soll Megan ihn chattend konfrontiert haben. Einige Zeit später hatte Josh ihr das mit einem Bündel von Beleidigungen, Demütigungen und Anschuldigen so klargemacht, dass Megan sich im Keller ihres Elternhauses erhängte. Zu diesem Zeitpunkt hatte Josh dafür gesorgt, dass etliche MySpace-Seiten auf Megan einhackten, sie eine Schlampe schimpften, ihr Profilbild als Fälschung outeten: „Megan ist fett!" Wenn man 13 ist, Zahnspange trägt und gerade nicht so recht weiß, wer man eigentlich ist, ist so etwas ein Weltuntergang. *nach Frank Patalong*

2 Klassenkampf

M4 Mobbing – eine perfide Form von Gewalt

Mobbing an Schulen wird auch heute noch viel zu oft als Bagatelle oder üblicher „Konkurrenzkampf" unter Schülern abgetan. Das ist es nicht. Mobbing ist eine perfide und subtile Form der Gewalt mit eindeutig for-
5 mulierten Zielen. [...] Mobber erhoffen sich durch gezielte und geplante Attacken auf ihre Opfer eine Aufwertung des eigenen Ansehens und ihrer Stellung in der Gruppe. Minderwertigkeitsgefühle, mangelnde Achtung und Aufmerksamkeit, aber auch Neid und
10 eigene psychische Verletzungen kommen häufig als Auslöser in Frage. [...]
Die Opfer können sich in den seltensten Fällen aus eigener Kraft aus der Mobbing-Situation befreien. Tragischerweise suchen und finden viele Opfer die
15 auslösenden Faktoren bei sich. ADS/ADHS, (unerkannte) Hochbegabungen, sozialer Status und Nationalität der Familie können ebenso zum Auslöser werden wie ungewöhnlich ruhiges Verhalten oder große Schüchternheit und Ängstlichkeit.
20 Die Mittäter können Schüler, Lehrer, aber auch die eigenen Eltern sein. Wer eine Mobbing-Situation fördert, bagatellisiert oder erkennt und durch Wegschauen duldet, unterstützt automatisch die Täter.
Die Symptome von [...] Schul-Mobbing werden meist
25 recht schnell sichtbar und spürbar. Die Opfer entziehen sich der Situation durch Schulschwänzen oder psychosomatische Erkrankungen. Lebensfreude und Leistungsbereitschaft und -fähigkeit nehmen rapide ab. [...] Die Reaktionen der Opfer reichen von Depres-
30 sionen und psychosomatischen Erkrankungen bis hin zur Autoaggression, Suizid, oder Gewalt bis hin zu Amokläufen. Mobbing lähmt und zerstört. [...]
Auswege und Lösungen müssen stets sofort erarbeitet und anschließend konsequent und langfristig durch-
35 gesetzt und begleitet werden. [...]
Besonders beliebt und häufig, jedoch im Ansatz [...] falsch ist die Methode, die Opfer umzuschulen. Man entfernt das schwächste Glied aus der Kette, was dem Opfer die eigene sowie die Ohnmacht seines gesam-
40 ten Umfelds verdeutlicht. Gleichzeitig bestärkt man hierdurch Täter und Mittäter, die sich am alten Tatort neuen Opfern zuwenden können.

www.lernen-ohne-angst.de

M5 Hilfe bei Mobbing

Ein paar Möglichkeiten, die dir weiterhelfen könnten:
- Suche dir moralischen und menschlichen Rückhalt und Unterstützung bei Verbündeten in deiner Klasse, nötigenfalls auch in anderen Klassen.
- Sprich Schülerinnen und Schüler in deiner Umgebung auf das Problem an. Suche dir eine Selbsthilfegruppe.
- Protokolliere jede Art von Übergriffen (Mobbingtagebuch).
- Wenn möglich, sichere dir die Aussagen von Zeuginnen und Zeugen.
- Fordere deine Mitschüler, aber auch die beteiligten Lehrer notfalls schriftlich auf, das unerwünschte Verhalten zu unterlassen.
- Geht der Terror weiter, wende dich an die Schulleitung oder den Vertrauenslehrer. Gegebenenfalls kann es auch hilfreich sein, mit den Eltern der mobbenden Schüler zu reden.
- Kommst du damit nicht klar, hol dir professionelle Hilfe durch einen Psychologen oder eine Erziehungsberatungsstelle. Das ist vor allem wichtig, weil deine Eltern dich unterstützen sollten.

www.schueler-mobbing.de

Hier finden Schüler und Eltern Hilfe

- Konflikt-Lösungs-Initiative Mobbing Anlaufstelle (KLIMA), www.klassenklima.de
- Schüler-Initiative Schüler gegen Mobbing, www.schueler-gegen-mobbing.de
- Eltern-Initiative gegen Mobbing und Gewalt an Schulen, www.emgs.de

---

Aufgaben

1 Beschreibe, was auf den Bildern dargestellt wird. Was, denkst du, könnten die Ursachen dafür sein? → M1

2 Erarbeitet arbeitsteilig die Fälle von Tim und Megan und stellt sie euch gegenseitig vor. Beurteilt das Verhalten der Beteiligten. → M2/M3

3 Verfasse eine Mindmap zu den verschiedenen Aspekten des Mobbings. → M4

4 Angenommen, Tim bzw. Megan würde dich ins Vertrauen ziehen. Was würdest du ihm / ihr raten?
→ M2/M3/M5

Gewalt und Aggression

3 M1 Der Tag, an dem die Unschuld starb

Am 20. April 1999 kam es zu einem Massaker an der Columbine High School in Colorado, bei dem 12 Schüler, ein Lehrer und die beiden Täter, ebenfalls Schüler der Columbine, ums Leben kamen. Ein Schreiner aus Chicago errichtete eine Woche später auf einem Hügel an der Schule 15 Holzkreuze – 13 für die Opfer, 2 für die beiden Täter (Eric Harris und Dylan Klebold). Viele Menschen protestierten gegen die Kreuze für die beiden Täter. Schließlich zerstörte der Vater eines getöteten Schülers sie eines Nachts.

M2 „Ich knall euch ab!"

Morton Rhue nimmt die Tragödie an der Columbine High School als Ausgangspunkt für seinen fiktiven Roman Ich knall euch ab!, *in dem er die Journalistin Denise Shipley Tonbandaufnahmen, Briefe usw. vorlegen lässt, die zeigen, wie es zum Amoklauf zweier Schüler (Brendan und Gary) gekommen ist.*

Dustin Williams: Ich hörte jemanden schreien und dann sah ich einen von ihnen. Er trug einen grünen Tarnanzug und eine schwarze Skimütze, die er sich übers Gesicht gezogen hatte, nur der Mund und die Augen waren frei. Zuerst habe ich das für einen Scherz gehalten. Jungen, die sich als Soldaten verkleiden und Spielzeugwaffen tragen. Aber dann hat einer von ihnen, ich glaube, es war Brendan, mehrere Schüsse an die Decke abgefeuert. Hat sich angehört, als würde jemand ein Päckchen Knallfrösche abbrennen, aber man konnte deutlich hören, wie die Querschläger von den Deckenbalken und den Lüftungsklappen abprallten. [...] Die meisten von uns warfen sich auf den Boden. [...]

[Die Täter] rannten schreiend herum und feuerten an die Decke. Überall zischten Kugeln durch die Luft. Glas klirrte. [...] Sie sagten, wir sollten uns auf den Bauch legen und die Hände über den Kopf nehmen. [...] Bei diesem Geschrei und den Schüssen und dem ganzen Hin und Her – in der Turnhalle war es wegen des Balls ja halb dunkel – konnte man nicht richtig erkennen, wie viele das eigentlich waren. Ich glaube, ich habe sofort gewusst, dass einer von ihnen Brendan war. Und daraus hat sich der ziemlich logische Schluss ergeben, dass dann auch Gary dabei sein müsste. [...] Durch die Masken konnte man erkennen, wer wer war, Brendan war ja schlank und Gary eher dick. [...] Jetzt nehme ich an, das haben sie getan, um uns noch mehr Angst zu machen. Und glauben Sie mir, es hat funktioniert.

M3 Brendan und Gary – die Täter

Ryan Clancy: Brendan war völlig verrückt nach Videospielen, in denen man nur rumballern musste. Aber das waren natürlich auch viele andere Jungs, die nicht getan haben, was er getan hat. Einmal waren Gary und ich bei ihm zu Hause; wir spielen so am Computer und hören Musik, und plötzlich schreit Brendan los: „Zielen und klicken, zielen und klicken!" Als ob ihm gerade was eingefallen wäre. Dann kriecht er in seinen Kleiderschrank, und als er wieder rauskommt, hat er so eine billige kleine Pistole in der Hand und zielt damit auf mich. Wahrscheinlich habe ich ihn total entgeistert angestarrt, jedenfalls sagt er: „Keine Angst, mein Freund, die ist nicht geladen." Dann drückt er ab, und es macht klick. „Siehst du?", sagt er. „Zielen und klicken! Das ist genau dasselbe!"

Allison Findley: Ich bin erst im fünften Schuljahr nach Middletown gekommen, vorher habe ich Gary nicht gekannt. Wir waren viel zusammen und manchmal hat er von früher erzählt. Von der Scheidung und wie furchtbar das für ihn gewesen ist, und wie sein Vater dann einfach verschwunden ist und keine Alimente gezahlt und niemals angerufen hat und so. Das hat ihn schrecklich enttäuscht. Da ist er nie drüber weggekommen.

3 „Ene, mene, muh, tot bist du!"

M4 Brendans und Garys Abschiedsbriefe

An die guten Menschen von Middletown:
Ich hoffe, das wird in großen, fetten Buchstaben auf der ersten Seite der Zeitung gedruckt, denn ich finde, dass jeder Einzelne von euch das lesen sollte. Ich bin jetzt tot, und ihr wollt wissen, warum ich eure Kinder mitgenommen habe. Darum: Ihr habt mein beschissenes Leben noch schlimmer gemacht. Wie? Weil ihr eure Kinder dazu erzogen habt, dass sie alle gleich sein wollen und jeden hassen, der es wagt, ein bisschen anders zu sein. [...] Ich habe euch in euren Autos gesehen, wie ihr mich und meine Freunde angestarrt habt.
Seht euch diese Penner an. Wie die schon angezogen sind, und was für Musik die hören! Warum treiben die nicht lieber Sport oder feuern wenigstens unsere Mannschaft an? Wisst ihr was? Nicht jeder muss tun, was ihr A-löcher verlangt. Eure Kinder haben es vielleicht getan, aber ich und meine Freunde haben beschlossen, es nicht zu tun. Und damit seid ihr nicht fertig geworden, ihr und eure Kinder. Und deswegen habt ihr tun müssen, was dumme, ahnungslose Leute eben so tun, wenn sie etwas nicht kapieren – ihr habt uns angreifen und quälen müssen. [...]
Ich hoffe, dieser Brief sticht euch ins Herz wie ein Messer. Ihr habt mein Leben kaputtgemacht. Und ich habe es euch nur mit gleicher Münze heimgezahlt.

Hochachtungsvoll Brendan Lawlor

Liebe Mom,
wenn du das liest, bin ich nicht mehr.
Ich möchte nur, dass du weißt, dass auch du mich nicht davon hättest abhalten können. Ich weiß, du hast immer versucht, mir dein Bestes zu geben, und falls jemand daran zweifelt, zeig ihm diesen Brief. Ich weiß nicht, ob ich wirklich erklären kann, warum ich das getan habe. Vielleicht, weil ich weiß, dass ich niemals glücklich sein werde. Ich weiß, dass jeder Tag meines Lebens mir wehtun würde und dass ich mich niemals richtig wohl fühlen werde. Es hat nur damit zu tun, dass das Leben für mich keinen Sinn mehr hat.
Ich hätte mich auch ganz still aus dem Staub machen können, aber das wäre ja noch sinnloser gewesen. Wenn ich so gehe und bei meinem Abgang die Leute mitnehme, die mir das Leben zur Hölle gemacht haben, dann kommt vielleicht eine Botschaft rüber. Vielleicht ändert sich dann etwas, und irgendwo wird irgendein anderer Junge, der so unglücklich ist wie ich, besser behandelt und findet vielleicht einen Grund weiterzuleben. Mom, [...] es tut mir wirklich sehr Leid, dass ich dir so einen großen Schmerz zufügen muss, aber ich hoffe, dass du [...] darüber hinwegkommen wirst. [...]

In ewiger Liebe Gary

M2–M4: Morton Rhue

M5 Warum es Gewalt in der Schule gibt

Viele Familien sind heute in einer schwierigen Situation, wirtschaftlich und sozial, und produzieren psychisch [...] gestörte, sozial oft irritierte und verwahrloste, teilweise auch vernachlässigte [...] Kinder, die
5 in die [...] Schulen kommen. [...] Den beiden Schülern Gary und Brendan in *Ich knall euch ab!* werden in keinem Bereich des schulischen Alltags Anerkennung und Identifizierungsmöglichkeiten eingeräumt, im Gegenteil werden diese sogar noch systematisch abgeschnit-
10 ten. Die Familien sind für sie zu schwach, um einen Gegenpol zu bilden. So geraten die beiden Schüler, die ansonsten nichts gemeinsam haben, in die Solidarität von zwei Außenseitern, die sich in ihrem abgrundtiefen Entfremdungsgefühl gegenüber allen Menschen
15 in der Schule zusammenfinden. *Klaus Hurrelmann*

Aufgaben

1 Beurteilt die Aktionen des Schreiners und des betroffenen Vaters. → M1
2 Beschreibt die Szenerie, während Brendan und Gary die Turnhalle stürmen. Wie könnte man sich in einer solchen Situation angemessen verhalten? → M2
3 Was erfahrt ihr über Brendan und Gary? Warum sind euch die beiden Jungen sympathisch bzw. unsympathisch? Würdet ihr mit ihnen befreundet sein wollen? Begründet eure Antwort. → M3
4 Überlegt, welche Motive Brendan und Gary haben, ihren Mitmenschen Gewalt anzutun. → M4
5 Vergleicht eure Ergebnisse aus Aufgabe 4 mit denen von Hurrelmann. → M5
6 Erstellt je ein Charakterbild zu Brendan und Gary. Inwieweit lässt sich daraus ableiten, dass sie zu einem Amoklauf fähig sind? → M2–M5

Gewalt und Aggression

4 | M1 Faszination der Gewalt

M2 Nur ein Spiel?

„Aus meiner Sicht tragen Computerspiele sehr stark zur Gewaltkriminalität bei."
Schulpsychologe

„Ich glaube nicht, dass Computerspiele, in denen geschossen wird, schädlich sind. Ich spiele jeden Tag ein paar Stunden solche Spiele und bringe trotzdem ordentliche Noten nach Hause."
Markus, 13

„Wenn eine Spielfigur niedergeschossen wird, ist das doch keine Tötung. Das bedeutet doch nur, dass man im Spiel weiterkommt."
Fachmann für Computerspiele

„Auch gewalthaltige Computerspiele können pädagogisch wertvoll sein. Da kann man z. B. lernen, wann es sich lohnt zu verhandeln und wann man besser Gewalt einsetzt, um ans Ziel zu kommen."
Vertreter einer Softwarefirma

„Wenn Gewaltszenen deutlich als Spiel erkennbar bleiben, werden sie auch schon für Zwölfjährige freigegeben. Entscheidend ist doch, dass man Spiel und Wirklichkeit auseinanderhalten kann."
Vertreter der Selbstkontrolle der Unterhaltungssoftware

„Ich finde mein neues Computerspiel klasse, weil man da Dinge tun kann, die es auch im richtigen Leben gibt: schwimmen, Autos bauen, Leute umbringen usw."
Chris, 14

„Als ich einmal in einem Computerspiel von einem kleinen Mädchen attackiert wurde, erschoss ich es. Danach fühlte ich mich schlecht und habe das Spiel aufgegeben."
Susanne, 14

„Nach wissenschaftlicher Erkenntnis ist es so, dass der Konsum von Gewalt in den Medien die Wahrscheinlichkeit des Auftretens von Aggressivität bei Kindern fördert."
Universitätsprofessor

4 Machen Computerspiele gewalttätig?

M3 Sind Killerspiele schuld an Verbrechen?

1 Marije Nije Bijvank [...] bat [...] jeden Tag mehrere halbwüchsige Jungen zu Computerspielen in eine niederländische Schule. [...] Die eine Hälfte der Jugendlichen widmete sich 20 Minuten lang einem Spiel mit realistischer Gewaltdarstellung wie *Killzone*, die andere Hälfte einem mit friedlichem Inhalt, beispielsweise einer Fußballsimulation. Dann kam die entscheidende Phase des Experiments: Jeder Schüler sollte möglichst schnell auf dem Bildschirm ein Quadrat anklicken, sobald dessen Farbe von rot zu grün wechselte. In einer anderen Schule, so erzählte die Forscherin [...] den Probanden, würde ein Schüler gleichzeitig versuchen, der Schnellste zu sein. Der Verlierer sollte über Kopfhörer mit einem lauten Ton bestraft werden, und der schnellere Spieler dürfe die Lautstärke bestimmen. Es gab keinen zweiten Spieler. Marije Nije Bijvank kam es nur darauf an herauszufinden, wie viel Lärm ein Schüler seinem fiktiven Kontrahenten zumuten wollte. [...] Probehalber bekamen die Schüler selbst kurze Töne unterschiedlicher Lautstärke vorgespielt. Bei Stufe 8 schrien viele auf. Die Psychologin erläuterte, ab dieser Stufe könne der Lärm bleibende Hörschäden hinterlassen. Sie war sich sicher, dass die Versuchsteilnehmer nicht so weit gehen würden. Sie irrte. Viele der Jungen, die zuvor ein Gewaltspiel absolviert und sich mit dessen Helden identifiziert hatten, wollten ihre Gegner sogar mit Stufe 10 quälen, der höchsten. Im Durchschnitt entschieden sich diese Spieler für Lärm der Stufe 9, während jene, die rein zufällig für das friedliche Spiel eingeteilt worden waren, Werte um 6 wählten.

2 Je häufiger sich jemand in virtuellen Kampfzonen herumtreibt, desto selbstverständlicher erscheinen seinem Gehirn sogar brutale Gewaltszenen, wie amerikanische Forscher herausfanden. Die Wissenschaftler zeigten Studenten Fotos, auf denen beispielsweise ein Mann einer Frau ein Messer an die Kehle hält. Normalerweise reagiert das Gehirn alarmiert, was sich auch deutlich an den Hirnströmen erkennen lässt. Bei Freunden von Gewaltspielen fällt diese Reaktion deutlich schwächer aus. „Das Gehirn scheint Gewaltbilder nicht mehr als Gewalt einzustufen", kommentiert der Forscher Bruce Bartholow von der University of Missouri. Offenbar sagt sich das Gehirn: nichts Besonderes, nur eine Frau mit einem Messer am Hals.

3 Langzeituntersuchungen [...] verraten, was Ursache ist und was Wirkung. Wie sich zeigt, greifen vor allem ohnehin aggressive Schüler zu Gewaltspielen. Das mindert den Effekt jedoch keineswegs. Denn im nächsten Schritt machen sie die Kinder noch aggressiver. Eine US-amerikanische Studie sowie eine vergleichbare Untersuchung des Münchener Schulpsychologen Werner Hopf kommen zu ähnlichen Resultaten. In Hopfs Untersuchung erwiesen sich Gewaltspiele als „der stärkste Risikofaktor für Gewaltkriminalität". Nach einer Aufstellung des Aggressionsforschers Craig Anderson von der Iowa State University tragen sie zur Gewaltkriminalität stärker bei, als es fast jede andere Ursache tut – etwa schlechte Eltern-Kind-Beziehung, Armut oder Drogenmissbrauch. Nur ein Faktor ist noch gefährlicher: die Mitgliedschaft in einer Gang.

4 Wie sich die Erhöhung des Gewaltrisikos durch Computerspiele letztlich auswirkt, hängt stark vom schon vorhandenen Aggressionsniveau des Spielers ab. Wer bisher immer höflich war, könnte nun manchmal rüde reagieren. Doch wer schon gelegentlich mal zugeschlagen hat, der greift nun vielleicht zur Waffe. Daher lässt sich zwar nicht behaupten, Killerspiele seien schuld an Verbrechen. Aber womöglich liefern sie genau das Quäntchen an Aggressivität, das einen schwierigen Jungen zum Delinquenten werden lässt.

Jochen Paulus

---

1 Beschreibe die Abbildungen. Falls du die Computerspiele kennst, erläutere, worum es dabei geht. ➔ M1
2 Erzählt von weiteren Computerspielen, in denen Gewalt vorkommt. Wie erklärt ihr euch die Faszination solcher Spiele? ➔ M1
3 Diskutiert über die verschiedenen Stellungnahmen zur Frage, ob Computerspiele gewalttätig machen. ➔ M2
4 Erarbeitet die Forschungsergebnisse (Abschnitte 1–3) in Form eines Gruppenpuzzles. ➔ M3
5 Wie beantwortet Jochen Paulus die Frage (Abschnitt 4), ob Killerspiele schuld sind an Verbrechen? ➔ M3
6 Was meint ihr selbst zu dieser Frage? Führt dazu eine Podiumsdiskussion durch. ➔ M1–M3

Gewalt und Aggression

5

M1 Der U-Bahn-Held

[Georg] Baur sitzt [bei einem Berlin-Besuch nachts] am U-Bahnhof Friedrichstraße und dreht sich eine Zigarette. Da hört er, wie zwei Jugendliche einen Mann ansprechen. Er soll sie falsch angeschaut haben. Als die Burschen handgreiflich werden, sagt Baur: „Lasst es gut sein, geht heim." Er will keinen Stress, Georg Baur ist einfach nur müde. Er setzt sich auf eine Bank an einer Säule – und hört plötzlich ein Geräusch, wie er es noch nie gehört hat: Das Geräusch – es stammt von einem Schuh, der gegen einen Schädel knallt! Vor ihm liegt ein Mann auf dem Boden. Ein Jugendlicher hat ihn niedergeschlagen und viermal gegen den Kopf getreten ... Als der Brutalo wieder Anlauf nimmt, um erneut zuzutreten, packt Baur zu. Er erwischt die Jacke und nimmt den Täter in den Schwitzkasten. Vor ihm liegt das schwer verletzte Opfer, Blut rinnt aus Nase und Mund. „Helft mir", fordert Baur die Passanten am Bahnsteig auf, doch die stehen nur herum, schauen zu und schweigen. Da spürt Baur selbst einen Tritt. Der zweite Täter ist ihm in den Rücken gesprungen. Deswegen muss der Schwabe den Würgegriff lockern. Das nützen die Täter zwar zunächst zur Flucht, doch nach der Veröffentlichung der Videobilder stellen sie sich freiwillig. Für sein couragiertes Eingreifen wird Baur später mit der bayerischen Rettungsmedaille ausgezeichnet.

Wolfgang de Ponto

M2 Couragiert in der Bahn

„Vor kurzem haben zwei junge Männer einen anderen in der Bahn angepöbelt und dann auch geschlagen. Niemand hat etwas getan oder gesagt, um dem jungen Mann zu helfen. Ich auch nicht. Als ich ausgestiegen bin, habe ich mich sehr über mich geärgert. Und tue es auch heute noch. Muss man sich einmischen, auch auf die Gefahr hin, dass man selbst geschlagen wird?"

Sie haben nicht geholfen? Das ist verständlich. Sie hatten Angst, selbst angegriffen zu werden. Angst um sich selbst ist dann stärker als die Stimme des Gewissens. Und darum sind wir in solchen Situationen oft wie gelähmt. Das zeigt deutlich: Auch als Zeugen sind wir Mit-Opfer – wir werden gleichzeitig mit dem Opfer eingeschüchtert und bedroht, denn wir können nicht mehr handeln, wie wir wollen. [...] Denn unser Selbsterhaltungstrieb ist stärker als unser Mitgefühl. [...] [Aber] wir müssen einschreiten, wenn einem anderen Unrecht geschieht. Für den anderen, aber auch für uns selbst. Der evangelische Pfarrer und Widerstandskämpfer Martin Niemöller hat das einmal so ausgedrückt: *Als die Nazis die Kommunisten holten, habe ich geschwiegen; ich war ja kein Kommunist. Als sie die Sozialdemokraten einsperrten, habe ich geschwiegen; ich war ja kein Sozialdemokrat. Als sie die Juden holten, habe ich geschwiegen; ich war ja kein Jude. Als sie mich holten, gab es keinen mehr, der protestieren konnte.*

Und das heißt: Unrecht, das einem Menschen geschieht, geschieht gleichzeitig allen, die dabei sind. Darum müssen wir unsere Angst überwinden und etwas tun.

Klaus Hampe

Zivilcourage

Unter Zivilcourage versteht man die Bereitschaft, in Situationen, die persönlichen Mut erfordern, für die Bewahrung und Verwirklichung der Normen einer rechtsstaatlich verfassten Gesellschaft einzutreten. Dies umfasst z. B. den verbalen oder physischen Einsatz für die Rechte und legitimen Interessen anderer, die Abwehr von Angriffen gegen Personen und das Eingreifen in akuten Gefahrensituationen.

5 Wegschauen oder eingreifen?

M3 Letzte Maßnahme: Vereinsverbot?

Innenminister: Null Toleranz gegen Rocker

So illustrierte die Rheinische Post den Bericht über eine Stellungnahme des nordrhein-westfälischen Innenministers zu einer Massenschlägerei zwischen den verfeindeten Rockerbanden in Mönchengladbach.
5 Bewaffnet mit Eisenstangen und Messern waren am 21.1.2012 etwa 50 Bandidos und 20 Hells Angels aufeinander losgegangen. Dabei wurden fünf Personen verletzt, eine davon lebensgefährlich. Der Innenminister kündigte ein energisches Vorgehen an. Die Polizei
10 gehe konsequent gegen kriminelle Rockergruppen vor. Auch Vereinsverbote könnten im Kampf gegen die organisierte Kriminalität ein sinnvolles Instrument sein.

Toleranz

(zu lat. *tolerare*: ertragen, erdulden)
Toleranz bezeichnet das Geltenlassen z. B. religiöser, ethisch-sozialer, politischer, wissenschaftlich-philosophischer Überzeugungen, Normen, Werte sowie der ihnen entsprechenden Handlungen anderer. Sie ist eine der Vor- und Grundbedingungen friedlichen Zusammenlebens der Menschen. Im Namen der Toleranz kann man sich das Recht herausnehmen, intolerantes Verhalten nicht zu tolerieren.

Aufgaben

1 Beurteile das Verhalten Georg Baurs. Hättest du auch so gehandelt? ➔ M1
2 Erkläre, warum man nach Hampe einschreiten muss, wenn einem anderen Unrecht geschieht. ➔ M2
3 Informiere dich über Regeln der Zivilcourage (z. B. in *Lebenswert* 1, S. 143).
4 Führt Rollenspiele mit unterschiedlich schweren Angriffen auf Personen durch, in denen sich ein Außenstehender entscheiden muss, ob er wegschaut oder eingreift. (Körperliche Angriffe werden dabei nur pantomimisch dargestellt.) Vergleicht die unterschiedlichen Situationen miteinander. ➔ M1/M2 **RS**
5 Führt eine Podiumsdiskussion zu der Frage durch, wie der Staat gegen Gewalttätigkeit von Rockergruppen vorgehen sollte. Teilnehmer sind: der Innenminister, der Polizeipräsident, Vertreter der beiden Rockergruppen. ➔ M3 **PD**

Projekt: Null Toleranz gegen Gewalt **P**

Entwerft Plakate gegen die Gewalt. Setzt euch in Gruppen zusammen und überlegt euch ein passendes Bild oder Symbol und einen Spruch. Dieser Spruch soll sich gegen Gewalt aussprechen oder eine Möglichkeit zeigen, was man an Stelle von Gewalt tun könnte.
Ihr könnt auch Fotos von euch machen, auf denen ihr Schilder mit den Sprüchen zeigt.
Stellt eure Plakate oder Fotos in der Schule aus.

NEIN zu Gewalt!

Gewalt und Aggression

M1 Die Botschaft des Rappers

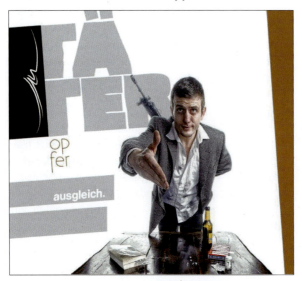

Cover der 2010 erschienen CD des Rappers JAW

M2 Sozialer Friede wiederhergestellt

Zwei Männer geraten in einer Gastwirtschaft in Streit. Alkohol ist im Spiel. Der Streit beginnt mit Worten und eskaliert bald: Der eine schlägt dem anderen mit einem schweren Aschenbecher auf den Kopf, die Verletzung ist erheblich. Es gibt mehrere Tatzeugen. Der Staatsanwalt ermittelt. Ein bis dahin üblicher Verlauf. Er regt an, dass die Beteiligten bei einer örtlichen Täter-Opfer-Ausgleichsstelle eine Lösung suchen.

Die Vermittlerin der Ausgleichsstelle informiert in getrennten Gesprächen über wesentliche Grundsätze eines Täter-Opfer-Ausgleichs und klärt, ob Bereitschaft zu einem gemeinsamen Gespräch über Möglichkeiten einer Wiedergutmachung besteht. Sie erreicht es, dass die beiden Männer in der Ausgleichsstelle zusammenkommen. In einem ausführlichen Ausgleichsgespräch schildert jeder seine Sicht des Vorfalls und dessen Folgen. Anschließend suchen Opfer und Täter eine gemeinsame Lösung, die den Frieden wieder herstellen soll. Der Täter entschuldigt sich für sein Verhalten und verpflichtet sich schriftlich, eine bestimmte Wiedergutmachungsleistung für das Opfer zu erbringen. Das Opfer sieht „den Fall" bei Erfüllung der Vereinbarung als erledigt an. Die beiden Männer haben eine positive Erfahrung gemacht: Jeder hat seine Interessen einbringen und selbst vertreten können; beide sind mit dem Ergebnis zufrieden und können den Fall deshalb auch emotional abschließen. Es bleiben keine negativen Gefühle zurück – das ermöglicht, dass Opfer und Täter sich künftig wieder vorbehaltlos begegnen können. [...]. Der soziale Frieden und der Rechtsfrieden sind wiederhergestellt.

M3 Vorteile des Täter-Opfer-Ausgleichs

Vorteile für die Geschädigten

Der Täter-Opfer-Ausgleich bietet dem Opfer einer Straftat die Chance, dass der erlittene Schaden schnell und unbürokratisch ausgeglichen wird. Dabei geht es nicht immer um einen finanziellen Ausgleich. Im Vordergrund der Wiedergutmachung kann auch eine Entschuldigung stehen. Denkbar ist auch z. B. eine Arbeitsleistung für das Opfer. Häufig führt eine Straftat bei dem Opfer zusätzlich zu Ängsten und großer Verunsicherung. Dieser Schaden kann möglicherweise dadurch gemildert werden, dass das Opfer den Täter kennenlernt und erlebt, dass er seine Tat bedauert und dass er sich um Wiedergutmachung bemüht.

Vorteile für die Beschuldigten

Genau hier liegt auch die Chance für den Täter; er weiß häufig nicht, was er dem Opfer wirklich angetan hat. In der Konfrontation mit dem Opfer kann der Täter konkret erfahren, wie sich die Tat auf die Lebenssituation des Opfers ausgewirkt hat. Eine solche Erfahrung kann sein künftiges Verhalten wirkungsvoll beeinflussen. Grundsätzlich bietet der Täter-Opfer-Ausgleich für den Täter die Möglichkeit, dass er selbst daran beteiligt wird, welche Wiedergutmachung er zu leisten hat. Er kann seine persönlichen Möglichkeiten darstellen. Aufgrund seiner Wiedergutmachungsleistung oder seines ernsthaften Bemühens um Wiedergutmachung kann die Staatsanwaltschaft oder das Gericht eine mildere Strafe vorschlagen bzw. aussprechen oder das Verfahren einstellen.

Vorteile für Bürger und Justiz

Für die Justiz und den Steuerzahler liegt der Vorteil in einer Kosteneinsparung: Zwei Gerichtsverfahren, nämlich die Hauptverhandlung in Strafsachen und das Zivilverfahren zur Regelung des Schadens, können häufig vermieden werden.

M2/M3: Justizministerium des Landes Nordrhein-Westfalen (Hg.)

6 Ohne Gewalt miteinander auskommen

M4 Die Kunst der Reue

Wenn Schüler wie Florian, Sebastian, Jutta und Bianca sich Fälle vornehmen, um die sich sonst gestandene Juristen kümmern, kann das so aussehen: Delikt Ladendiebstahl (Alcopops im Wert von 2,63 Euro plus Kosmetika im Wert von 73,75 Euro). Täterin: Gymnasiastin, 15 Jahre alt. Sühne: ein halbstündiges Klavierkonzert für die Senioren im Heiliggeistspital. Begründung: „Sie hat erzählt, dass sie seit sieben Jahren spielt, ziemlich gut sogar. Und es war gerade Advent."

Diebstahl, Sachbeschädigung, Fahren ohne Führerschein, Körperverletzung – 172 ausgewählte Fälle haben die Ingolstädter Jugendstaatsanwälte in den beiden vergangenen Jahren an das kriminalpädagogische Schülerprojekt „Fallschirm" und dessen 29 Schlichter überwiesen.

Jurys aus jeweils drei Schülern regeln die Sanktionen gemeinsam mit den Beschuldigten, lassen Comics über den Tathergang zeichnen, Entschuldigungsbriefe schreiben oder Reue in Gedichtform („drei Strophen, gereimt"). Ein Jugendlicher, der wegen Beleidigung beim „Fallschirm"-Projekt landete, bekam den Auftrag, 300 liebevolle Wörter zu Papier zu bringen – was ihm schwerfiel. Eine Ladendiebin, die dem Gremium depressiv erschien, lieferte vier anrührende Seiten zum Thema „Was mir nicht egal ist – und warum". Ein Abiturient, der den Kotflügel eines VW-Käfer eingetreten hatte, schrieb einen Aufsatz über die Geschichte des „New Beetle" – in Anbetracht seines Schulniveaus auf Englisch. Christine Metzger, Pädagogin beim Verein „Jugendhilfe Region 10", die junge Schlichter ausbildet und betreut, ist fasziniert von deren Sensibilität und Fantasie. [...]

Mit Projekten wie dem „Teen Court" versucht die Justiz neue Antworten auf eine alte Frage zu finden: Was kann, was soll die Gesellschaft mit jenen tun, die ihre Gesetze missachten? Selbstjustiz ist tabu, die Gerichte sind überlastet. [...]

[Vor Gericht bleibt Rechtsbrechern] die echte Auseinandersetzung mit ihrem Fehlverhalten [...] in der Regel erspart. Für 55 von 100 mutmaßlichen Straftätern endet das Verfahren im Vorfeld mit folgenloser Einstellung oder Geldbuße. Wenn es zu einer Verhandlung und Verurteilung kommt, heißt der weitaus beliebteste Richterspruch: Geldstrafe. Danach kommen die zur Bewährung ausgesetzten Freiheitsstrafen, die zwar künftiges Wohlverhalten, aber keine Vergangenheitsbewältigung und Wiedergutmachung fordern. Und viele der 79 000 Verurteilten, die für 77,53 Euro Steuergeld pro Tag in deutschen Haftanstalten einsitzen, pflegen eher Rache- als Reuegedanken, kostenlose Fortbildung in Sachen Kriminalität durch Mithäftlinge ist garantiert. Rückfallquote: 56 Prozent.

Teen Courts, richterliche Auflagen, Projekte zum Täter-Opfer-Ausgleich oder „Soziale Trainingskurse" – im Fachjargon als „restaurative" (wiederherstellende) Strafjustiz bezeichnet – wollen da Abhilfe schaffen. Im Mittelpunkt steht die konstruktive Lösung des zwischen Täter, Opfer und Gemeinschaft entstandenen Konflikts. Der Marburger Kriminologieprofessor Dieter Rössner spricht vom „Heilen der Wunden". Wer Normen verletzt, soll mit seinem Unrecht konfrontiert werden, Verantwortung übernehmen und Wege zur Versöhnung und Schadensregulierung suchen.

Hanne Tügel

Täter-Opfer-Ausgleich

Unter Täter-Opfer-Ausgleich versteht man ein Verfahren der außergerichtlichen Lösung von gewalthaltigen Konflikten. Durch professionelle Vermittlung eines überparteilichen Vermittlers sollen Opfer und Täter darin unterstützt werden, miteinander eine von beiden akzeptierte Wiedergutmachung des Schadens zu vereinbaren, der durch die Tat entstanden ist.

Aufgaben

1 Beschreibe das Cover der CD. Was stellst du dir unter Täter-Opfer-Ausgleich vor? Was kann JAW veranlasst haben, seine CD so zu benennen? ➜ M1

2 Erläutere das Verfahren des Täter-Opfer-Ausgleichs an dem angeführten Beispiel. ➜ M2

3 Stelle die Vorzüge des Täter-Opfer-Ausgleichs gegenüber einer Bestrafung dar. ➜ M2/M3

4 Erläutere die Tätigkeit eines Teen Courts und nimm Stellung zu der Art und Weise, wie dort geurteilt wird. ➜ M4

Gewalt und Aggression

7

M1 Der Salzmarsch

Die Briten hatten im von ihnen besetzten Indien u. a. eine Salzsteuer eingeführt. 1930 unternahm der indische Rechtsanwalt Mohandas Karamchand „Mahatma" (große Seele) Gandhi (1869-1948) mit einigen Anhängern einen Marsch zum Arabischen Meer, um dort einige Körner Salz aufzuheben und damit das britische Salzmonopol zu brechen. Er forderte seine Landsleute auf, es ihm gleichzutun. Überall im Lande kam es zu zivilem Ungehorsam. Bei den Salzwerken in Dhrasana wurden 2500 friedlich versammelte Anhänger Gandhis von britischen Streitkräften brutal zusammengeschlagen. Die Demonstranten leisteten keinerlei Gegenwehr. Gewaltfreie Aktionen wie diese machten das Unrecht der britischen Besatzung offenbar und führten schließlich dazu, dass Indien im Jahre 1947 seine Unabhängigkeit erlangte.

M2 Aufforderung zur Gewaltlosigkeit

Gandhi hat seine Einstellung zur Gewalt 1906 in einer Rede vor diskriminierten Landsleuten in Südafrika erläutert.

Ich kenne keine Sache, für die ich bereit bin zu töten. Ganz gleich, was sie uns antun, wir werden niemanden angreifen und niemanden töten. Sie werden uns ins Gefängnis stecken, sie werden uns bestrafen, uns
5 alles nehmen, was wir besitzen, aber sie können uns nicht unsere Selbstachtung nehmen, wenn keiner von uns bereit ist, sie ihnen zu geben.
Worum ich euch bitte, ist zu kämpfen, gegen ihren Zorn zu kämpfen und sie nicht zu provozieren. Wir
10 werden nicht die Hand gegen sie erheben. Vielmehr werden wir ihre Schläge entgegennehmen und durch unseren Schmerz werden sie am ehesten feststellen können, was Ungerechtigkeit ist. Ich weiß, das wird wehtun, weil jeder Kampf Schmerzen mit sich bringt,
15 aber wir können nicht verlieren. Das ist unmöglich. Sie können, wenn sie wollen, unseren Körper foltern, uns die Knochen brechen, mich sogar umbringen. Dann haben sie mein Leben, aber keineswegs meinen Gehorsam.

nach Richard Attenboroughs Film „Gandhi" von 1982

M3 Satyagraha – der gewaltfreie Widerstand

Satyagraha ist eine von Gandhi entworfene Strategie, die darauf beruht, die Vernunft und das Gewissen eines Gegners anzusprechen.

Der Grundgedanke der Satyagraha ist das „Festhalten an der Wahrheit". [...] Schon bei den ersten Versuchen der Anwendung der Satyagraha entdeckte ich, dass das Streben nach Wahrheit es nicht erlaubt, dem Gegner Gewalt anzutun, sondern dass er durch Ge- 5
duld und Mitgefühl von seinem Irrtum abgebracht werden muss. Was der eine für Wahrheit hält, mag der andere als Irrtum ansehen. Und Geduld zu üben bedeutet, selbst zu leiden. [...]
Die Satyagraha ist vom passiven Widerstand so weit 10
entfernt wie der Nordpol vom Südpol. Der passive Widerstand ist die Waffe der Schwachen und dabei ist die Anwendung von physischem Druck oder verletzender Gewalt nicht grundsätzlich ausgeschlossen, um das Ziel zu erreichen. Dagegen ist Satyagraha 15
eine Waffe für die Stärksten. Hierbei ist die Anwendung von Gewalt in jeder Form ausgeschlossen. [...] Satyagraha wird auch die Kraft der Seele genannt, weil die Gewissheit einer allem innewohnenden Seele notwendig ist, wenn der Satyagrahi daran glauben 20
soll, dass der Tod nicht das Ende, sondern den Höhepunkt des Kampfes bedeutet. [...] Und im Wissen, dass die Seele den Körper überlebt, brennt er nicht ungeduldig darauf, den Sieg der Wahrheit im gegenwärtigen Körper zu erleben.

Mohandas K. Gandhi 25

7 Das Ideal der Gewaltlosigkeit

M4 Nichts für Feiglinge

Martin Luther King (1929-1968), der Anführer der US-amerikanischen Bürgerrechtsbewegung, hat auf die Frage nach seinem Weg zur Gewaltlosigkeit betont, wie wichtig Gandhis Lehre für ihn war:

Als der Protest begann, besann ich mich, bewusst oder unbewusst, auf die Bergpredigt mit ihrer erhabenen Lehre von der Liebe und auf Gandhis Methode des gewaltlosen Widerstands. [...] Er wurde für mich eine Überzeugung, nach der ich mein Leben ausrichtete. Vieles, was mir bisher vom Intellekt her nicht klar gewesen war, wurde nun durch die Praxis geklärt. [...] Zuerst muss betont werden, dass gewaltloser Widerstand keine Methode für Feiglinge ist. Es wird Widerstand geleistet. [...] Die Methode ist körperlich passiv, aber geistig stark aktiv. Es ist keine Widerstandslosigkeit gegenüber dem Bösen, sondern aktiver gewaltloser Widerstand gegen das Böse.

Ein anderer charakteristischer Zug des gewaltlosen Widerstands ist der, dass er den Gegner nicht vernichten oder demütigen, sondern seine Freundschaft und sein Verständnis gewinnen will. Wer gewaltlosen Widerstand leistet, muss oft durch Boykotte oder dadurch, dass er seine Mitarbeit versagt, protestieren. Aber er weiß, dass diese Mittel nicht Selbstzweck sind. Sie sollen beim Gegner nur ein Gefühl der Scham wecken. Der Zweck ist Wiedergutmachung und Aussöhnung. Die Frucht des gewaltlosen Widerstands ist eine neue innige Gemeinschaft, während die Folge der Gewalttätigkeit tragische Verbitterung ist.

Ein drittes Charakteristikum dieser Methode ist, dass ihr Angriff gegen die Mächte des Bösen gerichtet ist, nicht gegen Personen, die das Böse tun. Der Anhänger des gewaltlosen Widerstands will das Böse vernichten, nicht die Menschen, die dem Bösen verfallen sind. Wenn er sich gegen die Rassendiskriminierung auflehnt, so tut er es in der Erkenntnis, dass die eigentliche Spannung nicht zwischen den Rassen besteht [...], [sondern] im Grunde genommen zwischen Gerechtigkeit und Ungerechtigkeit, zwischen den Mächten des Lichts und den Mächten der Finsternis. [...]

Ein vierter charakteristischer Zug des gewaltlosen Widerstands ist die Bereitschaft, Demütigungen zu erdulden, ohne sich zu rächen, und Schläge hinzunehmen,

ohne zurückzuschlagen. [...] Man könnte nun fragen: Mit welchem Recht fordert der Anhänger des gewaltlosen Widerstands die Menschen auf, eine so schwere Prüfung auf sich zu nehmen? [...] Die Antwort ist: Er hat erkannt, dass unverdientes Leiden erlöst. Im Leiden liegt eine gewaltige erzieherische und umwandelnde Kraft. [...]

Fünftens lässt sich der Anhänger des gewaltlosen Widerstands weder äußerlich noch innerlich zur Gewalttätigkeit hinreißen. Er weigert sich nicht nur, seinen Gegner niederzuschießen, sondern auch, ihn zu hassen. Im Mittelpunkt der Lehre vom gewaltlosen Widerstand steht das Gebot der Liebe. [...]

Sechstens gründet sich der gewaltlose Widerstand auf die Überzeugung, dass das Universum auf der Seite der Gerechtigkeit steht. Infolgedessen hat der, der an Gewaltlosigkeit glaubt, einen tiefen Glauben an die Zukunft. [...] Es ist wahr, dass es eifrige Anhänger der Gewaltlosigkeit gibt, denen es schwerfällt, an einen persönlichen Gott zu glauben. Aber selbst diese glauben an die Existenz irgendeiner schöpferischen Kraft, die für das universale Ganze wirkt. *Martin Luther King*

Aufgaben

1 Sprecht über das Ziel des Salzmarsches. → M1
2 Das Bild zeigt Gandhi und seine Anhänger an den Salzwerken in Dhrasana. Schreibt innere Monologe, in denen ihr darstellt, was durch die Köpfe der Briten einerseits und die der Inder andererseits geht. Stellt euch eure Ergebnisse gegenseitig vor. → M1
3 Erstellt Plakate zum Prinzip des gewaltlosen Widerstands bei Gandhi und bei King. → M2/M3/M4
4 Verfasse einen Brief an Mahatma Gandhi bzw. Martin Luther King, in dem du ihm mitteilst, was du von seiner Idee der Gewaltlosigkeit hältst. → M1-M4

Völkergemeinschaft und Frieden

1 M1 Der Krieg

Pablo Picasso, Der Krieg, 1952

M2 **Wozu sind Kriege da?**

Keiner will sterben, das ist doch klar,
wozu sind denn dann Kriege da?
Herr Präsident, du bist doch einer von diesen Herren,
du musst das doch wissen,
5 kannst du mir das mal erklären?
Keine Mutter will ihre Kinder verlieren
und keine Frau ihren Mann,
also warum müssen Soldaten losmarschieren?
Um Menschen zu ermorden – mach mir das mal klar.
10 Wozu sind Kriege da?

Herr Präsident, ich bin jetzt zehn Jahre alt
und ich fürchte mich in diesem Atomraketenwald.
Sag mir die Wahrheit, sag mir das jetzt,
wofür wird mein Leben aufs Spiel gesetzt?
15 Und das Leben all der andern – sag mir mal warum.
Die laden die Gewehre und bringen sich gegenseitig um,
sie stehen sich gegenüber und könnten Freunde sein,
doch bevor sie sich kennenlernen, schießen sie sich tot.
Ich fand das so bekloppt, warum muss das so sein?

Habt ihr alle Milliarden Menschen überall auf der Welt 20
gefragt, ob sie das so wollen,
oder geht's da auch um Geld?
Viel Geld für die wenigen Bonzen,
die Panzer und Raketen bauen
und dann Gold und Brillanten kaufen 25
für ihre eleganten Frauen.
Oder geht's da nebenbei auch um so religiösen Mist,
dass man sich nicht einig wird,
welcher Gott nun der wahre ist?

Oder was gibt's da noch für Gründe, 30
die ich genauso bescheuert find'?
Na ja, vielleicht kann ich's noch nicht verstehen,
wozu Kriege nötig sind,
ich bin wohl noch zu klein,
ich bin ja noch ein Kind. 35
Wozu sind Kriege da?

*Udo Lindenberg
und Pascal*

1 Krieg und Frieden

M3 Der Friede

Pablo Picasso, Der Friede, 1952

M4 Zitate und Sprichwörter

Der Krieg ist ein Massaker von Leuten,
die sich nicht kennen, zum Nutzen von Leuten,
die sich kennen, aber nicht massakrieren.
Paul A. Valéry

**Man kann einen Krieg genauso wenig
gewinnen wie ein Erdbeben.**
Jeannette Rankin

ES GAB NIE EINEN GUTEN KRIEG
ODER EINEN SCHLECHTEN FRIEDEN.
Benjamin Franklin

*Jeder Krieg ist eine Niederlage
des menschlichen Geistes.*
Henry Miller

Krieg sät Krieg.
Sprichwort

Stell dir vor, es ist Krieg und keiner geht hin.
Carl Sandburg

Aufgaben

1. Betrachtet die beiden Wandgemälde Pablo Picassos und vergleicht sie. ➜ M1/M3
2. Bringe die Figuren(-gruppen) zum Sprechen. Was hätten sie uns mitzuteilen? ➜ M1/M3
3. Stellt Szenen aus *Der Krieg* und *Der Friede* entweder als Standbilder nach oder präsentiert ein Rollenspiel dazu. ➜ M1/M3
4. Schreibgespräch: Fertigt jeweils eine Mindmap zu den Begriffen Krieg und Frieden an. ➜ M1/M3
5. Gestalte auf Plakatkarton deine eigene Vision: „So wünsche ich mir die Welt". Zeigt euch gegenseitig die Ergebnisse und sprecht darüber: Was empfinden die Betrachter? Was hast du dir bei der Gestaltung gedacht? ➜ M1/M3
6. Schreibt dem Jungen in dem Lied von Udo Lindenberg einen Brief und versucht zu erklären, warum Kriege nötig sind. ➜ M2
7. Diskutiert die Zitate und Sprichwörter zum Thema Krieg und Frieden und verfasst einen Essay zu einem der Zitate. ➜ M4
8. Recherchiert im Internet nach weiteren Sprichwörtern. ➜ M4

Völkergemeinschaft und Frieden

2

M1 Kriege und bewaffnete Konflikte 2005/2006

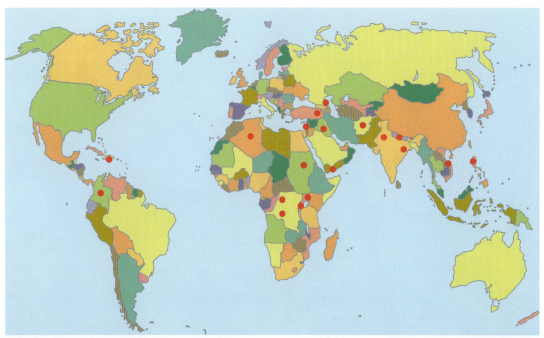

www.frieden-und-sicherheit.de

M2 Kriege und bewaffnete Konflikte seit 1950

Jahr	Anzahl
1950	12
1955	14
1960	19
1965	27
1970	30
1975	34
1980	36
1985	40
1990	48
1995	36
2000	31
2005	24
heute	?

Institut für Friedenspädagogik Tübingen und www.hiik.de

Aufgaben

1. Welche Kriege und bewaffneten Konflikte der Vergangenheit sind euch bekannt? Berichtet, was ihr im Einzelnen darüber wisst.
2. Recherchiert in Zeitungen, im Fernsehen und im Internet, über welche Krisen und Konflikte in aller Welt berichtet wird. Wertet aus: betroffene Länder, Art des Konflikts, Konfliktparteien, Konfliktursachen. **R**
3. Auf der obenstehenden Krisenkarte sind die Kriege und bewaffneten Konflikte des Jahres 2005/2006 markiert. Was fällt euch hinsichtlich der regionalen Verteilung auf? Benennt die größten Krisenregionen. → M1
4. Internetrecherche: Ruft die aktuelle interaktive Karte der Kriege und bewaffneten Konflikte auf (www.frieden-und-sicherheit.de/interaktiv). Erstellt eine Liste der dort verzeichneten Kriege und bewaffneten Konflikte. Notiert jeweils das betroffene Land, die Art des Konfliktes und den Konfliktgegenstand. → M1 **R**
5. Schaut euch die Übersicht der Kriege und bewaffneten Konflikte seit 1950 an. Recherchiert, wie viele Konflikte im Konfliktbarometer des Heidelberger Instituts für internationale Konfliktforschung (http://www.hiik.de/de/konfliktbarometer/index.html) im aktuellen Jahr verzeichnet werden. → M2
6. Wie viele Kriege und Konflikte gab es seit 1950 durchschnittlich pro Jahr? Ergänzt die Aufstellung in der Tabelle und gebt an, was euch hinsichtlich der zeitlichen Entwicklung auffällt. → M2

2 Kein Tag ohne Krieg und Terror

M3 Terror – eine neue Form von Krieg

Am 11.09.2001 erschütterten furchtbare Terroranschläge die USA: Zwei von muslimischen Selbstmordattentätern gesteuerte Flugzeuge flogen in die Türme des Word-Trade-Centers in New York, ein weiteres Flugzeug stürzte auf das Pentagon in Wahington. 3000 Menschen kamen dabei ums Leben. Die Anschläge, die der Organisation Al Qaida und dessen Anführer Osama bin Laden zugeschrieben werden, haben eine neue Herausforderung des 21. Jahrhunderts gezeigt: den internationalen Terrorismus.

M4 Ursachen von Krieg und Terror

Die Kriegsursachenforschung führt unter anderem folgende Ursachen für Krieg und Terror an:
- Konkurrenz um Grenzen und Gebiete
- Furcht vor einer Bedrohung von außen
- Durchsetzung politischer und ökonomischer Interessen
- Kampf um Vormachtstellungen in einem Staat, in einer Region, weltweit
- Konkurrenz um Rohstoffe und knappe Ressourcen
- Ethnisch-kulturelle Verschiedenartigkeit
- Politische Unterdrückung von Bevölkerungsgruppen und Regionen
- Soziale Ungerechtigkeiten
- Ideologie und religiöser Fanatismus

nach Institut für Friedenspädagogik Tübingen

M5 Brief an Amerika

Von Osama bin Laden wurde am 25.11.2001 ein als Bekennerschreiben für die Anschläge vom 11. September gewerteter Brief an Amerika bekannt. Darin heißt es:

„Was fordern wir von Euch, was wollen wir? Das Erste, wozu wir Euch aufrufen, ist Islam (Hingabe an Allah): die Religion der Vereinigung mit Gott dem Erhabenen [...], komplette Unterwerfung unter seine Gesetze, das Ablegen von Meinungen, Befehlen, Theorien und Religionen, die im Widerspruch zu der Religion stehen, die Religion des Heiligen Kriegs gemäß Allah, auf dass Allahs Wort und Religion als Höchstes herrsche."

nach http://t-news.t-online.de

Aufgaben

1. Benennt weitere Terroranschläge, die euch bekannt sind. ➜ M3
2. Informiert euch im Internet über einige der folgenden Terroranschläge: Djerba, 11.04.2002; Bali, 12.10.2002; Casablanca, 16.05.2003; Riad, 12.5. und 8.11.2003; Istanbul, 15. und 20.11.2003; Madrid, 11.3.2004, London, 7.6.2005. ➜ M3
http://de.wikipedia.org/wiki/Wikipedia:Hauptseite (Suchwort: Terroranschläge)
3. Unterscheidet zwischen Terror und Krieg. ➜ M3
Krieg ist ...
Terror ist ...
4. Diskutiert, worauf Krieg und Terror zurückzuführen sind. Was sind mögliche Ursachen dafür? ➜ M3
5. Wendet die Zusammenstellung der Ursachen für Krieg und Terror auf die Kriege, bewaffneten Konflikte und Terroranschläge an, zu denen ihr bisher Informationen gesammelt habt. Welche Ursachen liegen jeweils vor? ➜ M4
6. Analysiere die Motive Bin Ladens für terroristische Anschläge auf die USA. ➜ M5

Völkergemeinschaft und Frieden

3 M1 Ohne Worte?

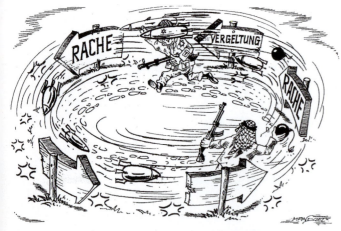

Mandzel / Baaske Cartoons

M2 Streit in der Pause

Sebastian, Martina und Stefan spielen während der großen Pause an der Tischtennisplatte Lauftennis. Vier andere Schüler möchten auch spielen und stellen sich ihnen in den Weg. Es kommt zum Streit.
Da sagt Martina: ...

M3 Lösungsmöglichkeiten von Konflikten

- verhandeln
- entwaffnen
- Friedensvertrag aushandeln
- sich versöhnen
- Hilfe leisten

- zum Frieden erziehen
- Gewalt vorbeugen
- Streitigkeiten schlichten

- zwischen Streitenden vermitteln
- nachgeben
- sich einigen
- gewaltlosen Widerstand leisten

M4 Ziele der Konfliktbearbeitung

*Der Politikwissenschaftler und Friedensforscher Andreas Buro (*15.08.1928) lehrte an der Goethe-Universität in Frankfurt am Main.*

Das Ziel ziviler Konfliktbearbeitung ist nicht Sieg und Niederlage der anderen Seite. Es lässt sich vielleicht beschreiben als Verführung zur Gewaltfreiheit, zu mehr Gerechtigkeit, zu Versöhnungs- und Kooperationsbereitschaft, durch die Feindbilder und erstarrte Denkfiguren überwunden werden können.   *Andreas Buro*

M5 Zivilisierung – Ende der Gewalt?

Norbert Elias (1897-1990) gilt als einer der einflussreichsten Soziologen des 20. Jahrhunderts. Sein Werk Über den Prozess der Zivilisation *(1939) verfasste er im Exil in England.*

Die Menschheitsgeschichte lässt sich als Geschichte der Gewalt betrachten. Schon in der Steinzeit fielen Menschen übereinander her und töteten einander. Doch der Mensch ist nicht zur Gewalt verdammt. Im historischen Prozess der Zivilisation gewinnen Menschen an Selbstkontrolle. Sie lernen, ihre Affekte und Leidenschaften immer besser zu beherrschen und Gewaltneigungen zu unterdrücken.   *nach Norbert Elias*

Aufgaben

1. Gebt der Karikatur einen Titel. Sucht Beispiele für das gezeigte Verhalten. Warum ist es nicht geeignet, Frieden herzustellen? ➜ M1
2. Spielt den „Streit in der Pause" in einem Rollenspiel nach und sucht darin eine gewaltfreie Lösung. ➜ M2
3. Überlegt, wie die Lösung zustande gekommen ist. ➜ M2
4. Erörtert, ob internationale Konflikte auf ähnliche Weise gelöst werden könnten. ➜ M2
5. Setzt euch in Gruppen zusammen und fertigt eine Mindmap zu folgender Frage an: Welche weiteren Möglichkeiten gibt es, um Konflikte gewaltfrei zu beenden? ➜ M2
6. Vergleicht eure Ergebnisse mit der Liste von Lösungsmöglichkeiten von Konflikten. Welche dieser Mittel haltet ihr für die geeignetsten? ➜ M3
7. Zeigt an Beispielen auf, wie die von Andreas Buro genannten Ziele der zivilen Konfliktbearbeitung zum Frieden beitragen. ➜ M4
8. Erklärt den Zusammenhang von Gewaltlosigkeit und Zivilisierung. Sucht Beispiele dafür. ➜ M5

3 Wege zum Frieden

M6 „Feinde"

Musa Mazareb, 22 Jahre,
Beduine,
Enyar Lazarus, 24 Jahre,
Israelin

Ofer Machluf, 26 Jahre,
Araber,
Amir Mosa Assi,
Jude

grüßt ihre Erstklässler auf Hebräisch. Neben ihr steht Balsan Asallah, 22, eine Araberin aus dem Norden des Landes, sie ist die zweite Lehrerin der Klasse. Sie übersetzt, was Grossberg sagt. Sobald die Kinder beide Sprachen einigermaßen verstehen, werden die Lehrerinnen sich beim Unterricht abwechseln.

„Die Kinder an dieser Schule denken anders über den Konflikt zwischen Israelis und Palästinensern als die meisten", sagt Ala Chatib, der Direktor der Schule. „Es gibt mehr als nur eine Wahrheit. Das lernen sie hier miteinander und voneinander. Wenn sich zwei Lehrer aus verschiedenen Kulturen gut verstehen, dann liegt darin ein Modell für die Kinder."

Die Schule ist umstritten, „weil sie etwas tut, was in Israel sonst keiner tut. Als wir vor acht Jahren angefangen haben, hörten wir oft: Wie könnt ihr das machen? Das klappt nie." Aber jetzt gibt es schon zwei weitere Schulen dieser Art. Insgesamt sind an drei Schulen über 800 Kinder. „Dieses Jahr mussten wir in Jerusalem 60 Kinder abweisen, weil wir nicht genug Platz hatten."

Sascha Zastiral

M7 Die Revolution der Kinder

Die Jadbe-Jad-Schule im Jerusalemer Stadtteil Katamon ist ziemlich ungewöhnlich, denn hier lernen arabische und jüdische Kinder gemeinsam. Der Unterricht erfolgt auf Hebräisch und Arabisch. Anderswo wäre so ein Projekt nur bemerkenswert. In einer Gegend, die vor allem Hass, Krieg und Gewalt kennt, ist es fast eine Revolution.

Die 375 Schüler kommen aus Ost- und Westjerusalem, manche sogar aus dem Westjordanland. Auf dem Lehrplan für die erste Klasse steht: Lesen, Schreiben, die Feiertage von Judentum, Christentum und Islam. Jaffa Schira Grossberg, 37, ist die Lehrerin und be-

Aufgaben

1 „Feinde" ist der Titel eines Bildmagazins, in dem diese Fotos von Israelis und Palästinensern zu sehen sind. Was soll durch die Abbildungen zum Ausdruck gebracht werden? → M6

2 Stelle dar, was das Außergewöhnliche an der Jadbe-Jad-Schule ist. → M7

3 Erläutere, inwiefern die Schule zu Frieden beitragen kann. → M7

4 Informiert euch im Internet über Initiativen ähnlicher Art, z. B. über das West-Eastern-Divan-Orchester (http://www.beckmesser.de/dvd/barenboim.html).

5 Beschreibt, welche Möglichkeiten ihr in eurem Umfeld seht, Frieden und Versöhnung zu fördern.

Völkergemeinschaft und Frieden

M1 Nur durch Abschreckung ...

Stellt euch vor, der Schülerzeitung eurer Schule wäre es gelungen, Interviews mit zwei bedeutenden Vertretern der politischen Philosophie zum Thema Frieden zu führen. Hier zunächst das Interview mit Thomas Hobbes (1588-1679):

Schülerin: Herr Hobbes, Sie haben die These aufgestellt, dass im Naturzustand ein Krieg eines jeden gegen jeden herrscht.

Hobbes: Richtig. Durch die Annahme des Naturzustandes wollte ich die Existenz des Staates rechtfertigen. Der Naturzustand ist ein Zustand ohne staatliche Ordnung, ohne Recht und Gesetz, d. h. jeder kann machen, was er will, ohne Sanktionen befürchten zu müssen. Ich gehe davon aus, dass Menschen von Natur aus vor allem an sich selbst interessiert sind; jeder will nur das Beste für sich, ohne Rücksicht auf andere. Das führt dazu, dass man sich im Naturzustand ständig vor den Übergriffen anderer fürchten muss, in ständiger Unsicherheit lebt. Deshalb nehme ich an, dass jeder einen staatlichen Zustand, in dem er nicht mehr alles tun kann, was er will, sondern sich an Gesetze halten muss, vorzieht, denn diese Gesetze verschaffen ihm Sicherheit und Frieden.

Schülerin: Was bedeutet dieser Ansatz für den Weltfrieden?

Hobbes: Das Verhältnis der Staaten untereinander ist wie das Verhältnis der Individuen im Naturzustand durch Feindseligkeit bestimmt. Die Furcht ist das einzige Mittel, den Egoismus im Zaum zu halten. Nun gibt es aber im Verhältnis der Staaten untereinander keine übergeordnete Macht, die bei Übertretung von Gesetzen Sanktionen androhen könnte. Deshalb bleibt für Staaten kein anderer Weg als der, andere Staaten abzuschrecken, sie anzugreifen, beispielsweise dadurch, dass sie eine starke Armee aufbauen und damit drohen. Jeder andere Staat weiß dann, dass es für ihn riskant wäre, diesen Staat anzugreifen.

M2 ... oder auf der Basis vernünftiger Einsicht

Immanuel Kant (1724-1804) vertritt eine andere Ansicht:

Schüler: Herr Kant, Sie haben 1795 eine Schrift *Zum ewigen Frieden* verfasst. Was halten Sie von Thomas Hobbes' These, dass Friede durch Rüstung und Abschreckung erreicht werden kann?

Kant: Davon halte ich gar nichts. Rüstung mit Waffen kostet enorm viel Geld, das besser für andere Zwecke ausgegeben wäre. Vor allem aber führt Abschreckung bestenfalls zu einem Waffenstillstand, aber nicht zu einem dauerhaften Frieden. Waffenstillstand besagt: Ich greife den anderen nicht an, weil ich seine Stärke fürchte, würde es aber jederzeit tun, wenn er nur eine kleine Schwäche zeigen würde. Solange eine Armee existiert, besteht ja immer die Gefahr, dass tatsächlich Krieg entsteht. Unter Umständen wird ja sogar die Aufrüstung eines Staates selbst zur Ursache eines Angriffskrieges durch einen anderen Staat, der die Aufrüstung verhindern will. Eine Voraussetzung dafür, dass es wahren Frieden gibt, besteht darin, dass nicht gerüstet wird, sondern dass alle Heere abgeschafft werden.

Schüler: Aber wodurch wird dann die Sicherheit eines Staates garantiert?

Kant: Das geht allein durch rechtliche Vereinbarungen. Das ist die Idee gewesen, die ich in meiner Schrift *Zum ewigen Frieden* entwickelt habe: Dauerhafter Friede ist nur dadurch zu erreichen, dass dem staatlichen Recht ein Völkerrecht an die Seite gestellt wird. Die Völker der Erde müssten Vereinbarungen miteinander treffen, die einen rechtlichen Status haben. So wie ja jeder Bürger einem staatlichen Recht untersteht, das ihn vor Übergriffen anderer schützt, so müssen auch die einzelnen Staaten sich einem Völkerrecht unterstellen.

Schüler: Wie müssen wir uns das vorstellen?

Kant: Ich gebe Hobbes recht, wenn er sagt, dass man

4 Friede durch Völkerrecht?

den Zustand zwischen den Staaten mit dem Naturzustand vergleichen kann, der zwischen Individuen herrscht.

Ich stimme Thomas Hobbes auch darin zu, dass ein Staat dadurch gerechtfertigt ist, dass er den Naturzustand überwindet, der durch die Feindseligkeit und Unsicherheit gekennzeichnet ist. Dadurch, dass im Naturzustand jeder tun kann, was er will, kommt es zu Konflikten, denn die Willkür des einen verträgt sich nicht mit der Willkür des anderen. Deshalb ist es vernünftig – ich habe es sogar als eine Pflicht bezeichnet –, den Naturzustand durch einen rechtlichen Zustand zu überwinden.

Auch im Verhältnis zwischen den Staaten kann von einem Naturzustand gesprochen werden, denn jeder Staat kann tun, was er will. Aber gerade dadurch kommt es ja zu internationalen Konflikten. Und deshalb sehe ich es als vernünftig an, dass die Staaten den Naturzustand überwinden, wie die Individuen den Naturzustand überwunden haben: indem sie sich einem gemeinsamen Recht unterstellen, das man als Völkerrecht bezeichnen kann.

Schüler: Wäre dann die Lösung des Friedensproblems nicht die Errichtung eines einheitlichen Weltstaates, der gesetzliche Regelungen erlässt und Übertretungen mit Sanktionen belegt?

Kant: Das wäre in der Theorie zweifellos die beste Lösung. Leider lässt sich diese Forderung in der Realität nicht durchsetzen, da Staaten kaum bereit sind, ihre Selbständigkeit aufzugeben. Kein Staat würde doch freiwillig auf seine Souveränität verzichten. Ich gehe aber davon aus, dass Staaten freiwillig dazu bereit sind, sich an Vereinbarungen zu halten, die dem Zweck dienen, Kriegshandlungen zu vermeiden, weil Krieg letztlich niemandem nützt. Weil die beste Lösung, die Errichtung eines Weltstaates, sich nicht realisieren lässt, müssen wir einer Ersatzlösung zufrieden sein. Staaten behalten ihre Selbständigkeit, treffen aber auf der Basis von Freiwilligkeit und vernünftiger Einsicht Vereinbarungen, die ein friedliches Zusammenleben der Völker ermöglichen. Einen solchen Zusammenschluss nennt man Völkerbund. Die Vereinbarungen, die zwischen diesen Staaten getroffen werden, bilden das Völkerrecht.

M3 „Recht vor Macht"

*Kofi Annan (*1938), ehemaliger Generalsekretär der Vereinten Nationen und Friedensnobelpreisträger, zur heutigen Situation:*

Die internationalen Beziehungen heute sind gekennzeichnet durch ein starkes Gefälle zwischen reichen und armen Ländern und große Unterschiede in den Lebensformen, z. B. in kultureller und religiöser Hinsicht. Die wichtigste Voraussetzung für ein friedliches Zusammenleben ist heute die, dass der alte Grundsatz der internationalen Beziehungen, dass der Recht hat, der die Macht hat, überwunden wird. Das Paradigma „Macht schafft Recht" führt nur zu Ausgrenzung, Ungerechtigkeit und Feindseligkeit, die Krieg und Terror begünstigen. Es muss abgelöst werden durch ein neues Paradigma, das lautet: „Recht vor Macht". Das bedeutet, dass die Vertreter unterschiedlicher Interessen in einen Dialog miteinander eintreten müssen. Wer mit anderen spricht, erkennt ihn als gleichberechtigten Gesprächspartner an. Nur so kann man Verabredungen treffen, die beiden Seiten gerecht werden. Nur der Dialog kann Brücken zwischen den Kulturen bauen.

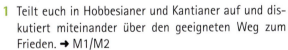

Kofi Annan

Aufgaben

1. Teilt euch in Hobbesianer und Kantianer auf und diskutiert miteinander über den geeigneten Weg zum Frieden. → M1/M2
2. Diskutiert Kants These, dass die Rüstung selbst zur Ursache eines Angriffskrieges werden kann, mit Blick auf den Irak-Krieg (2003). Die USA führten damals die Verhinderung des Baus von Atomwaffen durch den Irak als Kriegsgrund an. → M2
3. Verfasse einen Brief Kants an Hobbes bzw. Hobbes' an Kant, in dem du zu der Position des anderen Stellung nimmst. → M1/M2
4. Beurteile, welche Position Kofi Annan im Streit zwischen Kant und Hobbes einnimmt. → M3
5. Erläutere, worauf die friedensfördernde Wirkung des Dialogs beruht. → M3

Völkergemeinschaft und Frieden

5

M1 Die Vereinten Nationen

Vollversammlung der Vereinten Nationen in New York

Die Schrift *Zum ewigen Frieden* (1795), in der Kant seine Idee eines Völkerrechts entwickelt hat, ist der einzigartige Fall einer philosophischen Schrift, die direkten Einfluss auf die Politik ausgeübt hat. Nach den schrecklichen Erfahrungen des 1. Weltkrieges kam es 1919 in Genf zur Gründung eines Völkerbundes, der sich ausdrücklich auf Kants Forderung berief, „Kriege für alle Zeit zu beenden". Allerdings erhielt der Völkerbund durch mangelndes Beitrittsinteresse nicht den nötigen Einfluss und war mit Ausbruch des 2. Weltkriegs praktisch gescheitert.
Die Organisation der Vereinten Nationen (United Nations Organisation, UNO), die am 26. Juni 1945 von 52 Staaten gegründet wurde, versteht sich als Nachfolgeorganisation des Völkerbundes. Heute sind 192 Mitgliedsstaaten mit einem Sitz in der UN vertreten, die uneingeschränkt anerkanntes Subjekt des Völkerrechts ist. Die wichtigsten Aufgaben der Organisation sind die Sicherung des Weltfriedens, die Einhaltung des Völkerrechts und der Schutz der Menschenrechte.

M2 Aus der Charta der Vereinten Nationen

Die Parteien einer Streitigkeit, deren Fortdauer geeignet ist, die Wahrung des Weltfriedens und der internationalen Sicherheit zu gefährden, bemühen sich zunächst um eine Beilegung durch Verhandlung, Untersuchung, Vermittlung, Vergleich, Schiedsspruch, gerichtliche Entscheidung, Inanspruchnahme regionaler Einrichtungen oder Abmachungen oder durch andere friedliche Mittel eigener Wahl. (Art. 33)
Der Sicherheitsrat [...] beschließt, welche Maßnahmen [...] zu treffen sind, um den Weltfrieden und die internationale Sicherheit zu wahren oder wiederherzustellen. (Art. 39)
Sie können Demonstrationen, Blockaden und sonstige Einsätze der Luft-, See- oder Landstreitkräfte von Mitgliedern der Vereinten Nationen einschließen. (Art. 42)

M3 Friedensmissionen der UN

Seit ihrer Gründung konnten die Vereinten Nationen beachtliche Erfolge erzielen, u. a. entschärften sie die Berlinkrise 1948/1949, die Kubakrise 1962, die Nahostkrise 1973; sie sorgten für die Beendigung des Krieges zwischen dem Irak und dem Iran 1988.

Aufgaben

1 Erkläre, wie es zur Gründung der Vereinten Nationen gekommen ist. → M1
2 Deutet das Logo der Vereinten Nationen. → M1
3 Erläutere, wie die UN dazu beitragen, Krieg zu verhindern und Frieden zu sichern. → M2
4 Vergleicht die Maßnahmen, die die UN zur Lösung von Konflikten vorsehen, mit euren Vorschlägen (vgl. S. 108, Aufgaben 5/6). → M2
5 Recherchiert exemplarisch Informationen zu einem der genannten Beispiele für die Erfolge der UN, z. B. unter http://de.wikipedia.org/wiki/. → M3

5 Engagement für den Frieden

Projekte zur Friedenserziehung

Projekt 1: Krieg und Friede im Film

Schaut euch folgende Filme an und analysiert sie:
Im Westen nichts Neues
(USA 1930, Regie Lewis Milestone)
Der nach Erich Maria Remarques Roman *Im Western nichts Neues* gedrehte Film stellt eine realistische Abrechnung mit dem 1. Weltkrieg dar. Er erzählt die Geschichte des deutschen Soldaten Paul Bäumer, der sich wie seine gesamte Schulklasse freiwillig zum Krieg meldet und an der Westfront die brutale Realität des Krieges kennenlernt.

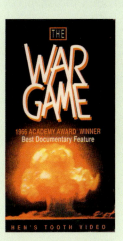

The War Game
(GB 1965, deutsch 1970, Regie: Peter Watkins)
In einer fiktiven Krisensituation um Berlin drohen die USA den Russen mit nuklearen Waffen, was diese zu einem Präventivschlag veranlasst. In drastischer Weise führt Watkins die Folgen der Explosion dreier Atombomben bis drei Monate nach ihrem Abwurf vor Augen.

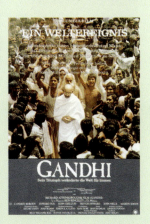

Ghandi
(GB/USA/Indien 1981/82, Regie: Richard Attenborough)
Der Film eignet sich zur Thematisierung von Gewaltlosigkeit und zivilem Ungehorsam. Er zeigt, wie Gandhi mit dem Mittel des gewaltlosen Widerstands die Apartheid in Südafrika bekämpft und später Indien in die Unabhängigkeit führt.

Projekt 2: Kriegsberichterstattung in den Medien

Untersucht die Kriegsberichterstattung im Fernsehen. Materialien zu den Themen
Der Krieg im Fernsehen
Krieg als Medienspektakel
findet ihr unter:
http://www.friedenspaedagogik.de/service/unterrichtsentwuerfe/krieg

Projekt 3: Informationen zur Friedensbewegung

Sammelt Informationen zu folgenden Themen und gestaltet dazu eine Wandzeitung bzw. einen Schaukasten:
Die Friedensbewegung
Bertha von Suttner
Albert Einstein und der Pazifismus
Der Global Marshall Plan
Hinweise dazu findet ihr u. a. unter:
http://www.friedenspaedagogik/service/unterrichtsentwuerfe/;
http://www.einstein.bits.de/deutsch/buerger.htm
http://globalmashallplan.org

Projekt 4: Einen Friedensbaum pflanzen

Sammelt Geld für einen Friedensbaum. Macht aus der Pflanzung eine Aktion, zu der ihr die örtliche Presse und Politiker einladet. Schreibt dazu ein Manifest für den Frieden.

Projekt 5: An Politiker schreiben

Schreibt Postkarten, Briefe, E-Mails an Politiker und fordert sie auf, sich für den Frieden einzusetzen. Geht dabei ggf. auf aktuelle Probleme ein und begründet eure Meinung.

Wahrhaftigkeit und Lüge

1 | M1 Tierisch ...

M2 Wer 3 x lügt

a) Die Geschichte von den Fahnen auf Sylt

Es wehen da im Sommer auf Sylt zum Schmuck der Gegend sechs Fahnen, im Abstand von einigen zwanzig Metern. Sie müssten – fast klingt diese Feststellung banal – alle in eine Richtung wehen. Doch: eine dieser Fahnen weht in eine andere. Von sich aus. Ohne menschliche Manipulation. Einfach so. Echtes individualistisches Außenseiterverhalten bei einem „toten Gegenstand"!

b) Die Geschichte von den Fundbürohunden

In der Praxis sieht das so aus: Ein Beamter führt den Hund an den im Büro wartenden Verlierer heran, lässt ihn Witterung aufnehmen und geht mit ihm ins Lager an die in Frage kommenden verlorenen Gegenstände, zum Beispiel Uhren, Brieftaschen oder Ringe, zurück. [...] Nach dem Protokoll der Beamten hat jeder Verlierer bisher unbeanstandet seinen Gegenstand zurückerhalten.

c) Rheumatiker als Wetterfrosch

Ausgangspunkt war die Tatsache, dass manche Menschen ausgesprochen wetterfühlig sind; besonders Rheumatiker spüren kommende Wetterveränderungen oft früher als selbst Wettersatelliten. Als nun Dr. Fritz Hieinersen und Dr. Edwin Daggi die Entwicklung eines Gerätes gelang, mit dessen Hilfe man Schmerzströme elektrisch messen kann (ein sogenanntes Algometer), war der Weg frei [...]. In München (ebenso in Frankfurt, Hamburg und Berlin) registrieren Computer diese einlaufenden Informationen, werten sie aus und geben sie zusammen mit anderen Daten bekannt. Die Wettervorhersage ist dadurch wieder ein Stückchen exakter geworden.

Edwin Friesch (Hg.)

M3 Baustelle Wahrheit

1 Wirklich wahr?

M4 Wenn einer nicht die Wahrheit spricht ...

Wenn einer nicht die Wahrheit sagt, hat er wohl
gelogen, oder?
Hat er sich vielleicht einfach geirrt?
Ist er vielleicht dumm?
5 Hat er nicht genau hingesehen?
Oder hat er die Wirklichkeit nicht erfasst?
Kann er sie vielleicht nicht ertragen?
Lebt er in einer Traumwelt, von der er spricht?
Bildet er sich einfach etwas ein?
10 Ist er vielleicht verrückt und nimmt Dinge wahr,
die gar nicht vorhanden sind?
Oder will er uns schmeicheln?
Will er uns vor der schrecklichen Wahrheit bewahren?
Oder will er nur ein wenig angeben?
15 Will er uns bewusst täuschen und uns hinters Licht führen?
Will er uns mit seiner Geschichte unterhalten?
Ist er vielleicht Drehbuchautor für Hollywood?
Ist ihm im Alter vielleicht ein Teil seines Gedächtnisses
verloren gegangen?
20 Kann er vielleicht nicht logisch denken?
Sind Menschen, die nicht die Wahrheit sagen, Dummköpfe,
Lügner, Traumtänzer, Verwirrte, Betrüger, Angsthasen,
besorgte Freunde, fantasievolle Unterhalter –
oder ganz normale Menschen?

Aufgaben

1 Beschreibe genau, was du auf den Bildern siehst. ➔ M1
2 Woran erkennst du, dass die Bilder nicht der Wirklichkeit entsprechen? ➔ M1
3 Welche der Geschichten ist wahr? Berate dich mit anderen und tauscht dabei Gründe für eure Einschätzungen aus. ➔ M2
4 Erzählt euch in Kleingruppen Geschichten. Die Zuhörer sollen begründen, ob sie die Geschichte für wahr oder falsch halten. Der Erzähler bzw. die Erzählerin schreibt vorher auf eine Karte, ob seine oder ihre Geschichte „wahr" oder „falsch" ist. Wenn alle Zuhörer ihre Einschätzung abgegeben haben, wird die Karte mit der Auflösung gezeigt. ➔ M2
5 Ordnet die Wörter auf den Steinen. Bildet Sätze, die diese Wörter beinhalten. Erklärt, in welchen Zusammenhängen diese Wörter benutzt werden. ➔ M3
6 Sucht Beispiele für die verschiedenen Formen von Unwahrheit. ➔ M4

Lösung zu Aufgabe 3:
Nur Geschichte a) stimmt. Bei einer bestimmten Windrichtung bricht sich der Wind an einem Haus und lenkt dadurch die eine Fahne in eine andere Richtung als die übrigen.

Wahrhaftigkeit und Lüge

2

M1 Unehrlich währt am längsten?

Die britische Fernsehserie um eine Gruppe von Trickbetrügern (Originaltitel: *Hustle – the con is on*) wird seit 2009 auch im deutschen Fernsehen ausgestrahlt.

M2 Eine notorische Lügnerin

Am 28. August 2001 erstattete Heidi K., Lehrerin an einer Schule in Reichelsheim (Hessen), Anzeige gegen ihren Kollegen Horst K. Er habe sie in einer großen Pause im Biologie-Vorbereitungsraum nach einem kurzen Gespräch plötzlich vergewaltigt und ihr damit gedroht, er werde ihren Sohn töten, wenn sie nicht über den Vorfall schweige. Zeugen oder handfeste Beweise für die Tat existierten nicht; bei Horst K. wurde allerdings Alkohol im Blut festgestellt, weil er am Abend zuvor getrunken hatte. Die 12. Darmstädter Strafkammer hielt die Aussage des Opfers für hinreichend glaubwürdig und verurteilte den Biologielehrer zu fünf Jahren Freiheitsstrafe. Wegen seines Hangs, alkoholische Getränke im Übermaß zu sich zu nehmen, ließ sie ihn überdies in die Psychiatrie einweisen.

Zehn Jahre nach der Tat wurde Horst K., inzwischen von Hartz IV lebend, in einem Wiederaufnahmeprozess vor dem Landgericht wegen erwiesener Unschuld freigesprochen. Bei der Schilderung des Tathergangs taten sich erhebliche Ungereimtheiten und Widersprüche auf – die Vorwürfe waren von vorne bis hinten erfunden.

Zeugen enttarnten Heidi K. zudem als notorische Lügnerin und Intrigantin. So hatte sie ihren früheren Lebensgefährten, von dem sie schwanger war, aber bereits getrennt lebte, angeschwindelt, sie sei unheilbar krank. Das Paar heiratete, weil das Kind später einen ehelichen Vater haben sollte. Nach der Entbindung zog Heidi K. zu ihren Eltern und ließ sich wieder scheiden. Zum Scheidungstermin erschien die angeblich todkranke Mutter in Begleitung von zwei Krankenschwestern.

An einem niedersächsischen Privatgymnasium, an dem sie vor ihrer Anstellung in Hessen unterrichtete, war es Heidi K. durch Lügen gelungen, sich davor zu drücken, eine Klasse bei einem bereits geplanten Jugendherbergsaufenthalt zu begleiten. Sie sagte der Jugendherberge die Reise mit der Begründung ab, in der Klasse sei die Meningitis ausgebrochen; in der Schule teilte sie mit, die Jugendherberge habe geschlossen, weil dort durch einen Rohrbruch die Zimmer unter Wasser stünden.

Eine beantragte Versetzung an eine Schule im nordhessischen Schwalm-/Ederkreis begründete sie damit, ihrem Lebensgefährten Manfred, einem Kriminalbeamten, sei im Zuge einer Terrorfahndung in den Kopf geschossen worden und er habe den Anschlag nur knapp überlebt. Da sie logopädisch ausgebildet sei, wolle sie ihrem künftigen Ehemann bei der Wiedergewinnung der Sprache helfen. Statt der Stelle in Nordhessen nahm sie jedoch eine Stelle an einer Schule in Ober-Ramstadt im Odenwald an und rechtfertigte dies damit, ihr Lebensgefährte sei inzwischen verstorben.

An der Ober-Ramstädter Schule behauptete sie dann, sie sei Opfer eines Giftanschlages geworden. Der mit der Vergiftungssache befasste Kommissar sei unglücklicherweise auch noch ermordet worden. In Wirklichkeit hatte der genannte Beamte wegen persönlicher Probleme Selbstmord begangen und mit dem Fall überhaupt nichts zu tun.

2 Lügen – warum denn nicht …

M3 Warum sind Sie wahrheitsliebend?

Moralist: Ich habe euch gute Menschen zu dieser Gelegenheit zusammengerufen, weil ich weiß, dass ihr zu den Menschen der Erde gehört, die am meisten auf die Wahrheit bedacht sind, und deswegen schlage ich vor, dass wir ein Symposion über die Liebe zur Wahrheit abhalten. Ich möchte von jedem Einzelnen von euch die Gründe für eure Wahrheitsliebe erfahren. Adrian, aus welchem Grund bist du der Wahrheit zugetan?

Adrian: Mein Grund ist sehr einfach. In der Bibel heißt es, dass man wahrhaftig sein soll, und ich nehme die Bibel ernst. Da meine erste Pflicht auf Erden darin besteht, dem Willen Gottes zu gehorchen, und Gott mir befiehlt, wahrheitsgetreu zu sein, ist der Grund für meine Wahrheitsliebe offensichtlich.

Moralist: Sehr gut! Und du, Bernard, warum bist du wahrheitsliebend?

Bernard: Auch ich nehme die Bibel sehr ernst. Was mich an der Bibel am meisten beeindruckt, ist die Goldene Regel: Verhalte dich anderen gegenüber so, wie du willst, dass sie sich dir gegenüber verhalten. Da ich mir wünsche, dass andere mir gegenüber wahrheitsgetreu sind, gehe ich auch mit ihnen dementsprechend wahrheitsgetreu um.

Moralist: Ausgezeichnet! Und du, Carey, was sind bei dir die Gründe für deine Wahrheitsliebe?

Carey: Meine Gründe haben mit Religion nichts zu tun. Ich liebe die Wahrheit aus rein ethischen Gründen. Es ist mein Wunsch, tugendhaft zu sein, und da Wahrheitsliebe zu den Tugenden und Lügen zu den Lastern gehört, muss ich, um tugendhaft zu sein, notwendigerweise wahrheitsliebend sein. […]

Moralist: […] Daniel, warum bist du wahrheitsliebend?

Daniel: Ich bin ein großer Bewunderer der Ethik Immanuel Kants. […] Kants Kategorische[r] Imperativ […] besagt, dass man niemals eine Handlung ausführen sollte, die man nicht zu einem allgemeingültigen Gesetz machen würde. Natürlich kann ich nicht wollen, dass jedermanns Lügen allgemeine Gesetzgebung werden. Der Kategorische Imperativ impliziert also, dass auch ich nicht lügen sollte.

Moralist: Sehr gut! Und du, Edward, warum bist du wahrheitsliebend?

Edward: Meine Gründe sind rein humanistisch sowie utilitaristisch. Da Wahrheitsliebe offensichtlich der Gesellschaft nützt und da das Hauptinteresse meines Lebens darin besteht, der Gesellschaft zu nützen, bin ich dementsprechend wahrheitsliebend. […]

Moralist: Was ist mit dir, George, warum bist du wahrheitsliebend?

George: Weil ich ein egoistischer Schweinehund bin! […] Die wenigen Male, die ich gelogen habe, habe ich letzten Endes heimgezahlt bekommen! Es sind nicht die anderen Menschen, um die ich mich sorge; ich sorge mich um mich selbst. Ich möchte keinerlei Ärger haben! Ich habe schlicht und einfach aus harter und bitterer Erfahrung gelernt, dass Ehrenhaftigkeit die beste Strategie ist.

Raymond Smullyan

Lüge

Eine Lüge ist eine Aussage mit bewusster Täuschungsabsicht. Zum eigenen Vorteil zu lügen gilt in allen Kulturen als unmoralisch.
In der Rechtsprechung wird eine Falschaussage in Form eines Meineids mit Strafe belegt.

Aufgaben

1 Schaut euch – wenn möglich - eine Folge der Serie *Hustle* an und erläutert, inwieweit der Untertitel zum Tragen kommt. → M1

2 „Unehrlich währt am längsten". Diskutiert diese Aussage in einer Pro- und Contra-Diskussion. → M1

3 Bewerte das Verhalten von Heidi K. in moralischer Hinsicht und begründe deine Auffassung. Prüfe, ob der Untertitel der Fernsehserie *Hustle* (M1) auch hier zutrifft. → M2

4 Die Justiz hat sich in ihrem ersten Urteil über Horst K. geirrt. Grenzt den Irrtum begrifflich von der Lüge ab und findet weitere Beispiele. → M2

5 Stellt die verschiedenen Begründungen für die Wahrheitsliebe in einem Schaubild dar und nehmt Stellung dazu. Welcher Auffassung könnt ihr euch am ehesten anschließen? → M3

6 Verfasse eine Geschichte zu folgendem Gedankenexperiment: *Angenommen, alle Menschen würden immer nur lügen …*

Wahrhaftigkeit und Lüge

3 M1 Es tut mir leid, ...

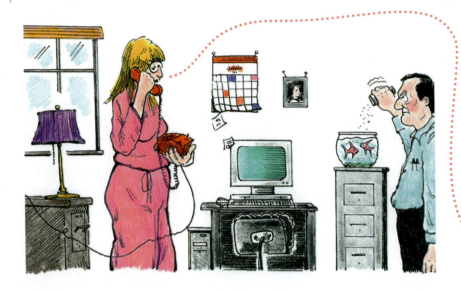

„... der Vorstandsvorsitzende kann nicht ans Telefon kommen. Er ist gerade mit Kunden bei einem Geschäftsessen."

M2 Kleine Lügen

Klaus Hampe ist die Stimme des Gewissens beim Radiosender NDR 1 Niedersachsen. In seiner Sendung Darf ich das? *löst er jede Woche knifflige Gewissensfragen der Hörer.*

Hörer: Mir tut es immer sehr leid, wenn ich Bekannten mit dem Hinweis „Keine Zeit" absage, aber ich eigentlich nur Zeit für mich selber haben möchte. Darf ich in solchen Fällen lügen?

Klaus Hampe: Zunächst einmal: Ich finde, Sie haben nicht gelogen. Sie wollen allein sein. Sie brauchen Zeit für sich selbst. Dann haben Sie tatsächlich keine Zeit für andere Menschen. Das wird sogar über Jesus erzählt. Im Neuen Testament heißt es, dass er manchmal „vor dem Volk in die Einöde entwich" *(Johannes 6, 14).* Er nahm sich Zeit für sich selbst. Dann war er für niemanden zu sprechen. Das dürfen Sie auch. Und zwar mit gutem Gewissen.

Üben Sie das doch einfach mal. Sagen Sie einfach zu sich selbst: „Ich muss mir meine Zeit nicht stehlen. Zeit steht mir zu – zum Ausruhen, Faulenzen, für Hobbys." Wenn Sie das akzeptieren, verschwindet das schlechte Gewissen von selbst. Es ist kein Egoismus, wenn Sie sich um sich selbst kümmern. Sie spüren genau, wann Sie Zeit für sich selbst brauchen und wie viel. Genehmigen Sie sich diese Zeit.

Aber es steckte noch eine zweite Frage in Ihrem Gewissensbiss: Wie ist das mit den „kleinen Lügen"? Wie ist das, wenn Sie sagen: „Keine Zeit" – aber eigentlich meinen Sie: Ich brauche die Zeit für mich? Diese kleinen Lügen benutzen wir manchmal aus Höflichkeit oder weil wir nicht wissen, wie man etwas „richtig" sagen kann. Diese kleinen Lügen wollen nicht schaden – eher im Gegenteil. Wir sparen uns lange Erklärungen oder Peinlichkeiten, wenn wir die Wahrheit ein wenig „gestalten". Manchmal benutzen wir diese Kunst sogar, um nett zu sein.

Ich finde, diese kleinen Lügen nicht wirklich schlimm. Aber auch bei kleinen Lügen ist man immer etwas unsicher. Und das spürt der Gesprächspartner auch. Dann wird er selbst unsicher und fragt sich: „Was verheimlichst du mir eigentlich?" Besser, ich sage klar und offen, warum ich etwas will oder nicht will. Dann fühlt mein Gesprächspartner sich geachtet, erwachsen, „auf Augenhöhe". Und dann kann sogar eine Absage ein nettes Gespräch werden.

Dann können Sie auch offener mit einer Absage umgehen: „Das ist sehr lieb, dass du mich einlädst. Doch, weißt du, ich bin vollkommen erledigt. Ich will heute einfach nur vor dem Fernseher sitzen und dösen. Aber wie wär's nächsten Dienstag?" – Glauben Sie, das würde Ihnen jemand übel nehmen?   *Klaus Hampe*

3 Ausnahmen erlaubt?

M3 Eine Zwangslage

Jakob Heym ist Jude, er lebt und arbeitet unter schwierigsten Bedingungen in einem osteuropäischen Ghetto. Die Lage erscheint hoffnungslos, täglich steigt die Zahl der Selbstmorde unter den Lagerinsassen. Als Jakob eines Tages wegen Missachtung der Ausgangssperre auf das Gestapo-Revier zitiert wird, hört er zufällig eine Radiomeldung über den Vormarsch der Roten Armee, die 1945 kurz vor dem 400 km entfernten Bezanika steht. Er gibt die Nachricht an die anderen Ghettobewohner weiter, behauptet dabei aber, selbst ein Radio versteckt zu halten. Durch diese Lüge gerät er unversehens in die Zwangslage, ständig neue Nachrichten erfinden zu müssen, weil die verzweifelten Menschen immer neue Informationen über den Vormarsch der Russen haben möchten. Eines Tages erhält Jakob Besuch von dem Arzt Kirschbaum.

Kirschbaum: Ich bin gekommen, um Ihnen Vorwürfe zu machen. Längst hätte ich das schon tun sollen.
Jakob: Vorwürfe?
Kirschbaum: Ich weiß nicht, werter Herr Heym, von
5 welchen Beweggründen Sie sich leiten ließen, als Sie die bewussten Informationen verbreiteten, aber ich kann mir nur sehr schwer vorstellen, dass Sie sich überlegt haben, welcher Gefahr Sie uns dadurch aussetzen, und ganz besonders die Bewohner dieses
10 Hauses. Muss ich Ihnen erklären, wo wir leben?
Jakob: Aber nein.
Kirschbaum: Und doch scheint es mir angebracht. Sie sollten sich anders verhalten.
Jakob: Wie?
15 **Kirschbaum:** Behalten Sie Ihr Wissen für sich.
Jakob: Und dann? Haben Sie einmal, ein einziges Mal gesehen, mit was für Augen sie mich um Neuigkeiten bitten? Nie? Wissen Sie, wie nötig sie alle gute Nachrichten brauchen? Wissen Sie das?
20 **Kirschbaum:** Ich kann es mir lebhaft vorstellen. Trotzdem ...
Jakob: Bleiben Sie mir vom Leib mit Ihrem Trotzdem. Natürlich weiß ich auch, dass die Russen dann nicht schneller kommen, und wenn ich sonst was erzähle.
25 Der Weg bleibt derselbe. Aber ich will Sie auf etwas anderes aufmerksam machen: Seit sich die Nachrichten im Ghetto herumgesprochen haben, ist mir kein Fall bekannt geworden, dass sich jemand das Leben genommen hätte. 30 Ihnen?
Kirschbaum: Vorher waren es viele. Ich weiß, wie oft man Sie gerufen hat. Meistens war es zu spät. Vielleicht ist es Zufall, vielleicht auch nicht. 35

M4 Notlügen

Natürlich [muss] man [nicht] in jedem erdenklichen Fall die Wahrheit sagen [...]. Es gibt Situationen, in denen das verhängnisvoll wäre. Ein Arzt muss unter Umständen einen Patienten, um ihm nicht allen Lebenswillen zu nehmen, über den Ernst seiner Erkran- 5 kung täuschen. Man darf in Krisenzeiten das Versteck seiner Freunde nicht verraten und muss daher in der gegebenen Situation sein Wissen ableugnen. Man darf ein Geheimnis, das einem anvertraut worden ist, nicht preisgeben und muss deshalb unter Umständen 10 Ausflüchte suchen.
Wilhelm Weischedel

Aufgaben

1 Kommentiert die Situation in moralischer Hinsicht. Findet Beispiele für ähnliche Situationen. → M1
2 Diskutiert die Meinung Hampes zu kleinen Lügen. → M2
3 Versetze dich in die Position Klaus Hampes und verfasse eine Antwort auf folgende Frage einer Mutter: „Die beste Freundin meiner 17-jährigen Tochter hat sehr strenge Eltern, sie darf fast nie ausgehen. Meine Tochter hat mich gebeten zu bestätigen, dass sie zusammen für ein Referat arbeiten müssen, falls die Eltern morgen Abend bei uns anrufen. Die beiden wollen aber zu einer Schulveranstaltung gehen. Ich möchte nicht bei einer Lüge helfen, aber mich auch nicht auf die Seite der Eltern stellen. Was soll ich tun?" → M2
4 Versetze dich in die Lage Jakob Heyms: Würdest du nach dem Gespräch mit Kirschbaum mit den Radiomeldungen fortfahren oder nicht? Begründe deine Meinung. → M3
5 Diskutiert die Auffassung Wilhelm Weischedels. → M4

Wahrhaftigkeit und Lüge

4 | M1 „..."

Norman Rockwell, 1948

M2 Vorteilnahme im Amt?

2009 hatte der CDU-Politiker Christian Wulff, damals Ministerpräsident von Niedersachsen, seinen Weihnachtsurlaub in Florida verbracht. Auf dem Flug dorthin ließ sich das Ehepaar Wulff ohne Aufpreis von der Economy- in die Business-Klasse umbuchen. Die Annehmlichkeit hatte ein parlamentarisches Nachspiel. Wulff musste sich des Verdachts der Annahme eines gesetzwidrigen Vorteils im Amt erwehren. Im Zuge dieser Affäre kam auch ans Tageslicht, wem das Urlaubsdomizil der Wulffs in Florida gehörte: Egon Geerkens, einem befreundeten Unternehmer.

Als Wulff sich 2009 wegen seiner Urlaubsaffäre vor dem niedersächsischen Landtag rechtfertigen musste, stellten ihm zwei Abgeordnete der Grünen unter anderem auch die Frage, ob er „geschäftliche Beziehungen" zu Egon Geerkens oder irgendeiner Firma unterhalte, an der dieser beteiligt ist. Wulff verneinte das; es habe „in den letzten zehn Jahren keine geschäftlichen Beziehungen" solcher Art gegeben. So kann man seine Auskunft im Landtagsprotokoll nachlesen. Im Dezember 2011 musste Wulff – inzwischen Bundespräsident – zugeben, damals von Geerkens' Frau Edith einen günstigen Kredit über eine halbe Million Euro in Anspruch genommen zu haben, um den Kauf eines Eigenheims zu finanzieren. Daraufhin ließen die damaligen Fragesteller verlauten, sie fühlten sich „nicht korrekt informiert oder auch getäuscht", weil Wulff den Kredit von Edith Geerkens mit keinem Wort erwähnt habe. Wulff habe damals „nicht ganz die Wahrheit gesagt", meinte die niedersächsische SPD. Wulffs Sprecher Olaf Glaeseker betonte dagegen, Christan Wulff habe die „unmissverständliche Anfrage wahrheitsgemäß verneint". Schließlich habe nicht Egon Gerkens den Kredit gewährt, sondern Edith Geerkens. Außerdem habe die fragliche Finanzhilfe von Frau Geerkens bei Wulffs Hauskauf auf einem „privaten Darlehensvertrag" beruht, „geschäftliche Beziehungen" hätten also nicht bestanden.

4 Nicht gelogen, also wahr?!

M3 **Das Beruhigungsmittel**

Ein siebzehnjähriges Mädchen suchte ihren Kinderarzt auf, der sie schon seit ihrer frühesten Kindheit betreut hatte. Sie ging ohne ihre Eltern in seine Praxis, wenngleich ihre Mutter sie vorher telefonisch angemeldet hatte. Sie erzählte dem Arzt, dass sie körperlich völlig gesund sei, dass sie aber glaube, sie habe gewisse psychische Probleme. Sie erklärte, dass sie nachts schlecht schlafen könne und dass sie am Tag meistens sehr nervös sei. Sie war in der letzten Klasse der High-School, und sie behauptete, ziemlich schlecht in den meisten Fächern zu sein. Sie war in Sorge darüber, was sie im nächsten Jahr tun solle. Sie hatte etwas Übergewicht. Das, so empfand sie, machte einen Teil ihres Problems aus. Sie meinte, sie sei nicht sehr attraktiv für das andere Geschlecht und könne das Interesse von Jungen nicht auf sich ziehen. Sie war mit einigen Mädchen enger befreundet. Ihr Leben zu Hause war ziemlich chaotisch und stressig. Häufig gab es Kämpfe mit ihrem jüngeren Bruder, der vierzehn war, und mit ihren Eltern. Sie behauptete, dass sie ihre Eltern „immer auf dem Hals" habe. Sie stellte ihre Mutter als extrem streng und ihren Vater, der sehr altmodisch in seinen Wertvorstellungen sei, als autoritär dar.

Insgesamt sprach sie zwanzig Minuten mit ihrem Arzt. Sie sagte ihm, sie glaube, sie brauche Beruhigungstabletten, und deshalb sei sie gekommen. Sie habe das Gefühl, dass dies ein unheimlich schwieriges Jahr für sie sei und alles würde besser laufen, wenn sie etwas bekommen könne, was ihre Nerven beruhigt, bis sie über ihre jetzige Krise weggekommen sei.

Der Arzt erwiderte ihr, dass er es nicht für richtig hielte, einem Mädchen ihres Alters Beruhigungsmittel zu verordnen. Es sei nicht gut, wenn er sie zu einem Präzedenzfall mache. Sie war jedoch sehr hartnäckig und behauptete, dass sie Beruhigungstabletten schon irgendwie kriegen werde, wenn er sie ihr nicht geben würde. Schließlich versprach der Arzt, ihre Apotheke anzurufen und Beruhigungsmittel für ihre Nerven zu bestellen. Sie war sehr dankbar. Er schlug vor, dass sie ihn in ein paar Tagen anrufen solle, um ihn wissen zu lassen, wie es ihr ginge. Er rief auch ihre Eltern an, um ihnen zu sagen, dass er ein Gespräch mit ihr gehabt habe und dass er ihr ein Mittel gebe, das ihren Nerven helfen könnte.

Fünf Tage später rief das Mädchen den Arzt wieder an, um ihm zu sagen, dass die Tabletten wirklich gut anschlügen. Sie behauptete, dass sie sehr viel ruhiger geworden sei, dass sie mit ihren Eltern besser zurechtkomme und dass sie eine neue Einstellung zum Leben überhaupt habe. Der Arzt riet ihr, dass sie die Tabletten zweimal pro Tag während des ganzen Schuljahres noch weiter nehmen solle. Sie war einverstanden.

Einen Monat später gingen ihr die Tabletten aus, und sie rief den Arzt wegen eines neuen Rezepts an. Er war aber in Urlaub. Sie wurde ziemlich unruhig bei dem Gedanken, keine Tabletten mehr zu haben und rief deshalb ihren Onkel an, der Arzt in einer Nachbarstadt war. Er rief die Apotheke an und erfuhr in einem Gespräch mit dem Apotheker zufällig, dass es sich bei dem Medikament nur um Vitamintabletten handelte. Er sagte dem Mädchen, dass es nur Vitamintabletten seien und dass sie die auch ohne Rezept frei kaufen könne. Das Mädchen war nun sehr bestürzt und fühlte sich von ihrem Arzt betrogen und getäuscht. Als ihre Eltern von der Sache erfuhren, meinten sie, der Arzt sei „sehr clever".

Sissela Bok

Aufgaben

1 Beschreibt das Bild und gebt ihm einen Titel. → M1

2 Entwerft Sprechblasen zum Bild: Was könnten die einzelnen Personen zueinander sagen? → M1

3 Sicher kennt ihr das Spiel Stille Post. Führt es mehrmals durch und erklärt, was auf dem Weg von der ersten bis zur letzten Person passiert. Beurteilt, ob die Aussage der letzten Person wahr ist. → M1

4 Bearbeitet die Materialien M2 und M3 arbeitsteilig. Setzt euch mit dem jeweiligen Fall auseinander, überlegt, inwieweit das dargestellte Verhalten der Wahrheit entspricht oder gelogen ist. Präsentiert eure Ergebnisse vor dem Kurs und diskutiert sie. → M2/M3

5 Findet weitere Beispiele für Situationen, in denen nicht gelogen, aber auch nicht die Wahrheit gesagt wird. Beschreibt und bewertet die Folgen des jeweiligen Verhaltens. → M1–M3

Wahrhaftigkeit und Lüge

M1 Pflicht zur Wahrheit

Die bekannteste Formel meines Kategorischen Imperativs lautet: „Handle nur nach derjenigen Maxime, durch die du zugleich wollen kannst, dass sie ein allgemeines Gesetz werde." In diesem Zusammenhang habe ich erläutert, dass der Mensch eine Pflicht gegen sich selbst hat, d. h. jeder Mensch ist verpflichtet, dem Gesetz in ihm, dem Moralgesetz, zu folgen. Unterstellt man nun, der Mensch sei ausschließlich ein moralisches Wesen, dann besteht die größte Verletzung des Menschen, die er gegen sich selbst begehen kann, darin, wenn er gegen das Moralgesetz in sich verstößt, dass er also nicht die Wahrheit sagt, sondern lügt. Lügen heißen solche Aussagen, bei denen Menschen vorsätzlich die Unwahrheit sagen. Dabei ist die Frage, ob irgendjemand durch die ausgesprochene Lüge zu Schaden kommt, nicht von Interesse, weil es sich bei einer solchen Fragestellung um eine rechtliche und nicht um eine ethische handelt. Von Interesse ist dagegen vielmehr, dass ein Lügner ohne Ehre handelt und damit moralisch zu verachten ist.

Die Lüge kann entweder eine äußere oder eine innere Lüge sein. Wird ein Lügner bei einer äußeren Lüge ertappt, so werden ihn die Menschen verachten, die ihm seine Lüge bzw. sein Lügen nachweisen können. Bei jeder inneren Lüge dagegen, womit eine Lüge gegen sich selbst gemeint ist, verachtet der Lügner sich selbst. Mit der Lüge verletzt er seine Würde und die Würde der gesamten Menschheit.

Wenn ich sage, dass die Lüge die Menschenwürde des Lügenden vernichtet, dann will ich damit zum Ausdruck bringen, dass der Mensch, der selbst nicht an das glaubt, was er einem anderen Menschen sagt, einen geringeren Wert hat als ein Gegenstand. Das liegt daran, dass der Gegenstand etwas Wirkliches und Gegebenes ist und von jemandem benutzt werden kann, während derjenige, der absichtlich lügt, gegen die natürliche Bestimmung, seine tatsächlichen Gedanken mitteilen zu können, handelt. Da er von einem ihm als Menschen entgegengesetzten Zweck Gebrauch macht, verzichtet er auf seine Persönlichkeit und ist dementsprechend nicht der Mensch selbst, sondern nur eine täuschende Erscheinung vom Menschen.

Die Lüge gilt – und ich betrachte sie wie gesagt im Moment nur aus der ethischen Sicht des Wortes und nicht aus der rechtlichen – grundsätzlich als vorsätzliche Unwahrheit. Schon allein deshalb braucht sie nicht einem anderen Schaden zuzufügen, um als verwerflich angesehen zu werden, denn sonst würde sie ja die Rechte anderer verletzen. Manche Menschen lügen aus Leichtsinn, manche aus Gutmütigkeit, andere hingegen verfolgen einen wirklich guten Zweck mit ihrem Tun. Doch eine Lüge ist schon durch ihre bloße Form ein Verbrechen des Menschen an seiner eigenen Person, die den Menschen in seinen eigenen Augen verächtlich machen muss.

nach Immanuel Kant

M2 Das Recht zu lügen

Das Recht zu lügen [...] tritt ein bei jeder unbefugten Frage, welche die persönlichen Verhältnisse des Gefragten betrifft und dadurch vorwitzig ist. Wir haben nämlich alle das Recht, dasjenige aus unsern Verhältnissen geheim zu halten, was, offen liegend, den Angriffen andrer ausgesetzt wäre, deren bösen Willen wir immer als möglich annehmen müssen, und daher Vorkehrungen treffen dürfen, jenen Angriffen den Zugang zu versperren; grade so wie wir unser Eigentum durch Mauern, Zäune, Türen, Schlösser und geheime Schiebladen, ja durch Fußangeln und Selbstschüsse verwahren dürfen, indem wir den fremden bösen Willen voraussetzen. Wie wir also hier der präsumierten [vorausgesetzten] physischen Gewalt physischen Widerstand zum Voraus entgegensetzen: so auch dürfen wir der präsumierten Beeinträchtigung durch List, zum Voraus List entgegenstellen. So viel nun in den Verhältnissen eines

5 „Pflicht zur Wahrheit" versus „Recht zu lügen"

Menschen dem Angriff des Eigennutzes oder der Bosheit andrer auch nur möglicherweise ausgesetzt ist, soviel hat er Ursach und Recht geheim zu halten. Dies könnte bei unbefugtem Fragen auf zwei Weisen geschehn: entweder durch die aufrichtige Antwort: „dies will ich geheim halten"; oder durch eine Lüge. Erstere Antwort oder die ihr gleichgeltende „Ihr habt nicht danach zu fragen", welche überdies beleidigend wäre, würde aber ihrem Zweck meistens entgegenarbeiten: denn aus ihr folgt der Satz: „Hier liegt ein Geheimnis, wodurch du deinen Vorteil auf Kosten des meinigen erreichen oder wenigstens wodurch du mir schaden könntest, durch dessen Wissenschaft du also Gewalt über mich erhieltest." – Durch ein solches Aufmerksammachen auf das Geheimnis würde es in der Regel bald entdeckt werden. – Hieraus folgt, dass wir gegen unbefugte unsre Verhältnisse betreffende Fragen uns gar nicht anders sichern können als durch die Lüge: und da es in dem Begriff „unbefugt" liegt, dass der Andre kein Recht hat, solche Frage zu tun; so haben wir das Recht, solchen Fragen auf die Art zu begegnen, dass der Andre gar nichts dadurch erfährt, weder das zu bedeckende Verhältnis selbst, noch überhaupt das Dasein eines solchen. D. h. wir haben das Recht zu lügen. Den möglichen schlimmen Folgen, welche der aus der Lüge entstehende Irrtum dem Frager anderweitig zuziehen kann, hat er selbst sich ausgesetzt, indem er eine unbefugte und vorwitzige Frage tat.

Nach diesem Prinzip wird auch in der Wirklichkeit von einem jeden Verständigen, selbst wenn er von der strengsten Rechtlichkeit ist, allezeit verfahren.

Beispiele:
Ich gehe oder reite zurück von einem Ort, wo ich Geld gehoben habe: ein unbekannter Reisender gesellt sich zu mir: Er frägt wie gewöhnlich woher? und wohin? Er frägt gelegentlich auch, was mich an jenen Ort geführt hat: – Sogleich antworte ich durch eine Lüge, um der Möglichkeit eines Raubes zu entgehn. Ich kehre zurück von einem Hause, wo ich mich um die Tochter bewerbe: ein Bekannter begegnet mir und ist nicht gewohnt mich in dieser Gegend zu treffen, frägt, was mich hergebracht: Da er selbst ähnliche Absichten haben könnte oder Freund eines Mitbewerbers sein könnte, oder überhaupt das Bekanntwerden des Versuchs, wenn er misslänge, mich dem Gespött aussetzen könnte, und da, wenn ich das Haus angebe, auch bald das Motiv erraten wäre, Weigerung zu antworten Verdacht und Neugier erregen würde; so antworte ich mit allem Recht durch eine Lüge. [...]

[Da] das Unrecht, wie gezeigt auf 2 Wegen, dem der Gewalt und dem der List ausgeführt werden kann; so gibt es auch 2 Arten von Präventionsmitteln, welche die Klugheit gebeut und das Recht zulässt: gegen Unrecht durch Gewalt alle physischen Schutz- und Wehrmittel, Festungen, Mauern, Gitter, Türen, Schlösser, geheime Behältnisse, Fußangeln, Selbstschüsse, Panzerhemde u. s. f., gegen Unrecht durch List aber lügenhafte Antwort bei unbefugten vorwitzigen Fragen.

Arthur Schopenhauer

Aufgaben

1 Erläutert Kants Auffassung, dass die Lüge mit der Vernichtung der Menschenwürde gleichzusetzen bzw. dass das Lügen ein Verbrechen des Menschen an seiner eigenen Person ist. ➜ M1

2 Erörtere, ob Kant eine Lüge zum Nutzen eines Bedrohten zulassen oder ablehnen würde. Begründe deine Auffassung. ➜ M1

3 Stellt die Gründe dar, die Schopenhauer veranlassen, dem Menschen das Recht zu lügen zuzugestehen. ➜ M2

4 Schreibe einen Brief als Immanuel Kant an Schopenhauer (oder umgekehrt), in dem du auf dessen Beispiele (Argumente) eingehst und ihm sagst, was du von seiner Theorie des Lügens hältst. ➜ M1/M2

5 Entscheidet, welche der beiden Positionen euch plausibler erscheint. ➜ M1/M2

Erkenntnis und Wahrheit

1 **M1** Bekannte Persönlichkeiten

M2 Meinen – Glauben – Wissen

„Burger King ist besser als McDonalds."

Die Gottesfürchtigen kommen in den Himmel.

„Der hatte bestimmt 70 Stundenkilometer drauf."
(Aussage eines Zeugen bei einem Verkehrsunfall)

Der Zweite Weltkrieg dauerte von 1939 bis 1945.

Frauen sollten auch in der katholischen Kirche die Gelegenheit haben, Priester zu werden.

Gott hat die Welt in sechs Tagen erschaffen und am siebten Tag geruht.

Bayern München wird wieder deutscher Fußballmeister.

Berlin ist die Hauptstadt der Bundesrepublik Deutschland.

„Das war kein Abseits. Aber sehen wir uns die Situation gleich noch einmal in der Wiederholung an."
(Kommentator bei der Fernsehübertragung eines Fußballspiels)

Im Artikel 20 des Grundgesetzes der Bundesrepublik Deutschland steht, dass alle Gewalt vom Volk ausgeht.

Moses hat die Tafel der 10 Gebote am Berg Sinai von Gott erhalten.

1 Was weißt du eigentlich?

M3 Für-wahr-Halten

Schüler: Herr Kant, Sie haben in Ihrer *Kritik der reinen Vernunft* folgende Begriffe unterschieden: „Meinen" definieren Sie als „ein sowohl subjektiv als objektiv unzureichendes Für-wahr-Halten". Unter „Glauben" verstehen Sie „ein nur subjektiv zureichendes und objektiv unzureichendes Für-wahr-Halten". Und Wissen bestimmen Sie schließlich als „ein Für-wahr-Halten, das subjektiv wie objektiv zureichend" ist. Das habe ich nicht verstanden.

Kant: Ich versuche es zu erklären. Es handelt sich hier um drei Ausdrucksweisen, mit denen man deutlich machen kann, in welcher Weise man etwas für wahr hält. Meinen und Wissen z. B. unterscheiden sich da sehr.

Schüler: Inwiefern?

Kant: Ich kann nur behaupten, dass ich weiß, wenn es auch tatsächlich so *ist*, und wenn ich mir *gewiss* bin, dass es so ist. Das Wissen hat also einen objektiven Geltungsanspruch und ist verbunden mit einer subjektiven Gewissheit. Wenn jemand dagegen sagt, „ich meine", will er damit ausdrücken, dass er sich nicht sicher ist, ob es auch tatsächlich so ist. Auf keinen Fall kann eine Meinung objektive Gültigkeit beanspruchen: Eine Meinung gilt immer nur für den Sprecher selbst; andere Menschen können ja andere Meinungen haben. Also liegt hier subjektive Gültigkeit verbunden mit subjektiver Ungewissheit vor.

Schüler: Und wie ist das mit dem Glauben? Wie unterscheiden sich Meinen und Glauben?

Kant: Beides wird in der Umgangssprache oft verwechselt, aber – streng genommen – besteht ein Unterscheid zwischen Meinen und Glauben. Wenn ein religiöser Mensch jemandem sagt, er glaubt etwas, dann will er damit ausdrücken, dass es subjektiv für ihn gewiss ist, auch wenn es sich objektiv nicht als wahr beweisen lässt. Glaubenssätze sind also im Unterschied zu Meinungen durch subjektive Gewissheit gekennzeichnet. Von Wissenssätzen unterscheiden sie sich dadurch, dass ihnen keine objektive Gültigkeit zukommt. Oft beziehen sich Glaubenssätze ja auf Gegenstände, die sich dem Wissen entziehen.

Schüler: Vielen Dank, ich glaube, äh, ich meine, ich habe es jetzt verstanden.

Kant: Besser wäre es, wenn Sie das wüssten.

Urteil

Als Urteil bezeichnet man in der Logik einen Satz, der die Grundform einer logischen Aussage hat: einem Begriff (a) wird eine bestimmte Eigenschaft (b) zugeschrieben, z. B. „Menschen sind sterblich."
Urteile lassen sich im Hinblick darauf unterscheiden, ob sie subjektiv, intersubjektiv oder objektiv sind.
Ein *subjektives* Urteil ist ein Urteil, das auf individuellen Erfahrungen, Vorlieben usw. beruht. So sind alle Geschmacksurteile subjektiv: Wenn ich sage, mir schmeckt das Getränk x, dann will ich damit nur sagen, dass dies für mich gilt und nicht für andere. Auch Meinungen sind subjektiv.
Objektiv nennt man dagegen ein Urteil, das nicht durch individuelle Vorlieben, sondern durch die Sache selbst begründet ist. So ist z. B. das Urteil, dass dieses Getränk x % Alkohol enthält, objektiv. Diese Aussage ist allgemein gültig, unabhängig davon, wer sie ausspricht. Es handelt sich um (objektives) Wissen.
Eine Zwischenstellung nehmen *intersubjektive* Urteile ein, d. h. Urteile, in denen viele Menschen übereinstimmen, die aber nicht notwendig für alle Menschen gelten müssen. So halten z. B. viele Menschen Dalí für einen großen Künstler, aber dieses Urteil muss nicht von allen Menschen geteilt werden.

Aufgaben

1 Schreibt auf, was ihr über die abgebildeten Personen alles wisst. ➔ M1

2 Vergleicht die Ergebnisse und diskutiert, ob ihr das, was ihr aufgeschrieben habt, mit Gewissheit sagen könnt oder nicht. ➔ M1

3 Diskutiert, ob es sich bei den Aussagen um Meinung, Glauben oder Wissen handelt, und ordnet sie in drei Spalten. ➔ M2

4 Wie unterscheiden sich Meinen, Glauben und Wissen nach Kant? Fertige eine Mindmap dazu an. ➔ M3

5 Untersucht eure Aussagen von M1 noch einmal. Bestimmt jeweils, ob es sich dabei um eine Meinung, einen Glauben oder um Wissen handelt. ➔ M1

Erkenntnis und Wahrheit

2

M1 Über das Vorurteil

Es ist einfacher, ein Atom zu zertrümmern, als Vorurteile abzubauen.

Albert Einstein, 1879–1955, Physik-Nobelpreisträger

Vielleicht lautet die kürzeste aller Definitionen des Vorurteils: von anderen ohne ausreichende Begründung schlecht denken.
Gordon Willard Allport

Vorurteile sind wie Marmorplatten, die unter sich ihre größten Rivalen, den Zweifel und die Wahrheit, begraben.
Peter Ustinov

Vorurteile sind demnach stabile negative Einstellungen gegenüber einer anderen Gruppe bzw. einem Individuum, weil es zu dieser Gruppe gerechnet wird.
Werner Bergmann

Ein Urteil lässt sich widerlegen, aber ein Vorurteil nie.
Marie von Ebner-Eschenbach

Vorurteil! Das Wort ist nicht übel, wollte nur das Urteil nachkommen.
Peter Hille

M2 Vom Vorurteil zum Urteil

Das Vorurteil ist [...] kein richtiges Urteil, sondern etwas, das „vor" dem Urteil ist, „vor" im Sinn des zeitlich Früheren, „vor" aber auch im übertragenen [...] Sinn, als etwas, was vor dem Urteil steht und uns damit den Zugang zum richtigen Urteil verstellt [...].

Das Erste also, worüber wir uns [...] klarwerden müssen, ist das Wesen des Urteils. Eine verbreitete Auffassung hat diesen Begriff eher unbestimmt gefasst und jede beliebige Aussage, die ein Mensch macht, als Urteil genommen. Aber das ist falsch, und wenn wir uns vergegenwärtigen wollen, was im strengen Sinn ein Urteil ist, gehen wir am besten vom gerichtlichen Urteil aus [...]. Vor Gericht wird ein Urteil gefällt, d. h. eine strittige Sache wird dort durch den richterlichen Spruch entschieden, etwas unsicher Schwebendes wird darin festgelegt. [...]

[...] Das Urteil setzt immer voraus, dass der Mensch die beiden Möglichkeiten, zwischen denen man schwanken kann, gegeneinander abwägt und sich dann entscheidet. Im Urteil wird etwas vor den Richterstuhl der Vernunft gebracht, und das Urteil vollzieht sich darum im vollen Licht des Bewusstseins. [...] Im Vorurteil dagegen nimmt der Mensch etwas als entschieden hin, ohne dass er sich selber in seiner Freiheit entschieden hätte, ja ohne dass er sich überhaupt die Berechtigung der andern Seite klargemacht hätte. Das Vorurteil greift der Mensch auf, aus der allgemeinen Überzeugung, [...] ohne dass er überhaupt merkt, dass er hierin etwas übernimmt, was im strengen Sinn gar nicht sein eigen ist. [...]

Das eigne Urteil erfordert vom Menschen immer eine erhebliche Anstrengung, während der Mensch im Vorurteil sehr viel bequemer dahinlebt. [...] Darum erwacht im Menschen das Heimweh nach dem verlorenen Paradies selbstverständlicher Gültigkeiten. Er flieht vor den Anstrengungen des eignen Urteils in die Geborgenheit des Vorurteils.

Otto Friedrich Bollnow

2 Urteil und Vorurteil

M3 Tipps von Denkern: Wie man Wissen erlangt

Sokrates: Es kommt vor allem darauf an, vor der Vernunft Rechenschaft zu geben für das, was man behauptet. Nur solche Urteile, die sich durch gute Gründe rechtfertigen lassen, können richtige Urteile sein. Um Fehlurteile zu vermeiden, müssen Sie also Ihre Vernunft bemühen und nach Gründen suchen.

Thomas von Aquin: Ich würde Ihnen raten, für jede Behauptung auch immer die Gegenthese aufzustellen und Argumente für beide Positionen zu suchen. Dann müssen Sie prüfen, welche Argumente haltbar sind und welche nicht. So kommt man zu richtigen Urteilen und erlangt Wissen.

Immanuel Kant: In meinen drei großen Werken, der *Kritik der reinen Vernunft*, der *Kritik der praktischen Vernunft* und der *Kritik der Urteilskraft*, habe ich das kritische Denken erprobt. Kritisieren bedeutet ursprünglich scheiden – nämlich das Richtige vom Falschen. Man muss durch kritisches Denken untersuchen, welche Urteile sich halten lassen und welche unhaltbar sind. Also denken Sie kritisch, dann erlangen Sie richtiges Wissen.

Hans Georg Gadamer: Wir können eine Sache nur verstehen, wenn wir von einem Vorverständnis ausgehen, das wir immer schon haben. Insofern ist ein Vorurteil nichts Schlechtes, sondern ermöglicht uns überhaupt ein Urteil. Aber es ist wichtig, sich sein Vorverständnis bewusst zu machen, es zu prüfen und es gegebenenfalls – nämlich dann, wenn es sich als falsch herausstellt – zu ändern.

Max Horkheimer: Ein Vorurteil beruht immer auf einer unzulässigen Verallgemeinerung. Wenn Herr X oder Frau Y sich in bestimmter Weise verhalten hat, heißt das ja nicht, dass alle Männer oder alle Frauen sich so verhalten. Deshalb kann ich Ihnen nur raten: Prüfen Sie den Einzelfall genau, seien Sie vorsichtig mit Verallgemeinerungen.

Aufgaben

1. Welche Äußerung überzeugt dich am meisten? Begründe. → M1
2. Erkläre, was Bollnow unter Vorurteil und Urteil versteht. → M2
3. Stelle dar, warum es nach Bollnow so schwer ist, richtig zu urteilen. → M2
4. Diskutiert die Tipps der Philosophen. Welcher überzeugt dich am meisten? → M3

Erkenntnis und Wahrheit

3

M1 ... von einem anderen Stern

Jan suchte im Stadtpark hinter den Büschen nach dem Ball, den Hans verschossen hatte. Irgendwo musste er doch sein. Er konnte sich schließlich nicht einfach aufgelöst haben. Das war doch *offensichtlich*, oder? Da sah er plötzlich dieses lila Wesen, das ihn beobachtete.

„Wer bist du?", fragte er neugierig.

„Ich komme aus dem Sternensystem um Gliese 581, so nennen eure Wissenschaftler unsere Heimat", antwortete es mit einer sympathischen Mädchenstimme. Davon hatte Jan noch nie gehört. Aber er hatte schon darüber nachgedacht, ob es außerhalb der Erde noch intelligentes Leben geben könnte – so etwas wie die grünen Marsmännchen, von denen immer die Rede war. Ob die Beschreibungen und Geschichten über sie tatsächlich mit der Wirklichkeit übereinstimmten? Aber dieses Wesen sah lilafarben aus! Und es war wirklich da! „Also lila Männchen – bzw. Mädchen, die gibt es wirklich", dachte er. Das musste wahr sein, denn er sah das lila Wesen vor sich stehen. „Lila Mädchen gibt es, das entspricht der Wirklichkeit."

„Das muss ich unbedingt meinen Freunden erzählen", sagte Jan zu dem lila Mädchen. „Aber wenn ich es ihnen erzähle, dass ich ein Mädchen aus einem anderen Sternensystem getroffen habe, dann erklären die mich für verrückt."

„Hhm", erwiderte das Wesen, „du kannst ihnen doch einfach sagen, dass es wahr ist." „Das nutzt doch nichts!", sagte Jan. „Ob mir einer unglaubliche Geschichten einfach so erzählt oder zusätzlich *behauptet, sie seien wahr*, macht doch keinen Unterschied!" Jan dachte nach. „Vielleicht gilt bei uns das als wahr, *was alle für wahr halten*. Und wenn sich alle außer mir darauf einigen, dass ich spinne und mir unsere Begegnung nur eingebildet habe, dann ist mein Wissen um deine Existenz für die Menschen nicht wahr."

Das lila Mädchen versuchte zu helfen: „Am besten wäre es, wenn du Beweise hättest."

„Ja!", rief Jan aus. „Ich mache ein Foto von dir!" Er holte sein Handy heraus, sah das Wesen im Display und drückte auf den Auslöseknopf.

M2 Alles bloß Ansichtssache?

LebensWert: Manchmal hört man, dass alles bloß Ansichtssache ist. Was sagen Sie als Philosoph dazu?

Prof. L. Ogisch: Mit dieser Behauptung kann man zwar anstrengende Diskussionen beenden, aber das löst doch kaum ein Problem in der Welt. Schließlich sind wir darauf angewiesen, gemeinsame Überzeugungen zu haben, damit das Zusammenleben überhaupt funktioniert.

LebensWert: Also brauchen wir Wahrheit?

Prof. L. Ogisch: Aber sicher! Deshalb denken Philosophen seit Jahrtausenden darüber nach, wie man sie bestimmen kann. Und sie haben so einige Dinge herausgefunden.

LebensWert: Was zum Beispiel?

Prof. L. Ogisch: Wahr ist das, was für jeden offensichtlich, ohne weiteres einsehbar, man sagt: evident ist. Für Sie und mich ist gleichermaßen offensichtlich und ohne weiteres einsehbar, dass wir beide hier sitzen und uns unterhalten. Also ist das wahr.

3 Was heißt hier „wahr"?

lebensWert: So einfach macht es sich die Philosophie?

Prof. L. Ogisch: Natürlich nicht, Philosophen haben noch andere Kriterien für Wahrheit gefunden. Die Aussage: „Wir unterhalten uns" stimmt mit der Wirklichkeit überein.

lebensWert: Was ich sage, ist wahr, wenn es mit der Wirklichkeit übereinstimmt. Das leuchtet ein! Aber was, wenn man das nicht so leicht erkennen kann?

Prof. L. Ogisch: Dann kann man zunächst einmal schauen, ob Aussagen in sich keine Widersprüche enthalten. Wenn ich Ihnen z. B. erzähle, dass ich gestern Mittag um 12:00 Uhr mitteleuropäischer Zeit in New York gegessen habe, und Ihnen anschließend erzähle, dass ich zu dieser Zeit in Paris im Museum war – würden Sie mir das glauben?

lebensWert: Aber ganz bestimmt nicht!

Prof. L. Ogisch: Aber wieso nicht? Sie waren doch gar nicht da! Sie können doch gar nicht wissen, ob meine Aussagen mit der Wirklichkeit übereinstimmen!

lebensWert: Aber sicher doch! Sie widersprechen sich doch selbst!

Prof. L. Ogisch: Sehen Sie! An inneren Widersprüchen von Aussagen kann man erkennen, dass sie nicht wahr sind.

lebensWert: Widerspruchsfreiheit ist also ein weiteres Kriterium für Wahrheit. Aber sind deswegen schon alle widerspruchsfreien Aussagen wahr?

Prof. L. Ogisch: Nicht unbedingt. Aber wenn sich viele – idealerweise sogar alle Menschen – nach einem vernünftigen Austausch aller Kenntnisse und Argumente auf eine Aussage einigen, dann kann man doch recht sicher davon ausgehen, dass diese Aussage der Wahrheit entspricht.

lebensWert: Da bin ich nicht sicher. Man sagt doch: Auch die Mehrheit kann irren. Früher haben doch alle Menschen angenommen, die Erde sei eine Scheibe.

Prof. L. Ogisch: Nun, es gibt noch ein weiteres Kriterium für Wahrheit: Man kann überprüfen, ob sich eine Annahme in der Praxis bewährt. Das wäre dann ein Indiz dafür, dass die Annahme wahr ist. Die Annahme, dass die Erde eine Scheibe ist, konnte durch die Erfahrungen der Weltumsegler nicht bestätigt werden; vielmehr hat sich die Annahme, dass die Erde kugelförmig ist, bewährt. Deshalb ist sie wahr.

lebensWert: Ich bekomme immer mehr den Eindruck, dass es mit der Wahrheit nicht so einfach ist.

Prof. L. Ogisch: Das ist wahr. Dennoch scheint es wichtig zu sein, nach ihr zu suchen.

Wahrheitstheorien

In der Philosophie gibt es mehrere Wahrheitstheorien, die unterschiedliche Kriterien dafür aufstellen, wann etwas als wahr gelten kann.

Evidenztheorie: Als wahr gilt ein Sachverhalt, der offensichtlich, unmittelbar einleuchtend und einsehbar (evident) ist.

Korrespondenztheorie: Eine Aussage gilt dann als wahr, wenn sich (z. B. durch einen Beweis) zeigen lässt, dass sie mit der Wirklichkeit übereinstimmt (korrespondiert).

Kohärenztheorie: Eine Aussage gilt dann als wahr, wenn sie nicht im Widerspruch zu anderen Aussagen steht, wenn sich ein widerspruchsfreier Zusammenhang (Kohärenz) ergibt.

Konsenstheorie: Die Aussage gilt dann als wahr, wenn ihr andere – im Idealfall: alle – vernünftigen Menschen zustimmen können, d. h. wenn sie einen Konsens unter vernünftigen Wesen darstellt.

Wahrheitstheorie des Pragmatismus: Eine Aussage gilt dann als wahr, wenn sie sich im Handeln (in der Praxis) bewährt.

Aufgaben

1 Jemand von euch versetzt sich in Jans Situation und erzählt, was er im Park erlebt hat. Die anderen versetzen sich in die Lage seiner Freunde. Entscheidet und begründet, ob ihr Jan glaubt oder nicht. ➔ M1

2 Sucht in der Geschichte nach Begründungen, warum etwas für wahr gehalten werden kann. Stellt diese in Partnerarbeit in einer Mindmap zusammen. ➔ M1

3 Woran machen Philosophen fest, ob etwas wahr ist oder nicht wahr sein kann? Lege eine Tabelle mit zwei Spalten an. Trage in die linke Spalte die verschiedenen Wahrheitskriterien ein. ➔ M2

4 Beziehe die Wahrheitskriterien aus M2 auf Jans Erzählung aus M1. Notiere in der rechten Spalte deiner Tabelle, welche Wahrheitskriterien sich in der Erzählung identifizieren lassen. ➔ M1/M2

Erkenntnis und Wahrheit

4 M1 Sinnestäuschungen

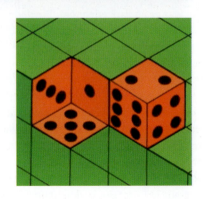
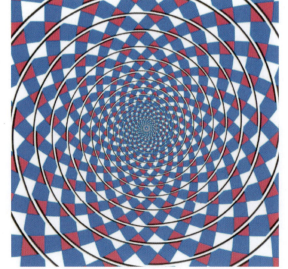

4 Illusionen des Sehens

M2 Wie unser Bild von der Welt entsteht

Unsere Welt ist eine Welt voller sinnlicher Reize. In ihr gibt es unzählige Gegenstände, Ereignisse und Ereignisfolgen mit sinnlich wahrnehmbaren Eigenschaften wie Größe, Form, Oberflächenbeschaffenheit, Farbe, Geruch, Geschmack und Klang. Diese Realität und die Veränderungen, die in ihr stattfinden, erfassen wir mit Hilfe unserer Sinnesorgane. [...] Aber schon hier, auf der Ebene der sinnlichen Reize kommt es zu einem Bruch zwischen uns und der Welt. Denn die von uns wahrgenommenen Eigenschaften wie Größe, Form oder Farbe entsprechen nicht notwendigerweise den physikalischen Eigenschaften der Gegenstände. Die Attribute und Qualitäten, die wir an einem Gegenstand wahrnehmen – oder besser: wahrzunehmen meinen –, unterliegen beträchtlichen Variationen und hängen von der Situation ab, in der uns der Reiz begegnet. Das heißt, was und wie wir etwas wahrnehmen, ist abhängig von der Umgebung, in die der betreffende Gegenstand oder das betreffende Ereignis eingegliedert ist. Belege hierfür liefern etwa die zahlreichen bekannten optischen Täuschungen. So erscheint zum Beispiel ein und derselbe Gegenstand, je nachdem in welcher Umgebung er dem Betrachter begegnet, bei gleicher Entfernung nicht immer gleich groß. Unterschiedliche Umgebungen können also dazu führen, dass objektiv gleich große Dinge uns verschieden groß erscheinen. In solchen Fällen kommt es zu Täuschungen, die sich in Abhängigkeit von der Reizkonfiguration als Verzerrungen, Kontrastierungen, Verdeckungen oder auch Ergänzungen bemerkbar machen.

Die Wahrnehmungspsychologie belehrt uns darüber, dass es zu Wahrnehmungstäuschungen grundsätzlich unter drei verschiedenen Bedingungen kommt: bei widersprüchlicher Reizinformation, bei Überbelastung des Wahrnehmungssystems, aber auch bei dessen Unterbelastung [...].

Widersprüchliche Informationen liegen bei den meisten der bekannten geometrisch-optischen Täuschungen vor. Diese Täuschungsmuster sind in der Regel so konstruiert, dass wir an dem dargestellten Objekt beispielsweise Tiefenerstreckung oder Neigung wahrzunehmen meinen, obwohl weder das eine noch das andere vorliegt. Widersprüchliche Informationen liefern uns auch die als „Kippfiguren" bezeichneten Reizmuster wie etwa der Necker-Würfel, bei denen sich unser visueller Apparat zwischen einer von mehreren möglichen „Lesarten" des Musters entscheiden muss. Einen weiteren Typ von widersprüchlichen Reizmustern stellen die „unmöglichen Objekte" dar. Hierbei handelt es sich um zweidimensionale Projektionen von dreidimensionalen Gegenständen, die im dreidimensionalen Raum nicht existieren können. Bekannte Beispiele für solche „unmöglichen Objekte" liefern die Zeichnungen des holländischen Graphikers M. C. Escher. [...]

Was lehrt uns all das? Nun, zunächst wohl dies: Unsere Wahrnehmung unterliegt einer Fülle von Determinanten. Dazu gehören sowohl passive Komponenten, wie etwa die Weiterleitung des Netzhautbilds an das Gehirn, als auch aktive, wie etwa die Strukturierung des den Sinnen präsentierten Materials, ferner unbewusst ablaufende, also gleichsam automatische Verarbeitungsmechanismen sowie vom Bewusstsein gesteuerte und mit Bewusstsein begleitete Aktivitäten. Und: Sinnliche Wahrnehmung ist keine passive Wiedergabe oder bloße Spiegelung von Welt, sondern ein aktiver Prozess der Aneignung dessen, was uns als Realität gilt. [...] Bei dem Bild von der Welt, das wir mittels des Wahrnehmungssystems in unserem Kopf erzeugen, handelt es sich folglich nicht um ein getreues Abbild oder eine Fotografie, sondern um ein Bild, das auf vielfältige Weise von unserem Wahrnehmungssystem und den Verarbeitungsmechanismen im Gehirn bearbeitet worden ist.

Friedhelm Decher

Aufgaben

1 Betrachtet die Abbildungen. Erklärt jeweils, was sie zu zeigen scheinen und warum das nicht sein kann. ➔ M1

2 Recherchiert im Internet nach weiteren optischen Täuschungen, stellt sie in der Lerngruppe vor und erläutert sie. ➔ M1

3 Erkläre, wie die verschiedenen optischen Täuschungen zustande kommen und was daraus in Bezug auf das Verhältnis von Wahrnehmung und Welt zu lernen ist. ➔ M2

Erkenntnis und Wahrheit

5 M1 Die Welt eines Hundes

Die Abbildung zeigt, wie ein Hund die Welt wahrnimmt. Die farbigen Punkte markieren Duftmoleküle, die ein Hund riecht. Sie sagen ihm genau, was die Frau rechts eingekauft hat, was der Schuljunge im Rucksack bei sich trägt, was der Laden anzubieten hat, welche Hunde am Straßenschild und an der Bank ihre Markierung hinterlassen haben und vieles mehr. Hunde besitzen einen so guten Geruchssinn, dass der Zoll sie für die Drogenfahndung einsetzt. Selbst wenn Drogen luftdicht in Folie eingeschweißt sind, werden sie von Drogenhunden noch erkannt – es reicht, wenn die Verpackung sich nur in der Nähe von Drogen befunden hat und nur wenige Moleküle davon an ihr haften. Wie ist das möglich?

Im Schnitt hat ein Hund etwa 220 Millionen Riechzellen – nur etwa fünf Millionen sind es beim Menschen. Der Nasenraum ist beim Hund stark gefaltet und hat so eine enorm große Oberfläche. In derselben Dicke ausgebreitet, käme die Riechschleimhaut des Hundes auf etwa sieben Quadratmeter – die des Menschen gerade mal auf einen halben. Im Aufspüren und Unterscheiden noch der feinsten Duftspuren sind Hunde eine Million Mal besser als Menschen. Hunde nehmen aber nicht nur mehr Gerüche wahr als Menschen. Sie sind auch dazu in der Lage, Verlauf und Richtung einer Duftspur genau zu erkennen. Möglich ist diese enorme Leistung, weil ihr Gehirn Gerüche räumlich abspeichert und zeitlich analysiert. Insgesamt rund ein Zehntel des Hundehirns ist ausschließlich mit dem Verarbeiten von Geruchsinformationen beschäftigt – beim Mensch ist es nur ein Zwanzigstel.

Die Welt des Hundes wird also in erster Linie durch seine Nase bestimmt – für den Menschen sind es vor allem die Augen. Einerseits bewegen sich Hunde in derselben Umwelt wie wir, doch gleichzeitig ist es auch eine völlig andere – eine, die wir uns als Menschen nur bedingt vorstellen können.

M2 Wie ist es, eine Fledermaus zu sein?

Wenn es abends dunkel wird und Menschen zum Sehen auf künstliches Licht angewiesen sind, beginnt die Zeit der Fledermäuse, die dann Jagd auf Insekten machen. Wie können sie diese im Dunkeln noch erkennen und warum stoßen sie dabei nicht ständig gegen Hindernisse?

Das liegt daran, dass sie sich bei ihren Flügen nicht mit den Augen, sondern ausschließlich mit ihren Ohren orientieren. Durch den Mund bzw. die Nase stoßen sie kurze Töne aus, Ultraschallwellen, die für Menschen nicht hörbar sind. Fledermäuse können mit ihrem feinen Gehör jedoch sogar noch die Echos dieser Schallwellen vernehmen, die von Objekten in der Umgebung zurückgeworfen werden. Sie nutzen diese Informationen, um sich in der Umwelt zu orientieren und Insekten zu orten.

Für den amerikanischen Philosophen Thomas Nagel ist der Unterschied von Fledermäusen und Menschen hinsichtlich ihrer Wahrnehmung so groß, dass er die Behauptung aufgestellt hat: „Wir können uns nicht vorstellen, wie es ist, eine Fledermaus zu sein." Das liegt daran, dass beide – Mensch und Fledermaus – unterschiedliche Sinnesorgane, mithin unterschiedliche Zugangsweisen zur Welt haben. Allgemein gesprochen: Wie ein Lebewesen die Welt wahrnimmt, welches Bild von der Welt es hat, ist abhängig von der Beschaffenheit der Sinnesorgane, die ihm den Zugang zur Welt ermöglichen.

5 Die Sinne – Tore zur Welt

M3 Eine schwierige Frage

„Vor einigen Jahren stellte mir jemand die Frage, ob es eigentlich dunkel im Kosmos würde, wenn alle Augen verschwänden."

Hoimar von Ditfurth

M4 Was unser Auge (nicht) leistet

In seinem Buch Wir sind nicht von dieser Welt *erläutert Hoimar von Ditfurth seine Antwort auf die oben gestellte Frage.*

„Hell" und „dunkel" sind, wie jeder feststellen kann, der sich die Mühe macht, darüber nachzudenken, nicht Eigenschaften der Welt, sondern „Seherlebnisse": Wahrnehmungen, die entstehen, wenn elektromagnetische Wellen bestimmter Länge zwischen 400 und 700 millionstel Millimetern auf die Netzhaut von Augen fallen. [...]

Zur Entstehung des Seheindrucks [genügt es jedoch] nicht, dass Wellen den Augenhintergrund erreichen, die jene Länge haben, auf die Netzhautzellen ansprechen. Eine weitere Voraussetzung besteht darin, dass sie von dort aus weitergeleitet werden an das Gehirn, und zwar an einen ganz bestimmten, im Bereich des Hinterkopfs gelegenen Bezirk der Großhirnrinde, die sogenannte „Sehrinde". Nach allem, was wir wissen, sind die sich in der hier gelegenen, nur wenige Millimeter dicken Nervenzellschicht abspielenden elektrischen und chemischen Prozesse die „Endstation" der körperlichen Vorgänge, die unseren optischen Erlebnissen zugrunde liegen. Was dort geschieht, wenn die Augenlinse ein Abbild der Außenwelt auf die Netzhaut wirft, das diese in eine Unzahl komplizierter Nervenimpulse zerlegt und an den Sehnerv weiterreicht, wird zwar seit einigen Jahrzehnten mit ausgeklügelten Methoden untersucht. [...]

Die Art und Weise, in der die Sehrinde die ihr vom Sehnerv übermittelten elektrischen Impulse verarbeitet, hat mit einem Abbild nicht mehr die geringste Ähnlichkeit. Die Verbindung gar, die zwischen diesen chemischen und elektrischen Vorgängen und dem optischen Erlebnis bestehen muss, – denn das eine hängt nachweislich vom anderen ab – bleibt absolut geheimnisvoll.

Auf dem ganzen Wege [...], der zwischen Netzhaut und Sehrinde liegt, wird es nicht hell, auch nicht in der „Endstation". „Hell" ist erst das optische Erlebnis hinter jener rätselhaft bleibenden Grenze, die körperliche Vorgänge und psychische Erlebnisse für unser Begriffsvermögen voneinander trennt. Hell ist es daher auch nicht in der Außenwelt, nicht im Kosmos, und zwar ganz unabhängig davon, ob es Augen gibt oder nicht. [...]

Man sieht, die scheinbar so simple Frage, ob es in der Welt ohne Augen dunkel wäre, hat es in sich. [...] Das, was wir erleben, ist nicht ohne weiteres als reale Eigenschaft dieser Außenwelt anzusehen [...].

Unsere Sinnesorgane bilden die Welt nicht etwa für uns ab. Sie legen sie für uns aus. Der Unterschied ist fundamental. Wenige Hinweise genügen, um sich davon zu überzeugen. Ein Fall wurde schon genannt: die Tatsache, dass Auge und Gehirn elektromagnetische Wellen in das Erlebnis „Licht" verwandeln und in verschiedene Farbeindrücke, je nach der Länge der am Augenhintergrund eintreffenden Wellen. Die Natur einer elektromagnetischen Welle hat nun aber mit dem, was wir „Licht" oder „hell" nennen, nicht das Geringste zu tun.

Hoimar von Ditfurth

Aufgaben

1 Erläutere, woran es liegt, dass Menschen und Hunde die Welt verschieden wahrnehmen. ➜ M1

2 Erkläre Thomas Nagels Behauptung „Wir wissen nicht, wie es ist, eine Fledermaus zu sein". ➜ M2

3 Beantworte die Frage an Hoimar von Ditfurth und begründe deine Auffassung. Vergleicht eure Antworten und diskutiert die Begründungen. ➜ M3

4 Untersuche, welche Antwort Hoimar von Ditfurth selbst auf die Frage aus M3 gibt. Stelle seine Erklärung in einem Schaubild dar. ➜ M4

5 Findest du die Erklärung Hoimar von Ditfurths einleuchtend? Warum bzw. warum nicht? ➜ M4

6 Sucht weitere Beispiele dafür, dass es von der Beschaffenheit der Sinnesorgane abhängt, wie ein Wesen die Welt wahrnimmt. ➜ M1–M3

Erkenntnis und Wahrheit

6

M1 Das Molyneux-Problem

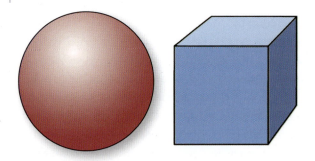

Am 07. Juli 1688 schrieb William Molyneux einen Brief an John Locke, in dem er ihm folgendes Problem vorlegte:

Denken wir uns einen Blindgeborenen, der jetzt erwachsen ist und mit dem Tastsinn zwischen einem Würfel und einer Kugel von gleichem Metall und annähernd gleicher Größe hat unterscheiden lernen, sodass er bei Berührung der beiden Gegenstände zu sagen vermag, welches der Würfel und welches die Kugel sei. Nehmen wir weiter an, Würfel und Kugel würden auf einen Tisch gestellt und der Blinde würde sehend, so fragt es sich nun, ob er nur durch den Gesichtssinn, schon vor Berührung der Gegenstände, Kugel und Würfel unterscheidet und angeben könnte, welches

M2 Wie lange dauert eine Nacht?

Bis ins 16. Jahrhundert galt die auf den antiken Astronomen Ptolemäus zurückgehende Auffassung, dass Tag und Nacht, Licht und Dunkelheit innerhalb von 24 Stunden wechseln. Weder Tag noch Nacht dauern
5 24 Stunden oder länger. 1594 musste der holländische Seefahrer Willem Barents auf Nova Zembla, einer Insel im russischen Polarmeer überwintern, weil er durch Packeis an seiner Weiterfahrt gehindert wurde. Dabei entdeckte er, dass es dort in der Mitte des Win-
10 ters mehrere Wochen ununterbrochen dunkel ist (Polarnacht). Entsprechend bleibt es dort in der Mitte des Sommers mehrere Wochen ununterbrochen hell (Polartag).

M3 Ein Streit unter Philosophen

Im 17./18. Jahrhundert kam es über die Frage, wodurch wir Erkenntnis erlangen, zu einem Streit zwischen den philosophischen Richtungen des Rationalismus und des Empirismus, die auf Theorien zurückgingen, die schon in der Antike und im Mittelalter existierten.

Mein Name ist René Descartes. Ich bin Rationalist und gehe davon aus, dass der Verstand die Quelle des Wissens ist. Das, was wir durch 5 unsere fünf Sinne wahrnehmen, ist sehr zweifelhaft – jeder kennt das Phänomen der Sinnestäuschung. Aufgrund von sinnlicher Wahrnehmung können wir nicht zu Aussagen kommen, die unbezweifelbar sind. 10 Erst dadurch, dass wir über das, was wir wahrnehmen, nachdenken, es mithilfe des Verstandes überprüfen, gelangen wir zu Erkenntnissen, die als gewiss gelten können. Je klarer unsere Gedanken sind, desto sicherer können wir sein, dass sie der Wirklichkeit 15 entsprechen. Ich bin sogar der Auffassung, dass wir allein durch das Denken, also völlig unabhängig von der Erfahrung, zu Erkenntnissen kommen können. Aufgrund von Ideen, die uns angeboren sind, wissen wir schon etwas über die Welt, bevor wir sie über- 20 haupt wahrgenommen haben.

Ich, John Locke, behaupte, dass alles Wissen über die Welt durch die Erfahrung zustande kommt, d. h. durch das, was wir sinnlich wahrnehmen. Deshalb bin ich Empirist. Das Wort leitet sich

von *empeirikos*, dem griechischen Wort für „erfahren", ab. Im Bewusstsein ist nichts, was nicht zuvor 30 in den Sinnen gewesen ist. Unser Geist gleicht einer *tabula rasa*, einer leeren Tafel, einem unbeschriebenen Blatt Papier. Wir wissen überhaupt nichts über die Welt, ehe wir sie nicht mit den Sinnen wahrgenommen haben. Aus der sinnlichen Wahrnehmung 35 leitet unser Geist Ideen ab und setzt sie zu unterschiedlichen Vorstellungen zusammen. Eine Vorstel-

6 Nicht ohne den Verstand!

lung kann nur dann als Erkenntnis gelten, wenn sie sich auf etwas bezieht, was wir erfahren haben. Wenn wir also eine Vorstellung oder Idee haben, die wir nicht mit erfahrenen Tatsachen in Verbindung bringen können, dann ist das eine falsche Vorstellung, eine Vorstellung, die nicht mit der Wirklichkeit übereinstimmt.

M4 Zwei Quellen der Erkenntnis

Moderator: Herr Kant, Sie haben sich sowohl mit dem Rationalismus als auch mit dem Empirismus befasst. Welche der beiden philosophischen Richtungen hat denn nun recht?

Kant: Im Grunde genommen keine von beiden. Man könnte aber auch sagen, dass beide recht haben.

Moderator: Das klingt verwirrend. Wie ist das zu erklären?

Kant: Genau betrachtet haben beide zum Teil recht. Sehen Sie, es ist eine falsche Fragestellung, ob wir entweder durch die sinnliche Wahrnehmung *oder* durch den Verstand zu Erkenntnissen kommen. Erkenntnisse erlangen wir nämlich durch die sinnliche Wahrnehmung *und* den Verstand. Beides sind notwendige Quellen der Erkenntnis. Ich habe das in meiner *Kritik der reinen Vernunft* so formuliert: „Gedanken ohne Inhalt sind leer, Anschauungen ohne Begriffe sind blind."

Moderator: Was bedeutet das?

Kant: Ein Gedanke, der sich nicht auf etwas beziehen lässt, was ich sinnlich wahrgenommen habe oder sinnlich wahrnehmen kann, ist noch keine Erkenntnis. Insofern muss man dem Empirismus recht geben. Aber dadurch, dass mir in der Wahrnehmung etwas anschaulich gegeben ist, habe ich noch nichts erkannt; erst wenn ich das Angeschaute einem Begriff zuordnen kann, wenn ich es aufgrund der Tätigkeit des Verstandes als etwas „begreife", entsteht eine Erkenntnis. Insofern hat der Rationalismus recht. Von Erkenntnis können wir nur da sprechen, wo sinnliche Wahrnehmung und Verstand zusammenarbeiten.

M5 Annahmen wissenschaftlich überprüfen

Unter einem wissenschaftlichen Experiment versteht man einen Versuch in einer kontrollierten Umgebung, der wiederholbar und so durch andere Forscher überprüfbar ist.

Zu jedem Experiment gehören eine *Hypothese*, die meist aus Beobachtungen gewonnen wird, und eine *Versuchsanordnung*, die geeignet ist, die Hypothese zu überprüfen. (Z. B. werden zur Überprüfung der Hypothese, dass die Tageszeit einen Einfluss auf die Konzentrationsfähigkeit hat, einer Anzahl von Versuchspersonen zu verschiedenen Tageszeiten Aufgaben vorgelegt, deren Lösung Konzentration erfordert.)

Jede Versuchsanordnung besteht aus einer *unabhängigen* und einer zu messenden *abhängigen Variablen*. (Bei dem Experiment zum Einfluss der Tageszeit auf die Konzentrationsfähigkeit ist die Tageszeit die unabhängige Variable, die Konzentrationsfähigkeit die Variable, die in Anhängigkeit von der Tageszeit gemessen wird.)

Ein Experiment kann nur dann erfolgreich sein, wenn es gelingt, Störvariablen auszuschließen. (Bei dem o. g. Experiment wären dies die weiteren Faktoren, die einen Einfluss auf die Konzentrationsfähigkeit haben könnten, z. B. Kaffeegenuss, Müdigkeit usw.).

Schließlich gehört zu jedem Experiment die *Auswertung* der gemessenen Daten mit Blick auf die Ausgangshypothese, die dadurch entweder bestätigt (verifiziert) oder widerlegt (falsifiziert) wird.

Aufgaben

1 Suche eine Lösung des Molyneux-Problems und erörtere sie mit deinen Mitschüler(inne)n. → M1

2 Überlege, welche Folgerung sich aus dem dargestellten Fall ableiten lässt. → M2

3 Fertige ein Schaubild zu den Auffassungen von Descartes und Locke an und begründe, wem du dich anschließen würdest. → M3

4 Erläutere, wie Kant den Streit zwischen Empirismus und Rationalismus löst. Schreibe im Namen Kants einen Brief an Descartes bzw. Locke, in dem du dessen Auffassung kritisierst. → M4

5 Zeige, welche Rolle die sinnliche Wahrnehmung und der Verstand im wissenschaftlichen Experiment spielen. → M5

Erkenntnis und Wahrheit

7

M1 Ist doch logisch – oder?

Sokrates ist sterblich.
Sokrates ist ein Mensch.
Also sind alle Menschen sterblich.

Alle Menschen sind sterblich.
Sokrates ist ein Mensch.
Also ist Sokrates sterblich.

Bodo ist ein Dackel.
Bodo ist ein Hund.
Also sind alle Hunde Dackel.

Sean hat rote Haare.
Sean ist Ire.
Also haben alle Iren rote Haare.

Deduktion und Induktion

Deduktion und Induktion sind zwei unterschiedliche Weisen des Schließens. Unter *Deduktion* versteht man den Schluss vom Allgemeinen auf das Besondere. So kann man aus dem allgemeinen Satz „Alle Menschen sind sterblich" schließen, dass ein bestimmter Mensch, z. B. Sokrates, sterblich ist. Deduktive Schlussfolgerungen sind immer wahr. Unter *Induktion* versteht man dagegen den Schluss vom Einzelnen auf etwas Allgemeines. Solche Schlüsse sind jedoch problematisch, denn sie können wahr sein, aber auch falsch.

M2 Das Problem der Induktion

Karl R. Popper [...] bewies [...] die Ungültigkeit eines Verfahrens, von dem Wissenschaftler wie Laien annehmen, es sei das Instrument, das die Naturerkenntnis ermöglicht und den wissenschaftlichen Fortschritt garantiert. Gemeint ist die „Induktion". Danach kommen Wissenschaftler „induktiv" zu ihrem Wissen, indem sie aus der Beobachtung einzelner wiederkehrender Tatsachen und Sachverhalte allgemeingültige Naturgesetze oder Theorien ableiten. So führte – simples Beispiel – die wiederholte Beobachtung einzelner weißer Schwäne zu der Behauptung, dass alle (also auch die nicht beobachteten) Schwäne weiß sind. An Gültigkeit gewinnt ein solcher All-Satz durch die Zahl der Beobachtungen, die ihm zugrunde liegt. Oder anders: Die Behauptung, dass alle Schwäne weiß sind, gilt als um so sicherer, je häufiger sie durch die Beobachtung weißer Schwäne verifiziert (bestätigt) ist.
Karl Popper hat nachgewiesen, dass das induktive Schließen vom Besonderen auf das Allgemeine nicht funktioniert. Er sagt: „[...] Die Ansicht, dass die wissenschaftliche Sicherheit einer Theorie mit der Anzahl der wiederholten Beobachtungen oder Experimente wächst, ist grundsätzlich fehlerhaft."
Dabei stützt sich Popper auf den Philosophen David Hume (1711 bis 1776), der als Erster herausfand, dass jedes Ereignis logischerweise nur eine Aussage über sich selbst begründen kann, nicht aber über andere ähnliche oder unähnliche Ereignisse. So sagt uns die Beobachtung von zehn weißen Schwänen nur, dass es zehn – und nicht elf oder noch mehr – weiße Schwäne gibt. Und erst recht können wir auf diese Weise nicht verifizieren, dass alle Schwäne weiß sind. Dazu Popper: Dies gilt für jeden All-Satz, für jedes Naturgesetz, für jede Theorie. Immer haben wir es nur mit Vermutungen zu tun, mit Hypothesen. Und selbst die wohl bewährteste Theorie, die je aufgestellt wurde – Isaac Newtons Lehre von der Schwerkraft –, bildet da keine Ausnahme.
Wenn aber die Verallgemeinerung von Einzelbeobachtungen (Induktion) nicht auf unserem Wissen basiert – worauf beruht sie dann? Hume sagte: auf unseren subjektiven Denkgewohnheiten. Damit meint er: Nachdem wir uns an die Wiederkehr gewisser

7 Wahrheit oder Wahrscheinlichkeit?

Ereignisse gewöhnt haben, tun wir so, als wüssten wir, dass auch in der Zukunft und im gesamten All solche oder ganz ähnliche Ereignisse die Regel wären. Dieses „Wissen" ist aber in Wirklichkeit ein irrationaler Glaube, bei dem wir die Verallgemeinerung einfach als gültig voraussetzen.

Mit seiner Kritik an der Induktion hatte David Hume die menschliche Vernunft gleichsam in eine Sackgasse geführt. Immanuel Kant fragte, wieso dann Wissenschaft überhaupt möglich sei. [...]

Karl Popper jedoch zeigte, dass wir Humes Kritik an der Induktion akzeptieren können [...]. Sein „Kritischer Rationalismus" lehrt: „So sehr auch das Bemühen verfehlt ist, die Wahrheit einer Behauptung zu beweisen, so kommen wir doch der Wahrheit näher, indem wir nach unseren Fehlern suchen und danach trachten, sie zu beseitigen. Dabei ist es uns sogar möglich, die Wahrheit zu finden. Nur können wir uns dessen niemals ganz sicher sein. Das heißt: Wir wissen niemals mit Gewissheit, ob das, was wir gefunden haben, die Wahrheit ist. Denn einen endgültigen, sicheren Beweis für sie gibt es nicht."

Paul-Heinz Koesters

M3 Unser Wissen von der Zukunft

Angenommen, jemand spielt mit einem Würfel und man soll voraussagen, ob er eine „Sechs" oder „Nicht-Sechs" werfen wird. Man wird natürlich vorziehen, „Nicht-Sechs" vorauszusagen. Warum? Mit Bestimmtheit kann man ja nichts darüber wissen; aber die Wahrscheinlichkeit für „Nicht-Sechs" ist größer, nämlich 5/6. Man kann zwar nicht behaupten, dass die Voraussage eintreffen wird; aber sie ist vorteilhafter als die gegenteilige Aussage, da man in der größeren Anzahl der Fälle recht behalten wird.

Eine derartige Aussage habe ich eine Setzung genannt. Eine Setzung ist ein Satz, den wir als wahr ansehen, obgleich wir nicht wissen, ob er es ist. Wir versuchen, unsere Setzungen so zu wählen, dass sie so oft wie möglich wahr sind. [...] Die Methode des Setzens wird auf alle möglichen Arten von Wahrscheinlichkeitsaussagen angewendet. [...] Wenn wir eine Information darüber haben, dass die Börse morgen voraussichtlich fällt, verkaufen wir unsere Papiere.

Wenn uns der Doktor sagt, dass das Rauchen wahrscheinlich unsere Lebenszeit verkürzt, dann hören wir mit dem Rauchen auf. [...]

Man kann eine Aussage über die Zukunft nicht mit dem Anspruch machen, dass sie wahr ist; [...] wir müssen mit der Möglichkeit rechnen, dass sie falsch ist, und wenn sie dann wirklich falsch sein sollte, sind wir zu einem neuen Versuch bereit. Die Methode von Versuch und Irrtum ist das einzige Mittel, das uns zu Voraussagen zur Verfügung steht. Eine Voraussage ist eine Setzung, und an Stelle ihrer Wahrheit kennen wir nur ihre Bewertung, die sich aus ihrer Wahrscheinlichkeit ergibt.

Die Deutung von Voraussagen als Setzungen löst [...] das Induktionsproblem. Der Empirismus brach unter Humes Kritik der Induktion zusammen, weil er sich nicht von der grundlegenden rationalistischen Forderung freigemacht hatte, dass alle Erkenntnis als wahr beweisbar sein muss. Unter diesem Gesichtspunkt ist die induktive Methode nicht zu rechtfertigen, da es keinen Beweis dafür gibt, dass sie zu wahren Schlüssen führt. Es sieht aber ganz anders aus, wenn eine Prophezeiung als eine Setzung aufgefasst wird. In dieser Interpretation bedarf es keines Beweises, dass sie wahr ist; alles, was man verlangen kann, ist ein Beweis dafür, dass sie eine gute oder sogar die bestmögliche Setzung ist. Ein solcher Beweis kann erbracht werden, und auf diese Weise ist es möglich, für das Induktionsproblem eine Lösung zu geben.

Hans Reichenbach

Aufgaben

1 Untersuche, welche Schlussfolgerungen wahr bzw. falsch sind und warum. Beziehe dazu die Informationen aus dem Kasten mit ein. → M1

2 Findet weitere Beispiele für deduktive und induktive Schlüsse. → M1

3 Erläutere, worin das Problem der Induktion besteht. → M2

4 Untersucht in arbeitsteiliger Gruppenarbeit Humes, Poppers und Reichenbachs Auffassungen zum Problem der Induktion und vergleicht sie miteinander. → M2/M3

5 Begründe, welche Position dir am plausibelsten erscheint. → M2/M3

Die Wirklichkeit der Medien

1 **M1** Medienbeschäftigung in der Freizeit 2010

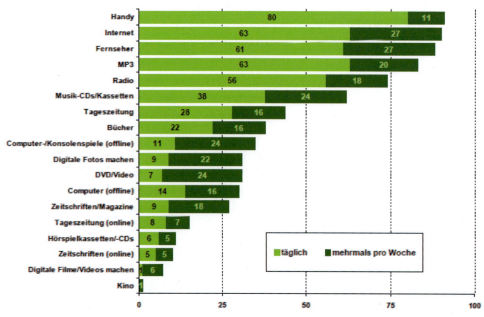

Quelle: JIM 2010, Angaben in Prozent. Basis: alle Befragten, n=1.208

M2 Was sind Medien?

lebenswert: Herr Bolz, Sie sind einer der bekanntesten Medientheoretiker. Erklären Sie uns bitte, was Medien eigentlich sind.

Norbert Bolz: Das ist nicht schwer zu verstehen, wenn man ein bisschen Latein kann. Das Wort „Medien" kommt von „medium", und das bedeutet: das Mittlere. Etwas, das in der Mitte ist, liegt immer zwischen zwei anderen Dingen. Man kann auch sagen: Es verbindet diese Dinge miteinander. So verbindet das Telefon zwei Menschen miteinander – es ermöglicht ihnen, miteinander zu sprechen, obwohl sie sich nicht an demselben Ort befinden. Und auch das Fernsehen stellt eine Verbindung zwischen zwei Orten her: Wir sehen zu Hause Ereignisse, die woanders geschehen, und bekommen Informationen von dort.

lebenswert: Dann wären ja auch die Rauchzeichen der Indianer Medien, denn durch sie werden Informationen von Mitgliedern eines Stammes an andere Stammesmitglieder weitergeleitet.

Norbert Bolz: Richtig, und auch die Zeitung ist ein Medium, und das Buch, und das Internet. Das alles sind technische Mittel, mit denen Menschen Informationen untereinander austauschen können.

lebenswert: Aber zwischen einem Buch und dem Internet gibt es doch einen großen Unterschied.

Norbert Bolz: Ja, aber beide unterscheiden sich hauptsächlich dadurch, wie die Informationen gespeichert werden. Das eine ist ein Druckmedium, es speichert die Informationen mit Druckerschwärze auf Papier. Das andere ist ein elektronisches Medium, d. h. hier werden die Informationen elektronisch gespeichert. Man spricht auch von alten und neuen Medien. Die alten Medien beruhen auf Gutenbergs Erfindung des Buchdrucks, die neuen Medien – Fernsehen, Handy, Internet usw. – nutzen die Möglichkeiten der modernen Technik.

> **Medien**
>
> Als Medium bezeichnet man etwas, das die Übermittlung von Informationen zwischen einem Sender und einem Empfänger ermöglicht. Der Begriff Medien wird heute vor allem als Sammelbegriff für alle audiovisuellen Mittel und Verfahren zur Verbreitung von Daten, Bildern, Nachrichten usw. gebraucht.

1 Zugänge zum Wissen der Welt?

M3 Vier Sheriffs zensieren die Welt

Das Internet war mal ein Ort der Freiheit. Wo man unbekannte Welten entdecken und sich dabei auch schon mal verlaufen konnte. Ein Ort, anarchisch zwar und wild. Aber frei.

Heute gibt es Apple, Facebook, Google und Amazon. Vier amerikanische Konzerne beherrschen das Internet und zählen zusammen einen signifikanten Anteil der Weltbevölkerung zu ihren Kunden. Sie vereinen rund 80 Prozent des grenzüberschreitenden Datenverkehrs auf sich. 40 Prozent der Zeit, die Menschen online verbringen, vereinen die Seiten der großen vier auf sich. Facebook hat zehnmal mehr Nutzer als Deutschland Einwohner. Google beantwortet eine Milliarde Suchanfragen pro Tag.

Die vier Konzerne definieren das Netz, überziehen es mit Weltanschauungen, Moralvorstellungen, Ideen von Gut und Böse. Sie haben eine digitale Welt geschaffen, die mehr an ein autoritäres Disneyland erinnert als an einen wilden Dschungel. Teils aus eigenem Antrieb, teils von Regierungen dazu gezwungen, schaffen sie Fakten und setzen Regeln, die für alle gelten sollen. So werden sie immer wieder zu potenten Zensurmaschinen, zu Gedankenwächtern der Gegenwart. Zu Instrumenten der Lenkung. [...]

Internetsurfer nehmen heute, teils freiwillig, teils ohne es zu ahnen, an einer Reihe von gigantischen Experimenten teil. Dabei geht es stets um Daten und darum, was sich alles mit ihnen anstellen lässt. [...] Das größte Experiment dieser Art begann am 4. Dezember 2009 – und es läuft bis heute. Google kündigte damals die personalisierte Suche für jedermann an, weil sie bessere und genauere Ergebnisse liefere. Suchergebnisse werden seither individuell auf Nutzer zugeschnitten, anfangs nach 57 Kriterien, heute sind es weitaus mehr. Nicht alles kann der Suchende einsehen, verändern oder gar ausschalten. So wird der Weltausschnitt, den Google seinen Nutzern präsentiert, persönlicher. Und zugleich enger.

Das weiß aber so genau kaum ein Nutzer, und deshalb ist es ein Problem.

Heute bestimmen Algorithmen zunehmend, welche Informationen die Nutzer erreichen. Die Welt wird vorsortiert, nach dem scheinbar unbestechlichen und neutralen Ansatz mathematischer Präzision. Nur objektiv ist das nicht, und deshalb sollte jeder die Möglichkeit besitzen, seine Daten einzusehen, zu verstehen, wie ihm die Sicht auf die Welt aufbereitet wird, welches Rating ihm der Computer verpasst – und warum.

Doch Google hütet seinen Algorithmus wie einen Schatz. Dagegen ist grundsätzlich nichts einzuwenden, jede Firma darf ihr betriebswirtschaftliches Vermögen schützen. Auch Coca-Cola hält das Rezept seiner Limonade geheim.

Aber ein Algorithmus, der Leben und Meinungen von Millionen beeinflusst, ist eben keine braune Brause. Er kann eine Waffe sein. [...]

Plötzlich steht die Welt nicht nur vor der Frage, was Technik kann. Sondern auch, wie diese Technik gesteuert wird. Von wem. Aus welchen Motiven. Mit welcher Legitimation. Und mit welchen Folgen.

Auf einmal scheinen Gedankenspiele nah zu sein. Dass kritische Informationen einfach nicht mehr auffindbar sind. Dass exotische Meinungen, die nicht dem errechneten Mainstream folgen, von Computern für irrelevant befunden und weggedrückt werden. Dass irgendwann einmal der Leser eines E-Books seinerseits von seinem Lesegerät beobachtet wird. Was, wenn ein Algorithmus von Amazon oder wem auch immer eines Tages herausfindet, dass eine signifikante Zahl von Lesern eine bestimmte Stelle in einem Buch überblättert? Oder dort aufhört zu lesen? Werden Bücher dann noch nach ihrer Veröffentlichung überarbeitet? Liegen Romane dann in zig Fassungen vor, weil sich das Leseverhalten der Mehrheit im Lauf der Zeit ändert?

Götz Hamann / Marcus Rohwetter

Aufgaben

1 Erläutere die Statistik. Welche Medien werden von Jugendlichen häufig benutzt, welche weniger? → M1

2 Stelle in einer Liste zusammen, welche Medien du nutzt und zu welchem Zweck. → M1/M2

3 Finde heraus, wie die Suchmaschine von Google arbeitet. Erläutere, was das für die Information über das Geschehen in der Welt bedeutet. → M3

4 Recherchiere: Gibt es Zensur im Internet? → M3

Die Wirklichkeit der Medien

M1 Spiel mit dem Tod

Computerspiele bedeuten Oleg längst nichts mehr, er sucht den ultimativen Kick, das Spiel mit dem eigenen Leben. Irgendwo westlich von Wolgograd trifft er sich in einer verlassenen Kaserne mit Gleichgesinnten, um wie in einer Kriegssituation mit scharfen Waffen aufeinander zu schießen. Ein Filmteam begleitet den Jungen in das Spielercamp. Die Dokumentation von 2006 löste in der Öffentlichkeit heftige Kontroversen aus.

M2 Forum junger Film geht an die Grenze

Der Film [...] *Spiel mit dem Tod* [testet] die Grenzen der Ethik aus [...]. Felix Müller hat in seiner [...] Dokumentation [...] zusammen mit einem Filmteam den jungen Deutschrussen Oleg nach Russland begleitet. Er sucht den extremen Kick beim „Igra su Smertju", dem Spiel mit dem Tod. Junge Männer mit echten Waffen und scharfer Munition schießen aufeinander und riskieren dabei ihr Leben: ganz bewusst. Das Filmteam hat vom Krieg als Freizeitsport befremdliche Bilder eingefangen. Sie treiben die Reportage an die Grenze zwischen Wahnsinn und Wirklichkeit und hinterlassen mehr als Unbehagen: Darf eine Filmdokumentation so weit gehen? Sollen solche Filme dem Zuschauer überhaupt zugemutet werden? Was bewirken solche Bilder beim Betrachter?
Der Filmautor Felix Müller, der am Mittwochabend bei der Vorstellung anwesend sein wird, sucht selbst nach Antworten auf diese Fragen. Es ist eine spannende Diskussion zu erwarten.

Ankündigung des Films in der Badischen Zeitung

M3 Spiel mit dem Zuschauer

Was man als Zuschauer erst einmal nicht ahnt: Die Dokumentation stellt sich als Fake heraus, mit der der Filmemacher Felix Müller bewusst machen will, dass Bilder immer etwas Künstliches und Gemachtes sind und es objektive und unverfälschte Bilder nicht gibt. Das – und wie leicht man Bilder manipulieren kann - zeigt sehr konkret und anschaulich der zweite Teil der Dokumentation. Hier verrät Müller die bei der Produktion des Films angewandten Tricks. Er war niemals in Russland. Einer der Drehorte ein altes Fabrikgelände in Offenburg. Durch den von der Kamera gewählten Bildausschnitt „verschwand" der danebenliegende Supermarkt mit deutschem Namen und die vorbeiführende Straße, auf der deutsche Autos zu erkennen gewesen wären. Eine Filmszene entstand dadurch, dass in das Foto eines heruntergekommenen Hinterhofes, das man im Internet fand, die agierenden Personen hineinkopiert wurden. Das russische Bier, das die jungen Männer trinken, wurde durch Aufkleben von selbst gedruckten Etiketten auf handelsübliche deutsche Bierflaschen hergestellt. Die eingesetzten Waffen sind lediglich Schreckschusspistolen. Zuschauer, die sich diesen zweiten Teil angesehen hatten, zeigten sich bestürzt darüber, mit welch einfachen Mitteln es dem Film gelungen war, glaubwürdig zu wirken, und wie leicht sie selbst auf den Inhalt hereingefallen waren.

2 Wirklichkeit oder Illusion?

M4 Feind oder Freund?

Amerikanische Soldaten im Irak-Einsatz

M5 Medien und Wirklichkeit

Wirklichkeit [...] in einem Medium abzubilden [...], bedeutet, sie zu reduzieren. Letztlich ist es immer ein Mensch, der mit seinen beschränkten Sinnen und technischen Hilfsmitteln diese Reduktion betreibt.
5 Damit beeinflusst der Mensch mit seiner subjektiven Wahrnehmung das Bild der Wirklichkeit, das er sich macht und das er anderen vermittelt. Die Annäherung an eine als objektiv existent angenommene Wirklichkeit durch unterschiedliche Haltungen und Arbeitsme-
10 thoden kann trotzdem besser oder schlechter gelingen.

Bodo Witzke / Ulli Rothaus

Aufgaben

1 Beschreibe die Gedanken und Gefühle, die die Filmbilder bei dir auslösen, und nimm Stellung zur Frage, die der Zeitungsbericht aufwirft. ➔ M1/M2
2 Erkläre, wie es der Film schafft, bei den Zuschauern den Eindruck von Realität zu erzeugen. ➔ M3
3 Erläutere, was das linke bzw. das rechte Bild für sich genommen vom Einsatz amerikanischer Soldaten im Irak vermitteln könnte. Durch welche Manipulation werden diese Wirkungen erreicht? ➔ M4
4 Erkläre das Verhältnis von Medien und Wirklichkeit. Erläutere, was mit dem letzten Satz gemeint ist. ➔ M5

Manipulation

Manipulation (lat. *manus:* Hand) wird in der Technik als wertneutrale Bezeichnung für Handgriff, Handhabung benutzt. In den Humanwissenschaften versteht man darunter eine gezielte und verdeckte Einflussnahme, eine Steuerung des Erlebens und Verhaltens von Menschen, die diesen verborgen bleiben soll. Medien können ein machtvolles Instrument der Manipulation sein, weil Menschen dazu neigen, das Gezeigte für wirklich zu halten.

Projekt: Scheinwirklichkeiten

Besorgt euch – wenn möglich – die DVD *Spiel mit dem Tod* und arbeitet mit den beigefügten Materialien zur Filmanalyse. (Bezugsquelle: http://www.dvd-complett.de/spiel-mit-dem-tod.html)
Nutzt eure Erkenntnisse anschließend für die Produktion eines eigenen Dokumentarfilms, in dem ihr eine erfundene Geschichte möglichst glaubwürdig umsetzt.

Die Wirklichkeit der Medien

M1 „Der Verrat der Bilder"

René Magritte, Der Verrat der Bilder (Dies ist keine Pfeife), 1929

M2 Das Bild in der Alltagssprache

- Das musst du dir mal bildlich vorstellen!
- Sokrates ist mein großes Vorbild.
- Schau mal, ist das nicht bildhübsch?
- Das ist wirklich ein Bilderbuchwetter!
- Es tut mir leid, aber hierbei handelt es sich nur um eine Nachbildung.
- Schau mal, auf dem Bildschirm erkennt man alles ganz genau.
- Um den Täter fassen zu können, brauchen wir ein Phantombild von ihm.
- Jeden Morgen sehe ich mein Spiegelbild.
- Das existiert doch nur in deiner Einbildung!

M3 Das Bild als Nachahmung der Wirklichkeit

Wir wissen alle, was ein Bild ist, aber wenn wir danach gefragt werden, ist es doch schwierig, es genau zu sagen. Ein Bild ist etwas, das etwas anderes abbildet, sagt man. Natürlich geht das nur, wenn zwischen dem, was das Bild zeigt, und dem, was es abbildet, eine Ähnlichkeit oder eine Form der Nachahmung besteht.

Mein Freund Michael zeigte mir einmal ein Bild, das ein Straßenkünstler im letzten Urlaub in Paris von seiner Freundin Tina angefertigt hatte. Es schien ein begabter Künstler gewesen zu sein: Tina war gut getroffen, ich erkannte sie sofort. Ich erkannte sie deshalb, weil das, was das Bild mir zeigte, Tina ähnlich ist, weil es eine gute Nachahmung von Tina darstellt. Ganz so einfach, wie es scheint, ist es aber nicht. Denn um zu beurteilen, ob das, was ich auf dem Bild sehe, Tina ähnlich ist, muss ich ja schon eine Vorstellung davon haben, wie Tina aussieht. Jemand, der keine Vorstellung davon hat, wie Tina aussieht, würde in dem Bild des Straßenkünstlers nicht Michaels Freundin erkennen.

Ich muss also offenbar schon ein Bild von Tina im Kopf haben, um zu erkennen, dass das, was das Bild mir zeigt, Tina ist. Unsere Vorstellungen und Erinnerungen scheinen aus Bildern zu bestehen. Dann wären sie aber Nachahmungen dessen, was es in Wirklichkeit gibt. Das haben jedenfalls die sogenannten Abbildtheoretiker behauptet. Das bedeutet, dass man sich nur das vorstellen kann, was man vorher schon einmal gesehen oder irgendwie wahrgenommen hat.

3 Die Realität der Bilder

M4 „Das hab' ich ja noch nie gesehen!"

Moment mal – wenn man sich nur das vorstellen kann, was man vorher gesehen hat, ...

... wie kannst du dann jemandem, der mich nicht kennt, erklären, wie ich aussehe und was ich bin?

M5 Das Gezeigte ist nicht anwesend

Hallo, mein lieber gelber Freund! Ich heiße Jean-Paul Sartre und möchte versuchen, dir deine Frage zu beantworten. Eigentlich ist dein Problem einfach zu lösen, denn ich brauche nicht alles wahrgenommen zu haben, um in mir eine Vorstellung von dir zu haben. Dass ich dich sehe, hängt nämlich ganz von meiner Vorstellungskraft ab. Wie wichtig die Vorstellungskraft ist, kennst du wahrscheinlich aus dem Kunstunterricht. Wenn deine Lehrerin oder dein Lehrer der Klasse ein Bild zeigt, stellt sie oder er bestimmt häufig die Frage: „Was seht ihr in diesem Bild?" Und diese Frage richtet sich an die Vorstellungskraft.

Du fragst dich jetzt bestimmt, was denn nun diese Vorstellung bzw. Vorstellungskraft eigentlich ist. Um dem Begriff auf die Spur zu kommen, muss man sich klar machen, dass es ein großer Unterschied ist, ob ich etwas wahrnehme oder ob ich mir etwas vorstelle. Schaue ich mir beispielsweise ein Bild an, so nehme ich ich zum einen den Träger des Bildes wahr – also den Rahmen und die Leinwand mit den Farben – und andererseits sehe ich das, was dargestellt wird, z. B. das Bild einer Pfeife. Dieses ist etwas anderes als das Material, die Farben auf der Leinwand und der Rahmen. Das, was auf dem Bild dargestellt wird, die Pfeife, ist nur in meiner Vorstellung gegeben.

Das wirft die Frage auf, was diese Vorstellung eigentlich ist. Man muss drei Arten von Vorstellungen unterscheiden. Erstens: Das, was sich in meiner Vorstellung befindet, gibt es gar nicht wirklich – wie z. B. eine gelbe Schwammkopf-Figur, die spricht. So etwas wie dich habe ich noch nie in Wirklichkeit gesehen.

Jean Paul Sartre

Nun könntest du mir sagen: „Aber etwas Ähnliches gilt auch für dich, den großen französischen Philosophen. Du bist doch schon 1980 gestorben und trotzdem bist du im Moment irgendwie da." Ich antworte dir: Das ist richtig gedacht. Das ist nämlich ein gutes Beispiel für die zweite Art von Vorstellung: die Vorstellung, die sich auf etwas bezieht, was tatsächlich einmal existiert hat, aber jetzt nicht mehr existiert.

Die dritte Art von Vorstellung bezieht sich auf Dinge oder Personen, die tatsächlich existieren, die aber jetzt hier nicht zu sehen sind. Dies ist z. B. der Fall bei der Freiheitsstatue von New York, von der fast jeder eine Vorstellung hat, obwohl er sie gerade nicht anschaut.

Verstehst du, was ich meine? Ein Bild ist immer etwas, das in unserer Vorstellung existiert. Bilder können sich in unterschiedlicher Weise auf die Wirklichkeit beziehen, dürfen aber nicht mit der Wirklichkeit verwechselt werden. Wenn ich mir ein Bild anschaue, sehe ich eigentlich gar nicht das, was wirklich auf der Leinwand wahrzunehmen ist, die Farben usw. Was ich eigentlich sehe, ist vielmehr eine Vorstellung dessen, was gezeigt wird. Das, was ein Bild zeigt, ist eigentlich gar nicht „da", es existiert nur in meiner Vorstellung. Ich nenne diese Form der Anwesenheit des Gezeigten eine „anschauliche Abwesenheit".

B 1 Erkläre, was du bei M1 sehen kannst und was nicht. Wie ändert sich das, was du siehst, durch den Text im Bild? Ist das jetzt eine Pfeife oder nicht? ➔ M1

2 Erläutere: Was ist denn nun ein Bild? ➔ M2

3 Inwiefern lässt sich die Abbildtheorie auf die Aussagen und Redewendungen anwenden? Von welcher Art Bild ist jeweils die Rede? Nenne weitere Beispiele. ➔ M2/M3

4 Überlegt, was das Besondere an Schwammkopf ist. Warum kann er diese Frage stellen? ➔ M4

5 Welche Unterscheidungen trifft Jean-Paul Sartre? Stellt sie in einer Übersicht auf einem Plakat dar. ➔ M5

6 Was meint Sartre mit „anschaulicher Abwesenheit"? Erläutert den Begriff am Beispiel der Pfeife aus M1. ➔ M1/M5

Aufgaben

Die Wirklichkeit der Medien

4   M1 Simulation echten Lebens?

Das Simulationsspiel *Die Sims* ist ein weltbekanntes und beliebtes Computerspiel. Seit der ersten Ausgabe im Jahr 2000 wurde es nach Angaben des Herstellers über 100 Millionen Mal verkauft und ist in 22 Sprachen erhältlich.

Bei dem Spiel geht es darum, dass der Spieler eine eigene virtuelle Familie, genannt „die Sims", erschafft, um deren Figuren er sich dann „kümmert".

Dabei sind der Gestaltung der einzelnen Charaktere mittlerweile, d. h. bei neueren Versionen, keine Grenzen mehr gesetzt. Nicht nur, dass man aus verschiedenen Gesichtszügen, Haarfarben, Augenfarben bis hin zu den Nasenwinkeln und den genauen Mund- und Augenpartien wählen kann, natürlich sind auch die Kleidung und damit der Stil jedes einzelnen Sim frei wählbar. Es gibt sogar Kleidungskonzerne, die ihre Modelle virtuell in die Läden der Sim-Welt stellen.

Aber das ist nicht alles: Wenn der Spieler seine Figuren kreiert, kann er ihnen bis zu fünf von über 80 verschiedenen Charakteren mitgeben, die seine Persönlichkeit festlegen. So kann ein Sim z. B. glücklich, träumerisch, ehrgeizig, draufgängerisch, kleptomanisch, perfektionistisch, romantisch oder sogar böse und verrückt gemacht werden.

Ziel ist es, der virtuellen Familie ein schönes Leben zu ermöglichen, indem man den einzelnen Charakteren möglichst viel Glück beschert. Dieses Glück hat natürlich bei jedem einzelnen Sim verschiedene Züge, ganz nach dem Charakter, den man für ihn gewählt hat. Ständig ist der Spieler damit beschäftigt, das Glücksgefühl hochzuhalten. Er muss Wünsche erfüllen und immer daran arbeiten, die Welt der Sims zu erweitern und zu verschönern.

M2 Simst du schon oder lebst du noch?

Stell' dir vor: Gestern Abend haben dich Unbekannte so stark betäubt, dass du – nachdem du hundemüde ins Bett gefallen warst – im Tiefschlaf nicht gemerkt hast, dass sie dich entführt und in ein Dauerkoma versetzt haben. Dann haben sie dein Gehirn und dein Nervenzentrum an einen Hochleistungscomputer angeschlossen, der alles, was du bisher kanntest, perfekt simulieren kann: alles, was du siehst, hörst, riechst, schmeckst, fühlst, und auch alles, was du über dich, deine Umwelt, deine Familie und Freunde weißt.

Als du heute Morgen meintest aufzuwachen, war es nur der Computer, dessen Programm dich aufwachen ließ. Aber du hast nicht den kleinsten Unterschied bemerkt. Zwar gab es hier und da ein paar merkwürdige Dinge auf dem Weg zur Schule: Der Bus war ausnahmsweise genauso unpünktlich an der Haltestelle wie du, in deiner Tasche hattest du komischerweise doch noch genug Geld, um dir ein Brötchen zu holen. Aber alles in allem ist dir nichts aufgefallen. Und jetzt sitzt du hier und überlegst, ob das wohl sein kann. Warum eigentlich nicht? Was, von dem, was du heute schon erlebt hast, ist ganz ohne Zweifel nicht durch ein Programm simuliert? Vielleicht bist du ja nur ein Sim. Vielleicht sind wir alle nur Sims. Vielleicht gibt es jemanden, der mit uns spielt und wir merken es nur nicht. Vielleicht gibt es gar keine merkwürdigen Ereignisse, weil alles eine andere Ordnung hat.

4 Realitätsverlust

M3 Erebos

Nick hat sich auf das Computerspiel Erebos eingelassen, ein Spiel, das man nur einmal spielen kann und das einen hohen Suchtfaktor aufweist. Gerade hat sein Avatar Sarius einen Kampf nicht erfolgreich abschließen können und ist geschwächt worden. Ein Bote, der Sarius schon mehrmals aus der Klemme geholfen hat, erscheint und fordert ihn auf, einen Auftrag in der Wirklichkeit zu erfüllen. Nick / Sarius stimmt zu:

„Ich werde den Auftrag erledigen. Er kann ruhig schwierig sein. Kein Problem." „Ich bin erfreut, das zu hören. Lass mich dir zuerst eine Frage stellen. Mr Watson ist dein Englischlehrer?" „Ja." „Man sagt, er
5 trägt oft eine Thermoskanne mit sich herum. Stimmt das?" „Ja. Ich glaube, da ist Tee drin." „Gut. Du wirst in der Schule eine kleine Flasche finden. Ihren Inhalt sollst du in die Thermoskanne von Mr Watson schütten. Welcher Art dieser Inhalt ist, hat dich nicht zu
10 kümmern. Nun? Hast du alles verstanden?" Sarius atmet tief durch. Es ist ein Spiel, nicht? Wahrscheinlich verlangt der Bote nur eine Mutprobe und in dem Fläschchen ist Milch. Oder Traubenzucker. „Ich tu es." „Ausgezeichnet. Ich erwarte morgen deinen Bericht."

Nick findet die kleine Flasche, die Pillen enthält, und schleicht sich ins Lehrerzimmer. Doch er kippt die Tabletten nicht in Mr Watsons Thermoskanne. Da Nick den Beipackzettel gelesen hat, weiß er, dass die Menge der Tabletten seinen Englischlehrer umbringen würde. – Am Abend meldet sich der Bote im Computerspiel bei Nick / Sarius:

15 „Du hattest einen Auftrag", sagt der Bote. „Ja." „Hast du ihn erfüllt?" „Ja." „Erzähle mir davon." Sarius fasst sich kurz und erzählt schließlich, dass er die Pillen in den Tee geschüttet hat. „Alle?", will der Bote wissen. „Ja." „Gut. Was hast du mit der leeren Flasche ge-
20 tan?" „Weggeworfen." „Gut." Wieder tritt Schweigen ein. Der Bote lehnt sich vor, seine gelben Augen verfärben sich rötlich. „Erkläre mir etwas." *Ich war dumm, er weiß es, er weiß alles ...* „Einer meiner Späher fand die Flasche. Sie war voll." Sarius ist heiß vor Panik.
25 Eine Erklärung, schnell ... „Vielleicht hat der Späher die falsche Flasche gefunden." „Du lügst. Andere Späher melden, Mr Watson sei bei bester Gesundheit. Er sei noch immer in der Schule." „Möglicherweise hat Mr Watson noch nicht von seinem Tee getrunken", wirft Sarius hastig ein. „Oder er hat ihn weggeschüt-
30 tet, weil er durch die Pillen bitter geschmeckt hat." „Du lügst. Ich habe keine Verwendung mehr für dich."

Nicks Avatar wird kurzerhand aus dem Spiel eliminiert. Damit hat er seine Chance, der Top-Spieler zu werden, „vergeben". In welche Abhängigkeit ihn das Spiel, das er nie wieder spielen kann, gezogen hat, zeigen seine Gedanken:

Mit jedem neuen Tag verliert meine Realität an Wert.
35 Sie ist laut und ohne Ordnung, unvorhersehbar und mühevoll.
Was kann sie denn, die Realität? Hungrig machen, durstig, unzufrieden. Sie verursacht Schmerzen, sie schlägt mit Krankheit um sich, sie gehorcht lächerlichen Gesetzen. Vor allem aber ist sie endlich. Immer
40 führt sie zum Tod.
Was zählt und Kraft hat, sind andere Dinge: Ideen, Leidenschaften, sogar Wahnsinn. Alles, was sich über die Vernunft emporhebt.
Ich entziehe der Realität meine Zustimmung. Ich ver-
45 weigere ihr meine Mithilfe. Ich verschreibe mich den Verlockungen der Weltenflucht und stürze mich mit ganzem Herzen in die Unendlichkeit des Irrealen.

nach Ursula Poznanski, gekürzt

Aufgaben

1 Erkundige dich weiter über das Spiel *Die Sims* und auch über andere ähnliche Simulationsspiele. Suche Gründe dafür, dass sie so erfolgreich sind. Was ist der Unterschied zwischen Simulationsspielen und anderen Computerspielen? → M1

2 Überlege, welchen Charakter du erstellen würdest. Begründe, ob du auch versuchen würdest, dich selbst zu erstellen.

3 Entscheidet, ob die Geschichte wahr sein kann. Überlegt, was wäre, wenn wir alle nur simuliert wären. Würde das etwas an der Art und Weise ändern, wie wir miteinander und mit uns selbst umgehen? → M2

4 Recherchiert, wer oder was Erebos ist. Wieso hat Erebos so viel Macht über die Spieler, die sich auf dieses Computerspiel einlassen? → M3

5 Welche Gedanken hat Nick (Z. 34–48)? Warum sind sie gefährlich? Begründet eure Antworten. → M3

Die Wirklichkeit der Medien

M1 Was es im Internet (nicht) alles gibt …

„Die volle, reiche Erfahrung der Elternschaft ohne das Durcheinander und die Lästigkeit der wirklichen Dinge! Lieben Sie Kinder, haben aber keine Zeit, sich um sie zu kümmern? ‚Video-Baby' ist für sie da!"

Bitte wählen Sie auch aus folgenden Angeboten aus:

• Ärzte • Berater • Experimente •
Familien • gute Taten • Identitäten •
Mumien • Museen • Popstars •
Rundgänge • Schlägereien • Schulen •
Tests • Tiere • Tierfriedhöfe • Wälder …

Jeder findet, was er braucht!

M2 Ich und Ich

Wenn ich am Computer sitze und spiele oder online bin, …
… und doch auch nicht!
… bin ich ich selbst …
… heiße ich Kay …
… bin ich schwach …

M3 Ich kann fliegen …

Hi, Ben, mein neues Computerprogramm ist absolut irre. Ein Flugsimulator – da glaubst du wirklich, du sitzt im Cockpit eines Flugzeuges. Du kannst die Instrumente bedienen, alles total realistisch. Du hast das Gefühl, als ob du tatsächlich fliegst. Du siehst die Landschaft unter dir vorüberziehen und kannst die Landebahn eines Flughafens ansteuern. Ein tolles Gefühl. Das muss ich dir unbedingt mal zeigen.

M4 Was ist Virtualität?

Um zu erklären, was Virtualität ist, setzt man am besten bei der Simulation an. Eine Simulation zeichnet sich dadurch aus, dass etwas, das es wirklich gibt, z. B. das Fliegen mit einem Flugzeug, künstlich dargestellt wird. Man hat dabei den Eindruck, als ob das, was einem da vorgemacht wird, wirklich sei. Diese besondere Art zu sein bezeichnet man im weiteren Sinn als virtuell. Das Virtuelle ist etwas, das für wirklich gehalten wird, ohne wirklich zu sein.
Im engeren Sinne wird Virtualität als eine gesteigerte Form der Simulation verstanden. Bei einer Simulation ist einem der Unterschied zwischen der simulierten Welt und der Wirklichkeit immer bewusst, man hat z. B. das Gefühl, man fliegt, aber weiß, dass dies nicht wirklich der Fall ist. Von Virtualität spricht man insbesondere dann, wenn die Simulation *total* ist, wenn nicht *einzelne* Elemente der Welt wie das Fliegen oder das Autofahren, simuliert werden, sondern eine *ganze* Welt simuliert wird. Dann wird der Unterschied zwischen simulierter Welt und wirklicher Welt nicht mehr wahrgenommen und man hat das Gefühl, die simulierte Welt ist die wirkliche.

5 Simulation und Virtualität

M5 Vorprogrammiertes Glück?

Der Philosoph Wolfgang Welsch nutzt das Beispiel eines virtuellen Babys aus M1, um die Auswirkungen virtueller Realitäten auf uns zu verdeutlichen.

Natürlich weiß der Benutzer um den Unterschied zwischen Simulation und Realität. Aber der springende Punkt ist: Dieser Unterschied bedeutet immer weniger. Die Simulation wird ohne weiteres als Ersatz der Realität ergriffen, ja als eine vollkommenere Version des Realen geschätzt. Babys werden zunehmend wie Video-Babys wahrgenommen, und ihre Abweichungen vom elektronischen Idealbild gelten nicht etwa als Zeichen von Menschlichkeit, sondern als lästige Unvollkommenheiten. Das Reale wird immer mehr an der Idealvorstellung, die durch solche Simulationen vermittelt wird, gemessen.

Das, was wir als Wirklichkeit verstehen, wird durch die virtuelle Welt der Medien miterzeugt. Woher weiß ein Kind in Deutschland, wie die Freiheitsstatue aussieht, ohne je da gewesen zu sein? Woher hat ein Schüler seine Vorstellung davon, wie es in weit entfernten Ländern aussieht? Durch die Medien und Möglichkeiten der virtuellen Realität stehen wir vor der Möglichkeit, unsere wirkliche Welt nur dadurch zu erkennen, dass wir sie mit virtuellen Welten vergleichen und vermischen.

Wolfgang Welsch

M6 Braucht die Wirklichkeit einen Kommentar?

Tatsächlich gibt es schon Technologien, die die Wirklichkeit mit virtueller Realität mischen. Bei der so genannten *Augmented Reality (AR)* oder *Erweiterten Realität* werden z. B. Kameras mit einer Software ausgerüstet, die Informationen zu den Dingen, die man sehen kann, aus dem Internet hinzufügen.

Der Betrachter sieht zwar die reale Welt, erhält aber zusätzlich dazu passende virtuelle Bilder oder Texte. In wenigen Jahren sollen auch Kontaktlinsen auf den Markt kommen, in die ein Mini-Display eingebaut ist, der wiederum Bilder vor das Auge projiziert. So sieht man z. B. bei einem Stadtrundgang, wie die Gebäude früher aussahen, oder wird beim Autofahren bei der Orientierung unterstützt, wenn auf der Windschutzscheibe Pfeile den Weg zum Ziel zeigen.

Neben technischen gibt es auch ethische Grenzen. Zum Beispiel macht eine neue Software auch Folgendes möglich:

Nachdem eine fremde Person durch den Sucher der Handykamera anvisiert ist, schickt das Telefon die Aufnahme per Mobilfunk an eine Datenbank. Das Programm durchsucht zum Beispiel Profile bei Facebook, Einträge bei Twitter oder Bücherwunschlisten bei Amazon. Ist die Person identifiziert, landen dort hinterlegte Informationen auf dem Handydisplay – zumindest wenn die abgelichtete Person diese Daten freigegeben hat.

nach Thorsten Quandt

Aufgaben

1. Sammelt Vor- und Nachteile zu den Beispielen aus der Welt des Internets und beurteilt abschließend, ob diese Dinge wirklich nötig sind und was ihren Reiz ausmacht. → M1
2. Warum stimmen die Aussagen irgendwie und irgendwie auch nicht? Nennt weitere Beispiele. → M2
3. Erläutert, was eine Simulation leisten kann und was nicht. → M3
4. Erkläre, was Virtualität im Unterschied zur Simulation ist. → M4
5. Erstellt eine Liste dazu, wo euch virtuelle Realitäten und Simulationen begegnen. → M1-M4
6. Stellt in eigenen Worten dar, was die Grundaussage von Welsch ist. Inwiefern könnt ihr ihm zustimmen? Inwiefern nicht? → M5
7. Was hältst du von AR-Technologien? Glaubst du, dass sie eine Zukunft haben? Begründe deine Antwort. → M6
8. Erklärt, von welcher ethischen Grenze im Text die Rede ist. Nennt weitere Beispiele. → M6

Die Wirklichkeit der Medien

6 M1 So erhält der Mensch die Vorstellung

René Magritte, La Condition humaine, 1933

6 Die Welt ist allem Anschein nach …

M2 Die Irrfahrt der Erkenntnis

Ein Kapitän, der in dunkler, stürmischer Nacht eine Meeresenge durchsteuern muss, deren Beschaffenheit er nicht kennt, für die keine Seekarte besteht und die keine Leuchtfeuer oder andere Navigationshilfen besitzt, wird entweder scheitern oder jenseits der Meeresenge wohlbehalten das sichere, offene Meer wiedergewinnen. Läuft er auf die Klippen auf und verliert Schiff und Leben, so beweist sein Scheitern, dass der von ihm gewählte Kurs nicht der richtige Kurs durch die Enge war. Er hat sozusagen erfahren, wie die Durchfahrt *nicht* ist. Kommt er dagegen heil durch die Enge, so beweist dies nur, dass sein Kurs im buchstäblichen Sinne nirgends anstieß. Darüber hinaus aber lehrt ihn sein Erfolg nichts über die wahre Beschaffenheit der Meeresenge; nichts darüber, wie sicher oder wie nahe an der Katastrophe er in jedem Augenblicke war: Er passierte die Enge wie ein Blinder.

Sein Kurs passte in die ihm unbekannten Gegebenheiten; er stimmte deswegen aber nicht, wenn mit Stimmen gemeint ist, dass der gesteuerte Kurs der wirklichen Natur der Enge entspricht. Man kann sich leicht vorstellen, dass die wahre Beschaffenheit der Meeresenge vielleicht wesentlich kürzere, sicherere Durchfahrten ermöglicht.

nach Paul Watzlawick

M3 Weltsicht

Und so sehen wir die Welt: Wir sehen sie als etwas außerhalb von uns Befindliches, obwohl sie nur eine geistige Darstellung dessen ist, was wir in uns erleben.

René Magritte

M4 Das Ding an sich

Ich behaupte, dass es diejenigen Dinge gibt, die wir wahrnehmen und die wir durch unsere Sinne kennen. Aber das ist genau der Punkt: Von dem, was sie an sich selbst sind, wissen wir nichts, sondern kennen nur ihre Erscheinungen, also das, was sie in unserer Vorstellung sind. Wer weiß schon, was und wie ein Gegenstand ist, ohne dass wir ihn wahrnehmen? Über das *Ding an sich* können wir keine Aussage machen.

nach Immanuel Kant

Aufgaben

1. Schaut euch das Bild an. Welche Fragen lassen sich stellen? Welche Antworten lassen sich geben? → M1
2. Übertragt die Geschichte auf jemanden, der nach der wirklichen Welt sucht. Was bedeutet die Geschichte dann für unsere Wirklichkeit? → M2
3. Schreibt einen kurzen Essay zu dem Ausspruch von René Magritte. Sprecht hinterher über eure Deutungen des Zitats des französischen Malers. → M3
4. Überlegt, was Immanuel Kant sagen will. Welche Konsequenz hat das für die Erkenntnis der Wirklichkeit? → M4

Projekt: Computer-Parcours „Virtuelle Welt"

Stellt mehrere Computer in eurem Klassenzimmer auf. An den unterschiedlichen Stationen sollen Schülerinnen und Schüler aus anderen Klassen erfahren, wie sich Vorstellungen, Bilder, Imagination oder Simulation von der Realität unterscheiden und welche Probleme damit verbunden sind. Um den Parcours aufbauen zu können, müsst ihr neben den Computern noch Spiele (z. B. Prince of Persia), Simulationen (z. B. Flugsimulator), Programme für Imagination (z. B. Kreieren von Avataren), Bilder (z. B. Bilder aus den unterschiedlichen Jahrhunderten) usw. mitbringen bzw. selbst zusammenstellen. Als Experten könnt ihr mit euren Mitschülern – nachdem diese an den einzelnen Stationen gespielt, geschaut oder ausprobiert haben – über den Unterschied von Virtualität und Realität reden.

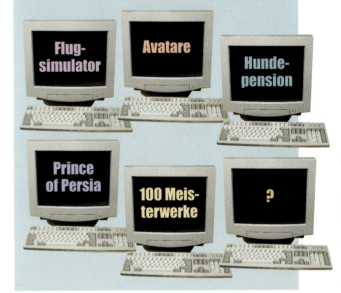

Weltreligionen

1 **M1** Runde 1: **Gruppenphase**

Gruppe 1 vs. Gruppe 2

Welche dieser Religionen ist keine Weltreligion?
- A Islam
- B Hinduismus
- C Judentum
- D Taoismus

Die Beschneidung von Jungen ist ein fester Bestandteil im …
- A Judentum
- B Christentum
- C Islam
- D Buddhismus

Die Bergpredigt fordert dich zu Folgendem auf:
- A Liebe deinen Nächsten.
- B Gehe auf Pilgerfahrt.
- C Bete drei Mal am Tag.
- D Sprich den Namen Gottes nicht aus.

Zur Ausstattung des Gebetsraums einer Moschee gehört bzw. gehören …
- A Bilder von Mohammed
- B ein Gebetsschal
- C Kalligraphien
- D ein Kreuz

Welche Stadt wird von den drei monotheistischen Religionen als heilig angesehen?
- A Mekka
- B Jerusalem
- C Istanbul
- D Tripolis

Der Davidstern symbolisiert …
- A das Pessach-Fest
- B die zehn Gebote
- C die 12 Stämme Israels
- D das Licht des Jerusalemer Tempels

Kein Sakrament der katholischen Kirche ist …
- A die Firmung
- B die Krankensalbung
- C die Predigt
- D die Ehe

Die Al-Fatiha, das Pflichtgebet der Muslime findet sich in Sure …
- A 1
- B 17
- C 58
- D 119

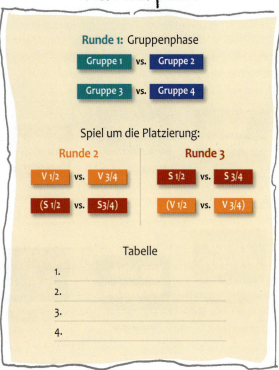

Turnierplan

Runde 1: Gruppenphase
- Gruppe 1 vs. Gruppe 2
- Gruppe 3 vs. Gruppe 4

Spiel um die Platzierung:

Runde 2
- V 1/2 vs. V 3/4
- (S 1/2 vs. S 3/4)

Runde 3
- S 1/2 vs. S 3/4
- (V 1/2 vs. V 3/4)

Tabelle
1.
2.
3.
4.

M2 Runde 2: **Spiel um Platz 3**

Welche Stadt ist der wichtigste Pilgerort der Hindus?
- A Kalkutta
- B Benares
- C Mumbai
- D Dehli

Wie heißt der Priester im Hinduismus?
- A Brahmane
- B Schamane
- C Paria
- D Paris

Welche Pflicht gehört zu den fünf Säulen des Islam?
- A Schweinefleisch
- B Salat
- C Obst
- D Brot

An welchem Ort finden jüdische Gottesdienste statt?
- A Bar Mizwa
- B Thora
- C Synagoge
- D Jahwe

1 Reli-Rallye

Gruppe 3 vs. Gruppe 4

Ambo, Bima und Kürsü bezeichnen den Ort, an dem ...

- A gepredigt wird
- B die Wandlung vollzogen wird
- C die Lehre verkündet wird
- D die Opferung vorgenommen wird

Judentum, Christentum und Islam haben als Stammvater ...

- A Abraham
- B Ismael
- C Isaak
- D Lot

Die Thora beinhaltet wie viele Gebote?

- A 24
- B 279
- C 482
- D 613

Was bedeutet „koscher"?

- A fein
- B rein
- C mein
- D dein

Martin Luther reformierte ...

- A den Glauben
- B den Gottesdienst
- C den Religionsunterricht
- D die Kirche

Was bedeutet das Wort Evangelium?

- A Frohe Kunde
- B Frohe Botschaft
- C Glückliches Leben
- D Reich der Engel

Wer hat angeblich einen Ritt auf der geflügelten Stute Burak zurückgelegt?

- A Konfuzius
- B Lao-Tse
- C Jesus
- D Mohammed

Worüber gibt das Wort „Haddschi" Auskunft?

- A Ein Christ war in Rom.
- B Ein Muslim war auf Pilgerreise.
- C Ein Jude hat Schnupfen.
- D Ein Buddhist wird Mönch.

M3 Runde 3: Spiel um Platz 1

Buddha wachte auf (er wurde erleuchtet) ...

- A in der Wüste
- B auf einem Berg
- C in einem See
- D unter einem Baum

Siddharta Gautama ist besser bekannt unter dem Namen ...

- A Buddha
- B Jesus
- C Mohammed
- D Abraham

Wie heißt das größte buddhistische Fest?

- A Wesak
- B Sangha
- C Gautama
- D Boddhisattva

An Weihnachten feiert man ...

- A die Geburt Jesu
- B den Tod Jesu
- C die Auferstehung Jesu
- D die Himmelfahrt Jesu

Aufgaben

1 Bildet vier Gruppen und spielt in zwei Gruppen gegeneinander. Innerhalb von 30 Sekunden muss eine Gruppenantwort auf eine gestellte Frage gegeben werden. Die beiden Gruppen, die in Runde 1 die meisten Fragen beantworten können, spielen um Platz 1, die beiden anderen um Platz 3. ➜ M1

2 In Runde 2 spielen zunächst die beiden Verlierer gegeneinander. Beantworten beide Gruppen die gestellte Aufgabe falsch, so dürfen die beiden Sieger-Gruppen die richtige Antwort einfach in den Raum rufen. Wer zuerst die richtige Antwort gibt, erhält bereits einen Punkt für die Endwertung. Platz drei erreicht die Gruppe, die die meisten richtigen Antworten aus Runde 2 **plus** eventueller Punkte aus Runde 3 auf sich vereint. ➜ M2

3 In Runde 3 spielen die beiden Sieger gegeneinander um Platz eins. Beantworten beide Gruppen die gestellte Aufgabe falsch, so dürfen die beiden Verlierer-Gruppen die richtige Antwort einfach in den Raum rufen. Wer zuerst die richtige Antwort gibt, erhält einen weiteren Punkt für die Endwertung. Platz eins sichert sich die Gruppe, die die meisten richtigen Antworten aus Runde 3 **plus** eventueller Punkte aus Runde 2 auf sich vereint. ➜ M3

(Lösungen: s. S. 188)

Weltreligionen

M1 Der Glaube an den einen Gott

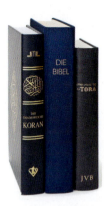

Haben Juden, Christen und Muslime eigentlich verschiedene Götter oder glauben sie an denselben Gott? In der Thora wird berichtet, dass Gott sich Abraham offenbart hat und dieser einen Bund mit Gott geschlossen hat. In den Evangelien ist zu lesen, dass Jesus Christus diesen Bund mit Gott erneuert hat. Und dem Islam zufolge hat Mohammed das Wort Gottes empfangen, der sich schon Abraham offenbart hat. Alle drei Offenbarungsreligionen verehren also denselben Gott, der die Welt und die Menschen erschaffen hat, nicht nur die Christen oder die Muslime oder die Juden. Unterschiedlich sind jedoch die kulturellen Traditionen und die Formen, in denen dieser eine Gott verehrt wird.

M2 Der Streit um die rituelle Beschneidung

In Köln wird gerade ein Stück nachgespielt, das schon mehrere tausend Jahre alt ist. Es geht um die Beschneidung von Jungen. Darf man das? Muss man es sogar, um der Religion zu dienen? Oder ist der Schnitt am Glied nicht vielmehr ein tiefer Eingriff in die Freiheit und die Selbstbestimmung des Individuums?
Das Kölner Gericht hatte darüber zu urteilen, ob ein muslimischer Arzt, der einen vier Jahre alten Jungen auf Wunsch von dessen Eltern beschnitten hatte, eine Körperverletzung beging. Das Urteil: Ja, es war eine Körperverletzung, das Grundrecht des Kindes auf körperliche Unversehrtheit steht über dem Recht der Eltern und der Freiheit der Religionsausübung. [...]
Man kann das Urteil verteidigen, weil der Rechtsstaat [...] Religionsfreiheit gewähre [...]: Wäre der Junge mündig genug gewesen und hätte sich selbst für die Beschneidung entschieden, wäre alles gut. Dass aber seine Eltern dies tun und dabei sein Körper ohne seine Einwilligung unwiederbringlich verändert wird, ist nicht gerecht. [...] Man kann das Urteil aber auch ablehnen und so empören sich nun Muslime und Juden, weil das Urteil tief in ihr religiöses Selbstverständnis eingreift.

nach Karsten Polke-Majewski

M3 Auf den Glauben kommt es an

Das ist mein Bund zwischen mir und euch samt deinen Nachkommen, den ihr halten sollt: Alles, was männlich ist unter euch, muss beschnitten werden.
Am Fleisch eurer Vorhaut müsst ihr euch beschneiden lassen. Das soll geschehen zum Zeichen des Bundes zwischen mir und euch. Alle männlichen Kinder bei euch müssen, sobald sie acht Tage alt sind, beschnitten werden in jeder eurer Generationen, seien sie im Haus geboren oder um Geld von irgendeinem Fremden erworben, der nicht von dir abstammt.
Beschnitten muss sein der in deinem Haus Geborene und der um Geld Erworbene. So soll mein Bund, dessen Zeichen ihr an eurem Fleisch tragt, ein ewiger Bund sein.
Ein Unbeschnittener, eine männliche Person, die am Fleisch ihrer Vorhaut nicht beschnitten ist, soll aus ihrem Stammesverband ausgemerzt werden. Er hat meinen Bund gebrochen.

Genesis 17,10-14

A Die Beschneidung *(chatan)* hat für einen Muslim eine große Bedeutung. Allerdings gehört sie nicht zu den fünf Säulen des Islam. Sie ist also keine Voraussetzung für den Eintritt in den Islam. Das Glaubensbekenntnis ist auch ohne vorherige Beschneidung gültig. Jedoch erkennen alle Muslime den Propheten Ibrahim als ihren Stammvater an, der sich nach der Überlieferung im Alter von 80 Jahren selbst beschnitten hat. Auch der Prophet Mohammed empfiehlt die Beschneidung der männlichen Nachkommen. Er zählt sie ausdrücklich zur *Fitra*, d. h. zu den Dingen, die das Menschsein ausmachen. Deshalb halten alle Muslime die Beschneidung für eine Pflicht bzw. eine lobenswerte Tat. Sie soll nicht direkt nach der Geburt, sondern bis zur Pubertät vollzogen sein und symbolisiert in diesem Fall den Übergang in die Erwachsenenwelt.

2 Ein Zeichen des Bundes mit Gott?

B

Jüdische Eltern lassen ihre Jungen seit vielen Tausend Jahren beschneiden, und sie werden dies auch noch in vielen Tausend Jahren tun. Am achten Tag nach der Geburt, medizinisch bedenkenlos, hygienisch einwandfrei und ohne Risiko für Wohl, Wehe und Lust des Jungen. [...]

Für meine nichtjüdischen Freunde ist die Beschneidung ein jüdisches Ritual, das sie ohne Einwände respektieren. Manche wollen die Geschichte von Abraham und seinem Sohn Isaak hören, den er Gott opfern sollte. Der Thora nach war es in Wirklichkeit aber nur eine dramatische biblische Prüfung für Abraham, die er mit Bravour meisterte. Isaak verlor dabei ein kleines Stück seiner Vorhaut. Dies war wohl die allererste Beschneidung. Hier also bereits liegt unsere Tradition begründet – die Tradition der Beschneidung als Zeichen des Bundes mit Gott. Wer die Beschneidung von jüdischen Jungen als barbarischen Akt der Verstümmelung darstellt, kennt einfach keine jüdischen Familien. [...]

Für die Muslime kann ich nicht sprechen. Bemerkenswert aber ist allemal: Den Kölner Richtern und mehr noch den ob des Urteils jubelnden, militanten Vorhautbeschützern ist es gelungen, dass sich Moslems und Juden ihrer Gemeinsamkeiten bewusst wurden. Eine wirklich schöne Nebenwirkung dieser Debatte.

Gil Bacharach

3

Abu Huraira, der Gefährte des Propheten Mohammed, berichtet, was dieser über die Fitra, (das Menschsein) sagte:

„Zur Fitra [...] gehören fünf Dinge: die Beschneidung, das Abrasieren der Schamhaare, das Kurzschneiden des Schnurrbarts, das Schneiden der (Finger- und Fuß-) Nägel und das Auszupfen der Achselhaare."

BUCHARI:1216

C

Den wenigsten Christen ist klar, dass Jesus Christus und seine ersten Anhänger Juden waren – und daher selbstverständlich beschnitten. Die Lehre Jesu breitete sich bald nach dessen Tod über Palästina hinaus aus, insbesondere in den Osten des römischen Reiches. So kam die Frage auf, ob Nicht-Juden, die sich zur christlichen Lehre bekannten, beschnitten werden mussten. Darüber gab es einen Streit, der schließlich durch eine Zusammenkunft zwischen Vertretern der Urgemeinde in Jerusalem und Abgesandten der Gemeinde in Antiochia im Jahr 48 n. Chr. entschieden wurde. Bei diesem Apostelkonzil setzte sich die Auffassung des Paulus durch, dass Beschneidung keine Voraussetzung für die Zugehörigkeit zur christlichen Gemeinde darstellt.

So ist es zu erklären, dass das Christentum als einzige der abrahamitischen Religionen auf die Beschneidung männlicher Nachkommen verzichtet. Darüber hinaus lehnen viele aufgeklärte Christen die Beschneidung sogar ausdrücklich ab, weil sie darin eine Körperverletzung sehen. Nach ihrer Auffassung soll eine Beschneidung nur dann durchgeführt werden, wenn eine medizinische Notwendigkeit dafür besteht.

2

Die Beschneidung ist nützlich, wenn du das Gesetz befolgst; übertrittst du jedoch das Gesetz, so bist du trotz deiner Beschneidung zum Unbeschnittenen geworden.

Römer, 2,25

Hört, was ich, Paulus, euch sage: Wenn ihr euch beschneiden lasst, wird Christus euch nichts nützen. [...] Denn in Christus Jesus kommt es nicht darauf an, beschnitten oder unbeschnitten zu sein, sondern darauf, den Glauben zu haben, der in der Liebe wirksam ist.

Galater, 5,2; 5,6

Aufgaben

1 Erkläre, inwiefern Juden, Christen und Muslime an denselben Gott glauben. → M1
2 Klärt, worum es in dem Prozess vor dem Kölner Gericht ging. → M2
3 Ordnet die historischen Quellen und die Aussagen von Zeitgenossen einander zu. Erstellt Schaubilder zur Bedeutung der Beschneidung für die jüdische, christliche und muslimische Religion. → M3

Weltreligionen

3

M1 Das Eine in der Vielheit

Ein und derselbe Mond spiegelt sich in allen Wassern.

Alle Monde im Wasser sind eins in dem einen einzigen Mond.

M2 Die wirkliche Realität

Die Upanishaden (Sanskrit: „geheime Sitzungen") sind die ältesten philosophischen Schriften der Inder. Die ersten Upanishaden stammen aus dem 8.–6. Jh. v. Chr. In ihnen werden erstmals Fragen nach der Grundlage des Lebens gestellt, z. B. nach dem Verhältnis zwischen dem Atman (dem körperlosen Selbst, der Einzelseele) und dem Brahman (der absoluten, höchsten Realität, der Weltseele) wie im folgenden Dialog (Chandogya-Upanishad, IV,12):

„Hole von dort eine Frucht des Nyagrodha-Baumes!" – „Hier, Ehrwürdiger!" – „Spalte sie!" – „Gespalten ist sie, Ehrwürdiger!" – „Was siehst du da?" – „Diese ganz feinen Körner, Ehrwürdiger!" – „Von diesen spalte eben gerade eines!" – „Gespalten ist es, Ehrwürdiger!" – „Was siehst du da?" – „Gar nichts, Ehrwürdiger!" – [...] „Fürwahr, mein Lieber, diese Feinheit, die du nicht erblickst, aus dieser Feinheit, mein Lieber, besteht fürwahr dieser große Nyagrodha-Baum. Glaube das, mein Lieber! Das, was diese Feinheit ist, darin hat dieses All sein Selbst. Das ist das Wahre. Das ist das Selbst. **Das bist du** [...]."

Birgit Heller

M3 Die beliebtesten Götter

Hinduismus ist eine von den Europäern eingeführte Sammelbezeichnung für die verschiedensten Religionen Indiens, die sich alle auf die *Veden*, die ältesten heiligen Texte, zurückführen lassen. Um 1000 v. Chr. entwickelten vedische Priester eine bemerkenswerte Philosophie, die sie in den *Brahmana*-Texten und den *Upanishaden* festhielten: Der Grund für die ewige Wiedergeburt besteht in der Unwissenheit der Menschen. Um erlöst zu werden, muss der Mensch Wissen erwerben. Dieses Wissen entsteht aus dem Nachdenken, aber auch aus der Vision Gottes. So wird die Distanz zu Gott überwunden. Durch Meditation kann der Mensch seine Einheit mit dem absoluten Sein erfahren und erkennen.

Im indischen Volksglauben gibt es sehr viele Götter, an deren Spitze Brahma, Vishnu und Shiva stehen, die in allen Hindureligionen verehrt werden:

* *Brahma* wird als Schöpfergott verehrt, er steht für die allmächtige Kraft, die Substanz alles Lebendigen, die Allseele.

* *Vishnu* gilt als Bewahrer der Schöpfung, er erhält das Universum.

* *Shiva* hat zwei gegensätzliche Naturen in sich vereint. Er ist sowohl gütig als auch schrecklich und wird daher als Zerstörer und Erneuerer verehrt.

* *Ganesha*, der Lieblingsgott der Hindus, verkörpert Weisheit und Intelligenz. Er wird angerufen, wenn man Glück für einen Weg oder eine Unternehmung benötigt.

Brahma

Vishnu

Shiva

Ganesha

3 Häufige Wiederkehr

Reinkarnation und Karma

Hinduisten (und Buddhisten) glauben, die Seele siedele sich – einem ständigen Kreislauf *(Samsara)* folgend – nach dem Tod in einem anderen Körper an *(Reinkarnation)*.

Ob die Seele in einem Menschen, einem Tier oder einem Gott wiederkehrt, hängt vom jeweiligen *Karma* ab. Karma bedeutet, dass jede physische oder psychische Handlung unweigerlich eine positive oder negative Folge auch für ein späteres Leben hat: So wird der Platz festgelegt, der einem Wesen in der hierarchisch streng nach Kasten gegliederten hinduistischen Gesellschaft zusteht. „Schlechtes" und „gutes" Karma erzeugen aber gleichermaßen den Kreislauf der Wiedergeburten. Letztes Ziel ist es darum, überhaupt kein Karma mehr hervorzubringen und Erlösung *(Moksha)* vom *Samsara* zu erfahren.

M4 Vier Lebensziele und Lebensabschnitte

Im traditionellen Hinduismus gibt es vier große Ziele im Leben. „Dharma", das erste Ziel, besteht darin, Pflichten gemäß seiner Stellung im Leben zu erfüllen. Besonders wichtig ist, dass man freundlich zu anderen ist, die Wahrheit sagt, dem Nachbarn hilft, die Menschen liebt und bereit ist, für andere Opfer zu bringen. [...] Das zweite Ziel im Hinduleben ist „Artha", der Gewinn materiellen Wohlstands und das Streben nach rechtschaffenem weltlichen Erfolg. Das dritte Ziel ist „Kama", der Genuss redlicher Freude. Und das vierte ist „Moksha", die Erlösung von der Bindung an die Welt. [...] Die vier Abschnitte sind die geistigen Meilensteine in der Zeit, die ein Hindu auf Erden verbringt. Die Rolle als Student ist so wichtig, weil sie die Bedeutung der Ausbildung und den Erwerb von Wissen für die Erleuchtung unterstreicht. Die Rolle des Hausvaters betont die Stellung der Familie im irdischen Leben. Im späteren Leben sollten sich Hindus als Einsiedler von der Welt abwenden und sich dann als Asketen in Erwartung des Todes vollständig aus ihr zurückziehen. Diese Abfolge wird nicht von jedermann befolgt, dient den Hindus jedoch als Ideal.

Trevor Barnes

M5 Yoga als Weg zur Erlösung

„Was der komische Heilige mir wohl beibringen will?", murmelte Theo im Hotelflur.

„Du kannst mich ruhig ‚komischer Heiliger' nennen, das stört mich überhaupt nicht", antwortete der Yogi in ausgezeichnetem Französisch. „Deine Tante hat sich in den Kopf gesetzt, dass unsere Wissenschaft dir vielleicht helfen würde. Aber alles hängt von dir ab. Bist du bereit?" [...] Er ließ sich im Lotossitz nieder [...]. Er schloss die Augen. Theo wartete, dass es weiterging, aber nichts geschah. [...]

„Unsere Übungen dienen der Erkenntnis. Das Wort ‚Yoga' bedeutet ‚Joch', das ist die Stange, die zwei Pferde vor einem Wagen vereint. Der Wagen ist dein Körper, die Pferde sind deine Gefühle, der Kutscher ist dein Denken, und die Zügel sind deine Intelligenz. Das Yoga will das Pferdegespann fest unter dem Joch halten, indem es sie mit dem Denken führt. Jetzt sag mir, was du beim Yoga gesehen hast?"

„Einen bewegungslosen Mann", antwortete Theo schüchtern.

„Eine gute Antwort", sagte der Yogi. [...] „‚Geh in den Tempel deines Körpers ein' lautet die erste Formel des Yoga. Es ist ein Gebet des Körpers und des Geistes, dessen oberstes Ziel die Verschmelzung mit dem All ist. Dann löst der Körper sich ganz auf, das Ich verflüchtigt sich, und das Individuum, diese vergängliche Mischung aus Körper und Seele, existiert nicht mehr."

Catherine Clément

Aufgaben

1 Erläutert und beurteilt die Grundaussage des indischen Spruches. → M1
2 „Das bist du." – Erklärt diese Aussage. → M2
3 Erkundigt euch bei eurer Biologie-Lehrkraft und sprecht darüber, wie heutige Naturwissenschaftler die in den *Upanishaden* deutlich werdende Vorstellung vom Leben einschätzen würden. → M2
4 Recherchiert, welche Aufgaben und Stellung die wichtigsten Götter im Hinduismus haben. → M3
5 Erläutert, wie die vier Lebensziele und Lebensstufen zusammenhängen und warum *Atman* und *Moksha* zentrale Begriffe im hinduistischen Glauben sind. → M4
6 Beschreibt, wie der Zirkel der Wiedergeburten durch Yoga durchbrochen werden kann. → M5

Weltreligionen

4 M1 Aus der Unwissenheit erwacht

Der Prinz Siddhartha verließ den Palast zum ersten Mal als junger Mann. Er hatte zuvor noch nie gesehen, wie es auf den Straßen Indiens zuging.

Als Siddhartha das ganze Leiden sah, beschloss er, sich vom weltlichen Leben zurückzuziehen.

* Asket: jemand, der eine streng enthaltsame Lebensweise einhält

Anant Pai (Hg.)

4 Vom Erwachen

M2 Vier edle Wahrheiten und ein achtfacher Pfad

Grundlage der Lehre [Buddhas] sind die *Vier edlen Wahrheiten*:

1. Das Leben ist leidvoll, solange ein Mensch in Unwissenheit lebt – er leidet an diesem Zustand, an vielen [...] „Frustrationen". Von der Geburt bis zum Tod. Er empfindet etwa das Gesetz von der Vergänglichkeit aller Dinge als Schmerz und trauert. Und selbst das Glück [...] erzeugt am Ende Leid, denn es ist ebenfalls endlich.

„Leben auf Leben folgt, wie sich Töne aneinanderreihen, die erst zusammen eine Melodie erzeugen", lehrt Buddha. Der Mensch ist im Kreislauf der Wiedergeburten, dem *samsara*, gefangen, weshalb er leidvolle Aspekte des Lebens theoretisch bis in die Ewigkeit weiterleben muss. Doch diesem Leiden an der Unvollkommenheit kann er entkommen.

2. Der Ursprung des Leidens entsteht durch Unwissenheit und übertriebene Leidenschaften – etwa Hass auf einen anderen Menschen. Dies führt zu unheilsamen Taten.

Mag das Glück auch vergänglich sein – sein Reiz ist doch so stark, dass es den Menschen stets zu viel nach sinnlichen Begierden, Geld, Macht oder anderen Dingen dürstet. Dass er den Phänomenen zu viel „anhaftet", wie Buddha lehrt.

Dieser Gier folgen Taten. Und Taten – genauer: schon die Absichten dazu – häufen *karma* an: eine Art Konto der guten und schlechten Handlungen, das die nächste Existenzform bestimmt im Kreislauf der Wiedergeburten. In fünf Reiche kann der Mensch wiedergeboren werden: das der Höllenwesen, der Tiere, der Geister, der Menschen und der Götter. [...]

Die Folgen sind aber nicht als Belohnung oder Strafe zu sehen, sondern dieses „karmische Gesetz" funktioniert nach buddhistischer Lehre eher als natürliche, mechanische Folge – frei von jeder übergeordneten, wertenden Instanz. Auf gute Taten etwa folgt einfach eine für die Erlösung günstigere Wiedergeburt.

3. Für die Aufhebung des Leids müssen Unwissenheit, Hass und Gier überwunden werden. Das Ziel des Buddhisten ist es, aus dem unfreiwilligen Kreislauf der Wiedergeburten erlöst zu werden. Dafür muss der Mensch durch geistige Übung und Einsicht jegliche Gier, Unwissenheit und jeglichen Hass überwinden.

4. Mithilfe von acht Geisteshaltungen und Verhaltensweisen kann jedermann diesen Weg zur Erlösung beschreiten. Dieser Weg ist der *Edle achtfache Pfad*:

- **Rechte Anschauung** – die Erkenntnis der *Vier edlen Wahrheiten*;
- **Rechter Entschluss** – sich fernhalten von Habgier, Böswilligkeit und falschen Ansichten;
- **Rechte Rede** – Lügen, Verleumdungen, barsche Reden, Geschwätz vermeiden;
- **Rechtes Handeln** – nicht töten, nicht stehlen, keine sinnlichen Ausschweifungen;
- **Rechter Lebensunterhalt** – keinen Beruf ausüben, bei dem andere Wesen gequält oder getötet werden;
- **Rechtes Streben** – inneres Ringen darum, „üble Dinge" nicht im eigenen Geist aufsteigen zu lassen und dafür „heilsame Dinge" weiterzuentwickeln;
- **Rechte Achtsamkeit** – die geistige Kontrolle aller Abläufe des eigenen Körpers und des eigenen Geistes („Gemüts");
- **Rechte Konzentration** – die richtige Versenkung; der Geist soll sich der äußeren Welt abwenden und den Frieden der inneren Stille genießen. So wird er höheren Einsichten geöffnet.

Cay Rademacher / Andreas Hilmer

Nirwana

Nirwana bedeutet „Erlöschen", womit gemeint ist, dass man aus dem *samsara*, dem Kreislauf des Leidens und der Wiedergeburt heraustritt. Das Erlöschen ist gleichsam ein Erwachen *(bodhi)*, ein Verstehen, dass man alle Güter, die Leiden erzeugen, negieren muss. Nirwana kann man eigentlich nicht mit Worten beschreiben, sondern nur – meistens durch meditative Schulung – erfahren.

Aufgaben

1 Beschreibe wie Siddhartha Gautama zum Erwachten, zu Buddha wird. → M1

2 Gruppenarbeit: Stellt a) die vier edlen Wahrheiten und b) den achtfachen Pfad auf Plakaten dar und erläutert eure Darstellung → M2

3 Erklärt, in welchem Verhältnis der achtfache Pfad zu den vier edlen Wahrheiten steht. → M2

4 Nehmt Stellung zu den ethischen Grundsätzen des Buddhismus. → M1/M2

Weltreligionen

5 M1 John Lennon trifft Lao-Tse

Let it be, let it be,
Let it be, let it be.
Whisper words of wisdom:
let it be, let it be.

Hey John, ich wusste gar nicht, dass mich einer aus dem Westen so gut versteht.

M2 Die Lehre des Lao-Tse

Verehrter Lao-Tse, Sie gelten als Gründer der altchinesischen Lehre des Taoismus. Die Grundfrage, die ich schon schwierig genug finde, zuerst: Was verstehen Sie unter dem Tao? Ich habe herausgefunden, dass man „Tao" mit „Weg", „Prinzip" oder auch „Sinn" übersetzen kann. Aber ist das schon alles, was ich wissen muss?

    Könnten wir weisen den Weg,
    Es wäre kein ewiger Weg.
    Könnten wir nennen den Namen,
    Es wäre kein ewiger Name.

Aha, und wie kann ich dieses Namenlose, das Tao, erfahren?

    Ohne das Tor zu verlassen,
    Kannst du das Erdreich erfassen;
    Ohne durchs Fenster zu spähn,
    Den Weg des Himmels sehn.
    Je weiter wir hinausgegangen,
    Desto geringer wird unser Verstehn. [...]

Ich soll mich also auf mein Inneres konzentrieren. Das verändert aber sicher auch mein Handeln, oder?

    Der Weg ist ewig ohne Tun;
    Aber nichts, das ungetan bliebe.

Sie meinen, ich soll nichts tun, nicht mehr eingreifen? Dieses Nicht-Handeln, das Sie „Wu Wei" nennen, kommt mir aber sehr merkwürdig vor.

    Könnten die Fürsten und Könige dieses bewahren,
    Würden die zehntausend Wesen von selbst sich entfalten. [...]
    Die Schlichtheit des Namenlosen,
    Wohl! Sie führt zum Ohne-Begehren.
    Nicht-Begehren wird in Stille münden,
    Und das Reich wird selbst zur Ordnung finden.

Eine ungewöhnliche, aber auch schöne Vorstellung: Wenn ich das Wirken des Tao nicht beeinflusse und meine persönlichen Wünsche nicht mehr so wichtig nehme, wendet sich alles von selbst zum Guten. Aber ist das denn nicht das Ende aller Moral?

    Höchste Tugend weiß von der Tugend nicht;
    Daher gibt es die Tugend.
    Niedere Tugend lässt von der Tugend nicht;
    Daher mangelt die Tugend.
    Höchste Tugend ist ohne Tun;
    Ist auch ohne Grund, warum sie täte.
    Niedere Tugend tut,
    Hat auch einen Grund, warum sie tut.

Erst das Festhalten an der Moral entfernt den Menschen von seinem von Natur aus guten Handeln? Sitten und Gebote sind Verfallserscheinungen? Darüber muss ich aber noch eine Weile nachdenken und mich mit einigen Leuten austauschen.

    Viele Worte – manch Verlust. Am besten, man bewahrt sie in der Brust! [...]
    Rede selten nur – so will es die Natur.

Ich finde, das ist ein gutes Schlusswort. Ich bin sowieso an die Grenzen dessen gestoßen, was ich verstehen kann. Lao-Tse, ich danke Ihnen ganz herzlich für Ihre Unterstützung und vor allem dafür, dass Sie versucht haben, Worte für etwas zu finden, über das man ja eigentlich gar nicht reden kann.

5 Lass es geschehen!

M3 Wu-wei – Es geschehen lassen

Fragt man einen Taoisten nach der obersten Regel für das Handeln, würde er antworten: *wu-wei*. Das heißt in wörtlicher Übersetzung *nicht handeln, nicht eingreifen*. Damit ist aber nicht gemeint, dass man träge und faul sein soll, sondern dass man etwas geschehen lassen soll. Die volle Bedeutung von *wu-wei* ist erst im Zusammenhang mit dem Tao, dem Urprinzip des Taoismus, zu verstehen.

Tao wird oft mit *Weg, Lauf oder Prozess der Natur* übersetzt; es ist nicht definierbar, nicht mit Worten erklärbar. Aufgabe eines jeden Menschen ist es, in Übereinstimmung mit dem Tao zu gelangen, d. h. dem vorgezeichneten Lauf der Natur zu folgen. Das Mittel dazu ist *wu-wei*: Man soll also das, was von sich her geschieht, geschehen lassen und sich nicht – etwa aufgrund individueller Wünsche – dagegen wehren. Dieses Gebot kann man ganz gut durch die Parabel von der Pinie und der Weide im Schnee anschaulich machen: Der Ast der Pinie ist starr, er stemmt sich gegen das Gewicht des Schnees an und zerbricht schließlich, wenn die Last des Schnees zu groß wird. Die Äste der Weide dagegen sind elastisch; sie geben der Last des Schnees nach, bis dieser von ihnen abgleitet. *Wu-wei* ist mithin die Lebensweise eines Menschen, der sich nicht anstrengt und nur ein Minimum an Energie aufwendet, der sich vom Fluss der Dinge treiben lässt und eben dadurch zu einem Leben im Tao gelangt.

nach Alan Watts

M4 Die Lebenskunst des Tao

Wer im Tao verweilt, weiß, dass er Herausforderungen des Lebens, seinen Nöten und Problemen nicht mehr mit Kampf, mit Macht oder Anstrengung antworten muss. Noch braucht er sich den Kopf zu zerbrechen, wie die Dinge zu lösen sind. Er grübelt nicht an Problemen herum. Er denkt, wenn er für seine Verrichtungen Wissen benötigt. Ansonsten lässt er Gedanken kommen und gehen, wie sie auftreten, ohne sich mit ihnen zu befassen oder sie festhalten zu wollen. Er gestattet ihnen nicht, dass sie sich bei ihm einnisten und wie früher breitmachen. Er ist wie der Herbstwind, wenn er die braunen Blätter bewegt. Er berührt sie, aber nimmt sie nicht weit mit.

An die Stelle ewig plappernder Gedanken ist Aufmerksamkeit getreten. Er ist hellwach, ihm entgeht keine kleinste Kleinigkeit des Alltags.

Der Mensch des Tao kennt keine Ungeduld. Er wartet auf nichts. Was geschieht, geschieht, und dieses nimmt er an. So wie der Kirschbaum im Frühling blüht und im Hochsommer die Früchte hervorbringt und darum aber nicht von Frühjahr bis Sommer wartet, bis endlich die Kirschen reif sind, sondern einfach da ist, existiert, so lebt der Mensch des Tao von einem Tag zum anderen.

Er hat keine Sorgen. Die Vergangenheit mit ihren Fehlern und Unzulänglichkeiten ist vorbei, sie existiert nicht mehr, und niemals kramt der Mensch des Tao in seinen Erinnerungen und holt den alten Plunder hervor. Was er an schwerwiegenden Dingen früher getan hat, zu dem steht er, identifiziert sich ohne Furcht damit, besieht sich die begangenen Fehler. Aber damit hat es sich. Er zerquält sich nicht andauernd und reibt sich auf mit Selbstvorwürfen und nutzloser Reue.

Probleme erkennt er im Ansatz und wendet ihnen sofort, ohne zu zögern, seine volle Aufmerksamkeit zu, besieht sie sich gründlich. Dann wendet er sich dem Tagesgeschehen zu und vergisst die Probleme wieder. Die durch ihn wirkende, grenzenlose Intelligenz findet die Lösung für ihn weitaus rascher und besser, als sein eigener begrenzter Intellekt es schaffen könnte. Auf diese Weise gelangen die Dinge von ganz alleine in Bewegung.

Theo Fischer, gekürzt

Aufgaben

1 Tauscht euch darüber aus, wie ihr den Refrain des Beatles-Songs *Let it be* versteht. ➜ M1

2 Überlegt, worauf Lao-Tse wohl mit seiner Bemerkung hinauswill. ➜ M1

3 Sprecht über die Lehre Lao-Tses und schreibt auf, was ihr davon verstanden habt und welche Fragen ihr noch habt. ➜ M2

4 Stelle dar, wie Alan Watts *wu-wei* und Tao erklärt. ➜ M3

5 Veranschauliche die Lebenskunst des Tao durch Beispiele. ➜ M4

6 Vergleiche die taoistische Lebensauffassung mit der westlichen. ➜ M1–M4

7 Schreibe Lao-Tse, wie du seine Lebensauffassung beurteilst. ➜ M1–M4

Weltreligionen

M1 Regeln der Religionen

ISLAM

Keiner von euch ist ein Gläubiger, solange er nicht seinem Bruder wünscht, was er sich selbst wünscht.

An-Nawawi, Kitab Al Ar-ba'in (Vierzig Hadithe), 13

HINDUISMUS

Dies ist die Summe aller Pflicht: Tue anderen nichts, das dir Schmerz verursacht, wenn man es dir antun würde.

Mahabharata 5,1517

BUDDHISMUS

Verletze andere nicht auf Wegen, die dir selbst als verletzend erscheinen.

Udana-Varga 5,18

CHRISTENTUM

Alles, was ihr wollt, dass euch die Menschen tun, sollt ebenso auch ihr tun; denn das ist das Gesetz und die Propheten.

Matthäus 7,12

TAOISMUS

Betrachte den Gewinn deines Nachbarn als wäre es dein eigener Gewinn und den Verlust deines Nachbarn als wäre es dein eigener Verlust.

T'ai Shang Kan Ying P'ien, 213-218

NATURRELIGION

Wir sind so lebendig, wie wir die Erde lebendig halten.

Chief Dan George

JUDENTUM

Was dir selbst verhasst, das tue deinem Nächsten nicht an. Das ist die ganze Lehre der Thora, alles andere ist nur Kommentar.

Hillel, Talmud, Schabbat 31a

KONFUZIANISMUS

Ein Begriff, der ein ganzes Leben lang als Richtschnur des Handelns dient, ist gegenseitige Rücksichtnahme: Was man mir nicht antun soll, will ich auch anderen Menschen nicht zufügen.

Konfuzius, Gespräche 15, 23

6 Was ihnen gemeinsam ist

M2 Religion und Ethik

In den letzten Jahren wurde mir immer deutlicher, dass die Welt, in der wir leben, nur dann eine Chance zum Überleben hat, wenn in ihr nicht länger unterschiedliche oder sogar sich bekämpfende moralische
5 Überzeugungen / Ethiken existieren. Diese Welt braucht verbindende und verbindliche Normen und Werte. Und ich bin der Überzeugung, dass die Religionen einen Beitrag dazu leisten können, denn sie haben – trotz aller Unterschiede – zahlreiche Gemeinsamkeiten.
10 Gewiss sind sich die Religionen dieser Welt in Bezug auf Fragen der Lebensführung keineswegs einig. Die von ihnen vertretenen moralischen Normen sind verschieden, zum Teil sogar widersprüchlich.
Trotz solcher Unterschiede gibt es aber ein gemeinsa-
15 mes Fundament, das alle Religionen teilen. Allen Religionen geht es letztlich um das Wohl des Menschen, und alle Religionen stellen ethische Grundnormen, die dazu dienen sollen, dieses Wohl zu erreichen. In fünf großen Geboten sind sich alle großen Weltreli-
20 gionen einig:

1 **nicht töten;**

2 **nicht lügen;**

3 **nicht stehlen;**

4 **nicht Unzucht treiben;**

5 **die Eltern achten und die Kinder lieben.**

Das mag manchen trivial erscheinen; für viele Situationen, die uns im modernen Leben begegnen, scheinen damit noch keine hinreichenden Anweisungen für moralisches Handeln gegeben zu sein.
25 Aber die Gemeinsamkeit der Religionen in ethischen Fragen geht noch weiter. Alle Religionen fordern nämlich so etwas wie eine *Goldene Regel*, die besagt, dass man das, was man selbst nicht wünscht, anderen nicht antut bzw. andere so behandelt, wie man selbst behandelt werden möchte. Diese Regel stellt
30 eine oberste Norm dar, die für alle Handlungen leitend ist, ein unbedingtes Prinzip, das nicht von Fall zu Fall, sondern immer und überall gilt. Sie kann ein Fundament darstellen, auf dem sich ein gemeinsames Weltethos begründen lässt.
nach Hans Küng

M3 Weltkonferenz der Religionen für den Frieden

1970 fand in Kyoto, Japan, eine Weltkonferenz der Religionen für den Frieden statt. Sie hat folgende Erklärung verabschiedet:

Wir fanden, dass wir gemeinsam besitzen:
- eine Überzeugung von der fundamentalen Einheit der menschlichen Familie, von der Gleichheit und Würde aller Menschen;
- ein Gefühl für die Unantastbarkeit des Einzelnen 5 und seines Gewissens;
- ein Gefühl für den Wert der menschlichen Gemeinschaft;
- eine Erkenntnis, dass Macht nicht gleich Recht ist, dass menschliche Macht nicht sich selbst genügen 10 kann und nicht absolut ist;
- der Glaube, dass Liebe, Mitleid, Selbstlosigkeit und die Kraft des Geistes und der inneren Wahrhaftigkeit letztlich größere Macht haben als Hass, Feindschaft und Eigeninteressen; 15
- ein Gefühl der Verpflichtung, an der Seite der Armen und Bedrückten zu stehen gegen die Reichen und die Bedrücker;
- eine tiefe Hoffnung, dass letztlich das Gute siegen wird.
Maria Alberta Lücker (Hg.) 20

Aufgaben

1 Vergleicht die Regeln der verschiedenen Religionen miteinander. → M1

2 Eine Aufschrift auf der Weltkugel in der Mitte soll die Gemeinsamkeit der Weltreligionen zum Ausdruck bringen. Überlegt euch dazu eine passende Formulierung. → M1

3 Worin sehen Küng und das Parlament der Weltreligionen die Gemeinsamkeiten in den Religionen? → M2/M3

Projekt: Baum der Religionen

Gestaltet einen Baum der Weltreligionen. Stellt die Gemeinsamkeiten in den ethischen Überzeugungen im Stamm dar und die Unterschiede in den Ästen und Zweigen.

Religionskritik

M1 Die biblische Gottesvorstellung

Michelangelo, Die Erschaffung Adams, zwischen 1508 und 1512

M2 Ist Gott eine Frau oder ein Mann?

[Es kann] kaum Zweifel daran [geben], dass zum Mindesten in vielen Kulturen eine Phase der matriarchalischen Religion der patriarchalischen vorangegangen ist. In der matriarchalischen Phase ist das höchste Wesen die Mutter. Sie ist die Göttin, und sie ist auch in Familie und Gesellschaft die Autoritätsperson. [...] Die Mutterliebe stellt keine Bedingungen, sie ist allbeschützend und allumfassend. Da sie keine Bedingungen stellt, entzieht sie sich jeder Kontrolle, und man kann sie sich nicht erwerben. Ihr Besitz ist Seligkeit; ihr Fehlen führt zu einem Gefühl der Verlorenheit und zu äußerster Verzweiflung. Da Mütter ihre Kinder lieben, weil sie ihre Kinder sind und nicht weil sie „brav" und gehorsam sind oder weil sie tun, was sie von ihnen wünschen oder verlangen, beruht die Mutterliebe auf Gleichheit. Alle Menschen sind gleich, weil sie alle Kinder einer Mutter sind, weil sie alle Kinder der Mutter Erde sind.

Das nächste Stadium der menschlichen Entwicklung [...] ist die patriarchalische Phase. In dieser Phase wird die Mutter von ihrer alles beherrschenden Stellung entthront, und der Vater wird in der Religion wie auch in der Gesellschaft zum höchsten Wesen. Das Wesen der väterlichen Liebe besteht darin, dass er Forderungen stellt, dass er Gesetze aufstellt und dass seine Liebe zu seinem Sohn davon abhängt, ob dieser seinen Befehlen gehorcht. Er liebt denjenigen Sohn am meisten, der ihm am ähnlichsten ist, der ihm am meisten gehorcht und sich am besten zu seinem Nachfolger als Erbe seines Besitzes eignet. [...] Die Folge ist, dass die patriarchalische Gesellschaft hierarchisch gegliedert ist; die Gleichheit der Brüder muss dem Wettbewerb und Wettstreit weichen. Ob wir an die indische, die ägyptische oder griechische Kultur oder an die jüdisch-christliche oder islamische Religion denken – immer stehen wir inmitten einer patriarchalischen Welt mit ihren männlichen Göttern, über die ein Hauptgott regiert, oder wo alle Götter außer dem Einen, dem Gott abgeschafft wurden. [...] Der patriarchalische Aspekt veranlasst mich, Gott wie einen Vater zu lieben; ich nehme dann an, dass er gerecht und streng ist, dass er belohnt und bestraft und dass er mich schließlich als seinen Lieblingssohn auserwählen wird, so wie Gott Abraham und Israel auserwählte, wie Isaak Jakob und wie Gott sein Lieblingsvolk auserwählte. Der matriarchalische Aspekt der Religion erlaubt, dass ich Gott als eine allumfassende Mutter liebe. Ich vertraue darauf, dass sie mich lieben wird, ganz gleich, ob ich arm und hilflos bin und ob ich gesündigt habe, und dass sie mir keine anderen Kinder vorziehen wird. Was auch immer mit mir geschieht, sie wird mir zu Hilfe kommen; sie wird mich retten und mir vergeben. Es erübrigt sich zu sagen, dass meine Liebe zu Gott und Gottes Liebe zu mir nicht voneinander zu trennen sind. Wenn Gott ein Vater ist, liebt er mich wie einen Sohn, und ich liebe ihn wie einen Vater. Wenn Gott eine Mutter ist, so sind ihre und meine Liebe hierdurch bestimmt.

Erich Fromm

1 Unsere Bilder von Gott

M3 Gott als Prinzip

[D]ie Entwicklung [des Gottesbildes in der Bibel] [...] verläuft in der Richtung, dass Gott sich aus einer Vaterfigur in das Symbol seiner Prinzipien: Gerechtigkeit, Wahrheit und Liebe verwandelt. Gott ist Wahrheit, Gott ist Gerechtigkeit. Im Verlauf dieser Entwicklung hört Gott auf, eine Person zu sein; er wird zum Symbol für das Prinzip der Einheit hinter der Mannigfaltigkeit der Erscheinungen, zum Symbol für die Vision einer Blume, die aus dem geistigen Samen im Menschen wächst. Gott kann keinen Namen haben. Ein Name bezeichnet immer ein Ding oder eine Person, etwas Bestimmtes. Wie kann Gott einen Namen haben, wenn er weder eine Person noch ein Ding ist?

Das deutlichste Beispiel für diesen Wandel ist die biblische Geschichte, in der sich Gott Moses offenbart. Gott macht Moses ein Zugeständnis, als dieser sagt, die Hebräer würden ihm nicht glauben, dass Gott ihn schickt, falls er ihnen nicht Gottes Namen nennen könne. [...] Er sagt ihm, sein Name sei „Ich bin der ‚Ich bin da'" (Ex 3, I4). Mit diesem Namen „Ich bin da" sagt er, dass er nicht bestimmbar ist, keine Person und kein „Seiendes". Die treffendste Übersetzung seiner Namensangabe würde wohl sein: „Mein Name ist Namenlos". Das Verbot, sich irgendein Bild von Gott zu machen, seinen Namen unnütz auszusprechen und schließlich seinen Namen überhaupt auszusprechen, zielt ebenfalls darauf ab, den Menschen von der Vorstellung freizumachen, dass Gott ein Vater, dass er eine Person sei.

Erich Fromm

M4 Ein Problem ...

Denis Huisman

Aufgaben

1. Beschreibt das Bild im Hinblick darauf, was es über die biblische Gottesvorstellung aussagt. → M1
2. Stellt dar, wie nach Erich Fromm die Entwicklung a) der Religionen und b) der alttestamentarischen Gottesvorstellung verlaufen ist. → M2/M3
3. Setzt die Bilderverbote in der jüdischen und muslimischen Tradition zu den Aussagen Erich Fromms in Beziehung. → M3
4. Beschreibt die unterschiedlichen Darstellungen Gottes in den vier ersten Bildern. → M4
5. Erklärt, wie die Bilder 5 und 6 zu verstehen sind, und findet eine Fortsetzung, die das „Problem" löst. → M4

Religionskritik

M1 Zweifel

M2 Woher kommt die Welt?

In seinem Roman Sofies Welt *beschreibt Jostein Gaarder, wie die 15-jährige Sofie Amundsen eines Tages einen Umschlag im Briefkasten entdeckt, der einen weißen Zettel enthält, auf dem eine einzige Frage steht:*

„Woher kommt die Welt?" [...]

Keine Ahnung, dachte Sofie. So was weiß ja wohl niemand! Und trotzdem – Sofie fand diese Frage berechtigt. Zum ersten Mal in ihrem Leben dachte sie, dass es fast unmöglich war, auf einer Welt zu leben, ohne wenigstens zu fragen, woher sie stammte. [...]

„Woher stammt die Welt?"

Nein, das wusste sie wirklich nicht. Sofie wusste natürlich, dass die Welt nur ein kleiner Planet im riesigen Weltraum war. Aber woher kam der Weltraum? Es war natürlich denkbar, dass der Weltraum immer schon da gewesen war; dann brauchte sie auch keine Antwort auf die Frage zu finden, woher er gekommen war. Aber *konnte* etwas denn ewig sein? Irgendetwas in ihr protestierte dagegen. Alles, was existiert, muss doch einen Anfang haben. Also musste irgendwann der Weltraum aus etwas anderem entstanden sein.

Aber wenn der Weltraum plötzlich aus etwas anderem entstanden war, dann musste dieses andere ebenfalls irgendwann aus etwas anderem entstanden sein. Sofie begriff, dass sie das Problem nur vor sich hergeschoben hatte. Schließlich und endlich musste irgendwann irgendetwas aus null und nichts entstanden sein. Aber war das möglich? War diese Vorstellung nicht ebenso unmöglich wie die, dass es die Welt immer schon gegeben hatte?

Im Religionsunterricht lernten sie, dass Gott die Welt erschaffen hatte, und Sofie versuchte jetzt, sich damit zufriedenzugeben, dass das trotz allem die beste Lösung für dieses Problem war. Aber dann fing sie wieder an zu denken. Sie konnte gern hinnehmen, dass Gott den Weltraum erschaffen hatte, aber was war mit Gott selber? Hatte er sich selbst aus null und nichts erschaffen? Wieder protestierte etwas in ihr. Obwohl Gott sicher alles Mögliche erschaffen konnte, konnte er sich ja wohl kaum selber schaffen, ehe er ein „Selbst" hatte, mit dem er erschaffen konnte. Und dann gab es nur noch eine Möglichkeit: Gott gab es schon immer. Aber diese Möglichkeit hatte sie doch schon verworfen. Alles, was existierte, musste einen Anfang haben. „Verflixt!"

Jostein Gaarder

M3 Argumente für die Existenz Gottes

Vom mittelalterlichen Bischof Anselm von Canterbury stammt einer der wichtigsten Gottesbeweise.

Also, Herr, der Du dem Glauben Einsicht schenkest, lass mich, so weit Du es für gut hältst, einsehen, dass Du Sein hast, so wie wir es glauben, und dass Du das bist, was wir glauben! Wir glauben aber, Du bist das Größte, was gedacht werden kann. [...] Nun kann aber das, worüber hinaus Größeres nicht gedacht werden kann, nicht nur im Geiste sein. Denn, wenn

2 Ist Gott beweisbar?

es nur im Geist Sein hat, so kann man sich es auch als wirklich seiend vorstellen; das aber ist mehr (als bloß im Geist wirklich sein). Wenn also das, worüber hinaus Größeres nicht gedacht werden kann, nur im Geist ist, so ist eben das, worüber hinaus Größeres nicht gedacht werden kann, etwas, über das hinaus etwas Größeres denkbar ist. Das aber kann sicher nicht sein. Daher ist zweifellos etwas, worüber hinaus Größeres nicht gedacht werden kann, sowohl im Geist als auch in der Wirklichkeit. [...] Und das bist Du, Herr, unser Gott. Du hast also, mein Herr und Gott, so wahrhaft Sein, dass Dein Nicht-sein nicht einmal denkbar ist.

Anselm von Canterbury

M4 Argumente gegen die Existenz Gottes

1. Die Erschaffung der Welt ist die größte vorstellbare Errungenschaft. 2. Der Wert einer Leistung ist das Produkt ihrer inneren Qualität und der Fähigkeiten ihres Schöpfers. 3. Je größer die Hindernisse sind, die der Schöpfer überwinden muss, desto eindrucksvoller ist seine Leistung. 4. Das größte Hindernis für einen Schöpfer würde darin bestehen, dass er nicht existiert. 5. Wenn wir also annehmen, dass das Universum das Produkt eines existierenden Schöpfers ist, können wir uns ein noch größeres Wesen vorstellen, nämlich eines, das alles erschaffen hat, obwohl es nicht existiert. 6. Ein existierender Gott wäre also nicht so groß, dass man sich nicht etwas noch Größeres vorstellen könnte, denn ein viel leistungsfähigerer und unglaublicherer Schöpfer wäre ein Gott, den es nicht gibt. Also: 7. Gott existiert nicht.

Douglas Gasking

M5 Wenn Gott nicht bewiesen werden kann

Zugeben: Sofern Gottesbeweise beweisen wollen, sagen sie nichts. Aber: Sofern Gottesbeweise Gott zur Sprache bringen, sagen sie viel. Als fixe Antworten sind sie unzureichend, als offene Fragen indessen unabweisbar. [...] Überall bringt sich uns hier das *Grundrätsel der Wirklichkeit* in Erinnerung. [...] Das rätselhafte Faktum – woher und wozu? –, dass ich da bin, Dinge, Menschen da sind, die Welt da ist. Sollte dies alles doch etwas mit einem letzten Begründenden, Tragenden, Wegweisenden zu tun haben? [...]

Aber wie soll dieser Gott, der doch so offensichtlich nicht bewiesen werden kann, wirklich gefunden werden? Muss man auf einen rationalen Zugang zu ihm von vornherein verzichten? [...]

Der Glaube ist die einzig mögliche Zugangsart zu dem Gott, der nur im Wort der Verkündigung durch seine Offenbarung vernehmbar wird. [...] Der *Gottesglaube lebt aus einem letztlich begründeten Grundvertrauen:* Im Ja zu Gott entscheide ich mich vertrauensvoll für einen ersten Grund, tiefsten Halt, ein letztes Ziel der Wirklichkeit. Im Gottesglauben erweist sich mein Ja zur Wirklichkeit als letztlich begründet und konsequent: ein in der letzten Tiefe, im Grund der Gründe verankertes und auf das Ziel der Ziele gerichtetes Grundvertrauen. [...] Ein Nein zu Gott ist möglich. Der Atheismus lässt sich nicht rational eliminieren: er ist unwiderlegbar. [Aber] das Nein zu Gott bedeutet ein letztlich unbegründetes Grundvertrauen zur Wirklichkeit. [...] Wer Gott verneint, weiß nicht, warum er letztlich der Wirklichkeit vertraut. [...] Er setzt sich der Gefährdung durch eine letzte Grundlosigkeit, Haltlosigkeit, Ziellosigkeit aus. [...] Für den Atheisten bleiben jene letzten [...] Fragen [...] unbeantwortet, die sich an den Grenzen des Menschenlebens [...] stellen.

Hans Küng

Aufgaben

1 Diskutiert die Aussage der Karikatur. ➔ M1

2 Untersucht die Argumentation Sofies, indem ihr die einzelnen Gedankenschritte schematisch gegenüberstellt: Was spricht für bzw. gegen die Annahme der Existenz Gottes? ➔ M2

3 Untersucht in gleicher Weise den Gottesbeweis von Anselm von Canterbury. ➔ M3

4 Analysiert, mit welchen Argumenten Douglas Gasking die Existenz Gottes in Frage stellt. ➔ M4

5 Diskutiert, wem ihr recht gebt: Anselm oder Gasking? ➔ M3/M4   **D**

6 Recherchiert im Internet danach, welche Gottesbeweise es gibt und welche Kritik daran geäußert wird. Material findet ihr z. B. auf folgender Seite: http://www.philolex.de/gottesbe.htm ➔ M3/M4   **R**

7 Untersucht, wie Hans Küng zur Beweisbarkeit Gottes steht und was nach ihm daraus folgt, wenn Gott nicht bewiesen werden kann. ➔ M5

Religionskritik

3　M1　Gottlos glücklich

M2　Gott – ein Produkt des Menschen

Nico: Herr Feuerbach, können Sie mir die Grundidee Ihrer Religionskritik erklären?

Feuerbach: Gerne! Meiner Ansicht nach gibt es vier Stadien der menschlichen Entwicklung, die zur Aufhebung der Religion führen: Im ersten Stadium sehe ich nicht mehr, wie es bislang in allen Religionen üblich war, Gott im Mittelpunkt, sondern den Menschen. In der Religion spiegelt sich nämlich eigentlich das Verhalten des Menschen zu sich selbst bzw. zu seinem Wesen wider. Allerdings verhält der Mensch sich zu seinem Wesen so, als wäre es ein anderes, ein über ihm stehendes Wesen. Dieses Wesen nennt der Mensch Gott, wobei sich dieser als das Spiegelbild der menschlichen Natur erweist. Aber es ist ein Spiegelbild, das zeigt, wie der Mensch gerne wäre, aber nicht ist. Gott wird auf diese Weise – trotz der ihm zugeschriebenen menschlichen Prädikate – zu einem nicht mehr greifbaren Wesen gemacht.

Nico: Ah, jetzt verstehe ich, was Sie in Ihrer Schrift *Vom Wesen des Christentums* zum Ausdruck bringen wollen, wenn Sie sagen: „Die Religion ist die *Entzweiung* des Menschen mit sich: Er setzt sich Gott als ein ihm *entgegengesetztes* Wesen gegenüber. Gott ist *nicht*, was der Mensch ist – der Mensch *nicht*, was Gott ist."

Feuerbach: Ja, genau. Die Stelle, die du zitierst, ist wichtig, weil wir jetzt Gott und Mensch gegenüberstellen können: Während der Mensch Gott alle positiven Eigenschaften zuschreibt, er z. B. unendlich, vollkommen, ewig, heilig und der Inbegriff aller Realitäten ist, schreibt er sich selbst alle negativen Prädikate zu und ist dementsprechend endlich, unvollkommen, zeitlich, sündhaft und der Inbegriff aller Nichtigkeiten.

Nico: Dann ist Gott der Gegensatz des Menschen?

Feuerbach: Ja, das ist so. In *Vom Wesen des Christentums* habe ich es folgendermaßen ausgedrückt: „Gott ist sein [des Menschen] *Alter Ego*, seine andere, verlorne Hälfte, in Gott *ergänzt er sich*; in Gott ist er erst *vollkommener* Mensch. Gott ist ihm ein *Bedürfnis*; es fehlt ihm etwas, ohne zu wissen, was ihm fehlt – Gott ist dieses *fehlende* Etwas, Gott ihm unentbehrlich; *Gott gehört zu seinem Wesen.*"

Nico: Und was leiten Sie daraus ab?

Feuerbach: Es liegt doch auf der Hand, dass sich aus dem Gesagten nun das zweite Stadium ergibt: Sobald der Mensch sich in Gott wiederfindet und entdeckt, dass er der Erschaffer Gottes ist, muss er seine Entzweiung aufheben und sich auf seine positiven Eigenschaften und Fähigkeiten besinnen, anstatt sie auf Gott zu übertragen.

Nico: Und wozu soll das gut sein?

Feuerbach: In dem Moment, in dem der Mensch die positiven Eigenschaften nicht mehr (einem) Gott, sondern sich selbst zuschreibt, tritt er selbst in den Vordergrund. Hier dürfte der Wendepunkt der Weltgeschichte liegen, denn die Religion muss zugunsten einer Anthropologie, der Lehre vom Menschen, weichen. Ja, hier tritt nun das dritte Stadium ein: Die Religion wird auf diesem Wege sogar abgeschafft und das Wesen des Menschen wird, wie ich zu Beginn unseres Gesprächs bereits angedeutet habe, nicht nur ins Zentrum gestellt, sondern zum höchsten Wesen erhoben.

Nico: Der Wendepunkt der Weltgeschichte ist demnach Ihre Erkenntnis, dass der Mensch dem Menschen ein Gott ist – oder wie Sie sagen: *Homo homini deus est.*

Feuerbach: Genau. Wenn der Mensch das höchste Wesen ist, dann muss er – im vierten Stadium – nach dieser Erkenntnis auch handeln, denn das höchste und erste Gesetz verlangt die Liebe des Menschen zum Menschen, die darin besteht, dass der Mensch dem Menschen hilft, wann immer es nötig ist.

3 Religion ist vom Menschen gemacht

M3 Religion – das Opium des Volkes

Marie: Herr Marx, in Ihrer *Kritik der Hegelschen Rechtsphilosophie* heben Sie hervor, dass die Religion das Opium des Volks sei. Was meinen Sie damit?

Marx: Dadurch will ich zum Ausdruck bringen, dass das Volk sich selbst ein Mittel gesucht hat, um vor der Realität zu fliehen. Die Religion wirkt nämlich wie ein Beruhigungs- und Betäubungsmittel, das Illusionen, aber kein „wirkliches Glück" verschafft. Das gilt auch für das Opium. Es ist ein schmerzlinderndes Mittel, das ein dumpfes Gefühl des Wohlbefindens in einem schmerzhaften Zustand erzeugt. Die Religion wirkt ebenso, denn die von der besitzenden Klasse Ausgebeuteten ertragen die Qualen ihres Daseins als Proletarier nur aufgrund eines Surrogats, eines Ersatzstoffes. Auf diese Weise ist die Religion „das Opium des Volkes". Es macht aber keinen Sinn, den Menschen ihr Rauschmittel zu nehmen, wenn man nicht die Zustände ändert, die sie dazu verleitet haben, sich der Religions-Droge hinzugeben.

Marie: Jetzt verstehe ich endlich, was Sie anstreben: Sie wollen die Religion abschaffen, damit sich die gesamtgesellschaftliche Situation der Menschen ändert, denn die Entfremdung des Menschen von sich selbst führt zwangsläufig zu einer Vorstellung bzw. zu der Illusion eines idealen Reiches, die man Religion nennt.

Marx: Genau. Dies habe ich folgendermaßen beschrieben: „Die Aufhebung der Religion als des *illusorischen* Glücks des Volkes ist die Forderung seines *wirklichen* Glücks. Die Forderung, die Illusionen über seinen Zustand aufzugeben, ist die *Forderung, einen Zustand aufzugeben, der der Illusion bedarf.*" Dabei ist der Ausgangspunkt meiner Religionskritik derselbe wie bei Feuerbach, doch während er die Ursache der Religion in der Sehnsucht des Menschen nach Vollkommenheit sieht, vertrete ich die Auffassung, dass der Mensch aus seiner gesellschaftlichen Not heraus die Religion erfindet. Um aber das Glück des Volkes zu befördern, muss die Religion abgeschafft werden. Dazu muss der gesellschaftliche Zustand abgeschafft werden, der die Menschen dazu gebracht hat, sich dem Surrogat „Religion" hinzugeben.

Marie: Der Ausgangspunkt Ihrer Religionskritik besteht also darin, dass der Mensch die Religion erfunden hat.

Marx: Ganz genau. Der Mensch macht die Religion und nicht die Religion den Menschen.

Marie: Und Ihre Kritik endet darin, dass durch die Abschaffung Gottes die Religion überflüssig wird. Dies kann aber nur geschehen, wenn sich die gesellschaftlichen, sozialen und politischen Verhältnisse umkehren.

Marx: Richtig. Ich formuliere das so: „Die Kritik des Himmels verwandelt sich in die Kritik der Erde, die Kritik der Religion in die Kritik des Rechts, die Kritik der Theologie in die Kritik der Politik."

Die Seiten 166 bis 169 sind als Gruppenpuzzle konzipiert. Bildet vier Gruppen, von denen jede sich mit einem Religionskritiker (Feuerbach, Marx, Nietzsche, Freud) beschäftigt.

1 Nehmt Stellung zu der Aussage auf dem Bus. → M1

2 Stellt die vier Stadien dar, die nach Feuerbach zur Auflösung der Religion führen. → M2

3 Begründet, warum Marx die Auffassung vertritt, dass
a) der Mensch die Religion gemacht hat, b) Religion Opium des Volkes ist und c) die Religion abgeschafft werden muss. → M3

Religionskritik

4

M1 Der tolle Mensch

Habt ihr nicht von jenem tollen Menschen gehört, der am hellen Vormittage eine Laterne anzündete, auf den Markt lief und unaufhörlich schrie: „Ich suche Gott! Ich suche Gott!" – Da dort gerade viele von denen zusammenstanden, welche nicht an Gott glaubten, so erregte er ein großes Gelächter. Ist er denn verlorengegangen?, sagte der eine. Hat er sich verlaufen wie ein Kind?, sagte der andere. Oder hält er sich versteckt? Fürchtet er sich vor uns? Ist er zu Schiff gegangen? Ausgewandert? – so schrien und lachten sie durcheinander. Der tolle Mensch sprang mitten unter sie und durchbohrte sie mit seinen Blicken. „Wohin ist Gott?", rief er, „ich will es euch sagen! *Wir haben ihn getötet* – ihr und ich! Wir alle sind seine Mörder!"

Friedrich Nietzsche

M2 Der Tod Gottes – eine Katastrophe?

Tim: Herr Nietzsche, können Sie mir den Sinn der Parabel vom tollen Menschen erklären?

Nietzsche: Ja, das kann ich. Der „tolle" Mensch – heute würde man wohl eher „der verrückte Mensch" sagen – will durch sein Handeln Aufmerksamkeit erregen und zudem die Frage aufwerfen, ob es Gott überhaupt gibt, wenn man ihn nirgends entdecken kann.

Tim: Er trifft doch auf dem Marktplatz sofort auf eine Gruppe von Atheisten.

Nietzsche: Sagen wir doch lieber, der tolle Mensch trifft auf Menschen, die nicht gottesgläubig sind und ihm Fragen in Bezug auf Gott stellen.

Tim: Was bezwecken die Menschen mit den Fragen?

Nietzsche: Die Fragen zeigen, dass im Laufe der Jahrhunderte die meisten Menschen nicht mehr an Gott glauben, ihn in Vergessenheit haben geraten lassen.

Tim: Wir bringen Gott also dadurch um, dass wir in unserer realen Welt keinen Platz mehr für ihn finden?

Nietzsche: Ja, genau. Gott existiert nicht, weil wir nicht an ihn glauben, oder umgekehrt: Ein Gott, an den Menschen nicht glauben, existiert sowieso nicht. Daher: „Gott ist tot! Gott bleibt tot! Und wir haben ihn getötet!"

Tim: Aber wenn wir Menschen Gott umgebracht haben, dann ist das doch eine Katastrophe, oder nicht?

Nietzsche: Jein.

Tim: Wie meinen Sie das?

Nietzsche: Nun, wer anerkennt, dass Gott tot ist, muss auch anerkennen, dass es kein festes Weltbild mehr geben kann. Das mag für den ein oder anderen eine Katastrophe sein, denn man kann auch sagen, dass das totale Chaos herrscht, die Menschen fortan ohne Ziele sind, keine Hoffnung und Zukunft mehr haben. Alles, was bislang Gültigkeit besaß, gilt nicht mehr.

Tim: Gut, ich habe verstanden, wieso der Tod Gottes eine Katastrophe ist. Aber wie steht es mit der anderen Möglichkeit?

Nietzsche: Erst der Tod Gottes ermöglicht es dem Menschen, in eine bessere Zukunft zu blicken. Er muss das, was er durch den Tod Gottes verloren hat, jetzt aus eigener Kraft meistern. Er muss praktisch über sein Menschsein hinauswachsen, zu einem Übermenschen werden.

Tim: Ist der Mensch denn schon so weit?

Nietzsche: Ich glaube nicht. Und du hast ja auch nur den Anfang meiner Parabel gelesen. Sie geht noch weiter und am Ende wirft der tolle Mensch seine Laterne auf den Boden, dass sie zerbricht und erlischt. „Ich komme zu früh", sagt er dann, „ich bin noch nicht an der Zeit. Dies ungeheure Ereignis ist noch unterwegs und wandert – es ist noch nicht bis zu den Ohren der Menschen gedrungen." Wir Menschen haben Gott zwar längst getötet, sind aber noch nicht bereit, uns dies auch einzugestehen und die Konsequenzen daraus zu ziehen.

M3 Nietzsche und Gott

©www.Gott.net

168

4 Die Abschaffung Gottes?

M4 Gott ist nur eine Illusion

Anna: Herr Freud, Sie gehören zu den vier bekanntesten Religionskritikern. Welche Theorie vertreten Sie?

Freud: Ich bin der Überzeugung, dass die Religion mit einer Kindheitsneurose und einer Illusion vergleichbar ist. Daher habe ich drei Begründungsansätze gewählt, um meine Behauptung zu beweisen.

Anna: Dann legen Sie doch einfach los.

Freud: Beginnen wir mit dem ersten Argument: In der Zeit, als es noch keine Wissenschaft gab, begannen die Menschen, die Naturerscheinungen zu personifizieren und sie zu höheren Mächten zu erheben. Auf diese Weise erfanden die Menschen Götter und damit Wesen, die ihnen Trost spenden, Schutz gewährleisten und ihr Selbstgefühl stärken sollten. Sie erschufen solche Vorstellungen, um ihre Hilflosigkeit besser zu ertragen. Diese Hilflosigkeit lässt sich sowohl in der eigenen Kindheit als auch in der des Menschengeschlechts beobachten: So wie sich das Kind nach dem Schutz seiner Eltern, eines starken Vaters sehnt, so projiziert der Mensch seine Sehnsucht in ein höhergestelltes, stärkeres Wesen.

Anna: Das habe ich verstanden. Was ist Ihr nächstes Argument?

Freud: Mein zweites Argument besagt, dass sich das zwiespältige Verhältnis von Kind zu Vater im Glauben der Erwachsenen fortsetzt: Ein Kind hat einerseits Angst vor der Stärke seines Vaters, andererseits bewundert es sie. Auf Gott übertragen bedeutet das: Der Mensch ist sich im Klaren darüber, dass er sich gegen eine Übermacht nicht wehren kann und sucht daher im Gottesglauben Schutz. Kurz: Obwohl der Mensch die Götter fürchtet, vertraut er sich ihrem Schutz an.

Anna: Diese Theorie leuchtet mir ebenso ein wie die erste. Nun bin ich auf Ihr drittes Argument gespannt.

Freud: Dieses Argument betrifft die Stammesgeschichte: Stellen wir uns ein Männchen vor, das als Despot in der Urhorde uneingeschränkte Macht besaß. Ihm gehörten alle Weibchen, also alle Frauen und Töchter. Seine Söhne erwartete ein hartes Schicksal, wenn sie bei ihrem Vater die Eifersucht hervorriefen. Sie wurden erschlagen, kastriert oder aus der Gemeinschaft verstoßen. Der entscheidende Schritt zur Änderung dieser ersten Art von sozialer Ordnung bestand darin, dass sich die Brüder zusammenschlossen, ihren Vater gemeinsam umbrachten, um seinen Platz einzunehmen, und ihn aßen. Man kann sagen, der Urvater steht für das Urbild Gottes und das Essen des Vaters für den Versuch, sich mit Gott zu identifizieren.

Anna: Dreimal haben Sie jetzt gezeigt, wie die Gottesvorstellung der Erwachsenen auf kindliches Verhalten zurückgeführt werden kann.

Freud: Eigentlich eher auf Neurosen, also auf psychische Störungen, die von einem Konflikt verursacht werden. Kinder legen ihre Neurosen in der Regel ab. Ich hoffe, dass die Menschheit das ebenfalls schafft und sich nicht weiter hinter einer Illusion, dem Gottesglauben, versteckt. Der Mensch muss endlich seine Vernunft benutzen, er muss aus seinem Kindheitsstadium heraustreten, erwachsen werden und die Religion überwinden.

Religionskritik

Die *Religionskritik* setzt sich ebenso mit den zentralen Aussagen von Religionen und deren Wahrheitsansprüchen auseinander wie mit ihrer Rolle in der Gesellschaft.

In früheren Zeiten gab sie Anstöße zu Reformen, etwa durch Jesus am Judentum, Buddha am Hinduismus oder Martin Luther an der römischen Kirche. Die Aufklärung verbindet mit dem Begriff *Religionskritik* primär Kritik am Christentum. Seit dem 19. Jahrhundert bildet sie ein Instrument zur Begründung des Atheismus, dessen Hauptvertreter Feuerbach, Marx, Nietzsche und Freud sind.

Aufgaben

1 Erklärt, wie Nietzsche zu der Auffassung gelangt, dass Gott tot ist. ➜ M1/M2

2 Interpretiert die Karikatur: Unter welchen Voraussetzungen hat Nietzsche recht, unter welchen nicht? ➜ M3

3 Stellt die unterschiedlichen Ansätze Freuds dar und zeigt dabei auf, wieso sich nach ihm Gott als Illusion entpuppt. ➜ M4

Religionskritik

M1 Was soll das bedeuten?

M2 Die 50:50-Chance

Um den folgenden Text verstehen zu können, müssen drei Fachbegriffe kurz erläutert werden:
1. Ein Agnostiker ist vom Wortstamm her jemand, der ohne Erkenntnis ist und in Bezug auf die Gottesfrage nicht mit Sicherheit sagen kann, ob es Gott gibt oder nicht. 2. Ein Theist ist jemand, der genau an einen Schöpfergott glaubt. 3. Ein Atheist ist jemand, der „ohne Gott" ist und folglich auch nicht an ihn glaubt.

Es ist nicht falsch, Agnostiker zu sein, wenn es weder für die eine noch für die andere Seite handfeste Belege gibt. Dann ist es die vernünftigste Position. [...] Die Frage nach außerirdischem Leben ist offen. Man kann für beide Seiten stichhaltige Argumente anführen, und da wir keine Belege besitzen, können wir nur die Wahrscheinlichkeiten in der einen oder anderen Richtung abschätzen. [...] Doch wie steht es mit der Frage nach Gott? Sollten wir auch da Agnostiker sein? [...] [Ich vertrete] die Ansicht, dass die Existenz Gottes eine wissenschaftliche Hypothese ist wie jede andere. [...] [W]enn Gottes Existenz nie mit Sicherheit bewiesen oder widerlegt werden kann, können wir anhand der verfügbaren Anhaltspunkte und mit unserer Vernunft zu einer Abschätzung der Wahrscheinlichkeit gelangen, die weit von 50 Prozent entfernt ist. Nehmen wir also den Gedanken, dass es ein Spektrum von Wahrscheinlichkeiten gibt, ernst, und ordnen wir die Aussagen der Menschen über die Existenz Gottes darin zwischen den Extremen der gegensätzlichen Sicherheiten an [...]:

1. Stark theistisch. Gotteswahrscheinlichkeit 100 Prozent. Oder in den Worten von C. G. Jung: „Ich glaube nicht, ich *weiß*."

2. Sehr hohe Wahrscheinlichkeit knapp unter 100 Prozent. *De facto* theistisch. „Ich kann es nicht sicher wissen, aber ich glaube fest an Gott und führe mein Leben unter der Annahme, dass es ihn gibt."

3. Höher als 50 Prozent, aber nicht besonders hoch. Fachsprachlich: agnostisch mit Neigung zum Theismus. „Ich bin unsicher, aber ich neige dazu, an Gott zu glauben."

4. Genau 50 Prozent. Völlig unparteiischer Agnostizismus. „Gottes Existenz und Nichtexistenz sind genau gleich wahrscheinlich."

5. Unter 50 Prozent, aber nicht sehr niedrig. Fachsprachlich: agnostisch mit Neigung zum Atheismus. „Ich weiß nicht, ob Gott existiert, aber ich bin eher skeptisch."

6. Sehr geringe Wahrscheinlichkeit, knapp über null. *De facto* atheistisch. „Ich kann es nicht sicher wissen, aber ich halte es für sehr unwahrscheinlich, dass Gott existiert, und führe mein Leben unter der Annahme, dass es ihn nicht gibt."

7. Stark atheistisch. „Ich weiß, dass es keinen Gott gibt, und bin davon ebenso überzeugt, wie Jung ‚weiß', dass es ihn gibt."

Es würde mich wundern, wenn mir viele Menschen aus der Kategorie 7 begegnen würden [...]. Atheisten haben keinen Glauben, und mit Vernunft allein kann man nicht zu der totalen Überzeugung gelangen, dass etwas nicht existiert. Deshalb ist die Kategorie 7 in der Praxis sicher weniger gut gefüllt als ihr Gegenüber, die Kategorie 1, die viele engagierte Bewohner hat. [...] Die Tatsache, dass ich nicht sagen kann, ob dein Rot mein Grün ist, legt die Wahrscheinlichkeit nicht auf 50

5 Ist es vernünftig, an Gott zu glauben?

Prozent fest. Die angebotene Behauptung ist so sinnlos, dass man sie nicht mit einer zahlenmäßigen Wahrscheinlichkeit aufwerten sollte. Dennoch wird dieser verbreitete Fehler immer wieder begangen: Von der Voraussetzung, dass die Frage nach der Existenz Gottes prinzipiell nicht zu beantworten ist, vollziehen wir den Sprung zu der Schlussfolgerung, seine Existenz und Nichtexistenz seien gleichermaßen wahrscheinlich. [...] Dass man Gottes Nichtexistenz nicht beweisen kann, ist eine allgemein anerkannte, triviale Erkenntnis [...]. Entscheidend ist nicht, ob Gottes Existenz widerlegbar ist (das ist sie nicht), sondern ob sie *wahrscheinlich* ist. Das ist eine ganz andere Frage. Manche nicht widerlegbaren Dinge gelten vernünftigerweise als sehr viel unwahrscheinlicher als andere, die ebenfalls nicht zu widerlegen sind. Es besteht kein Anlass, Gott von solchen Überlegungen im Spektrum der Wahrscheinlichkeiten auszunehmen. Und erst recht besteht kein Anlass zu der Annahme, Gottes Existenz habe eine Wahrscheinlichkeit von 50 Prozent, nur weil wir sie nicht widerlegen können. Ganz im Gegenteil.

Richard Dawkins

M3 Gott gibt es nicht

Bei näherem Hinsehen erweist sich „Atheismus" als ein ziemlich undeutlicher Sammelbegriff, und darum fällt es schwer, ihn durch eine einfache Definition zu fassen. Manchmal trifft man noch auf die Vorstellung, die Atheisten seien Gegner Gottes, also Anti-Theisten, aber das sei ein Widerspruch, denn um gegen etwas sein zu können, müsse man voraussetzen, dass es existiere. [...] Darum lässt man es besser dabei, dass die Atheisten gemäß der Vorsilbe „a"– die Leute ohne Gott sind, die Gottlosen. Dann fällt auf, dass die Opposition Theismus-Atheismus offenbar unvollständig ist, denn üblicherweise ist der Ausdruck „Theismus" für den Monotheismus im Sinn des Glaubens an ein von der Welt unterscheidbares göttliches Wesen reserviert. Wir würden hingegen Anhänger des Polytheismus oder Pantheismus und sogar des Buddhismus, der ohne explizite Gottesvorstellung auskommt, nicht als Atheisten bezeichnen; in diesem weiten Wortsinn sind sie die religiös Ungläubigen oder Religionslosen. Sofern Atheisten Gegner sind, wenden sie sich vernünftigerweise nicht gegen Gott, sondern nur gegen die Vorstellung, dass es ihn gebe, und in der Regel sind sie dann auch gegen Religion überhaupt. Tatsächlich tritt dabei der Atheismus selbst als Gegenreligion auf im Sinn der Formulierung: „Ich glaube, dass es Gott nicht gibt." Dieser konfessionelle Atheismus mit seiner naturwissenschaftlich verpackten Propaganda hat es in unseren Tagen auf die Bestsellerlisten geschafft, und man fühlt sich ins 19. Jahrhundert zurückversetzt. [...]

Der ungläubige Atheismus sagt nur: „Ich glaube nicht, dass es Gott gibt"; er bekennt also nur seinen Unglauben. Es wäre irreführend, dieses Bekenntnis selbst für eine Konfession zu halten; dann wäre der Unglaube, das Nichtglauben, selber ein Glaube, und das ergibt keinen Sinn. Darum hat dieser Atheist auch keine Beweislast zu tragen [...]. Ähnliches gilt übrigens auch für den Agnostizismus, der zugibt, überhaupt nichts zu wissen oder zu glauben, was Gott betrifft. Soll das etwa auch wieder ein Wissen oder Glauben sein? Der ungläubige Atheist ist auch nicht kämpferisch, er will niemanden von irgendetwas überzeugen, und somit gesteht er nur ein, dass er das nicht hat, was sein Gegenüber zu besitzen behauptet – den Glauben an Gott. Wenn ihm dies nicht gleichgültig ist, ist er vielleicht sogar ein frommer Atheist, der nicht anders kann, als das, was er nicht hat, ernst zu nehmen und seinen Verlust zu bedauern. Vielen Zeitgenossen ist freilich ihr Nichtglauben nur ein Achselzucken wert, und noch zahlreicher sind die, die gar nicht wissen, dass sie Ungläubige sind, denn wenn die Gottesfrage aus dem Blickfeld verschwindet, ist auch der Atheismus kein Thema mehr.

Herbert Schnädelbach

Aufgaben

1 Interpretiert die Antwort des Mannes: An was glaubt er? ➔ M1

2 Diskutiert, wieso es nach Dawkins sinnvoll bzw. nicht sinnvoll ist, Agnostiker zu sein, und beurteilt auf diesem Hintergrund die sieben Wahrscheinlichkeiten der Existenz Gottes. ➔ M2

3 Arbeitet heraus, wodurch sich nach Schnädelbach ein Atheist auszeichnet. Fertigt dazu Mindmaps an, die ihr euch dann gegenseitig vorstellt. ➔ M3

Religionskritik

6 M1 Vom Mittelalter in die Gegenwart …

„Gott will es!" Mit diesen Worten rief Papst Urban 1095 zum 1. Kreuzzug nach Jerusalem auf: „Die Ungläubigen haben es gewagt, die Heilige Stadt Christi unerträglicher Knechtschaft zu unterwerfen. Sie müssen für ihr dreistes Verbrechen bestraft werden. Wenn einer dort [...] fällt, so darf er fest glauben, dass ihm Vergebung seiner Sünden und die Frucht ewigen Lebens zuteil werden wird."
Gerhard Konzelmann

Die palästinensische Widerstandsorganisation Hamas rechtfertigt ihren Kampf gegen die Juden als Djihad (Heiligen Krieg): „Der Jihad ist die persönliche Pflicht jedes Moslems, seit die Feinde Teile des moslemischen Landes geraubt haben. Angesichts des Raubes durch die Juden ist es unvermeidlich, dass ein Banner des Jihad gehisst wird." (Charta der Hamas, Artikel 15)
Wer im Djihad sein Leben verliert, wird durch Allah belohnt.

M2 Gotteswahn

Stellen wir uns doch [...] mal eine Welt vor, in der es keine Religion gibt – keine Selbstmordattentäter, keinen 11. September, keine Anschläge auf die Londoner U-Bahn, keine Kreuzzüge, keine Hexenverfolgung,
5 keine Aufteilung Indiens, keinen Krieg zwischen Israelis und Palästinensern, kein Blutbad unter Serben/Kroaten/Muslimen, keine Verfolgung von Juden als „Christusmörder", keine „Ehrenmorde", keine pomadigen Fernseh-Evangelisten im Glitzeranzug, die leichtgläubigen
10 Menschen das Geld aus der Tasche ziehen. Stellen wir uns vor: keine Zerstörung antiker Statuen durch die Taliban, keine öffentlichen Enthauptungen von Ketzern, keine Prügel für das Verbrechen, zwei Zentimeter nackte Haut zu zeigen.
Richard Dawkins

M3 Religion und Gewalt

In einer Rede an der Universität Regensburg am 12.09.2006 kommentiert Papst Benedikt XVI. einen Dialog, den der gelehrte byzantinische Kaiser Manuel II. Palaeologos 1391 mit einem gebildeten Perser über Christentum und Islam führte.

Der Kaiser begründet [...] eingehend, warum Glaubensverbreitung durch Gewalt widersinnig ist. Sie steht im Widerspruch zum Wesen Gottes und zum Wesen der Seele. „Gott hat kein Gefallen am Blut", sagt er,
5 „und nicht vernunftgemäß zu handeln [...] ist dem Wesen Gottes zuwider. [...] Wer also jemanden zum Glauben führen will, braucht die Fähigkeit zur guten Rede und ein rechtes Denken, nicht aber Gewalt und Drohung. [...] Um eine vernünftige Seele zu überzeugen,
10 braucht man nicht seinen Arm, nicht Schlagwerkzeuge noch sonst eines der Mittel, durch die man jemanden mit dem Tod bedrohen kann ..." [...] Der entscheidende Satz in dieser Argumentation gegen Bekehrung durch Gewalt lautet: Nicht vernunftgemäß handeln ist dem Wesen Gottes zuwider. [...] An dieser
15 Stelle tut sich ein Scheideweg im Verständnis [...] von Religion auf [...]. Ist es nur griechisch, zu glauben, dass vernunftwidrig zu handeln dem Wesen Gottes zuwider ist, oder gilt das immer und in sich selbst?
Papst Benedikt XVI.

6 Fanatismus gegen Vernunft

M4 Islam und Gewalt

Immer mehr extreme islamische Gruppen [bedienen sich des] Wortes Djihad [...], wenn sie Anschläge oder Selbstmordattentate verüben. Nichtmuslime kennen vom Koran oft nur seine vermeintlichen Aussagen über Krieg und Andersgläubige, obwohl diese Aussagen nur einen geringen Teil der Verse ausmachen. Die mit der Ausbreitung des islamischen Herrschaftsgebiets verbundenen Kriege, die jedoch nicht mit dem Terminus Djihad zu bezeichnen sind, haben bei vielen den Eindruck entstehen lassen, dass Mohammed und der Koran das Ziel hatten, andere Menschen mit Gewalt zum Islam zu bekehren.

Vielen Nichtmuslimen ist nicht bewusst, dass das Wort Barmherzigkeit und Frieden weit häufiger im Koran vorkommt als Kämpfen und Krieg.

Die meisten Muslime fühlen sich durch diese massive Betonung von Gewalt und Aggression verletzt. [...] Ferner stellen Kriege im Islam nur die erlaubte Ausnahme, Frieden (Salam) hingegen den Normalzustand dar. Schließlich hätten westliche Kritiker bereits durch die Gleichsetzung von Djihad und Krieg die Anwendung von Gewalt unterstellt. Die Bezeichnung „Heiliger Krieg" lehnen Muslime ohnehin ab, da es dazu kein arabisches Äquivalent gibt und Kriege nach islamischem Verständnis nicht heilig seien. [...] Wörtlich bedeutet Djihad Mühe, Anstrengung. [...] Albrecht Noth hat vorgeschlagen, von einem „Heiligen Kampf" zu sprechen, da Djihad nicht die offiziellen Eroberungskriege eines Staates, sondern den religiös verdienstvollen Kampf des Einzelnen bezeichnet. Im Arabischen kommt in diesem Zusammenhang das Wort heilig nicht vor. Es dient aber in unserem Sprachgebrauch dazu, den Djihad als ein von religiösen Motiven getragenes Unternehmen von profanen Kämpfen zu unterscheiden.

Monika Tworuschka

M5 Autoritäre und humanistische Religion

Das wesentliche Element autoritärer Religion und autoritärer religiöser Erfahrung ist die Unterwerfung unter eine Macht jenseits des Menschen. Die Haupttugend bei diesem Typ von Religion ist Gehorsam, die Kardinalsünde Ungehorsam. In dem Maße, als die Gottheit als allmächtig oder allwissend dargestellt wird, ist im Gegensatz dazu der Mensch macht- und bedeutungslos. Nur insofern er durch völlige Unterwerfung die Gnade oder Hilfe der Gottheit erwirbt, vermag er Stärke zu empfinden. Die Unterwerfung unter eine machtvolle Autorität ist einer der Wege, auf denen der Mensch dem Gefühl des Alleinseins und der Begrenztheit entgeht. Beim Akt der Unterwerfung [...] gewinnt [er] das Gefühl, von einer Ehrfurcht erweckenden Macht beschützt zu sein, von der er sozusagen ein Teil wird. [...]

Humanistische Religion hingegen bewegt sich um den Menschen und seine Stärke. Der Mensch muss seine Kraft der Vernunft entwickeln, um sich selbst, seine Beziehung zum Mitmenschen und seine Stellung im Universum zu verstehen. Er muss die Wahrheit erkennen, sowohl hinsichtlich seiner Grenzen, als auch seiner Möglichkeiten. Er muss seine Kräfte der Liebe für andere, aber auch für sich selbst, zum Wachsen bringen und muss die Solidarität mit allen lebenden Wesen erfahren. Er braucht Prinzipien und Normen, die ihn zu diesem Ziele führen. Religiöse Erfahrung bei dieser Art von Religion heißt Erfahrung des Einsseins mit dem All, gegründet auf der Bezogenheit zur Welt, wie sie jemand in Denken und Liebe erfasst.

Erich Fromm

Aufgaben

1 Vergleicht zunächst die beiden auf den Bildern dargestellten Situationen. Stellt anschließend Gemeinsamkeiten von Papst Urbans Aufruf zum Kreuzzug und der Rechtfertigung des Djihad durch die Hamas zusammen. ➔ M1

2 Diskutiert Dawkins' Auffassung von Religion. ➔ M2

3 Stellt dar, welche Auffassung Benedikt XVI. bezüglich Glaube und Vernunft vertritt. ➔ M3

4 Wer hat eurer Meinung nach recht: Dawkins oder Benedikt XVI.? Führt eine Podiumsdiskussion zu dieser Frage durch und bezieht dabei die auf dieser Doppelseite dargestellten und von euch selbst gefundenen Fälle ein. ➔ M2/M3

5 Untersucht, was Djihad im ursprünglichen religiösen Sinne bedeutet, und entscheidet, ob sich die Gleichsetzung von Djihad mit Krieg durch den Koran rechtfertigen lässt. ➔ M4

6 Arbeitet den Unterschied zwischen autoritärer und humanistischer Religion heraus. ➔ M5

Weltanschauungen

M1 Die Götter!

M2 Geheime Traumpfade

Rainer M. Schröders Jugendroman Abby Lynn *spielt zu Beginn des 19. Jahrhunderts in Australien. Der Brite Andrew unterhält sich mit dem Ureinwohner Baralong:*

„Man hat mir gesagt, dass du schon sehr lange für uns Weißgesichter als Fährtenleser arbeitest", brachte Andrew das Gespräch auf ein anderes Thema. [...] „Und warum hast du dich von deinem Stamm getrennt und bist in die Dienste der Armee getreten?" [...] Baralong sah ihn mit einem Blick an, aus dem plötzlich unendliche Trauer und Schmerz sprachen. „Ich habe mich nicht von meinem Stamm getrennt. Dies hier war das Land, das unsere Ahnen uns Yapa übergeben haben, damit wir die Träume hüten und die Welt erhalten. [...] Wir [...] haben von Moora-Moora, dem großen Geist und Schöpfer aller Dinge, von Geburt ein bestimmtes Gebiet zugewiesen bekommen. Und nur wer in diesem Gebiet geboren und mit den heiligen Orten, Traumpfaden und Zeremonien vertraut ist, kann in diesem Landstrich leben. Wer nicht das geheime Wissen von den Taten der Urwesen kennt und die von ihnen geforderten Rituale auf den Traumpfaden nicht fortführt, kann auf Dauer nicht überleben."
Andrew runzelte die Stirn. Sein Interesse war nun doch geweckt. „Was sind das für Traumpfade, von denen du dauernd redest?"
„Das sind die Wege, die unsere Ahnen, die Schöpfer der Welt, in der Traumzeit zurückgelegt haben, und die heiligen Stätten, die sie dabei in der Urzeit geschaffen haben", antwortete Baralong. [...] „Die Traumpfade binden uns auf ewig an das Land unserer Geburt und unseres Stammes. Und es dauert viele Jahre, sodass man schon zu den Alten gehört, bis man alle Geheimnisse, Gesänge und heiligen Orte kennt. Deshalb würden auch niemals die Sippen vom Stamm der Yirrkala in das Stammesgebiet der Awabakal eindringen. Denn sie wüssten ja gar nicht, wo sich die geheimen Traumpfade befinden und wären daher ständig in Gefahr. Deshalb hielten wir euch auch zuerst für unsere wiedergekehrten Ahnen, denn nur die Schöpfer der Welt würden so unbekümmert herumlaufen und das komplizierte Netz der Traumpfade ignorieren – so dachten wir damals, bis wir es besser wussten."
Andrew machte ein verblüfftes Gesicht [...]: „Aber das bedeutet dann ja, dass ihr Krieg zwischen den einzelnen Stämmen nicht kennt, ist das richtig?"
„Wozu auch? In unserer Welt kann man Land weder verkaufen noch erobern [...]", bestätigte Baralong. „Und wie könnten sie [die Stämme] auch ihre eigenen Traumpfade verlassen, die zum Überleben so wichtig sind wie Wasser oder das Mehl der Graskörner?"

Rainer M. Schröder

M3 „Da geht's lang!"

1 So ist die Welt beschaffen

M4 Was ist eine Weltanschauung?

lebensWert: Herr Professor Ecker, erklären Sie uns bitte den Begriff „Weltanschauung".

C. H. Ecker: Nun, das ist, wie das Wort schon sagt, eine Anschauung, d. h. eine Vorstellung von der Welt. Menschen haben das Bedürfnis, sich in der Welt zu orientieren; sie möchten sich ein Bild machen, wie die Welt insgesamt beschaffen ist und welche Stellung sie darin haben. Eine solche Weltanschauung ermöglicht es ihnen, das, was sie erleben, einzuordnen. Und damit sind auch immer Wertungen verbunden, was gut und schlecht, richtig und falsch ist, d. h. daraus ergeben sich auch Leitlinien für das Handeln.

lebensWert: Inwiefern?

C. H. Ecker: Sehen Sie, einige Menschen sind Fatalisten. Sie glauben, dass alles, was in der Welt geschieht, durch eine Vorsehung vorherbestimmt ist. Deshalb nehmen sie alles, was ihnen begegnet, als Schicksal hin und versuchen nicht, etwas daran zu verändern. Ein Libertarier dagegen – ein Mensch, der an die Existenz eines freien Willens glaubt – würde sagen: das, was da gerade geschieht, ist nicht richtig, das muss nicht so sein; ich kann eine Entscheidung treffen und kann die Verhältnisse durch mein Handeln verändern.

lebensWert: Was unterscheidet eigentlich eine solche Weltanschauung von der Philosophie?

C. H. Ecker: In der Philosophie geht es um rationale Begründung, Philosophen suchen nach Gewissheit. Für Weltanschauungen lassen sich oft gute Gründe anführen, aber beweisbar sind sie letztlich nicht. Sie beziehen sich in der Regel auf Bereiche, die unsere Erfahrung übersteigen, in denen wir nicht über gesichertes Wissen verfügen, sondern glauben müssen.

lebensWert: Sind Weltanschauungen dann nicht dasselbe wie Religionen?

C. H. Ecker: Nein, in Religionen geht es um Gott, ein höheres Wesen oder eine höhere Wirklichkeit und darum, wie ich mich dazu verhalten soll. In einer Weltanschauung ist der Blick dagegen auf innerweltliche Verhältnisse gerichtet. Natürlich können auch die Religionen Anschauungen von der Welt enthalten. So ist die Welt in jüdisch-christlicher Auffassung die Schöpfung Gottes und von ihm so eingerichtet, dass der Mensch als Krönung der Schöpfung das Werk Gottes vollendet. Der Übergang zwischen Religionen und Weltanschauungen ist oft fließend.

lebensWert: Oft bezeichnet man Weltanschauungen auch als Ideologien.

C. H. Ecker: Richtig, darin steckt das Wort Idee – eine Ideologie enthält Ideen über die Welt. In der Bezeichnung schwingt jedoch immer eine negative Bedeutung mit. Unter einem Ideologen verstehen wir jemand, der eine falsche Auffassung von der Wirklichkeit vertritt, und da ist immer auch ein Stück Verblendung, Fanatismus und auch Hass gegen Andersdenkende dabei. Gerade weil Weltanschauungen sich einer rationalen Begründung entziehen, besteht immer die Gefahr, dass sie zu Ideologien entarten.

Weltanschauung und Ideologie

Unter *Weltanschauung* versteht man eine Vorstellung, die die Welt als Ganzes und die Stellung des Menschen darin betrifft. Solche Vorstellungen können von Einzelnen, von einer Gruppe oder auch von mehreren Kulturen geteilt werden. Weltanschauungen haben eine Orientierungsfunktion für das Leben der Menschen; daraus lassen sich Maßstäbe für das menschliche Handeln ableiten. Von *Ideologie* spricht man, wenn eine offensichtlich falsche Auffassung von der Wirklichkeit vertreten wird. Ideologen neigen dazu, ihre Ideen mit Eifer und bisweilen Fanatismus zu verfolgen.

Aufgaben

1 Versetze dich in die Lage des Urmenschen und beschreibe, was in ihm vorgeht. Wie erklärt er sich die Naturerscheinungen? → M1
2 Stelle die Weltanschauung der Aborigines dar. Was folgt aus ihr für das Leben und Handeln? → M2
3 Erläutere, was durch die Karikatur ausgesagt werden soll. Ergänze weitere Weltanschauungen. → M3
4 Zeige an Beispielen auf, welche Handlungsweisen aus diesen „Weltanschauungen" folgen. → M3
5 Erkläre den Begriff *Weltanschauung* in Abgrenzung von Philosophie und Religion. → M4

Weltanschauungen

2

M1 Der große Crash

Der Film handelt vom Zusammenbruch einer amerikanischen Investment-Bank. Als sich herausstellt, dass die Bank sich verspekuliert hat und bankrott ist, schlägt der Vorstandsvorsitzende Tuld in einer nächtlichen Krisensitzung vor, die wertlosen Papiere zu verkaufen, noch bevor sich die die Nachricht an der Börse herumgesprochen hat, und den Gewinn in Form von Boni unter sich aufzuteilen. Dagegen meldet der Bankdirektor Rogers Bedenken an.

Rogers: Aber John, 'mal rein hypothetisch. Falls wir es wirklich schaffen, das durchzuziehen, [...] stellt sich mir die Frage: An wen wollen wir das alles verkaufen?
Tuld: An dieselben Menschen, denen wir seit zwei Jahren unsere Optionen andrehen. Wir verkaufen an jeden, der kaufen will.
Rogers: John, wenn Sie das wirklich tun, zerstören Sie für Jahre den Markt. Das war's dann, aus und vorbei. Und Sie verkaufen etwas, von dem Sie wissen, dass es keinen Wert hat.
Tuld: Wir verkaufen an willige Geschäftskunden zu einem fairen, marktbestimmten Preis – aus nur einem Grund: damit wir überleben.
Rogers: Sie werden danach nie wieder irgendwas an irgendwen verkaufen können.
Tuld: Das hab' ich verstanden. [...]
Rogers: Es ist eine schmutzige Sache.
[Der Verkauf der Bank wird nach Tulds Vorgaben abgewickelt.]
Tuld: Wir haben doch nur ein paar Leute vom Markt gefegt. So läuft das. [...] Wir reagieren nur und verdienen dabei 'ne Menge Geld. [...] Es hat schon immer Gewinner und Verlierer gegeben, und daran wird sich nichts ändern.

M2 Marktwirtschaft – kapitalistisch

Kapitalismus bezeichnet – grob gesagt – die Auffassung, dass Geld die Welt regiert und das gesellschaftliche Leben durch marktwirtschaftliche Prinzipien bestimmt wird. Grundpfeiler des Kapitalismus – wie sie z. B. Milton Friedman in seinem Buch *Capitalism and Freedom* (1962) dargestellt hat – sind Freiheit, ungehindertes Streben nach Profit und das freie Spiel von Angebot und Nachfrage auf dem Markt.
Oberstes Prinzip für die Ordnung des gesellschaftlichen Lebens ist demnach die Freiheit im Sinne der Abwesenheit von allem Zwang. Die Menschen wissen selber am besten, was sie tun sollen. Jedem Einzelnen soll gestattet sein, seine Interessen zu verfolgen.
Dafür, dass das Profitstreben des Einzelnen allen zugutekommt, sorgt der Markt. Angebot und Nachfrage regeln den Preis für gesellschaftliche Güter. Wo etwas nachgefragt wird, d. h. wo es etwas zu verdienen gibt, da entsteht ein Wettbewerb um das beste Produkt. Ein Produkt, das keine Nachfrage findet, verschwindet vom Markt, weil sich daran nichts mehr verdienen lässt. So führen Gewinnstreben und der freie Austausch von Gütern auf dem Markt zu einer gerechten Verteilung der Güter und mehren letztlich den Wohlstand aller.
Wichtig für das Funktionieren des Marktes ist es, dass die Steuerung der ökonomischen Prozesse allein durch den freien Wettbewerb unter den Marktteilnehmern geschieht und jeglicher Eingriff von außen unterbleibt. Insbesondere der Staat muss sich jeglicher Steuerung der Wirtschaftsprozesse enthalten. Und daher sollen nicht nur die Produktion von Verbrauchsgütern, sondern auch der Bau von Wohnungen, von Krankenhäusern, Schulen usw. dem marktwirtschaftlichen Geschehen überlassen werden.

2 Kapitalismus – Geld regiert die Welt

M3 Auf dem Weg zur Marktgesellschaft

Als der Kalte Krieg zu Ende ging, erfreuten sich die Märkte und das Marktdenken verständlicherweise eines hohen Ansehens. Kein anderes Organisationsprinzip hat bei der Produktion und Verteilung von Gütern ähnlich viel Überfluss und Wohlstand hervorgebracht. Doch während sich immer mehr Länder in aller Welt auf die Marktmechanismen verließen, geschah noch etwas anderes. Im Leben der Gesellschaft begannen die Wertvorstellungen des Marktes eine immer größere Rolle zu spielen. [...] Inzwischen gilt die Logik des Kaufens und Verkaufens nicht mehr nur für materielle Güter – sie lenkt zunehmend das Leben insgesamt. Es wird Zeit, uns zu fragen, ob wir so wirklich leben wollen. [...]

Das marktkonforme Denken selbst lässt die moralische Auseinandersetzung auf seine eigene Weise aus dem öffentlichen Leben verschwinden. Der Reiz der Märkte besteht unter anderem darin, dass sie keine Urteile zu den von ihnen befriedigten Vorlieben abgeben. Sie fragen nicht danach, ob bestimmte Güter höher oder anders bewertet werden sollten als andere. Wenn jemand bereit ist, für Sex oder eine Niere zu bezahlen, so fragt der Ökonom nur: „Wie viel?" Märkte erheben keinen mahnenden Zeigefinger. Sie unterscheiden nicht zwischen bewundernswerten und niedrigen Vorlieben. Jeder, der einen Handel abschließt, entscheidet selbst, welchen Wert er den gehandelten Dingen beimisst. [...]

Warum sollten wir uns darüber Sorgen machen, dass wir auf dem Weg in eine Gesellschaft sind, in der alles käuflich ist? [...] Werden die guten Dinge des Lebens mit einem Preis versehen, können sie korrumpiert werden. Das liegt daran, dass Märkte nicht nur Güter zuteilen, sondern auch bestimmte Einstellungen gegenüber den gehandelten Gütern ausdrücken und diese verstärken. [...] Wenn wir beschließen, dass bestimmte Güter ge- und verkauft werden dürfen, entscheiden wir – zumindest implizit –, dass es in Ordnung ist, sie als Waren zu behandeln, als Werkzeuge für den Profit und den Gebrauch. Doch nicht alle Güter werden angemessen bewertet, wenn man sie als Ware betrachtet. Menschen zum Beispiel. Die Sklaverei war schrecklich, weil sie Menschen zu Waren degradierte, die auf Versteigerungen gehandelt wurden. Diese Menschen wurden nicht auf angemessene Art behandelt – nämlich als Personen, die Würde und Achtung verdienen –, sondern als Werkzeuge für den Profit und als Gebrauchsgegenstände. Ähnliches gilt auch für andere Güter und Handlungsweisen. Wir erlauben nicht, dass Kinder auf dem Markt gehandelt werden. Selbst wenn die Käufer die erworbenen Kinder nicht misshandeln, wäre ein Kindermarkt Ausdruck und Förderung einer falschen Art und Weise, Kinder wertzuschätzen. Sie als Ware zu betrachten ist nicht angemessen – sie sind als Wesen zu sehen, die der Liebe und Fürsorge bedürfen. [...]

Eine Marktwirtschaft ist ein Werkzeug – ein wertvolles und wirksames Werkzeug – für die Organisation produktiver Tätigkeit. Eine Marktgesellschaft jedoch ist eine Lebensweise, in der das Wertesystem des Marktes in alle Aspekte menschlicher Bemühung eingesickert ist. Sie ist ein Ort, an dem alle sozialen Beziehungen marktförmig geworden sind.

Die große Debatte [...] geht also um die Funktion und die Reichweite der Märkte. Wollen wir eine Marktwirtschaft oder eine Marktgesellschaft? Welche Rolle sollten Märkte im öffentlichen Leben und in persönlichen Beziehungen spielen? [...] Wo sollte die Verfügungsmacht des Marktes ihre Grenzen finden?

Michael J. Sandel

Es empfiehlt sich, die Doppelseiten 2–5 dieses Kapitels von verschiedenen Gruppen bearbeiten zu lassen.

1 Erläutert, worum es bei der nächtlichen Krisensitzung des Vorstands geht. Untersucht und bewertet die Haltungen von Sam Rogers und John Tuld. ➔ M1
2 Informiert euch im Internet über die Ursachen und Folgen der Bankenkrise von 2008: Der Superknall, http://images.zeit.de/wirtschaft/2011-12/s23-superknall.pdf. Sucht nach Parallelen zum Film. ➔ M1
3 Stellt die Grundlagen der kapitalistischen Marktwirtschaft in einem Schaubild dar und erläutert sie anhand der Filmszene. ➔ M2
4 Untersucht Sandels Kritik an der „Marktgesellschaft". ➔ M3

Weltanschauungen

3

M1 Das Proletariat lehnt sich auf

Robert Koehler, Der Streik, 1886

M2 Die Lage der arbeitenden Klasse

Die Bourgeoisie, [...] beutet [...] [die Grubenleute] auf die unverschämteste Weise aus. [...] Dem Arbeiter [wird] meist der Lohn nach dem Maß berechnet, und wenn er seine Kufe nicht ganz voll hatte, so bekommt
5 er gar keinen Lohn, während er keinen Heller für Übermaß bezahlt erhält. Ist in der Kufe mehr als ein gewisses Quantum Grieß, was doch weniger vom Arbeiter als von der Beschaffenheit der Kohlenflöze abhängt, so ist nicht nur der ganze Lohn, sondern
10 auch noch eine Strafe verwirkt. Das Strafgeldsystem ist überhaupt in den Gruben so vollkommen ausgebildet, dass zuweilen ein armer Teufel, der die ganze Woche gearbeitet hat und kommt, seinen Lohn zu holen, vom Aufseher – denn der straft ganz nach Be-
15 lieben und ohne den Arbeiter herbeizuholen – erfährt, dass er nicht nur keinen Lohn zu erwarten, sondern noch so und so viel an Strafen nachzuzahlen hat! Der Aufseher hat überhaupt absolute Macht über den Lohn, er notiert die gelieferte Arbeit und kann dem Arbei-
20 ter, der ihm glauben muss, bezahlen, was er will. In einigen Gruben, wo nach dem Gewicht bezahlt wird, werden falsche
25 Dezimalwaagen gebraucht, deren Gewichte nicht durch die öffentliche Autorität geeicht zu wer-
30 den brauchen; in einer war sogar eine Regel, dass jeder Arbeiter, der wegen Unrichtigkeit der Waage
35 klagen wollte, dies dem Aufseher drei Wochen vorher anzeigen musste! In vielen Gegenden, be-
40 sonders in Nordengland, ist es Sitte, dass die Arbeiter auf ein Jahr engagiert werden; sie verpflichten sich, während der Zeit für keinen andern zu arbeiten, aber der Besitzer verpflichtet sich durchaus
45 nicht, ihnen Arbeit zu geben, so dass sie oft monatelang arbeitslos sind, und wenn sie woanders Arbeit suchen, wegen Dienstvernachlässigung sechs Wochen auf die Tretmühle geschickt werden.   *Friedrich Engels*

M3 Das Ideal der klassenlosen Gesellschaft

Der Begriff Kommunismus geht auf das lateinische Wort „communis" zurück, was „gemeinsam" bedeutet. Als Weltanschauung knüpft der Kommunismus an Platons Ideen von Gerechtigkeit an und an Vorstel-
5 lungen des Urchristentums von einer Gemeinschaft, die alle Güter gerecht untereinander verteilt.
Die bekanntesten Verfechter des Kommunismus waren Karl Marx und sein Weggefährte Friedrich Engels. Ihrer Auffassung nach waren die ersten Gesellschaften in
10 der Menschheitsgeschichte kommunistisch organisiert. Jäger und Sammler beispielsweise sicherten ihr Über-

3 Kommunismus – Aufhebung der Klassengegensätze?

leben gemeinschaftlich und teilten sich den Ertrag ihrer Arbeit.

Die weitere Entwicklung der Gesellschaft war jedoch durch die Entstehung von Klassengegensätzen bestimmt. Das hängt zusammen mit der Spezialisierung der Arbeit, der Arbeitsteilung und der Privatisierung des Eigentums. So war die beherrschende Produktionsweise in der asiatisch-europäischen Antike die einer Slavenhaltergesellschaft. Es gab die Freien, die das Land besaßen und über die Produktionsmittel (Zugtiere, Wagen, Pflug usw.) verfügten, und die Sklaven, die nichts besaßen und nur überleben konnten, indem sie sich in den Dienst der Freien stellten. Im römischen Reich entspricht dem der Unterschied zwischen besitzenden Patriziern und mittellosen Plebejern. Das Mittelalter ist gekennzeichnet durch den Klassengegensatz von Feudalherren und Leibeigenen. Im Zuge der industriellen Revolution im 19. Jahrhundert wurde der Adel in seiner führenden Rolle durch die Bourgeoisie (das Bürgertum) abgelöst. Sie befand sich im Besitz des gesellschaftlichen Kapitals, der Fabriken und Maschinen. Im Gegensatz zu ihnen besaßen die Proletarier nichts und ihnen blieb nichts anderes übrig, als ihre Arbeitskraft an die Fabrikbesitzer zu verkaufen und gegen Lohn zu arbeiten. So vermehrte die Bourgeoisie ihr Kapital durch Ausbeutung des Proletariats; den Bürgern ging es immer besser, den Arbeitern immer schlechter.

Die Folge dieser Ausbeutung wird nach Marx und Engels sein, dass sich die Proletarier wehren, sich zusammenschließen und den Klassenfeind bekämpfen. Mit geschichtlicher Notwendigkeit werde es in zwei Schritten zur Überwindung aller Klassengegensätze und zur Errichtung einer klassenlosen Gesellschaft kommen. Es werde zu einer Revolution kommen, in deren Verlauf die Arbeiterklasse die Herrschaft an sich reißen, die Kapitalisten enteignen und die Produktionsmittel vergesellschaften werde. Aus dieser Diktatur des Proletariats werde sich schließlich eine kommunistische Gesellschaft entwickeln. Sie werde gekennzeichnet sein durch die Aufhebung der Klassengegensätze. Die Produktionsmittel, die für den Lebensunterhalt notwendig sind, gehörten dann allen und die erzeugten Produkte würden gerecht unter alle verteilt.

M4 Lehren aus dem sozialistischen Experiment

„Keine Idee und keine Bewegung hat das 20. Jahrhundert so geprägt wie der Kommunismus – doch dessen Geschichte bis zu seinem fast lautlosen Zusammenbruch vor knapp zwanzig Jahren lässt sich als eine einzige Kette von Fehlkalkulationen und Katastrophen erzählen." *(Gerd Koenen)*

Die Klassengegensätze wurden in den Gesellschaften des real existierenden Sozialismus nicht aufgehoben, sondern durch neue ersetzt, nämlich den Gegensatz zwischen privilegierten Parteifunktionären und dem gewöhnlichen Volk. Mit der Enteignung der Kapitalisten wurde nicht auch Herrschaft insgesamt abgeschafft, sondern es entstand eine neue Form von Herrschaft, die der Partei. Nicht von ungefähr trugen die Protestbewegungen in der DDR Plakate mit der Aufschrift „Wir sind das Volk" vor sich her.

Der Einflussbereich des Staates wurde nicht abgeschafft, sondern durch staatliche Planwirtschaft sogar noch verstärkt. Weil aber in dieser Planwirtschaft nach kommunistischer Ideologie alle Arbeitenden gleich behandelt und gleich bezahlt wurden, gab es keine Leistungsanreize. Individuelle Leistung wurde nicht belohnt, dementsprechend zeichneten sich die sozialistischen Wirtschaften durch geringe Produktivität aus und waren am Ende schlicht bankrott.

Das kann auch als Hinweis darauf gewertet werden, dass Kommunisten von einem falschen Menschenbild ausgehen. Der Mensch ist kein rein soziales Wesen, das alles, was er hat, mit anderen teilt, sondern er ist ein ambivalentes Wesen: Er ist immer auch – und vielleicht zuallererst – an sich selbst interessiert und besitzt darüber hinaus so etwas wie Mitgefühl für andere.

Aufgaben

1 Benennt die unterschiedlichen Personen(-gruppen) und beschreibt ihre Rolle bzw. Haltung. Was mögen sie wohl in dieser Situation denken oder sagen? ➔ M1

2 Führt ein Rollenspiel zum Text durch. Diskutiert anschließend, was Engels an der Lage der Arbeiterklasse im England des 19. Jh. anprangert. ➔ M2

3 Stellt die Entwicklung zur kommunistischen Gesellschaft in einem Schaubild dar. ➔ M3

4 Erörtert die Einwände gegen den Kommunismus. ➔ M4

Weltanschauungen

4 M1 Aus dem Tagebuch des Unmenschen

...1940

Der ewige Jude (1940) ist ein nationalsozialistischer Propagandafilm, mit dem die deutsche Öffentlichkeit auf die geplante „Endlösung der Judenfrage" eingestimmt werden sollte. Die Bilder stammen weitestgehend aus polnischen Ghettos, die als „Pestherd" dargestellt werden, „der die Gesundheit der arischen Völker bedroht". Menschen jüdischer Abstammung werden darin mit Ratten verglichen: „Wo Ratten auch auftauchen, tragen sie Vernichtung ins Land. [...] Sie sind hinterlistig, feige und grausam und [...] stellen unter den Tieren das Element der heimtückischen, unterirdischen Zerstörung dar – nicht anders als die Juden unter den Menschen."

...2012

Am 5. August 2012 erschoss Michael Page in einem Sikh-Tempel in Oak Creek (Wisconsin, USA) sechs Menschen und tötete sich anschließend selbst. Page war Sänger und Gitarrist verschiedener Skinhead-Bands und ein Star in der rechtsradikalen Szene. Auf den Arm hatte er sich als Erkennungszeichen ein Keltenkreuz mit einer „14" tätowiert. Die Zahl steht für die 14 Wörter: „We must secure the existence of our people and a future for white children."

M2 Vom Sozialdarwinismus zur Rassenideologie

Unter dem Begriff Rassismus werden unterschiedliche Phänomene gefasst: Antisemitismus, Sklaverei, Apartheid, Fremdenfeindlichkeit, völkischer Nationalismus, Gewalttaten von Neonazis usw. Gemeinsam ist ihnen, dass ein biologisches Merkmal, die Abstammung, zum Kriterium für die Ungleichbehandlung von Menschen gemacht wird.

Grundlage des Rassismus ist der Sozialdarwinismus, der im 19. Jahrhundert im Anschluss an die Lehren Darwins entstand. Nach Darwin sind die unterschiedlichen Arten von Lebewesen Produkte der biologischen Evolution, die durch die Wechselwirkung von Mutation und Selektion bestimmt wird. Daraus leiteten Sozialdarwinisten ab, dass es – sowohl in der Natur als auch in der menschlichen Gesellschaft – einen Kampf ums Dasein gibt, in dem sich die Starken gegenüber den Schwachen durchsetzen.

Die sozialdarwinistische Auffassung der Gesellschaft verband sich im 19. Jh. mit pseudowissenschaftlichen Lehren über Unterschiede zwischen Menschenrassen. Man versuchte, die Menschheit nach körperlichen Merkmalen in verschiedene Rassen einzuteilen und schrieb diesen unterschiedliche Eigenschaften und Fähigkeiten zu: Man nahm an, es gebe Rassen, die sich im Überlebenskampf in besonderer Weise durchsetzen konnten; sie wurden als stark und deshalb wertvoll betrachtet, andere als schwach und deshalb minderwertig. Zu den überlegenen Rassen wurden die Arier gezählt (eine Rasse, die man wissenschaftlich nicht klar definieren konnte, der jedoch die Deutschen und Engländer zugehörig sein sollten), zu den unterlegenen die Semiten, Menschen jüdischer Abstammung. Letztere wurden als durch ihre Herkunft verdorben, betrügerisch, geldgierig, geizig usw. abgewertet.

In dieser Charakterisierung spiegelten sich die uralten Vorurteile gegenüber Menschen jüdischen Glaubens. So lehnten Christen Juden vielfach ab, weil in den Evangelien von einer Beteiligung von Juden an der Leidensgeschichte Jesu die Rede ist. Eine Reihe anderer Vorurteile gegenüber Juden hängt damit zusammen, dass diesen im Mittelalter der Zugang zu christlichen Zünften verwehrt wurde, so dass vielen von ihnen als

4 Rassismus – ungleich durch Abstammung?

Broterwerb nur der Verleih von Geld übrig blieb, der Christen als unehrenhaft galt und verboten war.

Eine Forderung der Rassentheoretiker war die der Reinhaltung der sogenannten arischen Rasse. Um den verderblichen Einflüssen der semitischen Rasse zu entgehen, dürften sich Arier nicht mit Juden vermischen. Diese Ideologie wurde von den Nationalsozialisten zur Staatsdoktrin erhoben und mündete schließlich im Völkermord an den Juden.

Rassistisches Gedankengut findet sich jedoch nicht nur im Nationalsozialismus oder neonazistischen Gruppen wie der rechten Terrorzelle NSU, die 2011 in Erfurt aufgedeckt wurde. Auch in Großbritannien grassierte mit Blick auf die Menschen in den britischen Kolonien – beispielsweise in Südafrika, Indien – rassistisches Denken. Weit verbreitet ist der Rassismus auch in den USA, wo er sich insbesondere gegen die indianische Urbevölkerung, die ursprünglich als Sklaven ins Land geholten Afroamerikaner und Einwanderer verschiedener Ethnien, z. B. die aus Mexiko oder aus Indien eingewanderten Bevölkerungsgruppen richtet. Bis heute ist die Auffassung, dass bestimmte Menschen aufgrund biologischer Merkmale minderwertig sind, weit verbreitet, sie kommt in Afrika, wo sich Menschen unterschiedlicher Ethnien gegenseitig bekämpfen, ebenso vor wie in Norwegen, wo Anders Breivik 2011 aus rassistischen Gründen ein Blutbad unter Jugendlichen eines Feriencamps anrichtete.

M3 Irrtümer der Rassenideologie

• Wissenschaftlich lassen sich rassistische Theorien nicht bestätigen. Schon im 19. Jahrhundert war der Begriff der Menschenrasse umstritten, und mit den Mitteln der modernen Genetik lässt sich zeigen, dass es zwar genetische Unterschiede zwischen ethnischen Menschengruppen gibt, dass diese aber geringer sind als die zwischen den Individuen innerhalb einer Menschengruppe. So ist die individuelle Veranlagung für die biologische Entwicklung wichtiger als die ethnische Zugehörigkeit.

• Ein grundlegender Irrtum des Sozialdarwinismus besteht darin, dass in der natürlichen Evolution nicht der Stärkere überlebt, sondern der am besten Angepasste, beispielsweise eine ängstliche Maus, die sich in ihrem Erdloch vor dem herannahenden Raubvogel versteckt.

• Darüber hinaus werden die Eigenschaften eines Menschen nur zu einem geringen Teil durch die Biologie bestimmt. Der größte Teil der Fähigkeiten, die Menschen für das Leben in der Gesellschaft benötigen, ist kulturell erworben, nicht angeboren.

M4 Anfälligkeit für Rassismus?

Wenn rassistische Ideen kein Fundament in der Realität haben – wie ist es dann erklärbar, dass Menschen solchen Ideen anhängen?

Sozialpsychologen führen die Empfänglichkeit von Menschen für rassistische Ideologie auf eine pathologische (krankhafte) psychische Entwicklung zurück, bei der vor allem zwei Faktoren eine Rolle spielen: Zugrunde liegt immer eine Form von Angst oder Unsicherheit (z. B. Existenzangst in Krisenzeiten, schlechte Zukunftsaussichten), die das Bedürfnis entstehen lässt, sich zu schützen. Diese Angst wird bewältigt durch Schuldzuweisung an andere, wobei angebliche Unterschiede der Abstammung nur einen Vorwand liefern. Dadurch, dass man Angehörige anderer Ethnien als die Verursacher der eigenen Misere bekämpft, hat man das Gefühl, etwas zur Verbesserung der eigenen Situation beitragen zu können. So dient die Abwertung anderer der eigenen Aufwertung, deren Ausgrenzung dient der Absicherung der eigenen Position.

Aufgaben

1. Vergleiche die beiden Ereignisse und untersuche sie auf Gemeinsamkeiten hin. Welche Ideologie liegt den beiden Ereignissen zugrunde? → M1
2. Benennt weitere Erscheinungsformen des Rassismus, die ihr kennt. → M1
3. Stellt die Entstehung und Verbreitung der Rassenideologie in einem Schaubild dar. → M2
4. Erklärt an Beispielen genauer, worin die Irrtümer der Rassenideologie liegen. Recherchiert dazu im Internet. → M3
5. Stellt die im Text genannten Faktoren, die die Empfänglichkeit für rassistisches Gedankengut begünstigen, graphisch dar. Überzeugt euch diese Erklärung? → M4

Weltanschauungen

5

M1 Der Affenprozess ...

Die Bewohner des Provinznests Hillsboro in Tennessee brechen im Jahr 1925 einen aufsehenerregenden Streit vom Zaun: Der progressive Lehrer Bertram T. Cates unterrichtet seine Schüler in Biologie und stellt unter anderem die Lehren Darwins vor. Das bringt ihn ins Gefängnis, denn in Hillsboro duldet man keinerlei ketzerische Lehren, die der Schöpfungsgeschichte der Bibel zuwider laufen. Es kommt zu einer spektakulären Verhandlung, die als sogenannter „Affenprozess" in die Justizgeschichte eingeht. Cates wird von den Geschworenen für schuldig befunden und zu einer Geldstrafe verurteilt. Bei einer Demonstration während des Prozesses wird eine Puppe mit Cates' Namen verbrannt. In einem Gottesdienst verflucht der Reverend seine eigene Tochter, weil sie mit Cates verlobt ist und nichts Sündiges an ihm findet.

... und der Fall Sakineh Mohammadi Ashtiani

Die 39-jährige Sakineh Mohammadi Ashtiani, Mutter zweier Kinder, wurde 2006 von einem iranischen Gericht des Ehebruchs und der Beihilfe zur Ermordung ihres Ehemanns für schuldig befunden und zum Tod durch Steinigung verurteilt. Wegen internationaler Proteste wurde die für 2010 angesetzte Todesstrafe nicht vollzogen und ist bis heute (2012) ausgesetzt. Das muslimische Rechtssystem, die Scharia, die in Afghanistan, im Iran, Irak, in Jemen, Nigeria, Pakistan, Somalia, im Sudan, in Saudi-Arabien und den Vereinigten Arabischen Emiraten gilt, sieht die Steinigung zwingend als Strafe für Ehebruch vor. Legitimiert wird diese Strafform durch den Hadith, die Überlieferungen des Propheten Mohammed. Darin ist zu lesen, dass der Prophet selbst eine Reihe von Frauen und Männern wegen Ehebruchs steinigen ließ.

M2 Die fundamentalistische Herausforderung

Der islamische Fundamentalismus ist im Gedächtnis der Welt unauslöschlich verbunden mit den Ereignissen des 11. September 2001, den terroristischen Anschlägen auf das World Trade Center in New York und das Pentagon in Washington. Was ist es, das Islamisten wie Mohammed Atta und seine Gesinnungsgenossen bewegt?
Zunächst muss festgehalten werden, dass Fundamentalismus nicht auf die Welt des Islam beschränkt ist, sondern in allen Religionen vorkommt. Entstanden ist der Begriff sogar in den USA selbst. *The Fundamentals – A Testimonium to the Truth* war der Titel einer Schriftenreihe, die zwischen 1909 und 1925 von konservativen religiösen Gruppen herausgegeben wurde. Sie verstanden sich als Gegenbewegung gegen eine Theologie, die begonnen hatte, die biblischen Texte nicht mehr wörtlich zu nehmen, sondern als geschichtlich bedingte Aussagen auszulegen, die auf die Gegenwart nur sinngemäß übertragbar seien. So ist Fundamentalismus zu verstehen als Rückbesinnung auf die Tradition angesichts einer als Bedrohung empfundenen Modernisierung.
Auch viele Menschen in der islamischen Welt fühlen sich verunsichert – nämlich durch die immer weiter fortschreitende Globalisierung. Die Errungenschaften der westlichen Zivilisation machen vor der islamischen Welt nicht halt. Mit dem technischen Fortschritt breiten sich auch die Wertvorstellungen des Westens

5 Fundamentalismus – notfalls mit Gewalt

aus, die Muslime als Infragestellung ihrer Glaubensüberzeugungen verstehen. Die Art und Weise, wie sich Frauen in der westlichen Welt kleiden, der freizügige Umgang mit der Sexualität, die Trennung von Staat und Kirche – all das wird von gläubigen Muslimen als unmoralisch empfunden. Eine Reaktion darauf ist eine verstärkte Hinwendung zur eigenen Tradition und ein dogmatisches Festhalten an dem, was in den Heiligen Schriften steht, insbesondere an der Idee der Gottesherrschaft. Demnach bestimmen die göttlichen Gebote alle Bereiche des Lebens, auch die Politik und die Rechtsprechung.

Fundamentalismus ist immer mit einem Anspruch auf absolute Wahrheit und daher oft mit Fanatismus und Gewaltbereitschaft verbunden. Das findet sich auch in der islamischen Welt. Dazu kommt eine Politisierung, die von einigen Meinungsführern wie Osama Bin Laden und anderen betrieben wurde und wird. Der Islamismus – die politisierte Form des Islam, die sich in den Anschlägen des 11. September zeigte – fordert zum ausdrücklich Kampf gegen die westlichen Werte auf. Ein solcher Islamismus hat wenig zu tun mit dem Islam als religiöser Lehre.

M3 Modernisierung in der islamischen Welt

Wir haben bisher viel über den „Fundamentalismus" gesprochen, aber er ist bei weitem nicht die einzige Variante des Islam in den islamischen Gesellschaften. Es gibt gleichermaßen einen liberalen Islam, einen offenen Islam, der die Moderne akzeptiert. Genauso, wie es in Europa ein aufgeklärtes Christentum gab, das sich den revolutionären Ideen gestellt hat, nach der Erklärung der Menschenrechte 1789. Die Amtskirche dagegen hat erst die Deklaration der Menschenrechte seitens der Vereinten Nationen von 1948 anerkannt, und das erst im Jahr 1962, unter Papst Johannes XXIII. Es gab eine starke Zurückhaltung, ja Verweigerung der Kirche gegenüber revolutionären Ideen. Warum war die Kirche dagegen? Warum hat sich das Christentum so gegen die Entwicklung der Geschichte gestellt, die doch dem Menschen Rechte geben sollte, im Namen der Wahrheit, die offenbart wurde, im Namen – wie die Kirche es ja immer sagt – im Namen Gottes? [...]

Die Gewalt und der Fanatismus sind eine Realität in den heutigen islamischen Gesellschaften, und wir leiden unter dieser Gewalt. Doch diese Gewalt ist zu erklären, sie hat Ursachen. Eine wesentliche ist, dass die islamischen Gesellschaften versuchen, ihre Freiheit zu erlangen, und zwar so, wie es die westliche Welt vor ihnen getan hat, nämlich durch gewalttätige Kriege. [...] Jede Gesellschaft wird diesen Weg durchlaufen, um ihre Freiheit zu erringen. Im heutigen Islam muss diese Freiheit erkämpft werden gegen eine überaus starke religiöse Orthodoxie. [...]

Man darf nicht vergessen, dass die Bevölkerung der islamischen Länder sehr jung ist, 65 Prozent der Bevölkerung ist jünger als 20 Jahre. Und diese Menschen sind wissensdurstig, sie wollen haben und erfahren, was in der modernen Welt möglich ist: Radio, Fernsehen, Reisen; all das interessiert sie. Sie suchen Bildung und einen Ausweg aus der Krise, eine gesellschaftliche Perspektive.

Mohammed Arkoun

Fundamentalismus

(zu lat. *fundamentalis* = zum Grund gehörig, grundlegend)
Fundamentalismus ist eine Haltung, die in verschiedenen Religionen und Weltanschauungen vorkommt. Sie ist gekennzeichnet durch Rückbesinnung auf die eigenen Grundlagen, z. B. die Aussagen der Heiligen Schriften, und die Dogmatisierung traditioneller Wertvorstellungen und Handlungsweisen. Fundamentalismus stellt in der Regel eine Reaktion auf Modernisierungstendenzen dar und tritt besonders dann auf, wenn Gesellschaften sich im Umbruch befinden.

---

1 Untersuche die beiden dargestellten Straffälle auf Unterschiede und Gemeinsamkeiten hin. ➔ M1
2 Stelle in einem Schaubild dar, wie Fundamentalismus zu erklären ist und welche Parallelen es hierbei zwischen Protestantismus und Islam gibt. ➔ M2
3 Erläutere, wie Mohammed Arkoun die Chancen einer Modernisierung der islamischen Welt einschätzt, und nimm selbst Stellung zu dieser Frage. ➔ M3

Weltanschauungen

6 M1 Wegweiser

M2 Was ist gut für den Menschen?

Können mit religiösen Zwecken alle Mittel geheiligt werden? Ist im Dienst der religiösen Hingabe alles – auch der Missbrauch der wirtschaftlich-politischen Macht, der menschlichen Sexualität oder Aggressivität – erlaubt?

Die Frage zugespitzt: Darf religiöses Gebot sein, was als unmenschlich erscheint, was den Menschen offenkundig schädigt, verletzt, vielleicht gar zerstört? [...] Sind Imperialismus, Rassismus oder männlicher Chauvinismus, sind Hexenhass, Judenhass oder Türkenhass zu bejahen, wo sie religiös fundiert auftreten? [...] Ich meine: nein, in allen Punkten nein! – Woher dann aber die Kriterien nehmen für Wahr und Falsch, Gut und Böse in den verschiedenen Religionen? [...]

Sollte es nicht möglich sein, mit Berufung auf die gemeinsame Menschlichkeit aller Menschen ein allgemein-ethisches, ein wahrhaft ökumenisches Grundkriterium zu formulieren, das auf dem Humanum, dem wahrhaft Menschlichen, konkret auf der Menschenwürde und den ihr zugeordneten Grundwerten, beruht? Die [...] ethische Grundfrage lautet ja: Was ist gut für den Menschen? Antwort: Was ihm hilft, das zu sein, was so gar nicht selbstverständlich ist: wahrhaft Mensch!

Ethisches Grundkriterium ist demnach: Der Mensch soll nicht unmenschlich, rein triebhaft, „bestialisch", sondern soll menschlich-vernünftig, wahrhaft menschlich, eben human leben! Sittlich gut wäre also, was menschliches Leben in seiner individuellen und sozialen Dimension auf Dauer gelingen und glücken lässt: was eine optimale Entfaltung des Menschen in allen seinen Schichten (die Trieb- und Gefühlsschichten eingeschlossen) und allen seinen Dimensionen (seine Gesellschafts- und Naturbezogenheit inklusive) ermöglicht.

Sollte es nicht möglich sein, dass alle Religionen [und Weltanschauungen] zumindest bezüglich dieser [...] Grundfrage übereinstimmen könnten: Gut ist für den Menschen, was ihm hilft, wahrhaft Mensch zu sein! Nach dieser Grundnorm echter Menschlichkeit, der Humanität, lassen sich gut und böse, wahr und falsch unterscheiden. So lässt sich auch unterscheiden, was in der einzelnen Religion [oder Weltanschauung] grundsätzlich gut und böse, was wahr und was falsch ist.

Hans Küng

M3 Der Dialog als gemeinsamer Lernprozess

Unser Bewusstsein von der Reichhaltigkeit und Vielfalt der spirituellen Ressourcen, die der Weltgemeinschaft zur Verfügung stehen, ermöglicht uns, unsere Arroganz zu überwinden, die sich in Hegemonie und Ausgrenzung äußert. [...]

Dialog [...] ist eine Vorgehensweise, die weder auf Überredung noch auf Bekehrung aus ist. Sie zielt vielmehr darauf, Verständnis füreinander zu entwickeln, indem man sich auf gemeinsame Werte einigt und gemeinsam dem Zusammenleben eine neue Bedeutung verschafft. Wenn wir Dialoge der Kulturen anstreben, dann müssen wir unseren Drang unterdrücken, andere unbedingt von unseren Ideen überzeugen zu wollen, ihre Zustimmung für unsere Ansichten zu gewinnen, unsere Vorgehensweise danach zu bewerten, ob wir Übereinstimmung im Hinblick auf das erzielen, was wir für wahr halten, und ob wir unsere tiefsten Überzeugungen durchsetzen. Stattdessen sollten wir danach streben, bislang Unbekanntes kennenzulernen, fremden Stimmen zu lauschen, uns für eine Vielfalt von Perspektiven zu öffnen, über unsere eigenen Prämissen nachzudenken, Ansichten auszutauschen, stillschweigende Übereinstimmungen zu entdecken und herauszufinden, was dem Wohle der Menschheit am besten dient.

Kofi Annan

6 Humanismus – Besinnung auf den Menschen

Weltethos

Unter Weltethos versteht man eine ethische Haltung, die von Vertretern aller Kulturen, Religionen und Weltanschauungen geteilt wird. Eine solche gemeinsame Schnittmenge zu formulieren, ist nach Ansicht des Theologen Hans Küng und Vertretern eines interkulturellen Humanismus die Aufgabe eines interreligiösen bzw. interkulturellen Dialogs. Der Dialog der Kulturen wird als wichtiges Mittel zur Sicherung eines friedlichen Zusammenlebens der Menschen angesehen.

M4 Wertvorstellungen des modernen Humanismus

Ein moderner praktischer Humanismus verbindet die Forderung nach Glück und Zufriedenheit aller Individuen mit der Einsicht in die allen Menschen gemeinsame Verantwortung. Einfühlsames Verständnis und
5 solidarische Hilfe entstehen auch aus der individuellen Fähigkeit, sich selbst zu verstehen und ein auch emotional positives Verhältnis zu sich selbst zu finden, ohne sich dadurch einem produktiven Umgang mit anderen in ihrer menschlichen Vielfalt zu verschließen.
10 Für den modernen Humanismus begründet sich die Würde der Menschen nicht daraus, dass sie einem höheren Wesen, einer Ideologie, einer Nation oder einer so genannten Rasse gehören, ebenso wenig aus dem Gedanken eines privaten Eigentumsverhältnis-
15 ses der Menschen an sich selbst, das keinen anderen etwas angehe. Menschenwürde ist für Humanistinnen und Humanisten im Anspruch auf Achtung begründet, den jedes menschliche Wesen hat. Die Anerkennung der Würde anderer wie der eigenen Würde ist
20 eine Grundbedingung menschlicher Kultur.
Menschliche Würde ist etwas, was allen Menschen ohne Unterschied zukommt: Ihre Grundlagen liegen in der Anerkennung der Unantastbarkeit der persönlichen Identität und dem Recht auf volle Entfaltung
25 der eigenen Persönlichkeit. Gleichzeitig beinhaltet menschliche Würde für Humanistinnen und Humanisten eine zentrale Herausforderung: so verantwortungsvoll und selbstbestimmt wie möglich zu leben. [...]

Praktischer Humanismus ist Ausdruck menschlicher 30 Erfahrung und beruft sich nicht auf vorgegebene, absolute Normen und Verbote, sondern kritisiert diese, wenn sie sich nicht vernünftig und gerecht begründen lassen. Humanistinnen und Humanisten akzeptieren den jeweils anderen Menschen in seiner 35 Eigenständigkeit und Andersartigkeit. Zugleich sind sie sich der gemeinsamen Grundlagen und Formen menschlichen Lebens und Handelns bewusst, die nur gemeinschaftlich wahrgenommen und verwirklicht werden können.   *Humanistischer Verband Deutschlands* 40

Humanismus

(zu lat. *humanus* = menschlich)
Humanismus ist eine Weltanschauung, die den Menschen und seine Würde, seine Interessen und Wertvorstellungen in den Mittelpunkt stellt. Entstanden ist diese Geisteshaltung in der Renaissance (15./16. Jh.). Sie ist geprägt durch den Rückgriff auf das antike Ideal der kulturellen und ethischen Höchstentfaltung der menschlichen Kräfte. Humanismus umfasst die Gesamtheit der Ideen von Menschlichkeit, Freiheit, Gerechtigkeit, Solidarität, Toleranz, Gewaltfreiheit usw. und das Streben, die menschliche Gesellschaft nach diesen Ideen auszurichten.

Aufgaben

1 Sprecht darüber, was mit der Abbildung zum Ausdruck gebracht werden soll. → M1
2 Untersuche, welche Bedeutung Hans Küng der Besinnung auf das Menschliche für die Verständigung zwischen den Kulturen, Religionen und Weltanschauungen zumisst. → M2
3 Erkläre, warum ein interkultureller Dialog nach Kofi Annan wichtig ist und unter welchen Bedingungen er gelingen kann. → M3
4 Erarbeite die Wertvorstellungen des modernen Humanismus in Form einer Tabelle. Nimm Stellung dazu, wie wichtig dir diese Werte sind. → M4
5 Prüfe die auf den vorausgehenden Seiten dargestellten Religionen und Weltanschauungen daraufhin, ob und inwiefern sie den humanistischen Wertvorstellungen entsprechen. → M4

Methodenüberblick

Neben den allgemein bekannten und üblichen Verfahren des Lernens und Arbeitens werden in diesem Unterrichtswerk einige Methoden besonders hervorgehoben, die helfen können, Informationen zu beschaffen, Sachverhalte adäquat zu erfassen, Probleme zu lösen und den Unterricht interessant und abwechslungsreich zu gestalten.

B Bildbetrachtung

Die Lebenswelt der Jugendlichen ist in zunehmendem Maße durch Medien geprägt. Neben der Möglichkeit, die audiovisuellen Medien zur Veranschaulichung von Sachzusammenhängen zu nutzen, geht es im Unterricht auch darum, zu thematisieren, wie durch Medien manipuliert wird. Im Rahmen eines Buches liegt der Schwerpunkt naturgemäß bei Bildern, insbesondere Gemälden, Comics und Cartoons. Bei einer Bildbetrachtung könnten u. a. folgende Fragen leitend sein:

1. Was ist zu sehen?
2. Was fällt besonders auf?
3. Wie ist das Bild gestaltet?
4. Was löst es in mir aus?
5. Welche Wirkung hat es auf mich?
6. Wie ist das Dargestellte zu deuten?
7. Welche Fragen oder Probleme werden durch das Bild aufgeworfen? ■

D Diskussion

Mit einer Pro- und Contra-Diskussion oder einem Streitgespräch können unterschiedliche Standpunkte zum Ausdruck gebracht und auf ihre Tragfähigkeit hin geprüft werden. Eine Diskussion bietet sich dann an, wenn ein umstrittenes Thema oder eine Entscheidungsfrage ansteht. Der in der Sache harte, aber faire Austausch von Argumenten soll die gegnerische Partei von der eigenen Meinung überzeugen. Eine Diskussion kann z. B. so geführt werden:

1. Vorstellung des zu diskutierenden Problems
2. Erste Abstimmung
3. Sammeln von Argumenten in Pro- und Contra-Gruppen
4. Vorstellen der Argumente vor der Klasse
5. Gedankenaustausch über die Argumente
6. Zweite Abstimmung ■

F Filmanalyse

Aufgrund der Allgegenwart bewegter Bilder ist die Ausbildung der Kompetenz, Filme analysieren zu können, eines der wichtigsten fächerübergreifenden Ziele. Damit das Ansehen von Filmen im Unterricht nicht mit Kino verwechselt wird, bedarf es einer klaren Anbindung an philosophische Fragen und Problemstellungen. Wegen der Komplexität von Filmen und der Flüchtigkeit der Informationen ist im Unterricht in der Regel eine Analyse von kürzeren Sequenzen mit Hilfe von vorgegebenen Beobachtungsaufgaben zu empfehlen. Um solche Ausschnitte in das Ganze einordnen zu können, empfehlen sich Inhaltsangaben, die z. B. in Online-Film-lexika zugänglich sind.

Beobachtet werden können die Schauplätze, der Gang der Handlung, das Verhalten der Figuren, die filmischen Gestaltungselemente (Kameraeinstellung, Filmschnitt, Lichtführung, Sound und Geräusche, Musik, Spezialeffekte), Probleme, die zur Sprache kommen. ■

G Gedankenexperiment

Im Gedankenexperiment abstrahieren die Schülerinnen und Schüler von (faktischen oder erdachten) Gegebenheiten und ziehen Konstellationen in Betracht, die in der Realität zwar nicht existieren, aber existieren könnten. So werden sie angeregt, fiktive alternative Lösungen für bestimmte Probleme zu finden, d. h. neue Sichtweisen, Fragerichtungen und Modelle zu entwickeln und zu erproben. Ein Gedankenexperiment wird in folgenden Schritten durchgeführt:

1. Formulierung einer Grundfrage, auf die das Gedankenexperiment Antwort geben soll
2. Versuchsanordnung: Annahme („Angenommen, ...", „Stell dir einmal vor, ...")

186

3. Versuch: Durchführung des Experiments („... was wäre dann?")
4. Folgerungen aus dem Experiment („Was folgt aus dem Gedachten bezüglich der anfangs gestellten Frage?") ∎

GP Gruppenpuzzle

Das Gruppenpuzzle ist eine der wichtigsten Formen des kooperativen Lernens. Angenommen, in einer Gruppe von 16 Schülern sind vier verschiedene Texte zu bearbeiten, so bilden sich zunächst vier Stammgruppen, in denen jedes Mitglied die Zuständigkeit für einen Text übernimmt. Alle Schülerinnen und Schüler, die den gleichen Text zu bearbeiten haben, treffen sich dann in Expertengruppen, in denen sie sich gemeinsam ein Verständnis des Textes erarbeiten und sich Notizen für eine Präsentation machen. Schließlich kehren sie als Experten für den jeweiligen Text in die Stammgruppe zurück, wo sie den anderen die Ergebnisse aus der Expertengruppe vermitteln. Der Lernerfolg kann durch Kontrollfragen gesichert werden, die jeder Experte an die anderen richtet. Entsprechend der Schülerzahl der Lerngruppe ist die Gruppeneinteilung zu modifizieren. ∎

K Kreatives Gestalten

Kreative Verfahren wie das **Zeichnen**, **Collagieren**, Gestalten von **Plakaten** usw. tragen nicht nur zur Entwicklung schöpferischer Fähigkeiten bei, sondern bieten Schülerinnen und Schülern Gelegenheit, Erfahrungen, Fragen und Ergebnisse des Unterrichts nicht nur intellektuell-kognitiv, sondern auch affektiv zu verarbeiten. ∎

M Mindmapping

Die Schülerinnen und Schüler bringen ihre Gedanken, Assoziationen etc. zu einem Thema zum Ausdruck, indem sie Wörter oder kurze Sätze zu einem Thema aufschreiben und deren Zusammenhang grafisch gestalten. ∎

MG Museumsgang

Zunächst werden die Arbeitsergebnisse unterschiedlicher Gruppen (Expertengruppen) z. B. in Form eines Lernplakats festgehalten und anschließend wie in einer Ausstellung vorgestellt. Dafür werden die Lernplakate möglichst weit entfernt voneinander aufgehängt. Es werden neue Gruppen gebildet, in denen jeweils ein Mitglied aus der Expertengruppe stammt. Hatte man vorher fünf Expertengruppen, müssen jetzt in jeder Museumsgruppe fünf Experten aus den unterschiedlichen Expertengruppen sein. Die einzelnen Gruppen wandern in einem vorgegebenen Zeittakt von Lernplakat zu Lernplakat. Das jeweilige Gruppenmitglied, das bei der Erstellung des Plakats beteiligt war, präsentiert den anderen Mitgliedern der Museumsgruppe die Ergebnisse. ∎

nach http://www.learn-line.nrw.de/angebote/sinus/zentral/tagungen/modtagung/doc/SAMMLUNG_METHODEN.DOC (Stand: 07.10.10)

PD Podiumsdiskussion

In einer Podiumsdiskussion kommen im ersten Teil Fachleute vor einem Publikum zu Wort. Sie stellen ihre Auffassungen dar und vergleichen sie miteinander, um möglichst einen gemeinsamen, tragfähigen Konsens zu erreichen. Nach dem Austausch der Fachleute wird im zweiten Teil der Podiumsdiskussion das Publikum mit einbezogen. Es darf nun Rückfragen an die Fachleute richten. Eine wichtige Aufgabe hat von Anfang an der Moderator, dessen Aufgabe es ist, die Redebeiträge zu steuern, zusammenzufassen, den Überblick zu behalten, den Umgang mit dem Thema zu lenken und die Zuhörer mit einzubeziehen. Zum Schluss fasst er noch die gewonnen Erkenntnisse, aber auch die offen gebliebenen Punkte zusammen. ∎

P Projektlernen

Projekte geben Schülerinnen und Schülern die Möglichkeit zur selbstgesteuerten Organisation und Durchführung von Lernprozessen. Dazu sind folgende Schritte nötig:
1. Wahl der Projektaufgabe
2. Planung des Projektweges
3. Ausführung
4. Dokumentation
5. Reflexion des Projektes ∎

Methodenüberblick

R — Recherche

Infolge der Vernetzung durch die neuen Medien werden Erkenntnisse und Problemlösungen zunehmend schneller überholt bzw. umgewichtet. Daher wird in diesem Unterrichtswerk Wert gelegt auf die Förderung der Fähigkeit zur selbständigen Beschaffung und Verarbeitung von Informationen. Schülerinnen und Schüler erhalten Anregungen in Lexika, im Internet usw. ■

RF — Referat

Referate geben Schülerinnen und Schülern die Möglichkeit, recherchierte Gedanken und / oder Tatsachen wiederzugeben. Außerdem wird auf diese Weise das freie Sprechen geübt. Dies kann beispielsweise in einem Zwei-Minuten-Statement, in dem zu einem ausgesuchten Aspekt die eigenen Gedanken vorgestellt werden, geschehen oder in einem längeren Vortrag, in dem ein komplexer Zusammenhang aufgezeigt wird. ■

RS — Rollenspiel

Plan-, Entscheidungs- und Rollenspiele bieten die Möglichkeit, spielerisch die Realität zu simulieren, Argumentationsmuster zu erproben und auf Probe zu handeln. Individuelle oder gesellschaftliche Konflikte können aufgegriffen und in verteilten Rollen in Hinblick auf mögliche Lösungsalternativen durchgespielt werden. Dadurch werden insbesondere auch ganzheitliches Lernen und selbstbestimmtes Handeln gefördert. Ein Rollenspiel kann folgendermaßen durchgeführt werden:

1. Vorbereitungsphase: Das Rollenspiel wird geplant, die Rollenbesetzung festgelegt und die Spielhandlung abgesprochen.
2. Spielphase: Während eine Gruppe ihr Rollenspiel aufführt, beobachten die anderen Schüler die Vorführung unter festgelegten Kriterien.
3. Reflexionsphase: Auswertung des Rollenspiels unter anderem aufgrund der Rückmeldung der Beobachter. ■

S — Schreiben

Schüler und Schülerinnen erhalten durch Schreibanlässe Anstöße, ihre eigenen Gedanken und Gefühle zu formulieren und dadurch eigene Antworten auf bestimmte Fragen zu finden. Geeignet sind neben journalistischen Formen wie **Zeitungsartikeln** auch subjektive Formen wie **philosophisches Tagebuch** und **Brief**. Weitere Schreibformen sind z. B. das **Schreibgespräch**, das **Weiterschreiben** von Szenen oder Geschichten, das Erstellen von **Steckbriefen**, **Definitionen** oder **Dialogen**. ■

SP — Spiel

Spielerische Unterrichtsformen fördern nicht nur die Motivation der Schülerinnen und Schüler, sondern bieten auch die Möglichkeit, in einem fiktiven Bereich Problemlösungen und alternative Handlungsmöglichkeiten auszuprobieren. Abgelöst von der Realität werden Erkenntnisse gewonnen, die sich dennoch auf die Realität übertragen lassen. ■

V — Visualisierung

Visualisierungen dienen entweder dazu, ein erstes Verständnis eines Gegenstandes zu gewinnen, das in dem sich anschließenden Unterrichtsgespräch vertieft wird, oder dazu, sprachlich-diskursiv erarbeitete Ergebnisse zu veranschaulichen und nachhaltig zu sichern. ■

Lösung zu S. 150/151

Runde 1:

Gruppe 1: D – A – A – C
Gruppe 2: B – C – C – A
Gruppe 3: C – D – D – D
Gruppe 4: A – B – B – B

Runde 2:

B – A – B – C

Runde 3:

D – A – A – A

Personenregister

Albom, Mitch 50f.
Allport, Gordon Willard 126
Amend, Bill 27
Améry, Jean 63
Annan, Kofi 111, 184
Aquin, Thomas von 127
Aristoteles 22
Arkoun, Mohammed 183
Augustinus 65
Aurel, Marc 67

Baur, Georg 98
Bayertz, Kurt 84
Bencivenga, Ermanno 45
Benedikt XVI. 124, 172
Bentham, Jeremy 86
Bergmann, Walter 126
Bieber, Justin 124
Bin Laden, Osama 107
Bok, Sissela 121
Bollnow, Otto Friedrich 126
Bolz, Norbert 138
Bonhoeffer, Dietrich 66
Bosch, Hieronymus 56
Brocher, Tobias 14f.
Buro, Andreas 108

Canterbury, Anselm von 164f.
Cicero 47
Clément, Catherine 155
Coen, Amrai 20
Cranach, Lucas d. Ä. 44

Dalai Lama 67, 91
David, Jacques-Louis 68
Dawkins, Richard 170ff.
Decher, Friedhelm 131
Descartes, René 134f.
Diogenes 22
Disney, Walt 18
Ditfurth, Hoimar von 133

Ebner-Eschenbach, Marie von 126
Eccles, John 74
Einstein, Albert 126
Elias, Norbert 108
Engels, Friedrich 178
Epikur 24, 75
Erikson, Eric H. 13
Etzioni, Amitai 40f.

Faller, Kurt 78
Farin, Klaus 34f.
Feuerbach, Ludwig 76, 166
Fichte, Johann Gottlieb 63
Fischer, Theo 159
Fitzgerald, F. Scott 43
Florin, Christiane 33

Franklin, Benjamin 105
Freud, Sigmund 25, 169
Friesch, Edwin 114
Fromm, Erich 162f., 173

Gaarder, Jostein 6f., 164
Gadamer, Hans Georg 127
Galindo, José 24
Gandhi, Mohandas K. 102, 113
Gasking, Douglas 165
Glasl, Friedrich 81
Gordon, Thomas 82
Grünewald, Matthias 70

Hamann, Götz 139
Hampe, Klaus 98, 118
Hannah, Daryl 45
Hans, Julian 39
Harris, Eric 94
Hattstein, Markus 73
Heidegger, Martin 77
Heier, Magnus 52f.
Heller, Birgit 154
Hesse, Hermann 12, 91
Heydecker, Kerstin 44
Hille, Peter 126
Hilmer, Andreas 157
Hippokrates 58
Hirsch, Ludwig 62
Hobbes, Thomas 16f., 110
Hopper, Edward 40
Horkheimer, Max 127
Huisman, Denis 163
Hume, David 136f.
Hurrelmann, Klaus 95

Jesus Christus 70f.

Kant, Immanuel 87, 110ff., 122, 125, 127, 135, 149
Kerntke, Wilfried 78
Kierkegaard, Søren 19, 77
King, Martin Luther 103
Klebold, Dylan 94
Kliemann, Peter 71
Koehler, Robert 178
Koenen, Gerd 179
Koesters, Paul-Heinz 136f.
Konzelmann, Gerhard 172
Korte, Sabine 56
Krakauer, Jon 30
Kübler-Ross, Elisabeth 54f.
Küng, Hans 161, 165, 184

Lao-Tse 158
Lebert, Benjamin 8
Lelord, François 28
Lem, Stanislaw 16
Lennon, John 158

Personenregister

Lenzen, Wolfgang 59
Lindenberg, Udo 104
Linke, Detlev 57
Löbbert, Raoul 33
Locke, John 17, 134
Luyken, Reiner 53

Magritte, René 142, 148f.
Marx, Karl 167, 178f.
McCandless, Christopher 30
Merkel, Angela 124
Michelangelo 162
Mill, John Stuart 26, 38
Miller, Henry 105
Mitscherlich, Alexander 47
Mittelstrass, Jürgen 47
Mohammadi Ashanti, Sakineh 182
Molyneux, William 134
Montesquieu, Charles de 63
Mühsam, Erich 36
Müller-Westerhagen, Marius 42
Munch, Edvard 52

Nagel, Thomas 75, 132
Nietzsche, Friedrich 168

Odenwald, Michael 74
Ohlsson, Ragnar 28f.

Page, Michael 180
Pai, Anant 156
Patalong, Frank 92
Paulus, Jochen 97
Picasso, Pablo 88, 104f.
Platon 63, 68f.
Polke-Majewski, Karsten 152
Popper, Karl 136f.
Poznanski, Ursula 145
Proust, Marcel 6f.
Putin, Wladimir 39

Quandt, Thorsten 147

Rademacher, Cay 157
Rahmer, Karl 71
Rankin, Jeannette 105
Reichenbach, Hans 137
Rhue, Morton 94f.
Rinser, Luise 29

Rockwell, Norman 120
Rohwetter, Marcus 139
Ronaldo, Christiano 124
Rosenberg, Marshall B. 83
Rothaus, Ulli 141
Rousseau, Jean-Jacques 47

Salinger, Jerome D. 9
Sandburg, Carl 105
Sandel, Michael J. 38f., 177
Sartre, Jean-Paul 143
Savater, Fernando 88
Schmid, Wilhelm 28
Schnädelbach, Herbert 171
Schopenhauer, Arthur 89, 122f.
Schramm, Stefanie 21
Schröder, Rainer M. 174
Schulz, Charles M. 29
Schulze, Gerhard 33
Seneca 23, 63
Siddhartha, Gautama 156
Smullyan, Raymond 117
Sokrates 68f., 127
Stevenson, Robert Louis 15
Student, Johann Christoph 52

Tügel, Hanne 101
Tworuschka, Monika 173

Ustinov, Peter 126

Valéry, Paul A. 105

Wackmann, Maria 78
Watterson, Bill 84
Watts, Alan 159
Watzlawick, Paul 149
Weischedel, Wilhelm 119
Welsch, Wolfgang 147
Wildberg, Roland 46
Wilde, Oscar 15
Wittgenstein, Ludwig 15
Witzke, Bodo 141
Wulff, Christian 120

Zagal, Héctor 24
Zastiral, Sascha 109
Zwerenz, Gerhard 80f.

Sachregister

Abbildtheorie 142
achtfacher Pfad 157
Aggression 90f.
Agnostizismus 170f.
Altern 42ff.
Alters-Simulationsanzug 46
Altersstruktur 48
Altersstufen 12f.
Amoklauf 94f.
Anarchie 36f.
Anti-Aging 44f.
Antisemitismus 180f.
Atheismus 171
Auferstehung 70f.
Augmented Reality 147
Aussteiger 30

Bankenkrise 176
Beschneidung 152f.
Bilder 142, 162
Botox 45
Buddhismus 72f., 156f.
Bund mit Gott 152f.
Buthan 20

Computerspiele 96f., 145

Deduktion 136
demographischer Wandel 48
Dialog, interkultureller 111, 184f.
Djihad 172f.
Dualismus 74f.

Eisbergmodell 79
Empathie 88f.
Empirismus 134f.
Entscheidungen 10f.
Erkenntnis 124ff., 134f., 149
Erlebnisgesellschaft 33
Erlösung 73
Erwachsen werden 8f.
Eskalation 80f.
Eskalationsstufen 81
Ethik 85ff., 161
Euthanasie 58
Evidenztheorie 129
Experiment, wissenschaftliches 135

Fallanalyse 85
Fanatismus 172f.
Freiheit 37ff.
Frieden 105, 108ff., 161
Friedensmissionen 112
Fundamentalismus 182f.

Gemeinschaft 40f.
Gesellschaft 32f., 176ff.
Gewalt 90ff., 172f.
gewaltfreie Kommunikation 83

gewaltfreier Widerstand 102f.
Gewaltlosigkeit 102f.
Gewissen 118f.
Glück 18ff.
Glücksatlas 21
Glückseligkeit (eudaimonia) 23
Glücksvorstellungen der Antike 22f.
Götter 154
Gottesbeweise 164f.
Gottesvorstellung 162f.
Grabstätten 64

Hedonismus 25
Hinduismus 72f., 154f.
hippokratischer Eid 58
Homosexualität 10f.
Hospiz 53
Humanismus 184f.
Hypothese 135

Identität 6ff., 15ff.
Ideologie 175, 180f.
Individualismus 30
Induktion 136f.
Interessenkonflikt 85
Internet 139
Intersubjektivität 125
Islam 172f., 182f.

Jugendkultur 34f.

Kapitalismus 176f.
Karma 155
kategorischer Imperativ 87
Killerspiele 96f.
Klassengegensätze 178f.
klassenlose Gesellschaft 178f.
Kohärenztheorie 129
Kommunismus 178f.
Kommunitarismus 40f.
Konflikte 78ff., 106f.
Konfliktlösungen 82f., 108ff.
Konsenstheorie 129
Konsumkultur 35
Korrespondenztheorie 129
Krieg 104ff.
Kyniker 22f.

Lebenskunst 159
Lebensstile 30ff.
Lebensstufen 12f., 155
Leib und Seele 69, 74f.
Liberalismus 38f.
Lüge 114ff.
Lust – Unlust 26f.
Lustprinzip 24f.

Manipulation 140f.
Marktgesellschaft 177

Sachregister

Marktwirtschaft 176f.
Mediation 82
Medien 139ff.
Meinen-Glauben-Wissen 124
Milieu 32
Minimalstaat 38f.
Mitleid 88f.
Mobbing 92f.
Molyneux-Problem 134
Moral 84f., 89
moralische Konflikte 84f.

Nahtoderlebnisse 56f.
Naturzustand 110
Nirwana 157
Notlüge 119
Nutzenprinzip 86

Objektivität 125
Offenbarungsreligion 152
Organspende 60f.
Organtransplantation 60f.

Palliativmedizin 53
Person 16f.
Persönlichkeit 14f.
Persönlichkeit, doppelte 15
Pflicht zur Wahrheit 122
Polytheismus 154
Pragmatismus 129
Prinzip des größten Glücks 26
Prinzipien, ethische 86f.
Proletariat 178f.
Proust-Fragebogen 7
Pussy Riot 39

Questionnaires 7

Rad des Lebens 73
Rassismus 180f.
Rationalismus 134f.
Realitätsverlust 144f.
Recht zu lügen 122f.
Regeln, religiöse 160
Reinkarnation 72f., 155
Religionen 150ff., 160f.
Religionskritik 162f., 166ff.
Reue 101

Samsara 72f.
Satyagraha 102f.
Scheinwirklichkeit 140f.
Schiff des Theseus 16f.
Seele 68f., 74f.
Seelenruhe (ataraxia) 23
Selbstgenügsamkeit (autarkeia) 23
Selbstmord 62f.
Sexualität 8, 10f.
Simulation 144f.

Sinn des Lebens 28f.
Sinne 132f.
Sinnestäuschung 130f.
SINUS-Studie 32
Sozialdarwinismus 180f.
soziale Rolle 32
Soziologie 32f.
Sterbehilfe 58f.
Sterben 50ff.
Sterbephasen 54f.
Stoiker 23
Subjektivität 125
Suizid 62f.

Taoismus 158f.
Täter-Opfer-Ausgleich 100f.
Terror 106f.
Tod 50ff.
Toleranz 99
Trauer 65f.
Trost 66f.

Überalterung 48
Unehrlichkeit 116
Unsterblichkeit 45, 68f.
Urteil 125f.
Utilitarismus 26, 86

Verallgemeinerung 136f.
Verallgemeinerungsprinzip 87
Vereinte Nationen 112
Verstand 135
vier edle Wahrheiten 157
Virtualität 146f., 149
Völkergemeinschaft 110f.
Vorurteil 126f.

Wahrheit 114ff.
Wahrheitstheorien 129
Wahrnehmung 130f.
Wahrscheinlichkeit 137, 170f.
Weltanschauung 175f.
Weltethos 111, 185
Weltreligionen 150ff., 160f.
Weltseele 154
Werte 86
Widerstand, gewaltfreier 102f.
Wiedergeburt 72f., 155
win-win-Situation 82
wu-wei 159

Yoga 155

Zensur 139
Zivilcourage 98
Zivilisierung 108
Zufriedenheit, gesellschaftliche 20f.
Zweifel 164f.

Textnachweise

1 Fragen nach dem Ich

Auf dem Weg zum Ich

S. 6/7: M2 Gaarder, Jostein: Sophies Welt. Roman über die Geschichte der Philosophie, übers. von Gabriele Haefs, Carl Hanser Verlag, München – Wien ¹⁸1994, S. 7-10; M3 Peters, Martina, basierend auf: http://www.uni-duesseldorf.de/muendlichkeit/Projekt-Netz/proust.htm (Stand: 01.02.2012)

S. 8/9: M1 nach Lebert, Benjamin: Crazy, Kiepenheuer und Witsch, Köln ¹¹1999, S. 56-57, S. 43, S. 69-84 (gekürzt und bearbeitet von Peters, Jörg); M2 Salinger, J. D.: Der Fänger im Roggen, Deutsch von Eike Schönfeld, Kiepenheuer & Witsch, Köln, 2. Auflage 2003, S. 220, 228f., 260-262, 267f.

S. 10/11: M1/M2 Raus aus Åmal, O: Fucking Åmal (SWE / DEN 1998); R: Lukas Moodysson; Laufzeit: 89 min., 0:36:21-0:39:20, 1:14:20-1:21:44, Transkription erstellt von Peters, Jörg

S. 12/13: M2 Hesse, Hermann: Stufen, in: ders.: Das Glasperlenspiel, S. Fischer, Frankfurt a. M. 1967, S. 352; M3 nach Erikson, Eric H.: Wachstum und Krisen der gesunden Persönlichkeit, in: ders.: Identität und Lebenszyklus, Drei Aufsätze übers. von Käthe Hügel, Suhrkamp, Frankfurt a. M. ¹⁵1995, S. 55-122

S. 14/15: M2 Brocher, Tobias: Von der Schwierigkeit zu lieben, Kreuz Verlag, Stuttgart, Berlin 1975, S. 9 ff.; Infokasten Identität: Jörg Peters; M3 Wittgenstein, Ludwig: Das blaue Buch, in ders.: Werkausgabe in 8 Bänden, Band 5: Das Blaue Buch – Eine philosophische Betrachtung (Das Braune Buch), Suhrkamp, Frankfurt a. M. 2000, S. 29; Infokasten Identität: Peters, Jörg

S. 16/17: M2 Lem, Stanislaw: Der futurologische Kongress, übers. von Irmtraud Zimmermann-Göllheim, Phantastische Bibliothek, Bd. 29, Suhrkamp, Frankfurt a. M. ¹⁴1997, S. 51f.; M3 Hobbes, Thomas: Elemente der Philosophie. Erste Abteilung: Der Körper, übers., hrsg. , eingeleitet und mit textkritischen Annotationen versehen von Karl Schuhmann, PhB 501, Felix Meiner Verlag, Hamburg 1997, S. 113f.; M4 nach Locke, John: Versuch über den menschlichen Verstand, Bd. 1, 2. Buch: Über die Ideen, Kap. 27, übers. von Christoph Winckler, durchgesehene Auflage und um eine Bibliographie erweitert von Rainer Brandt, PhB 75, Felix Meiner Verlag, Hamburg ⁴1981, S. 419f. (bearbeitet und verändert von Peters, Jörg).

Glück und Sinn

S. 18/19: M3 Draken, Klaus, in: Peters, Jörg / Rolf, Bernd (Hg.): philopraktisch 2A, C.C.Buchners Verlag, Bamberg 2011, S. 177; M4 Zitat von Søren Kierkegaard: übersetzt von Gisela Perlet, zitiert nach Birnbacher, Dieter (Hg.): Glück, Arbeitstexte für den Unterricht 9575, für die Sekundarstufe I, Philipp Reclam jun., Stuttgart 1983, S. 9

S. 20/21: M1 Coen, Amrai: 40,9 Prozent sind schon glücklich, in: Die ZEIT, Nr. 49 vom 01.12.2011, S. 30f.; M2 Reuters: Die Deutschen sind so glücklich wie lange nicht, auf: http://www.zeit.de/gesellschaft/zeitgeschehen/2011-09/glueckdeutschland-studie (Stand: 09.09.2012); M3 nach Schramm, Stefanie: Kann man Glück lernen?, in: Die ZEIT, Nr. 1 vom 29.12.2011, S. 37f.

S. 22/23: M1/M2 Peters, Jörg / Rolf, Bernd; M3 Draken, Klaus, in: Peters, Jörg / Rolf, Bernd (Hg.): philopraktisch 2A, C.C.Buchners Verlag, Bamberg 2011, S. 183; Infokasten Glücksvorstellungen der Antike: Jörg Peters

S. 24/25: M2 Zagal, Héctor / Galindo, José: Ethik für junge Menschen, Grundbegriffe – Positionen – Probleme, übers. von Bernd Goebel, Philipp Reclam jun., Stuttgart 2000, S. 121-123; Infokasten Hedonismus: Peters, Jörg; M3 Freud, Sigmund: Das Unbehagen in der Kultur, Fischer Verlag, Frankfurt a. M. 1930, S. 74f., 80f.

S. 26/27: M1 nach Hilgemeier, Mario: Die Welt als Dorf, auf: http://hilgemeier.gmxhome.de/texte/frendshp.htm (Stand: 27.09.2012); M2 Mill, John Stuart: Der Utilitarismus, übers., mit Anmerkungen versehen und Nachwort von Dieter Birnbacher, Philipp Reclam jun., Stuttgart 1985, S. 13f., 21; M3 Amend, Bill: *Foxtrot* © 1996, in: Martina und Jörg Peters (Hg.): Der Utilitarismus oder „Ist alles Nützliche auch gut?", Raabe Verlag 2007, Folie zu S. 8 (übersetzt von Jörg Peters)

S. 28/29: M1 Lelord, François: Hectors Reise oder die Suche nach dem Glück, übers. von Ralf Pannowitsch, Piper Verlag, München – Zürich 2006, S. 79f., 83; M2 Schmid, Wilhelm: Glück. Alles was Sie darüber wissen müssen und warum es nicht das Wichtigste im Leben ist, Insel Verlag, Frankfurt am Main – Leipzig 2007, S. 45f.; M3 Ohlsson, Ragnar: Der Sinn des Lebens, aus dem Schwedischen von Kutsch, Angelika, Carl Hanser Verlag, München 1999, S. 82-84; M5 Rinser, Luise: Die Wozu-Frage, in: Richter, Hans Peter (Hg.): Wozu leben wir? Schriftsteller antworten jungen Menschen auf die Frage: Wozu leben wir?, Herder Verlag, Freiburg / Breisgau 1968, S. 43 ff.

Lebensstile

S. 30/31 M1 Stermann, Arndt nach http://de.wikipedia.org/wiki/Into_the_Wild (Stand: 14.10.2010), in: Peters, Jörg / Rolf, Bernd (Hg.): philopraktisch 2A, C.C.Buchners Verlag, Bamberg 2011, S. 130; Info-Kasten Individualismus: Peters, Jörg; M2 Jon Krakauer: In die Wildnis / Mord im Auftrag Gottes – zwei Bestseller in einem Band, Piper, München 2009, S. 88; M3 Peters, Jörg: basierend auf den Ergebnissen der SINUS-Studie: Wie ticken Jugendliche?, SINUS-Studie U27, Mai 2008, Zusammenfassung von Brändle, Linus, DAJU, St. Gallen, erarbeitet im Rahmen des NDK-Jugendarbeit (www.ndk-jugendarbeit.ch), auf: http://www.ref-sg.ch/anzeige/projekt/105/175/wie_ticken_jugendliche_zusammenfassung_der_sinus_milieustudie_u27.pdf (Stand: 01.09.2012)

S. 32/33: M1 SINUS-Jugendstudie U18: Wie ticken Jugendliche? Lebenswelten von Jugendlichen im Alter von 14 bis 17 Jahren in Deutschland, auf: http://www.dkjs.de/fileadmin/bilder/Aktuell/pdfs/2012_03_28_Ergebnisse.pdf (Stand: 04.09.2012), S. 10f.; Infokasten Milieu und Soziale Rolle: Peters, Jörg, basierend auf: http://de.wikipedia.org/wiki/Soziales_Milieu (Stand: 04.09.2012); M2 Florin, Christiane / Löbbert, Raoul: Neue Not in Deutschland?, auf: http://faustkultur.de/kategorie/gesellschaft/neue-not-in-deutschland-.html (Stand: 26.09.2012) und Löbbert, Raoul: Und raus bist du ... Zwischen Mittel- und Unterschicht, auf: http://faustkultur.de/kategorie/gesellschaft/und-raus-bist-du-.html (Stand: 26.09.2012); M3 Peters, Jörg nach http://philo.at/wiki/index.php/Die_Erlebnisgesellschaft (Stand: 04.09.2012), vgl. auch: Schulze, Gerhard: Die Erlebnisgesellschaft. Kultursoziologie der Gegenwart, Campus-Bibliothek, Campus Verlag GmbH, Frankfurt a. M. ²2005, S. 34-53, S. 283-330 und S. 418-431

Textnachweise

S. 34/35: M2-M4 Farin, Klaus: Jugendkulturen heute, in: APuZ (Aus Politik und Zeitgeschichte) 27/2010, 5. Juli 2010, S. 3-7
S. 36/37: M1 http://www.anarchismus.at/anarchistische-bilder/anarchoplakate/category/42-anarchoplakate?start=100 (Stand. 26.08.2012, Ausschnitte); M2 Möbius, Ralph: Macht kaputt, was euch kaputt macht, ©David Volksmund Verlag und Produktion, Berlin; M3 und Infokasten Anarchismus: Mühsam, Erich: Die Befreiung der Gesellschaft vom Staat, in: ders.: Gesamtausgabe, 4 Bände, Band 4: Prosaschriften II, hrsg. und Anmerkungen von Günther Emig, Verlag europäische Ideen, Berlin 1978, S. 255 (zuerst erschienen in: Fanal Sonderheft: Die Befreiung der Gesellschaft vom Staat. Was ist kommunistische Anarchismus, Fanal-Verlag Erich Mühsam, Berlin 1933); M4 Mitarbeiter der Bibliothek der Freien: Was ist Anarchismus? Einführung in eine unterschätzte Idee, in: Anarchistische Föderation Berlin (Hg.): Dokument A. Berliner anarchistisches Jahrbuch 2007, Beitrag 2: Grundwerte des Anarchismus, ohne Verlag und Ort 2008, S. 45; Infokasten Positive und negative Freiheit: Peters, Jörg nach: http://de.wikipedia.org/wiki/Negative_und_positive_Freiheit (Stand: 30.08.2012)
S. 38/39: M2 Mill, John Stuart: Über die Freiheit, hrsg. von Manfred Schlenke, übers. von Bruno Lemke, Philipp Reclam jun., Stuttgart 1974, S. 16f.; M3 Sandel, Michael J.: Justice. What's the right thing to do?, Farrar, Straus and Giroux, New York 2009, S. 60f., übers. von Jörg Peters; Infokasten Liberalismus: Peters, Jörg, basierend auf: http://de.wikipedia.org/wiki/Liberalismus; http://de.wikipedia.org/wiki/Klassischer_Liberalismus und http://de.wikipedia.org/wiki/Wirtschaftsliberalismus (Stand: 21.08.2012); M4 Hans, Julian: Russland und die „Pussy Riots", Ungenierter Abschied vom Rechtsstaat, sueddeutsche.de vom 17.08.2012, auf: http://www.sueddeutsche.de/politik/pussy-riot-schuldig-gesprochen-russlands-ungenierter-abschied-vom-rechtsstaat-1.1443790 (Stand: 21.08.2012)
S. 40/41: M1-M3 Etzioni, Amitai: Die Entdeckung des Gemeinwesens. Ansprüche, Verantwortlichkeiten und das Programm des Kommunitarismus, übers. von Wolfgang Ferdinand Müller, Fischer Taschenbuch Verlag, Frankfurt a. M. 1998, S. 137-140, 140-144, 277-280; Infokasten Kommunitarismus: Peters, Jörg nach: http://de.wikipedia.org/wiki/Kommunitarismus (Stand: 30.09.2012)

2 Fragen nach der Zukunft

Alt werden ...

S. 42/43: M2 nach Fitzgerald, F. Scott: Der seltsame Fall des Benjamin Button, aus dem Amerikanischen von Christa Schuenke, Copyright der deutschsprachigen Übersetzung © 2009 Diogenes Verlag AG Zürich, S. 11, 22, 25f., 47f., 60-67
S. 44/45: M2 Heydecker, Kerstin: Anti Aging – Forever Young?, Eigene Zusammenfassung ihrer Diplomarbeit, auf: http://www.reife.ch/Sommer03/anti-aging.html (Stand: 13.02.2012); M3 Peters, Jörg; M4 Ewige Jugend aus dem Reagenzglas, in: ruprecht, Nr. 93 vom 15.12.2004, http://texte.ruprecht.de/zeigartikel.php?id=1258 (Stand 11.03.2007); M5 Bencivenga, Ermanno: Der Unsterbliche, in: Freese, Hans-Ludwig: Abenteuer im Kopf, Philosophische Gedankenexperimente, BeltzQuadriga, Weinheim – Berlin ²1996, S. 300f.
S. 46/47: M1 nach Wildberg, Roland: Die Opa Verkleidung, publiziert am 01.10.2009 auf: http://www.autobild.de/artikel/vw-spezialanzuege-simulieren-alter-982961.html (Stand: 08.02.2012); M2 Zitate auf: http://natune.net/zitate/themen/alter (Stand: 08.02.2012); M3 Peters, Martina / Peters, Jörg basierend auf: Mittelstraß, Jürgen: Wem gehört das Sterben?, Uni-Auditorium, Reihe: Philosophie/Wissenschaftstheorie, Komplett Media GmbH, München/Grünwald 2009, Track 6: Alter
S. 48/49: M2 cte/lgr/AFP: Wo Deutschland vergreist, Artikel vom 26.10.2011, auf: http://www.spiegel.de/wirtschaft/soziales/0,1518,793979,00.html (Stand: 11.02.2012); M3 (Vortext): wob Immobilien GmbH München, http://wobimmo.com/dienstleistungsmarkt (Stand: 11.02.2012); M3/M4 Peters, Martina / Peters, Jörg

Sterben müssen, sterben dürfen

S. 50/51: M1/M2: Albom, Mitch: Dienstags bei Morrie. Die Lehre eines Lebens, übers. von Angelika Bardeleben, Goldmann Verlag, München ⁸1998, S. 97-103
S. 52/53: M1 nach Student, Johann Christoph: Zu Hause sterben. Hilfen für Betroffene und Angehörige, auf: http://christoph-student.homepage.t-online.de/Zu%20Hause%20sterben%2009.pdf?foo=0.6762176101188486 (Stand: 18.01.2012); M2 Heier, Magnus: Ein Abschied in Würde, in: F.A.Z. vom 01. Dezember 2008, Seite Gesellschaft, auch auf: http://www.faz.net/aktuell/gesellschaft/familie/zuhause-sterben-ein-abschied-in-wuerde-1727651.html (Stand: 18.01.2012); M3 Luyken, Reiner: Morphium und Nächstenliebe, in: Die Zeit, Nr. 16 vom 10.04.2003, www.zeit.de/2003/16/P-cicely_saunders (Stand: 18.01.2012)
S. 54/55: M1/M2 http://www.pflegewiki.de/wiki/Die_f%C3%BCnf_Sterbephasen_nach_K%C3%BCbler-Ross (Stand: 12.02.2012)
S. 56/57: M1 Korte, Sabine: Mysterium Tod. Was mit uns geschieht, während wir sterben, in: P.M. Peter Moosleitners interessantes Magazin 11/1999, S. 44f.; M2 Matthias Holzbauer: Was beweisen Nahtoderlebnisse?, in: Das weiße Pferd. Urchristliche Zeitung für Gesellschaft, Religion, Politik und Wirtschaft 24/1999, www.das-weisse-pferd.com/99_24/nahtoderlebnisse.html. (Stand: 17.03.2007); M3 Peters, Jörg; M4 Linke, Detlef: Das Gehirn, Verlag C. H. Beck, München ³2002, S. 47, 48, 49 (Absatz 1-4); ders.: An der Schwelle zum Tod, in: Gehirn & Geist 3/2003, S. 46-52 (Absatz 5)
S. 58/59: M1 Peters, Jörg; M2 Der Hippokratische Eid, in: Wiesing, Urban (Hg) Ethik in der Medizin, unter Mitarbeit von Johann S. Ach, Matthias Bomuth, Georg Marckmann, Philipp Reclam jun., Stuttgart 2000, S. 26; M3 § 216 - Tötung auf Verlangen, in: StGB, auf: http://dejure.org/gesetze/StGB/216.html (Stand: 19.01.2012); Infokasten Sterbehilfe/Euthanasie: Peters, Jörg; M4 nach Lenzen, Wolfgang: Liebe, Leben, Tod, Eine moralphilosophische Studie, Philipp Reclam jun, Stuttgart 1999, S. 237-240
S. 60/61: M1 nach http://www.organspende-info.de/Presse-portal/studien-und-statistiken/ und http://www.organspende-info.de/aktivitaeten/ausweis/hinweise/ (Stand: 04.06.12); M2 nach DSO, Deutsche Stiftung Organtransplantation, Frankfurt am Main; M3 Martin: Contra Organspende, auf: http://de.answers.yahoo.com/question/index?qid=20080127153416AAkbf7q (Stand: 27.02.2012)
S. 62/63: M1 Hirsch, Ludwig: Komm großer schwarzer Vogel, © Fechter Musikverlag KG, Wien / Edition Karl Schreibmaier, Wien; M2 Bronisch, Thomas: Der Suizid. Ursachen, Warnsignale, Prävention, C.H. Beck Wissen, C.H. Beck'sche Verlagsbuchhandlung, München 1995, S. 53 (gekürzt); M3 Text 1: Peters, Jörg, basierend auf: Platon: Nomoi 873c und Phaidon 62b-c; Text 2: Peters, Jörg, basierend auf Montesquieu, Charles de: Die persischen Briefe, Brief 76; Text 3 nach Seneca: Briefe an Lucilius, Band 1: Rom unter Nero, übersetzt von Ernst Glaser-Gerhard, Rowohlt Klassik, Rowohlt Verlag, Reinbek bei Hamburg 1965, S. 169-174; Text 4 nach Fichte, Johann Gottlieb: Das System der Sittenlehre (1798), Einleitung und Register von Manfred Zahn, PhB 257, Felix Meiner Verlag, Hamburg 1963, S. 265; Text 5 ab dem 2. Satz: Améry, Jean, in: Bronisch, Thomas: Der Suizid. Ursa-

Textnachweise

chen, Warnsignale, Prävention, C.H. Beck Wissen, C.H. Beck'sche Verlagsbuchhandlung, München 1995, S. 91

Den Tod überwinden?
S. 64/65: M2 nach einer Zeitungsanzeige (Namen und Daten geändert); M3 Augustinus, Aurelius: Bekenntnisse, eingel. und übers. von Wilhelm Thimme, Deutscher Taschenbuch Verlag, München ⁴1986, S. 93-96
S. 66/67: M1 Trauercafé in Lachendorf, auf: http://celleheute.de/trauercafe-in-lachendorf/ (Stand: 12.02.2012); M2 Bonhoeffer, Dietrich: Von guten Mächten, auf: http://www.ekd.de/aktuell/6822.html (Stand: 12.02.2012); M3 Marc Aurel: Komm schneller, lieber Tod, in: Koch, Werner (Hg.): Vom Tod. Ein Lesebuch für Jedermann, Insel Verlag, Frankfurt a. M. 1987, S. 204f. (entnommen der Ausgabe: Marc Aurel: Selbstbetrachtungen, übers. von Wilhelm Capelle, Alfred Kröner Verlag, Stuttgart ¹¹1967); M4 Dalai Lama: Mitgefühl und Weisheit. Ein Gespräch mit Felizitas von Schönborn, © 2004 Diogenes Verlag AG, Zürich, S. 134-136
S. 68/69: M2 Platon: Phaidon, in: ders.: Sämtliche Werke, 5 Bde., Bd. 3: Phaidon – Politeia, übers. von Friedrich Schleiermacher, hg. von Walter F. Otto, Ernesto Grassi, Gert Plambőck, Rowohlt Taschenbuch Verlag GmbH, Hamburg 1981, 103c-105e; M3 Seneca, L. Annaeus: Brief 102, in: ders.: Philosophische Schriften, 5 Bde., Bd. 4: Ad Lucilium epistulae morales LXX-CXXIV, [CXXV] / An Lucilius Briefe über Ethik 70-124, [125], übers., eingel. und mit Anmerkungen versehen von Manfred Rosenbach, Wissenschaftliche Buchgesellschaft, Darmstadt ²1987, Brief 102,23-26, S. 585-587
S. 70/71: M1 Die Bibel, Einheitsübersetzung der Heiligen Schrift, Gesamtausgabe, Verlag Katholisches Bibelwerk GmbH, Stuttgart 2007, Matthäus 27,62-66; 28,1-15; M2 Die Bibel, Einheitsübersetzung der Heiligen Schrift, Gesamtausgabe, Verlag Katholisches Bibelwerk GmbH, Stuttgart 2007, 1 Korinther 15,1-8; 15,12-28; 15,54-55; M3 Kliemann, Peter: Das Haus mit den vielen Wohnungen, Eine Einführung in die Religionen der Welt, Calwer Verlag, Stuttgart 2004, S. 228; nach Rahner, Karl: Grundkurs des Glaubens, in: ders.: Sämtliche Werke, 31 Bände, Band 26, hrsg. von der Karl-Rahner-Stiftung unter Leitung von Karl Lehmann, Johann Baptist Metz, Karl-Heinz Neufeld, Albert Raffelt, Herbert Vorgründen, Herder Verlag, Freiburg 1999, S. 255f.; Infokasten Auferstehung: Peters, Jörg
S. 72/73: M1/M2 http://www.harekrsna.de/artikel/samsara.htm (Stand: 13.02.2012); M4/M5 Hattstein, Markus: Weltreligionen. Hinduismus, Buddhismus, Religionen Chinas und Japans, Judentum, Christentum, Islam, Könemann Verlagsgesellschaft mbH, Köln 1997, S. 19-20, 23
S. 74/75: M1 Peters, Jörg (deutscher Text) und New York Times, March 10, 1907, p. 5, auf: http://query.nytimes.com/mem/archive-free/pdf?res=9D07E5DC123EE033A25752C1A9659C946697D6CF (Stand: 15.03.2012); M2 Odenwald, Michael: Ist der Mensch unsterblich?, Focus online, Wissen, 06.04.2007, auf: http://preview0.images.focus.de/wissen/wissenschaft/odenwalds_universum/frage-von-w-knoblauch_aid_52787.html (Stand: 13.03.2012); M3 Nagel, Thomas: Was bedeutet das alles? Eine ganz kurze Einführung in die Philosophie, übers. von Michael Gebauer, Philipp Reclam jun., Stuttgart 1990, S. 75f.; M4 Epikur: Der Brief an Menoikeus, in: Diogenes Laertius: Leben und Meinungen berühmter Philosophen, 10 Bücher, Buch 10: Epikuros, übersetzt von Otto Apelt, unter Mitarbeit von Hans Günter Zekl, neu hrsg. mit Vorwort, Einleitung und neuen Anmerkungen zu Text und Übersetzung versehen von Klaus Reich, PhB 53/54, Felix Meiner Verlag, Hamburg ²1967, X,124-X,127, S. 281f.

S. 76/77: M2 Feuerbach, Ludwig: Todesgedanken (1830), in: ders.: Sämtliche Werke, 13 Bde., Bd.1: Gedanken über Tod und Unsterblichkeit, hrsg. von Wilhelm Bolin und Friedrich Jodl, Frommann Verlag Günther Holzboog, Stuttgart-Bad Cannstatt ²1960, S. 69f., 72, 74f.; M3 Kierkegaard, Søren: An einem Grabe, in: ders.: Vier erbauliche Reden 1844. Drei Reden bei gedachten Gelegenheiten 1845, übersetzt von Emanuel Hirsch (Gesammelte Werke und Tagebücher, herausgegeben und übersetzt von E. Hirsch, H. Gerdes und H. M. Junghans, 13./14. Abt.), Grevenberg Verlag Dr. Ruff & Co. OHG, Simmerath 2004, S. 175, 178, 186, 196, 203f.; M4 Rolf, Bernd nach: Heidegger, Martin: Sein und Zeit, Max Niemeyer Verlag, Tübingen ¹⁰1963, S. 246-248

3 Fragen nach Moral und Ethik

Konflikte und Konfliktlösungen
S. 78/79: M2 Faller, Kurt / Kerntke, Wilfried / Wackmann, Maria: Konflikte selber lösen. Mediation für Schule und Jugendarbeit, Verlag an der Ruhr, Mülheim an der Ruhr 1996, S. 55; M3 Rolf, Bernd; Infokasten Konflikt: Rolf, Bernd
S. 80/81: M2 Zwerenz, Gerhard: Nicht alles gefallen lassen. Schulbuchgeschichten, Fischer TB, Frankfurt 1972, S. 7-9; Infokasten Eskalation: Rolf, Bernd; M3 Eskalationsstufen nach: Glasl, Friedrich: Konfliktmanagement. Ein Handbuch für Führungskräfte und Berater, Verlag Freies Geistesleben, 3. Aufl. Bern / Stuttgart 1992, S. 215ff.
S. 82/83: M2 Gordon, Thomas: Lehrer-Schüler-Konferenz. Wie man Konflikte in der Schule löst, aus dem Amerikanischen von Maren Morgan und Sigrid Krohne, Hoffmann und Campe, Hamburg, 2. Auflage 1977, S. 155; M3 Rolf, Bernd (basierend auf Gordon, s. M2); Infokasten Mediation: Rolf, Bernd; M4 Rosenberg, Marshall B.: Konflikte lösen durch gewaltfreie Kommunikation. Ein Gespräch mit Gabriele Seils, Herder, Freiburg 2004, S. 12-16
S. 84/85: M1 Watterson, Bill: Calvin and Hobbes, in: ders.: There's Treasure Everywhere. A Calvin and Hobbes Collection by Bill Watterson, Andrew and McMeel, A Universal Press Syndicate Company, Kansas City 1996, S. 12, übersetzt von Jörg Peters; M2 Rolf, Bernd; M3 Bayertz, Kurt: Warum überhaupt moralisch sein?, C. H. Beck, München 2004, S. 14; M4/M5 Rolf, Bernd; Infokasten Ethik: Rolf, Bernd
S. 86/87: M2/M3 Rolf, Bernd; Infokästen Utilitarismus und Kategorischer Imperativ: Rolf, Bernd
S. 88/89: M2 Engels, Helmut in: Peters, Jörg / Rolf, Bernd (Hg.): philopraktisch 2A, C.C.Buchners Verlag, Bamberg 2011, S. 19; M3 nach Savater, Fernando: Tu, was du willst. Ethik für die Erwachsenen von morgen. Aus dem Spanischen von Wilfried Hof, Campus Verlag, Frankfurt a. M., 9., aktualisierte Ausgabe 2007, S. 104-109; M4 Peters, Jörg, nach: Schopenhauer, Arthur: Preisschrift über die Grundlage der Moral, in: ders.: Zürcher Ausgabe. Werke in 10 Bänden, Bd. 6: Über die Freiheit des menschlichen Willens – Über die Grundlage der Moral, Kleinere Schriften II, hrsg. von Arthur Hübscher, Diogenes Verlag, Zürich 1977, S. 246-248; M5 Rolf, Bernd; Infokasten Empathie: Rolf, Bernd

Gewalt und Aggression
S. 90/91: M2 Rolf, Bernd; M3 Rolf, Bernd; Dalai Lama und Hesse, Hermann, auf: http://www.i-bahmueller.de/l_poesie.htm (Stand: 01.09.2010); Infokasten Gewalt: Rolf, Bernd
S. 92/93: M2 blog.schueler-mobbing.de, zitiert nach: LO Lehrer-Online GmbH Wiesbaden, http://www.lehrer-online.de/730230.php (Stand: 08.02.2012); M3 Patalong, Frank: Tod eines Teenagers,

Textnachweise

Spiegel-Online 18.11.2007, http://www.spiegel.de/netzwelt/web/0,1518,518042,00.html (Stand: 17.03.2011); M4 Lernen Ohne Angst e.V., http://www.lernen-ohne-angst.de/index-Dateien/MobbinganSchulendurchKinderundLehrerinnen.htm (Stand: 08.02.2012); M5 http://www.schueler-mobbing.de/mobb/modules/news/article.php?storyid=10 (Stand: 01.12.2012)

S. 94/95: M2-M4 Rhue, Morton: Ich knall euch ab!, übersetzt von Werner Schmitz, Ravensburger Verlag, Ravensburg ⁶2002, S. 98f., 99f., 67, 15, 120f., 105f.; M5 Hurrelmann, Klaus: Nachwort – Wie kommt es zu Gewalttaten an Schulen?, in: Rhue, Morton: Ich knall euch ab!, Ravensburger Verlag, Ravensburg ⁶2002, S. 146-150

S. 96/97: M2 Rolf, Bernd; M3 Paulus, Jochen: Es ist doch nur ein Spiel!", in: Geo Wissen 41/2008, S. 62f.; 69f.; 70f.

S. 98/99: M1 de Ponto, Wolfgang: Medaille für U-Bahn-Held, tz München, 23.05.2011, http://www.tz-online.de/aktuelles/bayern/medaille-u-bahn-held-vergelts-gott-ihren-mut-tz-1255990.html (Stand: 05.03.2012); M2 Hampe, Klaus: Darf ich das? Gewissensfragen im Alltag, Kreuz Verlag, Stuttgart 2008, S. 26f.; Infokasten Zivilcourage: Rolf, Bernd; M3 Rolf, Bernd, basierend auf: Null Toleranz gegen Rocker, Rheinische Post, Düsseldorf, 24.01.2012, S. 1; Infokasten Toleranz: Rolf, Bernd, Textbeginn nach: Schülerduden Philosophie, 3., völlig neu bearbeitete Auflage, Bibliographisches Institut & F. A. Brockhaus AG, Mannheim 2009, S. 418

S. 100/101: M2/M3 Justizministerium des Landes Nordrhein-Westfalen (Hg.): Was Sie über den Täter-Opfer-Ausgleich wissen sollten. Ein Verfahren zur außergerichtlichen Konfliktlösung und Schlichtung, Düsseldorf 2006, S. 2f., 4, auf: https://services.nordrheinwestfalendirekt.de/broschuerenservice/download/91/TaeterOpferAusgleich.pdf (Stand: 19.03.2012); M4 Tügel, Hanne: Die Kunst der Reue, GEOWISSEN Nr. 35/2005, S. 100; Infokasten Täter-Opfer-Ausgleich: Rolf, Bernd

S. 102/103: M1 Peters, Jörg nach http://de.wikipedia.org/wiki/Salzmarsch (Stand 29.08.2010), http://www.dadalos.org/deutsch/vorbilder/vorbilder/gandhi/salzmarsch.htm (Stand: 29.08.2010), http://www.frieden-gewaltfrei.de/salzm.htm (Stand: 29.08.2010) und Gugel, Günther: Wir werden nicht weichen. Erfahrungen mit Gewaltfreiheit. Eine praxisorientierte Einführung, Verein für Friedenspädagogik e.V., Tübingen 1996, S. 51ff.; M2 Peters, Jörg / Rolf, Bernd: bearbeitetes und gekürztes Transskript aus dem Film Gandhi von Richard Attenborough aus dem Jahre 1982; M3 Gandhi, Mohandas K.: Satyagraha. Aus dem Bericht der Congress-Partei über die Unruhen im Punjab, in: Gandhi, Mahatma: M.K. Gandhis Collected Works, Vol. 21, S. 151-157, zitiert nach: Gewaltfreie Aktion Heft 57/58, 3. und 4. Quartal 1983, S. 23ff., auf: http://www.friedenspaedagogik.de/themen/zivilcourage/personen/mahatma_gandhi_1869_1948 (Stand: 25.05.2007); M4 King, Martin Luther: Mein Weg zur Gewaltlosigkeit (1958), in: Grosse, Heinrich W. (Hg.): Schöpferischer Widerstand. Reden, Aufsätze, Predigten / Martin Luther King, Gütersloher Verlagshaus Mohn, Gütersloh 1980, S. 29-33

Völkergemeinschaft und Frieden

S. 104/105: M2 Lindenberg, Udo: Keiner will sterben, das ist doch klar, ©Universal Music Publ. GmbH, Berlin; M4 www.zitate-online.de/thema/krieg (Stand: 20.03.2007)

S. 106/107: M2 Daten: CD Konflikte XXL_global, Institut für Friedenspädagogik Tübingen, 2004 und Konfliktabarometer, http://www.hiik.de/konfliktbarometer/pdf/; M4 nach: CD Konflikte XXL_global, Institut für Friedenspädagogik Tübingen, 2004; M5 Brief an Amerika: http://t-news.t-online.de/zone/news/ausl/elft/ar-h/CP/ar-bin-laden-Brief1.html (Stand: 13.03.2007)

S. 108/109: M2 Rolf, Bernd: Originalbeitrag; M3 nach: CD Konflikte XXL_global, Institut für Friedenspädagogik Tübingen, 2004; M4 Buro, Andreas: Weichenstellung zu ziviler Konfliktbearbeitung in Europa, in: Wolfgang Vogt (Hg.): Frieden als Zivilisationsprojekt. Baden-Baden 1995, S. 74, auch unter: http://www.friedenspaedagogik.de/themen/konstruktive_konfliktbearbeitung/modelle_und_moeglichkeiten_ziviler_konfliktbearbeitung_im_internationalen_bereich/dimensionen_und_prinzipien_ziviler_konfliktbearbeitung; M5 nach: Elias, Norbert: Über den Prozess der Zivilisation. Suhrkamp Verlag, Frankfurt a. M. 1992; M7 Zastiral, Sascha: Die Revolution der Kinder, in: Der Spiegel 46/2006, S. 162-164

S. 110/111: M1/M2 Rolf, Bernd; M3 Rolf, Bernd, sehr weitläufig nach: Annan, Kofi (Hg.): Brücken in die Zukunft. Ein Manifest für den Dialog der Kulturen, aus dem Englischen von Klaus Kochmann und Hartmut Schickert, S. Fischer Verlag, Frankfurt a. M. 2001, S. 109-119

S. 112/113: M1/M3 Rolf, Bernd; M2 Charta der Vereinten Nationen: www.document archiv.de/in/1945/un-charta.html (Stand: 20.03.2007)

4 Fragen nach der Wirklichkeit

Wahrhaftigkeit und Lüge

S. 114/115: M2 Friesch, Edwin (Hg.): Wer dreimal lügt. 66 unwahrscheinliche Geschichten aus unserer Zeit mit 17 Illustrationen, Nymphenburger Verlagshandlung, München 1974, S. 64f., 103f., 159; M3/M4 Draken, Klaus in: Peters, Jörg / Rolf, Bernd (Hg.): philopraktisch 2A, C.C.Buchners Verlag, Bamberg 2011, S. 146f.

S. 116/117: M2 Rolf, Bernd, basierend auf Informationen aus: Mathes, Werner: Die Leiden des Horst Arnold, auf: http://www.stern.de/panorama/fehlurteil-wegen-angeblicher-vergewaltigung-das-leiden-des-horst-arnold-1705160.html (Stand: 26.02.2012); vgl. hierzu auch: Friedrichsen, Gisela: Von vorne bis hinten erfunden, in: Der Spiegel 33/2011, 15.08.2011, S. 56-58, auf: http://www.spiegel.de/spiegel/print/d-79973982.html (Stand: 26.02.2012); M3 Smulliyan, Raymond: Simplicius und der Baum, übersetzt von Thea Brandt und Beate Babbel, Fischer Taschenbuch Verlag, Frankfurt am Main 1989, S. 47-52; Infokasten Lüge: Rolf, Bernd

S. 118/119: M2 Hampe, Klaus: Darf ich das? Gewissensfragen im Alltag, Kreuz Verlag, Stuttgart 2008, S. 19f.; M3 Jakob der Lügner (DDR/CZ 1974); DVD Erscheinungstermin: 28. September 1999; Sprache: Deutsch, Untertitel: Englisch, Französisch, Spanisch, Hebräisch; Laufzeit: 96 Minuten; ASIN: B00004RYTH, 1:12:40-1:15:26; M4 Weischedel, Wilhelm: Skeptische Ethik, Suhrkamp Verlag, Frankfurt a. M. 1980, S. 202f.

S. 120/121: M2 Rolf, Bernd; M3 Bok, Sissela: Lügen. Vom täglichen Zwang zur Unaufrichtigkeit, übers. von Ulrich Schwartz, Rowohlt Verlag GmbH, Reinbek bei Hamburg 1980, S. 87f.

S. 122/123: M1 nach Kant, Immanuel: Die Metaphysik der Sitten. 2. Theil. Metaphysische Anfangsgründe der Tugendlehre, in: ders.: Kants Werke, Akademie Textausgabe, 9 Bände, Band 6: Die Religion innerhalb der Grenzen der bloßen Vernunft – Die Metaphysik der Sitten, unveränderter fotomechanischer Nachdruck des Textes der von der Preußischen Akademie der Wissenschaften 1902 begonnenen Ausgabe von Kants gesammelten Schriften, Walter de Gruyter & Co., Berlin 1968, S. 429f.; M2 Schopenhauer, Arthur: Foliant II, in: ders.: Der handschriftliche Nachlaß, 5 Bde., Bd. 3: Berliner Manuskripte (1818-1830), hrsg. von Arthur Hübscher, Verlag von Waldemar Kramer, Frankfurt a. M. 1970, S. 303f.

Textnachweise

Erkenntnis und Wahrheit
S. 124/125: M2/M3 Rolf, Bernd; Infokasten Urteil: Rolf, Bernd
S. 126/127: M1 Allport, Gordon W.: Die Natur des Vorurteils, Kiepenheuer & Witsch, Köln 1971, S. 20; Ustinov, Peter: Achtung! Vorurteile, Rowohlt Verlag, Hamburg 2005, S. 25; Bergmann, Werner in: Informationen zur politischen Bildung, Nr. 271: Vorurteile, Bundeszentrale für politische Bildung, Bonn 2005, S. 5; Ebner-Eschenbach, Marie von: Vorurteil, http://zitate.net/zitate/vorurteil/zitate.html (Stand: 06.06.2007); Hille, Peter: Neue Welten, Gedichte, Prosa, Aphorismen, Philipp Reclam jun., Stuttgart 1998; M2 Bollnow, Otto Friedrich: Vorurteile, in: ders.: Einfache Sittlichkeit. Kleine Aufsätze, Vandenhoeck & Ruprecht, Göttingen ²1957, S. 151f., 161; M3 Rolf, Bernd
S. 128/129: M1/M2 nach Draken, Klaus in: Peters, Jörg / Rolf, Bernd (Hg.): philopraktisch 2A, C.C.Buchners Verlag, Bamberg 2011, S. 158f.; Infokasten Wahrheitstheorien: Rolf, Bernd
S. 130/131: M2 Decher, Friedhelm: Die rosarote Brille. Warum unsere Wahrnehmung von der Welt trügt, Lambert Schneider, Darmstadt 2010, S. 19, S. 22f., 25
S. 132/133: M1/M2 Rolf, Bernd; M3/M4 Ditfurth, Hoimar von: Wir sind nicht nur von dieser Welt, Hoffmann und Campe Verlag, Hamburg 1981, S. 157-159
S. 134/135: M1 Locke, John: Versuch über den menschlichen Verstand, übers. und erl. von C. Winckler, 2 Bde., Bd. 1, Felix Meiner Verlag, Hamburg, S. 162; M2 Rolf, Bernd; M3 Peters, Jörg / Rolf, Bernd; M4/M5 Rolf, Bernd
S. 136/137: M1 Rolf, Bernd; Infokasten Deduktion und Induktion: Rolf, Bernd; M2 Koesters, Paul-Heinz: Lasst Theorien sterben anstatt Menschen, in: Stern Nr. 19, 07.05.1981, S. 74; M3 Reichenbach, Hans: Der Aufstieg der wissenschaftlichen Philosophie, hrsg. v. Andreas Kamlah und Maria Reichenbach, Vieweg Verlag, Braunschweig 1968, S. 271f.

Die Wirklichkeit der Medien
S. 138/139: M2 Rolf, Bernd; Infokasten Medien: Rolf, Bernd; M3: Hamann, Götz / Rohwetter, Marcus: Vier Sheriffs zensieren die Welt, in: Die Zeit Nr. 23, 02.08.2012, S. 19f., http://www.zeit.de/2012/32/Zensur-Apple-Facebook-Amazon-Google (Stand: 01.10.2012)
S. 140/141: M2 Forum junger Film geht an die Grenze, in: Badische Zeitung, 31.01.2006, S. 34; M3 Rolf, Bernd, basierend auf Informationen auf: http://www.dvd-complett.de/spiel-mit-dem-tod.html (Stand: 21.02.2012); M5 Witzke, Bodo / Rothaus, Ulli: Die Fernsehreportage, UVK-Verlagsgesellschaft mbH, Konstanz 2004, S. 22; Infokasten Manipulation: Rolf, Bernd
S. 142/143: M2/M4 Gillissen, Matthias, in: Peters, Jörg / Rolf, Bernd (Hg.): philopraktisch 2A, C.C.Buchners Verlag, Bamberg 2011, S. 168f.; M3 Rolf, Bernd; M5 Gillissen, Matthias / Peters, Jörg / Rolf, Bernd nach: Sartre, Jean Paul: Das Imaginäre. Phänomenologische Psychologie der Einbildungskraft, Rowohlt Verlag, Reinbek bei Hamburg 1980, S. 54 ff.
S. 144/145: M1 Gillissen, Matthias, in: Peters, Jörg / Rolf, Bernd (Hg.): philopraktisch 2A, C.C.Buchners Verlag, Bamberg 2011, S. 166; M2 Gillissen, Matthias, in Anlehnung an: Müller, Olaf: Wirklichkeit ohne Illusionen, Bd. 2, Mentis Verlag, Paderborn 2003, S. xi-xii (der Autor bringt im Anschluss an die zitierte Passage einen Beweis dafür, dass die Geschichte der Computersimulation unmöglich stimmen kann, s. http://gehirnimtank.de); M3 nach Poznanski, Ursula: Erebos, Loewe Verlag GmbH, Bindlach 2010, S. 287f., 298f., 219
S. 146/147: M1 nach Charlton, Michael / Neumann-Braun, Klaus / Aufenanger, Stefan / Hoffmann-Riem, Wolfgang u. a.: Fernsehwerbung und Kinder, Band 1: Das Werbeangebot für Kinder im Fernsehen, Schriftenreihe Medienforschung der Landesanstalt für Rundfunk Nordrhein-Westfalen, Band 17, Lefke+Budrich, Opladen 1995, S. 40; M2 Gillissen, Matthias, in: Peters, Jörg / Rolf, Bernd (Hg.): philopraktisch 2A, C.C.Buchners Verlag, Bamberg 2011, S. 166; M3/M4 Peters, Jörg; M5 Welsch, Wolfgang: Eine Doppelfigur der Gegenwart: Virtualisierung und Revalidierung, in: Vattimo, G. / Welsch, Wolfgang (Hgg.): Medien-Welten Wirklichkeiten, Fink Verlag, München 1998, S. 238, 240, 247; M6 nach Quandt, Thorsten: Braucht die Realität Untertitel?, auf: http://www.wdr.de/themen/computer/2/augmented_reality/100127.jhtml (Stand: 25.05.2010)
S. 148/149: M2 nach Watzlawick, Paul: Einleitung, in: ders. (Hg.): Die erfundene Wirklichkeit, Piper Verlag, München 1981, S. 14; M3 Magritte, René: Weltsicht, in: Gablik, Suzy: Magritte und das Objekt, auf: http://www.gleichsatz.de/b-u-t/spdk/marg1a.html (Stand: 19.06.2010); M4 nach Kant, Immanuel: Prolegomena zu einer jeden künftigen Metaphysik, die als Wissenschaft wird auftreten können, in: ders.: Werke in sechs Bänden, Bd. 3: Schriften zur Metaphysik und Logik, hrsg. von Wilhelm Weischedel, Nachdruck der Ausgabe Insel Verlag 1958, Darmstadt, Wissenschaftliche Buchgesellschaft 1998, S. 152 (A 63)

5 Fragen nach Weltreligionen und Weltanschauungen

Weltreligionen
S. 150/151: M1-M3 Peters, Martina / Peters, Jörg
S. 152/153: M1 Rolf, Bernd; M2 nach Polke-Majewski, Karsten: Kein Weg aus dem Dilemma Beschneidung, auf: http://www.zeit.de/gesellschaft/2012-06/beschneidung-urteil-koeln (Stand: 02.10.2012); M3, Texte 1 und 2: Die Bibel, Einheitsübersetzung der Heiligen Schrift, Gesamtausgabe, Verlag Katholisches Bibelwerk GmbH, Stuttgart 2007, Genesis 17,10-14, Römer 2,25, Galater 5,2; Text A: Rolf, Bernd, basierend auf: Unverzichtbares Ritual Beschneidung, auf: http://www.focus.de/wissen/mensch/religion/islam/islamlexikon/beschneidung_aid_12256.html (Stand: 02.10.2012; Text B: Bachrach, Gil: Juden: Unbekannt, auf: http://www.zeit.de/2012/38/Beschneidung-Debatte-Juden (Stand: 02.10.2012), zuerst in: DIE ZEIT, Nr. 38, 13.09.2012; Text C: Rolf, Bernd, Text 3: Team Deutsche Muslime: Die Beschneidung im Islam, auf: http://deutsche-muslime.de.tl/Die-Beschneidung-im-Islam.htm (eingestellt: 26.09.2010; Stand: 02.10.2012)
S. 154/155: M2 Heller, Birgit: Einführung in die Hindu-Religionen, Mitschrift, Version 10.02.2005, S. 20f., auf: http://www.pensis.net/documente/21mitschriften_Rel/VO-Hindu.Religionen-Heller-WS2004-080205.pdf (Stand 20.22.2012); M3 Peters, Jörg; Info-Kasten: Reinkarnation und Karma: Peters, Jörg; M4 Barnes, Trevor: Die großen Religionen der Welt. Hinduismus, Buddhismus, Judentum, Christentum, Islam, übersetzt von Anne Emmert, Ravensburger Buchverlag, Hong Kong ²2003, S. 44; M5 Clément, Catherine: Theos Reise. Roman über die Religionen der Welt, übers. von Uli Aumüller und Tobias Scheffel, Carl Hanser Verlag, München – Wien 1998, S. 259-2615678099789
S. 156/157: M1 Pai, Anant (Hg.): Buddha, Artwork: Souren Roy, India Book House Pvt. Ltd, Mumbai 1971, reprinted 2002, S. 10f., 17, übers. von Jörg Peters; M2 Rademacher, Cay / Hilmer, Andreas: Pfad des Wissens, in: GEO Epoche, Bd. 26: Der Buddhismus, S. 154f.; Infokasten Nirwana: Peters, Jörg
S. 158/159: M1 Lennon, John / McCartney, Paul: Let it be, ©Sony/ATV-Tunes LLC, Sony/ATV Music Publishing (Germany) GmbH, Berlin; M2 Peters, Martina: Originalbeitrag mit Zitaten von Lao-tse: Tao-Tê-King, übers., eingel. und mit Anmerkungen versehen von Günther Debon, Philipp Reclam jun., Stuttgart 1981, Kap. 1, § 1 (S. 25); Kap. 47, § 109 (S. 76); Kap. 37, § 85

Textnachweise

(S. 61); Kap. 37, § 85 (S. 61); Kap. 38, § 86 (S. 65); Kap. 5, § 15 (S. 29); Kap. 23, § 53 (S. 47); M3 nach Watts, Alan: Der Lauf des Wassers. Eine Einführung in den Taoismus, übersetzt von Susanne Schaup, Suhrkamp, Frankfurt a. M. 1983, S. 74, 116f.; M4 Fischer, Theo: Wu wei. Lebenskunst des Tao, Verlag Die Silberschnur, Neuwied 1989, S. 41-43

S. 160/161: M1 Peters, Jörg, auf der Basis von: http://q8life.files.wordpress.com/2009/05/goldenrule.jpg (Stand: 01.07.2010); M2 nach Küng, Hans: Projekt Weltethos, Piper Verlag, München 1992, S. 14, 80, 82, 84; M3 Lücker, Maria Alberta (Hg.): Religionen, Friede, Menschenrechte. Dokumentation der ersten Weltkonferenz der Religionen für den Frieden, Kyoto 1970. Wuppertal 1971, S. 110 (vgl. auch: Küng, Hans: Projekt Weltethos, Piper Verlag, München 1992, S. 89f.)

Religionskritik

S. 162/163: M2/M3 Fromm, Erich: Die Kunst des Liebens, mit einem biographischen Nachwort von Rainer Funk, aus dem Amerikanischen von Liselotte und Ernst Mickel, Deutsche Verlags-Anstalt, München 2006, S. 81-84, 86f.; M4 Huisman, Denis: Philosophie für Einsteiger, mit Zeichnungen von Martin Berthommier, übers. von Ludwig Gehlen, Ute Penner, Rowohlt Taschenbuch Verlag GmbH, Reinbek bei Hamburg 1998, S. 29
S. 164/165: M2 Gaarder, Jostein: Sofies Welt. Roman über die Geschichte der Philosophie, übers. von Gabriele Haefs, Carl Hanser Verlag, München – Wien 1993, S. 12-14; M3 Anselm von Canterbury: Der ontologische Gottesbeweis, in: Huonder, Quirin: Die Gottesbeweise. Geschichte und Schicksal, Urban Bücher – Die wissenschaftliche Taschenbuchreihe, Bd. 106, W. Kohlhammer Verlag, Stuttgart – Berlin – Köln – Mainz 1968, S. 43f.; M4 Gasking, Douglas, übersetzt von Sebastian Vogel, nach: Meroth, Peter / Klare, Hans-Hermann: Der Gotteswahn, in: Stern 40/2007, S. 36; M5 Küng, Hans: Existiert Gott? Antwort auf die Gottesfrage der Neuzeit, Piper Verlag, München – Zürich ³1995, S. 588, 590, 575, 628f., 625, 627f.
S. 166/167: M2 Peters, Jörg, basierend auf: Feuerbach, Ludwig: Das Wesen des Christentums, Philipp Reclam jun., Stuttgart 1974, S. 63-78; M3 Peters, Jörg, basierend auf: Marx, Karl: Kritik der Hegelschen Rechtsphilosophie, in: MEW, 43 Bde., Bd. 1, Dietz Verlag, Berlin, S. 378f.
S. 168/169: M1 Nietzsche, Friedrich: Die fröhliche Wissenschaft, in: Nietzsche, Friedrich: Kritische Studienausgabe, hrsg. von Giorgio Colli / Mazzino Montinari, 15 Bde., Bd. 3: Morgenröte – Idyllen aus Messina – Die fröhliche Wissenschaft, dtv, Neuausgabe, München 1999, S. 480; M2 Peters, Jörg, basierend auf: Nietzsche, Friedrich: Die fröhliche Wissenschaft, in: Nietzsche, Friedrich: Kritische Studienausgabe, hrsg. von Colli, Giorgio Colli / Mazzino Montinari, 15 Bde., Bd. 3: Morgenröte – Idyllen aus Messina – Die fröhliche Wissenschaft, dtv, Neuausgabe, München 1999, S. 480f.; M4 Peters, Jörg, basierend auf: Freud, Sigmund: Das Unbehagen in der Kultur, in: ders.: Gesammelte Werke. Chronologisch geordnet, hrsg. von Anna Freud unter Mitwirkung von Marie Bonaparte, 18 Bände, Band 14: Werke aus den Jahren 1925-1931, F. Fischer Verlag, Frankfurt a. M. ⁷1991, S. 431-433 und Freud, Sigmund: Die Zukunft einer Illusion, ebda, S. 323-380; Infokasten Religionskritik: Peters, Jörg, basierend auf: Artikel „Religionskritik", in: Redaktion Schule und Lernen: Schülerduden Religion und Ethik. Ein Lexikon zum Religions- und Ethikunterricht, Dudenverlag, Mannheim – Leipzig – Wien – Zürich 2005, S. 299
S. 170/171: M2 Dawkins, Richard: Der Gotteswahn, übers. von Sebastian Vogel, Ullstein Buchverlage GmbH, Berlin 2007, S. 67f., 72-74, 77f.; M3 Schnädelbach, Herbert: Religion in der modernen Welt. Vorträge, Abhandlungen, Streitschriften, Fischer Taschenbuch Verlag, Frankfurt am Main 2009, S. 52-55
S. 172/173: M1, Zitat im Text zu Bild 1 aus: Konzelmann, Gerhard: Jerusalem – 4000 Jahre Kampf um die heilige Stadt, München ⁵1991, S. 576; M1, Zitat im Text zu Bild 2 aus: Charta der Hamas, S. 1, Artikel 15, http://embassies.gov.il/berlin/AboutIsrael/the-middle-east/naherostendokumente/Die%20radikalislamische%20Terrororganisation%20Hamas.pdf (Stand: 18.12.2012); M2 Dawkins, Richard: Der Gotteswahn, Ullstein Verlag, München 2007, S. 12; M3 Benedikt XVI.: Glaube und Vernunft, Die Regensburger Vorlesung, Herder, Freiburg i. Br. 2006, S. 16f.; M4 Tworuschka, Monika, Grundwissen Islam, Aschendorf Verlag, Münster 2002, S. 137-139; M5 Fromm, Erich: Psychoanalyse und Religion, aus dem Amerikanischen übertragen von Elisabeth Rotten, überarbeitet von Rainer Funk, Deutsche Verlags-Anstalt, Stuttgart 1983, S. 35-37

Weltanschauungen

S. 174/175: M2 Schröder, Rainer M.: Abby Lynn. Verschollen in der Wildnis, cbj, München 2004, S. 179-181; M4 Rolf, Bernd; Infokasten Weltanschauung und Ideologie: Rolf, Bernd
S. 176/177: M1 DVD: Der große Crash – Margin Call, Regie: J. C.. Chandor, USA 2011, DVD: dts 2012, ASIN: B005Q6YECS, Zeitangabe: 51:25-52:03, 53:29-53:31, 1:32:22-1:33:38; M2 Rolf, Bernd; M3 Sandel, Michael, Was man für Geld nicht kaufen kann, Die moralischen Grenzen des Marktes, übers. von Helmut Reuter, Ullstein Verlag, Berlin 2012, S. 12, 22, 15-18
S. 178/179: M2 Engels, Friedrich: Die Lage der arbeitenden Klasse in England, in: MEW, Bd. 2, Dietz Verlag, Berlin (Ost) 1974, S. 465f.; M3/M4 Rolf, Bernd
S. 180/181: M1 Rolf, Bernd; Filmzitat aus: Der ewige Jude (D 1940, Regie Fritz Hippler): Filmstream unter http://archive.org/details/1940-Der-Ewige-Jude-2 (Stand: 11.12.2012), Zeitangabe: 18:19-18:55; M2-M4 Rolf, Bernd
S. 182/183: M1/M2 Rolf, Bernd; M3 Arkoun, Mohammed: Modernisierung der islamischen Welt, in: Wider das Dogma, Ein Gespräch über das Verhältnis von Fundamentalismus und Moderne im arabischen Geistesleben mit Mohammed Arkoun und Adonis, Gesprächsführung: Michael Lüders, Frankfurter Rundschau, 14.07.1990, S. ZB 2; Infokasten Fundamentalismus: Rolf, Bernd
S. 184/185: M2 Küng, Hans: Projekt Weltethos, Piper Verlag, München 1992, S. 111, 119f.; M3 Annan, Kofi (Hg.): Brücken in die Zukunft. Ein Manifest für den Dialog der Kulturen, aus dem Englischen von Klaus Kochmann und Hartmut Schickert, S. Fischer, Frankfurt a. M. 2001, S. 51f., 67-69; Infokasten Weltethos: Rolf, Bernd; M4 Humanistischer Verband Deutschlands: Humanistisches Selbstverständnis – Humanismus heute, auf: http://www.lebenskunde.de/selbstverstaendnis (Stand: 02.12.2012); Infokasten Humanismus: Rolf, Bernd

Bildnachweise

S. 6	Jörg Peters, Hünxe
S. 8	Goldmann Manhattan Taschenbuch, Frankfurt/Main
S. 10	Concorde/Cinetext, Frankfurt/Main
S. 11	Cinetext Bildarchiv, Frankfurt/Main
S. 12	Fachwissen Ethik, Verlag Vandenhoeck & Ruprecht, Göttingen 1993, S. 237
S. 14	Boris Braun, Hamburg
S. 16	Hemera/Thinkstock
S. 17	akg-images
S. 18	Walt Disney Company, Consumer Products Marketing Publ., München
S. 20	DIE ZEIT, Ausgabe 49/2011, Hamburg
S. 21	Badische Zeitung, Freiburg
S. 22	Walters Art Museum, Baltimore, USA/The Bridgeman Art Library
S. 24	Silja Götz, Madrid
S. 26	fotolia.com/©xmasarox
S. 27	Aus: Amend, Bill: Foxtrott © 1996, www.members.aol.com/ishauser/foxtrott.html, Andrews Mc Meel Publishing, Cansas City, übersetzt von Jörg Peters, koloriert von Dagina Burger
S. 29	1999 United Features Syndicate Inc./distr. Kipkakomiks.de
S. 30	Cinetext Bildarchiv, Frankfurt/Main
S. 31	Thinkstock (3): .stockbyte // iStockphoto // Jupiterimages
S. 32	Sinus Markt- und Sozialforschung GmbH, Heidelberg
S. 34	pictorial press; Ullstein Bild; DPA picture alliance/Kreationen/HELGA LADE, Adam Berry/Getty Images; Hemera/Tinkstock
S. 36	Freie Arbeiterinnen und Arbeiter UNION, FAU-IAA, Münster (3)
S. 37	www.BibliothekderFreien.de
S. 39	REUTERS/Maxim Shemetov
S. 40	akg-images
S. 44	Staatliche Museen, Berlin
S. 45	www.cotzilea.com/fotos/famosos/celebridades/estrellas-sin-maquillaje/daryl-hannah-botox.htm (Stand: 30.03.2007)
S. 46	Foto: Volkswagen
S. 48	Statistisches Bundesamt, Wiesbaden
S. 49	Jupiterimages/Getty Images/Thinkstock; fotolia.com (2): ©Ademoeller // ©Monkey Business; iStockphoto/Thinkstock
S. 50	DVD erschienen bei EuroVideo
S. 52	©The Munch Museum/The Munch Ellingson Group/VG-Bild-Kunst, Bonn 2013; akg-images; Andreas Buck, Dortmund
S. 54	nach ©www.pflegewiki.de/wiki/Datei:Kuebler_ross_Sterbephasen1.jpg
S. 56	Artothek, Weilheim
S. 57	Detlef Linke, Das Gehirn, C.H. Beck Verlag, München 2002, S. 49
S. 58	Kinowelt/Cinetext; akg-images/North Wind Picture Archives
S. 60	Bundeszentrale für gesundheitliche Aufklärung (BZgA), Köln; Deutsche Stiftung Organtransplantation, Frankfurt/Main
S. 62	fotolia.com/©Marco Birn
S. 63	akg-images (2): De Agostini Pic. Lib. // Erich Lessing; bpk/Antikensammlung, SMB/Johannes Laurentius; akg-images; DPA picture alliance/KPA/90060
S. 64	Jörg Peters, Hünxe
S. 66	Manfred Rau, Florstadt
S. 67	bpk/Alfredo Dagli Orti
S. 68	akg-images
S. 70	akg-images/Erich Lessing
S. 72	The Bhaktivedanta Book Trust International, Inc. / www.krishna.com
S. 73	wikipedia.org/Datei: Bhavachakra.jpg
S. 74	Focus Features/Cinetext
S. 78	Thinkstock/iStockphoto; DPA picture alliance/Carmen Jaspersen
S. 79	fotolia.com/©Cool Graphics
S. 80	Cinetext Bildarchiv, Frankfurt/Main
S. 82	Cinetext Bildarchiv, Frankfurt/Main
S. 84	Andrew and McMeel, A Universal Press Syndicate Company, Kansas City 1996
S. 86	Shell Jugendstudie
S. 88	©Succession Picasso/VG Bild-Kunst, Bonn 2013; Sammlung Penrose, London
S. 89	Richard Osborne: Philosophie, Eine Bildergeschichte für Einsteiger, Wilhelm Fink Verlag, München 1992, S. 120
S. 90	Keystone, Hamburg/Gegendruck, Homann; fotolia.com/©Paul Losevsky; Ullstein Bild/PFP; DPA picture alliance/Boris Roessler; DIZ, Süddeutscher Verlag, München; DPA picture alliance, Frankfurt/Main; fotolia.com/©Franz Pfluegl
S. 92	Thinkstock/iStockphoto; fotolia.com
S. 94	ddp images/AP
S. 96	Computer Media AG, Fürth, www.pcgames.de
S. 98	DPA picture alliance/BVG/Polizei
S. 99	Martin Ferl, Düsseldorf; Junge Union Nordrhein-Westfalen
S. 100	wikipedia.org/Jonas E.
S. 102	Ullstein Bild/Rühe
S. 103	DPA picture alliance/KPA/TopFoto
S. 104	©Succession Picasso/VG Bild-Kunst, Bonn 2013; bpk/Reinhard Schultz
S. 105	©Succession Picasso/VG Bild-Kunst, Bonn 2013; bpk/Félicien Faillet
S. 107	Der Spiegel, Hamburg
S. 108	Mandzel/Baaske Cartoons, Müllheim
S. 109	United Colors of Benetton (Newsweek) (2)
S. 110	akg-images, Berlin; DPA picture alliance, Frankfurt/Main
S. 111	photothek.net GBR, Radevormwald
S. 112	DPA picture alliance, Frankfurt/Main
S. 113	Cinetext Bildarchiv, Frankfurt/Main; Hen's Tooth Video; Cinetext Bildarchiv, Frankfurt/Main
S. 114	sevenload.de/dfusion (2)
S. 115	sevenload.de/dfusion (2)
S. 116	Polyband/Cinetext
S. 118	www.CartoonStock.com/Douglas Pike
S. 120	Norman Rockwell, Museum, Stockbridge, Massachusetts
S. 122	akg-images, Berlin
S. 123	Bildarchiv Preußischer Kulturbesitz, Berlin

Bildnachweise

S. 124	Michael Tran/Film Magic/Getty Images; Angel Martinez/Real Madrid via Getty Images; DPA picture alliance (2): epa/Lusa Kosters // LaPresse Marco Rosi
S. 126	fotolia.com
S. 127	British Museum, London; akg-images, Berlin; Scala, Antella; Kai Hammermeister, Hans Georg Gadamer, C.H. Beck Verlag, München 1999; akg-images, Berlin
S. 128	Thuy Vu, Bamberg
S. 130	Reutersvärd, Oscar: „Paradoxon 189", in: Al Seckel: Große Meister der optischen Illusionen, 2. Bde. Bd. 2: Von Knowlton bis Whistler, Tosa Verlagsgesellschaft m.b.H., Wien 2006, S. 52; wikipedia.org/DemonDeLuxe (Dominique Toussaint); nach: Das Kanisza-Dreieck, in: Ditzinger, Thomas: Illusionen des Sehens. Eine Reise durch die fantastische Welt der optischen Wahrnehmung, Südwest Verlag, GmbH & Co. KG, München 1998, S. 66; MacDonald; David: „The Terrace", in: Al Seckel: Incredible Visual Illusions. You won't believe your eyes!, Arcturus Publishing Limited, London 2005, S. 127; Würfel, die Ihr Innerstes nach außen kehren, in: Nigel Rodgers: Unglaubliche optische Illusionen, Bechtermünz Verlag, Augsburg 1999, S. 49; The Fraser Spiral Illusion, in: Al Seckel: Incredible Visual Illusions. You won't believe your eyes!, Arcturus Publishing Limited, London 2005, S. 35
S. 132	Laurent Perraut, Bamberg
S. 133	DPA picture alliance/dpa-Bildarchiv/Krause
S. 134	akg-images, Berlin (2)
S. 135	akg-images, Berlin
S. 138	JIM Studie 2010, Medienpädagogischer Forschungsverbund Südwest, http://www.mpfs.de
S. 140	Evangelisches Medienhaus GmbH, Stuttgart (2)
S. 141	ddp images/AP/ITSUO INOUYE
S. 142	VG Bild-Kunst, Bonn 2013; County Museum, Los Angeles; DPA picture alliance/Uwe Gerig
S. 143	SpongeBob-Schwammkopf Nr. 11/2010/NickelodeonTM; akg-images, Berlin
S. 144	Die SIMS – Das offizielle Magazin 05/2010. IDG Entertainment Media GmbH, München ©2009 Electronic Arts inc. (2)
S. 146	fotolia.com (3): ©jokatoons // ©pixeltompteur // ©Moski, www.pcgames.de 05/09, Computer Media AG, Fürth; fotolia.com/©Yuri Arcurs
S. 147	fotolia.com (2): ©jerta sakarya // ©Frank F. Haub
S. 148	VG Bild-Kunst, Bonn 2013; Musées Royaux des Beaux-Arts de Belgique, Brüssel 1998
S. 152	Michael Ondruch/Chrismon-Fotoredaktion
S. 154	Thinkstock/Zoonar
S. 156	Amar Chitra Katha, Buddha, ©India Book-House Pvt. Ltd. 1971, Mumbai 2002
S. 158	Ullstein Bild/KPA; Wikipedia 2009/Laotse
S. 160	creo, Bamberg
S. 162	Universal History Archive/Getty Images
S. 163	Denis Huisman: Philosophie für Einsteiger, Rowohlt Taschenbuch Verlag GmbH, Reinbek bei Hamburg 1983, S. 29
S. 164	www.kunstsam.de/Frank Speth
S. 166	action press/Michael Körner
S. 168	www.Christian-Habicht.de
S. 170	Tim Dinter, Berlin
S. 172	British Museum, London; Saif Dahlah/AFP, Paris
S. 174	Marx für Anfänger – Sachbuch rororo, Reinbek 1979, S. 35; Boris Braun, Hamburg
S. 176	Koch Media/Cinetext, Frankfurt/Main
S. 178	DPA picture alliance/akg-images
S. 180	Deutsches Historisches Museum, Berlin; REUTERS/myspaces.com/Handout
S. 182	Cinetext Bildarchiv, Frankfurt/Main; Carl Court/AFP/Getty Images